國家社科基金重大項目（10&ZD104）

上海師範大學古籍整理研究所編
項目首席專家、主編　戴建國
主編　朱易安　傅璇琮　周常林

国家出版基金项目
NATIONAL PUBLICATION FOUNDATION

全宋筆記

第九編 六

大象出版社

〔宋〕洪邁 撰

夷堅志（四）

李昌憲 整理

目録

夷堅支庚序

起良月庚午，至臘癸丑，越四十四日，而《夷堅》支庚之書成，凡百三十有五事。稚子捧玩，躍如以喜，雖予亦自駭其敏也。蓋每聞客語，登輒紀録。或在酒間不暇，則以翼旦追書之，仍亟示其人，必使始末無差戾，乃止。既所聞不失亡，而信可傳。又從吕德卿得二十説，鄉士吴潦伯秦出其迺公時軒居士昔年所著筆記，剽取三之一，爲三卷，以足此篇，故能捷疾如此。聊表篇首，以自詑云。慶元二年十二月八日序。

夷堅支庚目録

校勘記

夷堅支庚卷第一 十二事

鄂州南市女

鄂州南草市茶店僕彭先者，雖廛肆細民，而姿相白皙，若美男子。對門富人吴氏女，每於簾内窺覘而慕之，無由可通繾綣，積思成瘵疾。母憐而私扣之，曰：「兒得非心中有所不愜乎？試言之。」對曰：「實然，怕爲爺娘羞，不敢説。」强之再三，乃以情告。母語其父，以門第太不等，將詒笑鄉曲，不肯聽。至於病篤。所親或知其事，勸吴翁，使勉從之。吴呼彭僕諭意，謂必歡喜過望。彭時已議婚，鄙其女所爲，出辭峻卻，女遂死。即葬於百里外本家，喪中凶儀華盛，觀者歎詫。山下樵夫少年，料其壙柩瘞藏之物豐備，遂謀發塚。既啓棺，扶女尸坐起剥衣，女忽開目相視，肌體温軟，謂曰：「我賴爾力，幸得活，切勿害我。候黄昏抱歸爾家將息，若幸安好，便做你妻。」樵如其言，仍爲補治塋穴而去。及病愈，據以爲妻。布裳草履，無復昔日容態。然思彭生之念，不暫忘。乾道五年春，紿樵云：「我去南市久，汝辦船載我一遊。假使我家見時，喜我死而復生，必不究問。」樵與俱行，纔入市，徑訪茶肆登樓。適彭攜餅上，女使樵下買酒，亟邀彭並膝，道再生緣由，欲與之合。彭既素鄙之，仍知其已死，批其頰，曰：「死鬼爭敢白晝現行【一】。」女泣而走，逐之，墜於樓下，視之死矣。樵以酒至，執彭赴里保。吳氏聞而悉來，守尸悲哭，殊不曉所以生之故，并捕樵送府。遣縣尉詣墓審驗，空無一物。獄成，樵坐破棺見尸，論死，彭得輕比。雲居寺僧了清，是時抄化到鄂，正睹其異。《清尊録》所書大桶張家女，微相類云。

丁陸兩姻家

德興民丁六翁，與同邑陸二翁爲姻家。其居隔一都，皆致力農桑，爲上户。陸一弟客游它鄉，二十餘年而歸【二】。從兄析貲産，兄靳之，訟于縣，乃盡斂金帛浮財寄諸丁氏。凡田園之在契券者，一切中分，事始息。未幾，陸訪丁，索所藏。丁曰：「君兄弟爭訟方竟，遽取物歸，萬一彰露，是自啓禍端。我亦當受追逮證左之撓，且牽連獲罪矣。宜更少留吾家，徐取之未晚。」陸喜謝，以爲誠言。過兩歲，復扣之，則讕詞抵觸，曰：「君蓋戲我。安得寄槖如是，而無片文隻字可憑？盍理于有司。」陸雖知丁已萌掩有之志，念終不可泄漏，以招弟訟，但隱忍茹苦，怏怏而殂。丁即往奠哭，唁其諸子。及還家，望陸翁坐其廳上，見丁至，叙謝款曲。丁曰：「親家已亡，何爲在此耶？」陸曰：「我以君乾没寓貨，飲恨而死，故來取之。宜悉以付吾兒，不然斷不相捨。」丁曰：「身履冥路，須財何爲？今當廣集僧徒，多造佛果，爲資它生福助，何如？」陸不可。往復辨詰，奮然而起，

【一】現行　李按：「行」疑爲「形」之誤。

【二】二十餘年而歸　「歸」原作「婦」，據周本改。

曰：「我去矣，汝自商量。」遂隱不見。丁心知不義，然貪得弗改，終不肯償。後數月，陸白日來，怒駡曰：「我爲汝故隕命，固已弗問。但令返我元物，開諭周悉，而略無悔意，相與證于陰間耳。」丁氏子弟在傍，共聆其語。少頃，捽丁仆地死，家人扶救之，已無及。縣士鮑栖筠說。

詹村狗

德興詹村田舍民牝狗生子，民至貧，自無以食，狗之子母終日無所飼養，皆瘦悴骨立。相去半里，鹿坡王氏，求其子歸，飫於糟糠，每日竟即掉尾返故處，嘔出所餐，以哺母。至暮復然，雖風雨不輟。彼鄉士人爲賦《孝狗歌》，屬和者盈卷軸。其一篇云：「慈烏反哺古所稱，不聞乳狗能效顰。鹿坡王氏世吉人，乞得乳狗於良鄰。良鄰家貧併日食，狗母長飢骨柴立。乳狗食竟掉尾歸，嘔食餵母使母肥。朝餐歸嘔暮復續，獸類之中穎考叔。紛紛養志多缺如，慚愧四足之韓盧。」言語雖未工，足以垂訓薄俗【三】，故表出之。

夏氏燕

德興土坑夏氏，乃支己所書二瑞者。其族子某，不學無識，每飲酒後，好張弩挾彈，亂射飛禽，翔集往來者，無不被害。雙燕巢於梁間，戲射之，遂斃其雄。門外有陂水，雌者見

【三】薄俗　「薄」字原無，據周本補。

雄死，啁啾悲鳴，徑投水中而没。客聞而作歌傷之，曰：「燕燕于飛春欲暮，終日呢喃語如訴。但聞寄淚來瀟湘，不聞有意如烈婦。夏氏狂兒好游獵，彈射飛禽類幾絶。梁間雙燕啣泥至，飛鏃傷雄當兒戲。雌燕視之兀如癡，不能人言人不知。門前陂水清且泚，一飛徑溺澄瀾底。傷哉痛恨應未休，安得化作吕氏女，手刃其頭報夫讐。」注云：許升者，爲盜所害。後刺史得盜，升妻吕氏，手斷其頭，歸以祭夫。此事出後漢《列女傳》。

清泉鄉民

淳熙十年，南康建昌縣旱，民告於軍，司户張玘子温受牒檢視。清泉鄉人李氏名田數百畝，皆成熟，不肯陳詞。閭社交徧責之，謂其立異。李曰：「投訴當以實，我家田不旱，豈應欺天欺人，且自欺乎？必不可。」衆之桀惡者曰：「今一鄉稱旱，而君獨否。官司必以它人爲妄，是獨善其身，而貽害百室也。」李猶持前説。於是倡率惡少，夜抛磚石擊其扉及屋瓦，呼譟徹旦，固未逞志。遂公肆言恐之，曰：「先焚爾廬，次戕爾族，事到有司，不過推一人償命耳。」李不獲已，亦隨衆自列，得以分數蠲租，爲錢六萬。既而悔之，曰：「禾穀不損，而强我如此，何以俯仰於天地之間？」顧已無可奈，乃邀道士數輩，用所免之數，建醮筵以謝過，示不以無名之利【四】自潤也。明年秋，此鄉復旱，無毫釐之收，唯李田高下皆得善熟。子温説。

【四】利　涵芬樓本注，葉本作「財」。

洪先輩鼓

鄱陽洪舜臣習《毛氏詩》，獲鄉舉，後連試不利。考其學業，在可上可下之間【五】，然夙精五行書，尤善推星數，自期不薄。里中多戲之，曰：「君幸得恩科一官，著緑袍足矣。」掉頭笑應曰：「吾星限已定，必取正科。」鄉里土俗，大家好【六】蓄鼓，遇昏姻盛禮，召會賓客，則椎擊集衆，且爲讙欣。或見一持鼓求售者，洪捐五千錢買之。其家無餘資，皆疑爲非所急。洪曰：「候來報省牓日，當用之矣。」聞者益傳以爲笑。慶元二年，以免解入都，戒其妻曰：「到三月間，多釀酒，準擬犒報牓人，及待賀客【七】。」至期，鼓在架上，不擊自鳴者三，其聲振徹於外，向之笑者異焉。果登第。浮梁李一鳴說。

黃解元田僕

蘄春縣大同鄉人黃元功，富室也。佃僕張甲，受田於七十里外查梨山下。紹熙初，無疾而死，體未全冷，妻已治棺三日，不忍殮，但泣守其側。忽起坐，言曰：「我承得文引一道，差追黃解元。可速具食，仍買草鞋一雙。」妻不敢問，即辦之。張元不下席，而飯自空，鞋失所在。復瞑目。明日又寤，謂妻曰：「到黃宅門，撞著法師在彼，守候甚久，入去不得。今須索展限，汝更安排飯與鞋。」既而飯亦空，鞋亦不見，張冥冥弗語。明日復寤，

【五】在可上可下之間　涵芬樓本注，葉本作「在上下間」。

【六】好　涵芬樓本注，葉本作「多」。

【七】賀客　涵芬樓本注，葉本作「賓客」。

曰：「黄宅設醮，道士持誦行法，更不可近前。又要再展限。」於是一切如前。及寤，有喜色，雙履皆破，云：「道士雖去，而婦女滿室，守定病人，依還取他不得。若更空回，是出違第三限，必遭刑責。正憂撓無計，偶見渠廊上有鼓，我極力推下，三聲震響，婦女盡出看。遂乘虚入房，方始追得，見押在路。今次真與女相别，從此長往不復甦。」黄解元者，即元功也。當張僕三度往追時，已幽明異塗，不憶爲主人矣。妻後詣主家，訪其事，皆然。光贊叔説。

蘇相士

淳熙十二年冬，予以待制修史，假道山堂前日閣負暄。沈監虞卿遣相士蘇生來，王敬甫正字繼至。蘇語予曰：「待制十日内當有鞶帶之錫，却不濟事。纔到立春日，有遷陟之喜。名爲異恩，亦不甚緊要。然舉朝皆無之，是爲可慶。」吾自不能曉也。敬甫求相，蘇曰：「早來飲酒耶？」曰：「昨夕赴李侍郎晏集，方爲酒困。」蘇曰：「神采已昏，當俟它日。」予出局，蘇來見曰：「王正字前程殊不甚好，難以明言。幸其宿酲，姑詭辭以卻。酒之爲害，但能敗一二分氣色，其於骨法本不相妨也。」及二十八日裏，見北使，予嘗借學士出聘，故循例關左帑，金帶趨朝。明年正月初五日，以光堯太上慶壽肆赦，文武臣悉理三年磨勘。唯禪位已前，曾任侍從、兩省以上者，各轉一官。時侍從已盡，但兩省官三人存【八】，史魏公自以八十拜太傅，王宣子居憂，予獨忝轉通奉，中外皆無與此者。敬甫旋補外，蘇生之言，奇驗如此。然他言皆不一中云。

林子安赴舉

鄱陽士人林子安，居於石門。紹興三十二年秋，入州赴舉。行半程，飯旅店，逢一客某州教授者來，相與講禮。客蓋謀爲饒試官，欲從坑冶使者魏彦成求薦牘。因從客【九】問林曰：「魏户部何如人？」林曰：「子安與之姻戚，其人慷慨急義。」客有喜色，屏左右，延林入室【一〇】，置酒輸寫胸臆，曰：「君於魏託契厚薄何如？某今實蒞試於饒，君苟能致力，則當任一舉之責以爲報。」林悚然，弗敢承，至於再三，始請其說。客詢所習經，以《尚書》對。客曰：「某正用《書》登第。嘗擇題目難控摶者，爲答義三道，不曾示人。兹以相授，幸藏之，勿泄勿失，便當以此三題試舉子矣。」林捧接，愧謝。旦而告别。洎入舉場，教授者，搜此卷不見，遍訪它房，索之亦無有，殊以負負。纔出院，林往謁之，白曰：「蒙先生成就之意甚厚，適試前一日，忽得疾，極危困。及明，朋友邀，勉挽掖以進，而頭如受斧，寸步莫前，遂成空返。所以留連未還里者，須先生之出，達此謝意。雖云無成，直與受恩等耳。」竟爲力禱魏公，得一章與之。林生之高義如此，只終於布衣。其子憲，頗修飭，嘗預鄉書，晚歲方得官，爲道州永明尉。張子温説。

【八】但兩省官三人存　「人」字原無，據周本補。

【九】從客　李按：「客」疑爲「容」之誤。

【一〇】延林入室　「延」字原無，據周本補。

張主簿墓僕

鄱陽人張主簿嘉績，字成叔。有父墓在東關外十里，其守僕曰裴九，裴之姪壻曰胡三。淳熙十三年八月，采菱於上湖。夜歸，冥行小徑，過男子十數人，暗中不能認面目，同聲語曰：「大家去魏八郎宅赴會。」胡不肯行，曰：「要將菱角歸家，事持洗滌，赴絶早上市。若連夜赴人會，定到曉。」又不與魏八郎識知，元不曾見招，豈可上他門户？」衆皆怒，捽拽行六七里，至薦福後山松林，倒縛於樹，毆擊無數，乃去。裴氏一家終夕呼索，及明日巳午間，始得之，已昏困不醒。救灌移時，方能話。所見魏氏者，在城内，今夜設水陸云。張子理説。

潭州府治

黄繼道樞密，乾道初知潭州，其姪瓌并婦侍行。黄公無子，瓌每夕陪隨，率二更後始反室。一夕，歸差晚，婦已就寢。見一男子立帳外，異之，且疑爲外間卒史竊入，乃趺坐户側，潛伺所爲。其人已覺，踸踔而出。急逐之，過窗下不見。彼處有芭蕉數十叢，葉高出屋簷，遮蔭甚廣，晴晝蔽虧，不覩天日。瓌意其幽陰召怪，悉命芟除，獨餘根株。至暮，其長如初，凡三伐三生。於是熾火焚之，臭徹于外。發其下，得大穴一所，光潔如掃，頗爲深迴，蓋蛇屬輩所居也。運土數百擔，築塞使平，怪不復作。子中孫説。

臨安税院

臨安府都税院中，有神祠，名爲田相公廟，初不知何神也。每歲正月，必設醮一席以奉之。慶元二年，院吏以寬餘錢絶少，不能辦集，乃置弗講。俄有蛇，當未驚蟄之前，出於像下，屈蟠張口，殊不畏人。一院相顧悚栗，因言：「頃年亦曾如是，而又差大，於兆爲不吉。」亟哀率公私，以暮春修故事。既非諸人本心，殊極菲略。至五月，二吏坐罪黥配。十月中，車駕詣景靈宫，税院官吏迎於道傍，而令婦女觀看於起居幕次内，遂爲邏卒所糾。越三日，有旨，監官余玠、錢萃皆放罷。人以爲蛇禍之延，疑亦偶然耳。玠，吾甥也。

校勘記

夷堅支庚卷第二 十事

妙因僧子深

池州貴池縣下有妙因寺，律刹也。僧子深主之。壯歲游方參請，涉歷弗倦，而飲饌之間，不擇葷素，皆以爲汎汎常流耳。乾道九年九月九日，所善柯伯詹過之，留飲數盃，將徹，忽語詹曰：「子今日爲我證明。」詹曰：「聞師説此事久矣，只恐未必了得。」深作色言：「吾今撒手便行，不比常時。子盍小駐？」即入寮中，使童行鳴鼓集衆，已則端坐，索紙書曰：「衲僧日日是好日，要行便行無固必。虚空天子夜行舡，摩訶般若波羅蜜。」擲筆而逝。鄱陽渚田院主善祐，黟縣人，於此寺落髮，唤深爲叔，見其事。

天柱雉兒行

舒州皖公山天柱寺，廊下有巨碑，云唐時崇惠禪師卓菴山中，前有磐石，每日對之誦《法華經》。一野雉來傾聽，略不動足，如是三年，不以寒暑輒廢。一旦不至，試於草間求之，已立化矣。爲用僧法荼毗之。夜夢雉來告云：「以聽經之故，得免禽身。今託生山下農家，作男子。師不相忘，後三日願訪我。」及期而往，見嬰兒【一】，相顧而笑，左脅下尚存翎痕。師謂其父曰：「善視之，到十歲後，教從我出家。」父如所戒。師名之曰定體，且呼爲靈休侍者。又九歲，坐亡於西原。瘞塔故在，今天柱寺及【二】瘞基也。利書記者，不知何時人，作《雉兒行》一篇，宣揚其事，黟僧善祐傳之。故書於此，以廣釋證。其詞曰：「當年江上楊風舲，淮山望極排空青。今登天柱賞潛皖，元是吾家翡翠屏。禪叢一室因棲寄，選勝尋幽辨真僞。虛廊揩蘚讀殘碑，三百年前刊異事。此山開闢至唐初，乾元中作金僊居。彭門大師曰崇惠【三】，裁基創始成茅廬【四】。牛頭道化將雄鎮，浮世勞生未知信。乘開石上誦蓮文，非謂踈慵效精進。空山白晝接清宵，壞衲披肩度寂寥。玲瓏宛轉斷人慮，七軸圓音震海潮。奇哉有物名緣會，錦繡毛衣勝綵繪。常伴山鷄與鷓鴣，優游飲啄煙霞外。山梁疇昔歎時哉，此日祇園應世來。昂頭斂翼傍禪石，下風側聽忘驚猜。醍醐洒盡燒心火，暮去朝還無不可。宜成水向佛菩提，春燕秋鴻豈知我。俄聞荒草蜕其身，夢魂夜告生爲人。幽奇溪石驗端的，右脅遺翎跡尚新。妙齡自厭居民俗，祝髮依師隱林麓。他經雖授難遽通，唯有芬陀利精熟。師因嘆息省前緣，法種慈薰豈偶然。立名定體標殊特，靈休表示爲佳傳。閑行宴坐何超脱，古鑑無塵罷揮拂。登高臨遠快幽情，滿目風光舊時物。几席巾缾侍服勤，闃闃孜孜十九春。西原危坐順圓寂，戒珠數粒輝香薪。真源始覺初無礙，月轉遼空水歸海。千聖徒中孰後生，一片靈臺長不昧。回觀輪裏漫啁

【一】見嬰兒　涵芬樓本注，吕本作「果見嬰兒」。

【二】及　中華本注，當作「即」。

【三】崇惠　「惠」原作「蕙」，據周本改。

【四】茅廬　「廬」原作「蘆」，據周本改。

啾，暖日和風戲未休。息寃追逐蕩不返，六道三途豈自由？君不見，潘安誇射賦，洞爾胸兮穿爾嗉。又不見，退之詠獵詩，馬前五色墮離披。雲間哮擊攫鷹隼，草中竄伏憂狐狸。魯恭去後無消息，更有仁恩霑動植。桑下馴游哺影時，未必兒童能隱惻。浮屠窣堵【五】鎮盤岡，累聞繼夕騰輝光。聖賢田地亦如此，方寸凡情未可量。蜀川鸚鵡持經法，舍利精熒滿金匣。至今忌日慘巖巒，羣類悲鳴繞層塔。近歲濡須釋子家，松枝雀化皆稱嗟。纖毫不動幾寒暑，翻然只恐臨蒼霞。賢王國士稱奇絕，巨石豐碑爭頌說。妙墨高文燦斗星，陵遷谷變相磨滅。也知靈識盡超冥，證出斯禽事顯明。寄言嗜欲沉迷者，請看天柱《雉兒行》。」右二事善祐說。

藍供奉

藍氏自國朝以來，世爲内侍。淳熙中，供奉官某者，自以失其身【六】閹門，思抗志清淨，常寢處於後圃。遇方外人至，必曲意延留。某年七月，有客入謁，標儀頗不凡。求得少駐，即館之一室。累日後，客忽具酒殽，招藍同席。藍曰：「先生孤單逆旅，囊無餘資，自給不贍，翻作主人，何也？」笑曰：「將有求於公，兹不足爲多費。」藍曰：「苟有所須，但言之，無不可者。」客唯唯。又旬日，始言：「願公八月十五日，自朝至夜勿出，當有誠託。」藍曰：「敬奉戒。設使入直及内宿，亦須假矣。」至期，相與促膝室内，雖如廁便旋，

【五】窣堵　中華本注，「堵」原作「睹」，今改。

【六】失其身　涵芬樓本注，呂本作「失身」。

亦追隨弗捨。才黄昏，共榻而息，使藍居外。夜漏過半，聞有擊户而呼者，客附耳低語，令勿應。于再于三，呼者怒曰：「彼人命數久盡，兩番彈了，今度詎容復然！」又叱藍姓名曰：「此於天地造化所不置，若汝强爲芘護，固不遣出，將執汝以復命。」藍亦不敢作聲。遂排闥而入，環旋走趨。客屏息下榻，吐涎沫自塗遍體。來者終不見其處，臨曉，寂無影響。客起謝曰：「賴君之恩，我不復死矣。」縷縷數十言，致殷勤，乃去，遂絶迹不來。大抵學道者多預知命終之日，必著意逃隱。如甲志之車四、乙志之巢先生是已。藍君以慶元初卒。

新建信屠

隆興府新建縣【七】屠者信生，居城外。嘗有外間女子過門，呼與語，誘至後舍，刺殺之，刎其首，夜舉尸投江中，而以鋸屑糝頸血納諸竹畚，旦持入城。蓋素與某家有仇，將寘其門，爲誣汙計。既而不果，復攜歸，首已臭，乃伺隙處，抛於道側。適一小兒在傍，認爲人首，亦不敢明言。邏巡者見之，白于官府，命三排岸究緝。女家訝女出不反，聞其事，亟往視，哭訴哀切。三排岸者，二爲宗室，不釐務，獨潘忠翊任責，旬日不得賊踪跡。有粟七官人者，善邀紫姑神，試往扣啓。得詩曰：「木屑填頭事已深，三君何用苦索心？首身異處分江漢，三七之時得好音。」又數日，尉司兩弓兵過彼處，逢小兒説所覩。兵曰：「汝

【七】隆興府新建縣「興」原作「慶」，李按：新建縣屬洪州隆興府，隆慶府在利州路，由劍州升。據改。

識之否？」曰：「不知爲誰。其人向西邊去，尚能記其面目。」於是與俱行，不百許步，望信屠在門切肉，指之曰：「此是也。」兩兵前謂曰：「衆買一猪賽福，倩汝提屠刀爲一往。」辭以不得暇。兵强之，乃從，而色已動，語聲低怯。遂叱問之，曰：「殺女者，是汝乎？」即拱手【八】承服，執縛送府。使擁尸於江，尚未全壞。計始行兇之日，正應三七之數。時慶元二年春也。

蓬瀛真人

潼川路都監蔣師望，台州黄巖人。説其鄰居祝氏子，少年未娶，讀書於家塾。善邀紫姑，稍暇則焚香致請。來者多女仙，或自稱蓬瀛真人。祝子因生妄想，學業蕪廢。久之，一仙下臨，容色妍麗，塵世鮮比。但肌體不甚白皙。祝惑之，留與共宿，欣然無難詞。自是每夕必至，經半歲形軀日削，且厭厭短氣。父母意其適倡館，約束僕隸，勿使從游。然此子固未嘗出户庭，但夜枕切切，與人私語，僕竊聽者，皆莫得聞。其家唯一子，母愛之特甚，密扣詰之，終不肯言。母曰：「汝父年過六十，日夜望汝成立，以光門閭。今惑於妖鬼，將爲性命之憂。爲我盡言，當早爲之所。」祝亦悟，始叙説相見之因，云：「此女來累月，無問寒暖，只著皂色衣，似言不欲豔裝袨服以招窺看。其出入，未嘗由户，莫知所往。」母灼知爲怪，曰：「曷不一詣其所居。」祝奉戒以告之，女略不拒，即攜手，自窗外穿

【八】拱手　涵芬樓本注，吕本作「叩首」。

踐荆棘，可半里許，到一宅。宏敞華麗，置宴席而器用不具，飲饌惡薄，執事者惟小童八九人，男女相雜。祝會畢而歸，且以白母。母慮爲淫祠木魅，使僕於山谷間遍索，無形似者。里中老人謂祝翁，曰：「郎君所苦，既不可究竟，吾聞之，物久亦能爲妖。君家牝豬已過十年，其豚在者八九輩耳，今此女常著皂衣，必是物也。」祝族悉以爲然，議鬻諸屠肆，雖價直已定，而遲明方買縛。是夕，女復至，與祝訣曰：「相從許時，緣分有訖。聞君家行且見逐，無由復奉慇懃之歡。子善自愛。」涕泣出。明日羣豬皆不見【九】，祝遂免禍。

慈湖夾怪

巢縣宰潘昌嗣，淳熙十年，解官歸金華。江行過蕪湖，至慈湖夾，天正晴，風忽起，撼擊所乘舟，雙櫓中斷。船師使舟中人併力撑篙，將傍岸，一半又折。駭窘失措，僅得抵蘆葦叢，攀以繫纜。望十丈外，有異物突起波上，其大如五尺盤，巨目方顴，類皆朱赤，全類神祠獄户所畫獅子鬼面者。潘焚香抛楮，家人齊聲誦佛，拜而乞命，且許至金山寺設水陸供荅謝。久之，物睢盱稍低，遂没不出。黄昏後乃定，惴惴宿泊，須曉始敢東下。姪孫子中，紹熙間，部臨川米，運到長風沙，爲驚浪所激。遥見一獸，彷彿若鱖魚，形闊如席，翹其尾，高出水面。每一鼓鬣，風輒隨而起。幸其徑去，亦爲之終夕悚然。乃知温太真牛渚燃犀，所見皆此類也。右四事，子中説。

【九】皆不見　涵芬樓本注，吕本作「就屠」。

浮梁二士

士人應科舉，卜筮之外，多求諸夢寐。至有假託神奇，以自欺者。若出于它人之口，則謂堪信。予得浮梁兩事，的的可録，輒併記之。其一曰馮一飛，以乾道戊子秋試罷，偕里社友交歸所居壽安鄉。道遇村民售豆腐者，捨擔敬揖而請，曰：「諸郎君幸少住，我將以夢爲相得失。」歷視數人畢，遂指馮，曰：「吾官定得第一名。我於前兩夜夢我祖告曰：『吾鄉秀才有生得眉毛直立者，必作魁。明日當過此，可審細求之。』觀君面貌是已。」及牓出，馮果用辭賦爲首選。往求昨民，持錢帛致犒。其一曰朱文郁，在縣市居，以淳熙己酉試，還家三之日，其鄰家來言：「昨夜夢一神人語我，云：『縣下文四十四郎，已發解，可説與朱解元，教他知。』」朱莫測其意。念邑内雖有文四十四，乃市井常流耳，不讀書，不曾應舉。所謂「説與朱解元」之言，有何交涉？既而朱獲薦，始悟文生名郁，故及其姓氏云。

余聽聲

三衢余山人，善相氣色，又工聽氣物聲，常至婺源邑士李熙仲家，試其術。使立户外，而自登廊上鼓梯，執兩椎敲擊數四，乃呼入問之。即曰：「鼓有雙聲，當應兩子弟喜慶事。擊者亦非碌碌人也。是歲淳熙十三年，及秋試，二子偕薦名，明年赴省。其叔智仲以左藏提轄充貢院點檢試卷官，牒往別院，皆遭黜。

賈屠宰麞

平江屠者賈循，以貨麞爲業。常豢飼數十頭，每夕宰其一，迨旦，持出鬻於市。吴地少此物，率一斤直錢一千，人皆爭買，移時而盡。凡二十餘年，贏得頗多。一夕大醉，認十歲兒爲麞，束縛于椸，妻奔往爭救，賈示以刀，不敢前，但拊膺寃哭。賈支解剖剥其兒，與麞不異。四鄰雖聞之，畏或相累，唯謹閉門。明旦，賈如常日唤兒整擔，妻曰：「夜來屠割死了，做一堆血肉，何呼爲？」驚而往視，始痛恨自擲，然已無及矣。蓋多殺招報，冥理章章。時淳熙元年也。

方大年星禽

乾道中，浮梁村落間，有術士方大年，精於禽課，邑人稱爲方星禽。但極嗜酒，無日不醉。值其醒時，卜應如響。西鄉張氏富於財，遭凶盜肆劫，捕之不獲。府縣以責尉盛生，懼譴，然無所施力。弓級詹通，奮以訪逐爲己任。盛問：「有何所據？」對曰：「恰行市中，逢方星禽，醒然無醉態，因命之作卦。曰：『賊已去此五百里，急往追之，尚可得。然須在絲竹管絃之下。』其言必可信。顧給引帖以行。」即挾一客，能物色姦惡者，俗謂之眼，與之俱西。到江州，寓旅邸，日議所向。所云【一〇】：「絲竹管絃之説，當是彼得不義之財，縱游妓館，或詣勾闌有婦女之處，宜各更衣易貌，隨所在偵索。」越三日，了無所遇。共過一茶肆，肆之後，皆作僦舍，商賈雜沓。見一人布袍獨坐，爲眼者異之，近其側，詳扣鄉里蹤跡。其人應答窘怍，欲起不能。眼者叱使住，目詹執縛。其人束手就擒，承伏厥罪。詹偶舉首仰視，則笙簫鼓笛，列挂壁間。始驗方生之術。歸縣誦言之，從此增價。而方不能節飲，竟以酒病亡。有弟大昌猶在，然推算非兄比也。右四事，子理説。

【一〇】所云　涵芬樓本注，吕本作「且云」。

夷堅支庚卷第三 十四事

劉殿丞夢僧

建安劉處約，以殿中丞通判南劍州。夢一僧相訪，自言宣城人，云：「某有一指之厄，暫來寓世五十七年。」是歲生子，名曰誂。因赴試都中，值苦寒，右手小指遂拳曲不復可伸。既擢第，官至大晟府典樂，壽止五十七，特贈龍圖閣學士。其孫謨説。

黄州寧氏兒

黄州黄岡縣陽邏鎮，僧寺之側，有市民寧文，以灌園爲生。紹熙五年六月，妻産一子，名之曰婆兒，甫兩歲。慶元二年四月二十二日晡時，天地晦冥，雷電暴作，兒在門首，忽失所在。移時開霽，得之於果棚下，伏卧不動，有朱書七字在其背，曰「天下太平慶元年」，字闊二寸，分作兩行，唯「太」字頗暗。觀者拊摩，隱隱然隆起。凡半月餘，始没而不見，兒如常。監鎮務官具告郡，書坊圖其事，刻板鬻之。

校勘記

孫監酒再生[一]

監平江府外坊竹青庫孫某，以紹熙五年六月得疾，至九月而死。踰半日，忽起坐欠伸，顧瞻。妻子在傍，環立相賀。孫問曰：「我病幾何時？」曰：「百餘日矣。」「所苦何事？」具以告。曰：「我全不能記省。今已脱然，但經時不理公家事，此心懸懸。況收糴糯米，做造新麯，止合辦歲計，豈容卧家？」即靧櫛更衣，命駕適庫，點閲簿書，遍行局舍。酒人不謹者皆撻治之，然後歸。謂妻曰：「我久不食，覺甚飢，須具飯三分，羹三甌，肉三楪，爲一飽計。」妻微訝其異，如言辦之。以次啖食，俱盡無餘。復登元榻，悽慘而言曰：「本命已盡，逮到冥司，而主者不肯納。曰：『汝猶有一日職事，三頓飲食，合當了却來。』所以暫還。今兩者既畢，其死矣。」遂卒。孫兄仁爲建康榷貨務，爲王南卿言。南卿説。

王衍之

王衍之，荆公四世孫也。寓居湖州，調建康司理參軍。迎吏至，擇日赴官。忽語家人云：「交代相訪。」索公服，出延接。家人謂代者不應此來，深以爲駭。既出廳事，秉笏進趨，爲與客對揖之狀。喚茶及湯，如常時待賓禮。小史但見官人獨坐獨語。俄起曰：「只用今日交割亦可，容便去拜見。」送客出門而還。妻子問其故，默不答，皆相視收淚。

[一] 孫監酒再生　目録作「孫監再生」。

王行堂上，未及脱袍帶，仆地死。竟不知墮何等幽趣也。

天池廟主

河外麟、府兩州【二】，爲西北屏蔽。國朝相承，用王氏世守麟，折氏世守府。麟州城外有天池廟，極雄偉，郡守率以月旦親往奠謁。宣和末，某團練襲郡事。一日，到廟禮畢，忽戒吏卒使暫去，須未時乃來。即自闔大門，隨直使校客將輩皆怪愕，不敢盡去。但傾耳竊聽之，聞歌管喧噪，獻酬交錯，歡笑之聲，響徹于外。至未時出啓關，醉容溢面。上馬還家，告妻子，曰：「我已受命作天池廟主，尚此少留，俟廟宇了，然後赴上。」甫一月，火起廟中，大屋百五十間，頃刻煨燼。王又言：「我今死矣，未須再建廟。且造殿三間，不要裝折，只當中設幄幕，仍舊以初一日來。凡吉凶影響，當一切報汝。一年之後，方可塑像。過三年，始隨宜增添屋宇，可也。」其夕果卒。家人謹奉其戒，每於屋内言語，如平生。有所告説，無不立驗。忽一息【三】，愴然謂子孫曰：「時世不佳，我亦從此逝矣。吾家不可眷戀，當謀遠避，爲逃命計。」問：「合向何處？」曰：「只有西川好。」遲遲未決，洎復往，則怒責曰：「何爲尚留【四】？若不速發，大禍且至。吾今日即行。」子孫方退，火自香爐中起，廟復焚。於是一家即日俱登塗，西入蜀。其年麟陷於夏羌。王之孫，紹興十九年爲南劍州兵馬都監。王大夫榕作守，聞其説。

【二】河外麟府兩州　「兩」原作「西」，據周本改。

【三】忽一息　李按：「息」疑爲「夕」之誤。

【四】留　涵芬樓本注，吕本作「留連」。

詹撫幹

會稽詹氏，爲郡巨室，且多名士。所謂撫幹者，又最富，藏鏹尤多。嘗夢甲士百數，從西廡趨【五】庭下拱立。其爲首者前曰：「跧局公家久，今將他適，不敢不告辭。」皆再拜而出。詹驚寤莫測。至五鼓，復夢諸人由外入，仍立於庭，言曰：「走遍一府城内外，福無出撫幹上者。不如依舊伏事，所以再來。」又拜而升廡。是時將曉，詹不能復寐，起行廡間，見地上及庫門，往往沾濕。庫屋十餘室，元堆疊緡錢，發鑰視之，盡如從水中般出者。然後悟昨夕【六】所夢。蓋孔方兄欲捨而之他，既乃還其故處也。詹之子道子亢宗爲諫官，孫晉卿睽【七】魁天下，至今猶稱盛門。右三事，順伯説。

黄瓊州

黄揆彛甫，福州人。登乾道五年進士第，用莆田獲盜功，改京官，知沙縣。淳熙末，入都求郡。留丞相將處以瓊管，黄辭焉。留公曰：「瓊無瘴氣，有賞典，君嘗仕嶺外矣，且又見闕，何憚焉？」黄偶憶昨過三衢日，問卜於劉樞幹，課中有「瓊山」字，悟爲前定，乃受之。在瓊二年，臨受代，徙出教授官舍以需合符。俄得疾，瞑眩，意氣慘悽，語妻曰：「本不合來此屋住，悔之無及。我做秀才時，夢人告，當作教授而終。所以向來不敢注此職。

【五】趨　涵芬樓本注，葉本作「趨出」。

【六】昨夕　涵芬樓本注，葉本無「昨夕」二字。

【七】孫晉卿睽　中華本注，當作「騤」。

今適居其處，真不偶然。」竟卒。有子三人，以過海賞，及己酉捧表恩，并致仕，皆得官。黄之姪所説微不同，云：黄昔夢棺上畫梅花一枝，又書官至員郎，終於南安教授。後在瓊泮得疾，問新教授乃南安軍人。及死，梅通判爲之治後事。

興化官人

紹興末，興化有官人仕於潮陽，任滿浮海歸。中道抵一村步，舟衆登岸買酒，邀其子同游。子年十一二歲，整衣而出，抱以往。久之，持酒一壺并肉羹餉官人，夫婦食之稱美。越兩時，子不返，使童呼之，篙工嘻笑答言：「官人如何理會不得，恰所吃羹，乃其肉也。」官人拊心悲痛，知不免，謂曰：「事已到此，我不惜就死，告容我自爲計。」其人曰：「爾計奈何？」曰：「幸見許，取公裳穿著，拜謝天地神明，然後赴水。」諾之。既死，又殺其家十餘口。唯留厥妻及女，裸其體膚，不掛片縷，意欲使之不能窺外。於是衆迭姦汙。覺甚餒，則量與之食。稍啜泣，必行痛箠。回次泉南境。初，此官人攜鄉里一姻舊，爲館舍客，當治裝時，俾先歸理家務。望之踰期，杳杳不至，乃僦小艇，循岸迎訪。到某港，見二婦探首視客而哭。時凶徒盡散，入村民家，二婦揮手使客去。客解其意，偶巡檢廨舍近在數里内，徑往赴愬。巡檢悉栅兵追捕，凡二十輩，無一漏網者。獄未具，會壬午覃恩赦至，除斃於獄户者，餘多得生，時人莫不寃惜。

祝評事

衢州江山人祝評事者，精錦囊地理之學，隨其子爲仙遊令。縣士傅秀才謀葬父，來謁之。祝曰：「就近有一山，房宿直穴，昴宿守水，上合天星，真佳城也。急買勿失。」傅如戒，成約，偕往觀，指之，曰：「壬午年當生貴子，位至侍從。後代子孫，冠冕不絶。」仍爲標記兆域，乃去。果以是歲生子楫。建中靖國時，至中書舍人、龍圖閣待制。既卒，又有行山者告其家，曰：「先墓合出宰相，可惜穴低了。」遂遷就高處五丈許。異時一孫適臨安，過江山，訪祝老之居。評事下世已久，有出延客，從容及先世事，曰：「君家後來不曾輒改動乎？」曰：「自待制之没，用一術者言，徙之矣。」祝曰：「有犯徒刑者乎？」傅子駭曰：「實有之。」主人起入室，抱一書策出示之，蓋評事君平生所抄録與人卜地本末。其一曰：「仙遊傅秀才，營葬後，常於壬午年生貴子。或移而趨高，則出徒刑人。」因勸使速反其故，曰：「尚可綿綿仕宦，不然瓦解無餘矣。」傅子謝歸，復仍舊窆。自是連有擢科第者，元瞻淇、元魯汶歷位通顯，皆其支胄云。

莆田人海船

莆田士人守官廣右，一僕嘗負罪遭治，而不勇於逐。僕心怨主人，因其滿罷，泛海歸，爲顧賊船。到半途，全家遇害，抛尸水中。唯一老兵，既受刃，而推墮板下，賊鑿破其船，棄于淖，别易船行。兵傷處不致要害，經宿復蘇，忍痛升岸。去鄉里只數程，扶杖乞食，歸報主家。族黨以爲一門盡死，安得獨存？是必與賊爲囊橐者，執而訴於縣。縣以大囚法桎梏絣訊，雖强引伏，終不得其情。邑宰白郡，移赴司理院。時正尉抱疾謁假，主簿黄揆攝職，躬領弓兵護送。才出縣門，逢三盜，著商賈服，相隨游觀。老兵指而呼曰：「此三箇正是殺人賊，却教我苦中受苦。」揆即遣卒拘之，同縛詣郡廷。蓋三人者，知老兵在獄，蹤跡已露，欲采聽鞫勘消息，故自投陷穽。天網不漏，交臂就擒。洎獄成，皆轘于市。怨僕在其中。餘衆悉遁。揆以獲兇惡强盜三人，當論功改秩。初猶不欲自言，謀於鄭景實。鄭曰：「君既攝行尉事，元非有心，何爲不可？」遂受賞。

林寶慈

海南四州生黎，雖不受征徭，而事守令甚謹。遇其生朝，則遣子弟部曲持香幣來賀。主人亦薄爲之報，蓋有定式。林梅卿尚書之子寶慈，知吉陽軍。當此日，嘉黎人之勤，延待之禮過倍常歲，酋殊以爲感。林與龔實之參政同鄉里，素厚善。廣西漕使唐君夙憾龔，而遷怒於林，著意求其過。會有商客以鹽事來訴，即遣官率兵圍其城，聲勢甚惡，林有性命之憂。走僕往黎母山告急求救。酋立擇壯勇三百衆，兼程解圍，盡取林一家，置于船上，浮海東遁，至於潮陽。唐列上于朝，云：「吉陽守臣林寶慈貪虐，黎人攻陷其郡，俘其妻子入洞矣。」朝廷不知虛實，下經略司審究。是時黎衆久已退歸，略無所犯。但訪林所向，莫測存亡。後數月，林自潮顧兩丁荷轎趨福州，謁鄉帥陳丞相，具白其故。公爲開奏本末。林先以父蔭授承務郎，累遷秩至奉議矣，詔貸其棄城逋逃之罪，復與初補官，仍只理監當資序，於是調監饒州永平監，未幾而卒。議者常謂變蜑無信義，觀此一事，報德排難之節，可侔古人，中州有所不如也。右五事，鄭景實說。

陳秀才女

金華縣郭外三十里間，陳秀才有女美容質。擇婿欲嫁，而爲妖祟所迷獲【八】，不復知人。其家頗富贍，不惜金幣，招迎師巫。以十數道士齋醮符法。凡可以禳治者，靡不至，經年弗痊。其鄰張生，亦士人也。夜聞女歌呼笑語，密往窺之，門外一石獅子高而且大，乃躡其背而立。女忽怒言曰：「元不干張秀才事，何爲苦我？」張生愕然，知必此物爲怪，將以明日告陳。而陳氏謂張有道術，清旦，邀至入視。張不言昨夕事，但誦乾元亨利貞。生曰：「吾用聖人之經，以臨邪孽，如將湯沃殘雪耳。」因語陳曰：「吾見君家石獸形模獰惡，此妖所由興也，宜亟去之。」陳即呼匠鑿碎，輂而投諸水，女遂平安。

【八】迷獲　涵芬樓本按：「獲」字似「惑」之誤。

朱氏乳媪

陳天與侍郎之女，嫁金華孝順鎮人朱熙緝，從陳公赴建寧。到府數月，其次女乳母鄭氏，晝日入厨，忽迷困如醉，呼喚不醒。命道士巫覡治之，歷數日始蘇。云：「正在厨下，見白衣人從外入，自稱：『我是婺州人，汝哥哥使我取汝還鄉。』不覺隨以出。漸次踰城，抵建陽崇安。其行極快，更追趨不得。每到山嶺下，不能進，則負我而登。過信、衢、婺三州，遂至鎮。認得本家在近，欲一往看娘。白衣者嗔憤，用拳棒亂打。兄鄭二見而怒曰：『是我妹子，自隨七官人在建寧府衙内，汝如何得帶他來，又更行打？』將執之，白衣遜謝而去。俄有大赤龍，煙霧纏繞，衝奮而入，含水噀我，其冷如冰，乃驚覺。元不知是夢也。」因此病，足股掣痛，不能下床，凡半月而愈。赤龍者，蓋道流所呪符云【九】。

張通判

舒州人張通判家，富冠一州，多蓄聲伎，喜賓客。調武昌倅貳，臨之官，郡寮相與置餞於南湖，官奴盡集。中席各暫起，張在驛堂，婦人從後拊其背，面視則捨去。認其人，乃妓魁王蘭也。頗怒，出與理掾言，呼蘭責問。蓋同輩聚飯於外，初未嘗獨入。方知爲異物，心瞿然，飲酒不樂而罷。後兩日，暴疾即亡。鄂卒已來迎，不及赴。右三事，子言姪孫説。

【九】所呪符云　涵芬樓本注，「符」下吕本多一「水」字。

夷堅支庚卷第四 十五事

霍和卿

霍篪，字和卿，鎮江人。五歲生惡瘡遍體，過苛痒時，盡力爬搔，或流血見骨，若大風病癩者，俗名爲霸王瘡。百藥並用，才愈復作。其父絶以爲憂。遇道人於門，入覘之，出謂父曰：「吾能療此。」解囊取藥二十貼與之，曰：「須得無灰酒調服。如稍有灰，則藥力盡敗。市中官醞不堪用也。」父留之坐，即糴糯三斗蒸炊，拌麯入甕。道人曰：「俟明日將遣一箇相識來治之。但其人頗怪，切勿生驚疑，若如是，當立愈矣。」明日寂無它客，而酒室内有紅光一道，穿窗隙直射于甕中。逮酒熟，覆視之，糟滓皆突起盈溢，過倍其初，而香味郁烈。及擁取入醡，乃一大烏蛇蟠其下，已糜腐剖析。霍父曰：「所謂怪者，此邪？向之紅光，定其物也。彼必不我欺。」但去蛇骨，以肉併投醡袋中，取其酒調藥。藥盡酒空，和卿不知其故，未幾，積年所苦如洗，肌理雪白。是歲獲鄉舉，登隆興癸未科，後監左藏西庫。吕德卿嘗與同僚，聞其所親説。

石城民眼贅

紹熙中，吕德卿知贛州石城縣。冬月，給散飢貧細民官米。望一民頰上有物，穹然而長，下垂過頸。呼前視之，蓋左眼生一贅，從圈内突起，幾二尺。初用紗帛蔽束，揭而注觀，則眸子乃在其表，眨睫有光，閃爍可畏。吕惡而遣出，不復扣其何以致此。人肖形天地，稟五行之靈，而惡疾若是，豈其宿業歟？

石城尉官舍

石城縣尉廳，久以兵壞，寓治于僧寺。寺之屋，分隔大溪，溪上有橋，尉舍在西。每出入，必從橋。後橋遭漲水漂蕩，常乘小船往反，多窘風濤，乃徙于東邊。而故室爲宗子所占，仍治隙地爲菜圃，其處舊有南安巖主祠堂。紹熙中，福唐人曾悆爲主尉，夢巖主訴曰：「吾之居，苦於種菜用糞穢之惱，使不能安跡。君盍仍舊貫？向來不過慮風憂，自此不復有矣。」曾謝曰：「敢不敬聽命。」他日又來，曰：「宜以今日去。稍遲留，定貽幡竿入水之撓。雖不至深害，亦費詞説。」曾覺而沉思，不曉其所謂。取官曆檢視，又曰不吉，乃議以翌旦遷。邑人陳元功，太尉之子孝家者，居寺門外，攜富民潘生置酒餞别。曾西遷未幾，市頑有不相樂者，訐其與部民趣膝歡飲，興訟于州，擾擾數月乃定。始悟「幡竿入水」爲「潘」字，使當時即日西遷，無此玷矣。

花月新聞

己志書姜秀才劍仙事，以爲舒人【一】。今得淄川姜子簡廉夫手抄《花月新聞》一編，紀此段甚的，故復書之。貴於志異審實，不嫌復重，然【二】大槩本末略同也。廉夫之祖寺丞，未第時，肄業鄉校。嘗偕同舍生出游，入神祠覩捧印女子，塑容【三】端麗，有惑志焉，戲解手帕繫其臂爲定。才歸，即被疾。同舍生謂其獲罪於神，使備牲酒往謝。於是力疾以行，奠享禮畢，諸人馳馬【四】先還。姜在後失道，日且暮，恍惚見白氣亘空，常當馬首。天將曉，始到家。妻孥相視，問訊勞苦。方就枕，聞【五】外間有呵殿聲，一女子絶色，自轎出。上堂拜姜母，啓云：「妾與郎君有嘉約，願得一至卧内【六】。」姜欣然而起。妻將引避，女請曰：「吾久棄人間事，不可以我故，間汝夫婦之情。」妻亦相拊接，驩如姊妹。女事姑甚謹。值端午節，一夕，製綵絲百副，盡餉族黨。其人物花草，字畫點綴，歷歷可數。自是皆以仙婦呼之。居無何，白其姑言：「新婦且【七】有大厄，乞暫許它適避災。」再拜而别，出門遂不見。姜氏盡室驚憂。少頃，一道士來問姜，曰：「君面色不祥，奇禍立至，何爲而然？」具以曲折告，道士令於淨室設榻。明日，復來，使姜徑就榻堅卧，戒家人須正午乃開關。久之，寒氣逼人，刀劍戛擊之聲不絶，忽若一物墜榻下。日午啓鑰，道士已至，

【一】以爲舒人　涵芬樓本注，葉本下多「少孤，奉母寓河北。嘗與同輩謁龍女廟，覩侍女捧鏡奩者」二十二字。

【二】紀此段甚的故復書之貴於志異審實不嫌復重然　涵芬樓本注，葉本無以上二十字。

【三】塑容　「塑」原作「愬」，據周本改。

【四】馳馬　涵芬樓本注，葉本無「馳馬」二字。

【五】聞　涵芬樓本注，葉本作「忽聞」。

【六】一至卧内　涵芬樓本注，葉本作「一見」。

【七】且　涵芬樓本注，葉本作「當」。

姜出迎。笑曰：「無慮矣。」令視所墜物，一髑髏如五斗大，出篋中藥一刀圭糝之，悉化爲水。姜問其怪，道士曰：「吾與女子皆劍仙。女先與一人綢繆，遽捨而從汝，以懷忿欲殺汝二人。吾亦相與有宿契，特出力救汝。今事幸獲濟，吾亦去矣。」才去，女即來，遂同室如初。罹姜母之喪，哀哭嘔血。姜妻繼亡，撫育其子如己出。靖康之變，不知所終。廉夫後寓鄱陽而卒。厥孫曰好古，至今爲饒人【八】。

王氏婢

司農王丞族弟，淳熙中，買一妾，立券時，父母先約，不可令近水火。久之，主母夜如廁，傍無他人使，攜燭以行。溷未畢，妾忽叫云：「這回休也。」俄而火從身起，頃刻間悉成灰燼。

碧石骰盆

致知先生姜潛，兗之奉符人，居縣中。其讀書處相去百里，每欲歸省其父，隨意即登塗，不問朝暮。一日夜半，乘馬行，佩弓矢於腰。一童前導，覩林薄間燈燭熒煌，悚怖不敢進。姜曰：「不過是鬼耳，何足畏哉！」駛馬迫視，乃十數人，被髮席地賭錢。即引弓一發，旋即驚散，不測所之。見疊錢凡數百貫在地，知其紙鏹也，揮鞭劃之，碎爲灰灺【九】。

【八】至今爲饒人　涵芬樓本注，葉本作「今在饒」。

【九】灰灺　「灺」原作「地」，據周本改。

獨碧石大骰盆瑩潔可愛，遂取之。姜好學，有隱操，崇寧間，郡以其名聞于朝，降召命再三，竟不肯起，乃賜先生之稱。

金陵黥卒

金陵近年有黥卒，已脱軍籍，置卜肆於通衢間，占驗若神。道人高冠侈袂，風儀甚整，來問卜。黥案式稍詳，起挽其衣，曰：「我於卦中算得君是神仙，願垂救度。」道人頗窘，欲去不得，乃約同往旗亭買酒。黥挽衣如初，並坐片時。杯方行，道人含酒噀其面，黥驚而放手，遽失所在。將拭面，覺光澤異常。酒家明視之【一〇】，黥文滅矣。

李萬隊將

紹興三十一年，劉武忠公都統鎮江諸軍，以十月五日發中軍、前軍渡江。是夜宿揚州，員琦提舉一行事務，其素善一娼，爲隊將李萬所據，心不平，託它事杖之二十。又慮其泄，明旦白劉公，云：「李萬宿於妓館，已薄施罰責。」劉震怒曰：「我一身抱病，不敢將婢妾供侍。萬何人，乃輒如此！」諭軍將擒入教場，且令安排劊子。繼到彼，問之曰：「汝安得亂我軍政！」未及對，即斬之。又問萬屬何軍，琦對曰：「係中軍第十一隊將。」時本軍統制王明在側，呼謂曰：「這一刀是汝兩箇合喫，且寄在汝處。」明趨下拜謝。十二月，

【一〇】明視之　涵芬樓本注，葉本無「明」字。

劉公解兵柄，卧病甚篤，見李來窗下，聲若歎息，左右悉見之。劉叱曰：「汝自干犯軍法，以國事行誅，實汝自取，尚何敢作祟！」殊不之顧，隨即帖然。聞者壯劉之膽決。

吴山新宅

王仲衡希呂，淳熙二年，爲起居舍人。林安【一二】爲僦吴山一新宅，方徙居，次日未曉，將赴朝，其婢詣厨欲煮湯，才啓厨門，見異物如人，在竈下，若摇而扇之狀。呼問訶叱皆弗應，婢恐而出，告於王。王未以爲然，復遣老兵張進攜燈往驗。物凝立不動，燈亦滅，進還報。王淮北人，有膽勇，暗中拔劍，徑趨之。物猶自若，旋覺有人至，疾走，赴後門，穿狗竇出。未半，王揮劍斷其身爲二，取火照視，乃白鹿也，洒血滿地。王退朝，剥其肉，分餉侍從。鹿之白者，世所鮮有，初疑爲不祥。後一月，乃除淮西帥。

海門虎

淳熙二年八月，通州海門縣下沙，忽有虎暴，民家牛羊豬狗遭食者多，居人畏其來，至暮輒出避。陳老翁村舍窗户籬壁，皆爲觸倒。陳語妻子曰：「虎吃人自係定數，我一家人八口，恐須有合受禍者，我今出外自當之。」妻子挽勸不聽，即開門。見虎肋間帶一箭，手爲之拔取，虎騰身哮吼，爲感悦之狀而去。次夜，擲一野彘以報，自此絶跡。

【一二】林安　「林」原作「臨」，據呂本改。

李成忠子

沅靖州巡轄遞鋪官、成忠郎李侊，滿罷後赴調，留家於沅。一子年十歲，從郡士覃先生學，相去一里，朝出歸，每月飯食果殽，專遣僕蔡宣傳送。蔡好博，多倩市人汪二持往，凡數日久【一二】。覃視汪已稔熟，或來處【一三】此子還舍，則亦付之，浸以無間。嘗與子在半途，遇一人言：「蔡僕射不得功夫，使我請小郎君。」汪不問爲誰，令抱去。是夜，侊妻望子不至，以扣蔡宣。蔡急詣學訪之，覃云：「汪二取歸久矣。」蔡慌窘，繞城叫尋竟夕。遲明出城外，物色到五里僻處，林木蓊蔚，烏鳶噪聚，試穿小徑入觀，見兒横尸地上，腹以遭剖【一四】，肺肝皆空，而實以米餌，蓋爲惡徒殺以祭鬼也。奔告侊妻，視之而信，慟哭隕絕。訴于州，州牧係覃先生、蔡、汪三人，而立賞捕賊，竟不可得。汪二遂死獄中。時淳熙七年春也。

【一二】凡數日久　涵芬樓本按：此句疑有脱誤。
【一三】或來處　涵芬樓本按：「處」字疑誤。
【一四】腹以遭剖　涵芬樓本按：「以」字似「已」字之誤。

吴江二井

淳熙七年，夏秋之交，浙西不雨，苦旱。吴江塔院大古井，其水穢黑，不堪汲飲。僧命匠王大者浚之。日亭午，外間居人，見烈焰從井中出，蓬勃丈許。匠被爇，皮膚皆灼破，急出即死。一賣果實小民過其傍，亦損面。又焚井亭，自是水清泠可鑑。同時有菜户孫氏，亦浚井，匠入鑿土，聞其下人聲。良久，一衣緑者坐胡床，一黄衫卒捧文書，一童侍立。匠望其處如官府然，廳堂整峻。黄衣叱之出，急引索而登，僅獲免。識者疑爲龍神所據，無復敢窺，此井遂廢。

奔城湖女子

紹熙五年六月七日，常熟縣奔城湖，有村民艤船水際。見一姝麗女子，從二蒼頭來，言欲借船過湖，到東蒿塘看親。遂解纜，届中流。民稍黠，念如此美女，乃徒行，又無父母隨之，殆非人類。大聲語之，曰：「今年乾旱，小娘子莫是龍女邪？」女不答，亦不改容。蒼頭獨怒目四顧，轉盼間，失女所在。蒼頭登彼岸，不知所向。俄有龍自北水水棚過，大風發屋。蒿塘民談大公有子三人，分室以居，皆力耕賣酒，頗豐贍。是日，臨安茶商沈八，偕伴侣三十輩，負擔到其門少憩。頃之，黑雲四合，數神人著錦衫，持斧鉞，長大獰惡，以次而至。其一云：「我在談家幹事，汝等速去。」已而風雨大作，沈八諸人并茶仗，悉移至塘北。洞庭絹客寓彼，亦被驅出。三談室宇、器物、米穀、金帛，席捲無孑遺。唯一常用秤，插地上，力拔不起。一斗貯于糖甕。屋後竹園一空，一榆木極大，蔭蔽數畝，根反居上，枝葉在下，禽巢以十數，在石礎上，略不撼損。門外二客舟，飄落二十里田中，而三家男女悉無傷害。

王氏白金器

淳熙十六年五月，平江城内蛾眉橋下，王三秀才家，居臨河，因隄岸摧坍，傭工緝甃，盡發故磚石，將一新之。取土二尺餘，得大石板，覆一瓦缶，其中皆白金器皿。王認爲己有。鄰人不平其獨擅，白于府，府遣兵官護取之。視器底皆鐫字，曰：「某年月日太原記。」并王之祖花押存。秀才持昔年分書文簿校驗，並同。府命盡還給付。家久寒窶，自是豐腴。

伏虎司徒廟

平江人江仲謀，於府内飲馬橋南，啓熟藥鋪。紹熙五年，又執一肆於常熟梅里鎮，擇七月十二日開張。前一夕，夢黄衣人聲喏，持文字一軸，云：「相公令投下文字。」江問：「何等文書？」曰：「是鎮中人户所居名次，望官人題上簿。」江許之。視黄衣一臂損爛出血，明日以語人。其鄰叟云：「相近錢知監宅東，有一廟，鎮人爭往焚香，豈其神乎？」江即攜香酒致謁，見土偶騶卒，臂泥脱落，宛然昨夢所覩，蓋伏虎司徒廟也，立唤匠補治。旋夢來謝，且祝江勿用僞品藥雜於劑中，誤人服食，因而可積陰功。江感其説，收市良材，不惜價直，而所貸日增。此卷皆吕德卿所傳。

校勘記

夷堅支庚卷第五十六事

明僖寺鯉魚

泰州如皐縣明僖禪寺，鐘樓傾欹。主僧以傾覆爲慮，命工匠繕理。其傍有深塹，於中治泥。後因雨降，積水盈尺。秋冬水漸涸，見鯉魚長六七寸者數百，跧聚困蹙，莫測所從來。老僧寶初者云：「記得十餘年前蓋造此樓時，一過客買巨鯉，令僕庖治，破其腹，棄子于中，不謂許久乃得生活。」佛書十年不壞之説，於是可信。況又不止於此，到今益以蕃息，數倍前時。

真如院藏神

台州臨海縣上亭保有小刹，曰真如院。東廡置輪藏，其神一軀，素著靈驗。海商去來，祈禱供施無虚日。紹興中，童行金法靜主香火之事甚敬，爲寺參頭，因令剃工繳鼻。爲僧智全從傍過，誤觸其首，刀中斷，牢不可取，出血至數升，悶仆不醒。恍惚間，見藏神至，舉手拔之，便覺痛少止，刀墜于側，旬日瘡愈。自是遠近傳説，檀信益衆。宇文子英尚書表弟李生，亦皦耳被觸，刀刃在中。困卧之際，夢土地神爲出之。二事正同。况前輩有言，以方寸利刃旋舞于面目間，是使刺客白晝持匕首爲戲，其禍近於席間舞劍也。真可爲戒。

鑊㔶蕈

臨海縣承恩鄉，富室毛三五助教生三子，長曰惟脩，入太學。次惟彰，娶宗室女，得官。俱死於靖康圍城中。助教在鄉里，憂悼亦亡。幼曰惟謹，讀書不成，家貲日以衰削，遂買撲酒坊。紹興二十一年，其僕徐九樵薪於近山，得大菌於高木，俗謂之鑊㔶蕈者。重數十斤，束縛持歸，獻其主。惟謹喜甚，令徐僕烹飪以薦朝餐，呼二子共食，才放箸，皆死。妻以前一日適母家，獨免。毛氏爲富累世，助教以寬厚稱長者，深得鄉譽。至是一門殄絕，無不嗟惜之。

陳瑀不殺

承節郎陳瑀，權監章安鎮。平日不殺生，有饋巨蝦三十枚者，不忍付鼎鑊，姑以實大桶内，貯水育之。夜夢三十人，皆著淺碧衣，目光閃鑠，列立于前。一最大者致詞曰：「某等無罪無辜【一】，將罹性命之厄，非明公不能免其死。願少留意。」陳起應之，曰：「我

【一】無罪無辜　涵芬樓本注，吕本作「無辜」。

以一賤官，又暫攝事，安能任活人之責？」皆曰：「恐公不肯爲，此談笑間可辦也。」再四申懇。覺而悟其故，亟取蝦縱之海。舉羣悉昂首反顧，如感戀之狀，久而乃没。

石城溪童

乾道三年，姜廷言侍郎之子處厚知贛州石城縣。當暑雨初過，乘轎行溪上新隄。見南岸有青衣三童，長二尺許，跣足跳躍，見人不驚，久之乃乘雲去。

白术苗

淳熙中，台州天台縣樵夫入山，見小木堅直，伐以爲擔，其芬香異常，樵不識也。負薪出市，買者識之，曰：「此白朮苗也，安得如許大？殆必神物，可更往取之。」樵夫復尋原處，茫不可得。信步失脚，墜一穴中。遥望竅隙，光如當三錢大。隨之以行，了無窒礙。約一日久，聞頭上有鳴櫓聲。又一日許，乃從黄巖縣委羽洞出焉。蓋冥行幾三晝夜，殊不覺飢渴，其爲神仙境界，可知矣。

過椿年

浙西提舉茶鹽司孔目官過椿年，既補都吏，赴紹熙四年十月二十二日會慶節錫宴。

坐中得疾，歸，十二月死。明年初春，鄰人潘十六娘，夢其自挈衣笥，語曰：「煩報我妻兒，我已差去秀州。」後數日，其家火柩於盤門外。送者王媪仆地不甦，而作椿年聲音云：「我於正月間倩潘娘寄信息，想已知之。自今以後，不須更作佛果。我託在秀州南塘上蔣六郎家爲男子，止注得六十年壽。」王媪即蘇，以告其子曄。曄徑往尋訪，果得之。蔣氏云：「旬日前育子時，先夢一皂衣人來言：『是平江府人，來汝家寄住。』已而生男。」曄求入房視之，垂涕而出。椿年爲吏頗公正，故死未久，即復爲人。

郁大爲神

吴江范上鄉石里村農民郁大門前，有高楊垂陰蔽屋。乾道二年夏日，無故恍惚，延緣升木杪横卧。家人望之駭汗，其子登長梯取之，不下。越三日，恍如有覺，徐徐歸舍。自是能知人生死。至六十七歲，謂妻曰：「我命數已盡，可具粧【二】浴畢，置酒邀姻鄰叙訣。」問云：「午時未？」妻言：「尚早。」郁曰：「俟我死後，有腰背上柱杖痕，是我與神鬬法所致也。」日正午，遂奄然。視其背，果有傷痕。既葬，鄉人常見其出入如生，而羣鬼從行。人或有疾，託巫者邀請，必至。命童子附體，决休咎，或使服某藥，或使設齋醮，無不立應，得以平安者甚衆，至今猶然。

【二】粧　涵芬樓本按：似「粧」字之誤。

西館橋塑龍

紹熙三年六月，平江境内大旱，東西舟船不通。西館橋鬻生果主人，出力抄題衆鋪錢，得二十餘千。命工塑龍於橋上，創造洞穴，繪畫雲氣，作飛龍取水之狀。士庶來觀，焚香請禱，絡繹不斷。府守沈虞卿待郎，適餞送過客回車，見之亦下而瞻敬。迨還府治，又遣致酒果香燭，連夕供事，極爲精專。沈夢龍告以明日有雨。如期果沛然作霖，高下霑足。乃展具禮容，僧道耆老，音樂梵唄，送龍于石湖。

李淑人

臨川王宜之文林，德全少卿之子也，居于吴門寶華山。乾道八年六月，其妻陳氏夢外間傳呼云：「李淑人來。」肩輿就廳事而下，陳出迎之，乃方務德侍郎之妻也。延入中堂坐定，起言曰：「我家與宅上累世親姻，適有薄幹至此，願假我東邊一小室暫泊。」更數日，當挈囊橐來，幸勿見阻。」陳謝曰：「淑人肯見臨，何不可之有？」遂辭去，復乘車而出。時陳已懷妊及月矣，未【三】生男。旋聞李下世，男幼而俊秀，長而好學，有才藝。兩家往還到今甚密。李表弟俞正臣説此。右十事，亦吕德卿傳。

【三】未　中華本注，此下疑漏「幾」字。

浮梁縣宅

浮梁縣治皆古屋，頻有怪祟。慶元二年，知縣信安鄭伯膺長子婦，正晝抱嬰兒在房，有自後捫其乳者。回顧，乃一偉男子，皂衫烏帽，長七尺餘。婦駭叫，逡巡而滅。長子心志素怯弱多畏，每夜未睡時，須五六人相伴，始不驚怖。嘗卧病于榻，其前一竹籠貯故絮，忽聞其中窸窣然，謂爲鼠也。少焉，一人伸首出，面目絶大，俄高屬屋椽。適無人在側，鄭子拊床大呼，急翻身向内，其物亦没。鄱陽主簿何公極往縣督錢，見鄭説。

華嚴寺僧

平江華嚴寺後有民陳氏居，夢寺僧至其家，請曰：「今來君宅託生，願見容。」乃脱袈裟挂於堂梁之上，徑趨入磨牛房中。陳驚覺，知其必墮畜類。才天明，往作坊驗之，牛已産犢。視梁上凝塵盈滿，唯僧元所挂衣處如拭。王友文推官説。

武女異疾

鄂州富商武邦寧，啓大肆，貨縑帛，交易豪盛，爲一郡之甲。其次子康民讀書，爲士人。使長子幹蠱。長子有女，勤於組紝，常至深夜始寢。乾道七年，得奇疾。方與母同飯啜羹，忽投箸稱痛，宛轉不堪忍，俄又稱極痒。母問其處，不能指言。歷數月，求巫醫數十極治，悉不效。次年春，一客結束如道人狀，入肆飲茶，聞其聲，謂武生曰：「彼何人？」曰：「吾女也。」問：「尋常呻吟時更作何聲？」曰：「似云丁當者。」客曰：「吾談笑間可治，須一入視之。」武生疑其有所覬，姑謝之，曰：「日已暮，明旦可矣。」客訝其緩，武別設詞以對。旦而復來，武曰：「女子夜來却定疊，俟其疾作，當煩先生。敢問所止。」曰：「我只在亭頭，可令一重相隨去。」亭頭者，南市邸店也。遂揖而起。才出門，女大叫，蓋因食燒豬而痛作。遽延客入望，見即言：「面色正青，我知之矣。」俯就地，拾物一小塊，如土如石使，磨屑調與飲。又於腰間袋内取藥兩錢七，使挼擦左股痛處。藥未盡，一鐵針隔皮跳出，頭末皆禿鋭。女神志頓清，乃道所苦之因，曰：「向來燈下縫裳失針，尋覓不見，便覺股内有物鑽攻，流轉四體。纔吃飲食，滋味稍濃者，輒大痛。攪刺上下，到股即止。想是當時著針去處。今既取了，已恬然無事。」即日平安。武氏厚謝客，但肯受十之一二。康民者與張壽朋善。其年秋，壽朋赴竟陵守，過鄂渚，聞其說。

新安尤和尚

浮梁西鄉新安寺僧允機，姓尤氏，其名已見支丁中。生於宣和己亥，年十八九，即爲僧。天資警慧，又絶葷酒，其師工醫，一意從事于此伎，聲喧縣邑。與同里張一大夫及其子復州使君壽朋善。大夫亡後，憑夢告之，曰：「師既出家，又能齋素，願常堅此志。俟甲子一周，則我復來。」自是誠心愈確。凡所得賂謝襯施，悉以供脩繕公費，殿宇藏院爲之一新。淳熙戊戌，年六十矣。正旦日，鄉人更相慶賀，土俗例具酒殽延客。機亦辦置於方丈中，客至即留，遂飲酒食肉。弟子海瀛在傍，驚白曰：「和尚持戒四十年，何故一旦破禁？」笑曰：「汝不記我頃時所夢張一翁之語乎？今甲子周矣。」瀛不敢言。山下民求救。凌生妄與寺爭訟隙地，不得直，愧且憤懷斧於腰，欲戕機。機方焚香伽藍堂，逢其人，叫呼凌蒼黄之際拔斧不出。衆至，挾機歸。遂悒悒如病，聰明日衰。辛丑歲，壽朋下世，機夢之曰：「從此去四年，與我相會於某處。」至乙巳之春，壽朋之子子理入臨安，夢其來曰：「知府喚我。」子理猶訶之，曰：「顛顛癡癡，莫要浪説。」旬日後，接家信，云機死矣，距前夢四年。右三事，子理説。

金沙灘舟人

成忠郎王佐，自竟陵挈家赴官沅州。乘客船泛湖在道。午泊，佐妻呼舟師之婦，出所攜鍮石杯，酌酒與之，而誇語之，曰：「汝尋常固有好酒喫，想不曾得在金杯中。」舟婦謝曰：「小家不過識瓦甌甆盞，何嘗見金器乎！」退以告夫，且言所用盆鉼之屬，無非金者。夫即懷姦心，與妻謀曰：「我終年勞苦筋骨，受盡寒賤，何曾好得一飽，不如做此一場經紀。」妻以爲然，乃謀於篙工，工言不可，遂止。二日【四】到金沙灘，佐妻取器物，令僕就岸掬沙洗擦，光耀粲然，凡數十種，布列于地。舟師又語篙工曰：「至寶落我手，更何所待？」篙工亦心動。其夜，殲佐家人，而沉其尸，徑趨武陵，持盃貨于市鋪。傭知其盜，窮所從來，密呼廂邏捕至府。及獄具，械三人赴金沙元犯處，臠而梟首，挂于水濱竿上。縉雲朱藻部潭綱往荆，過而見之，巡檢爲談其事。大抵行旅遠役，而挾黄白衒逞者，多招意外之禍，而江湖尤甚。建炎中，荆部多難。一郴陽令浮湘江如郴，其弟以小金盂付篙人挹水，驚語其長，曰：「金盂也。」長咨嗟有羨色。縣令警捷通練，知其不便。偶過一灘，再用之，陽失手墜水，篙人欲没而取之。令曰：「水迅急，若暫停駐，將留滯矣。此是鍮石，直三四百錢。汝村獠，得無認作真金耶？」乃命駕舟而上。明日到郴，擒其羣送獄，皆凶盜累年爲惡者。以白都府，悉誅之。彼以真金而獲免，佐以僞夸而覆族，異哉！

辰州監押

辰州監押任滿，顧舟下五溪，將歸玉沙沔陽鎮【五】。有硃沙數百兩，過武陵【六】，遣弟由陸路先攜行。兄約十餘日可到家，而踰月弗至，乃沿元道還訪之。迨抵武陵，則兄所乘舟猶艤岸，疑其有故，潛身伺察。見舟人持縑出市，遥認之，蓋兄物也。徑告於官，發卒執縛，盡捕惡黨。既就鞫，始盡供吐本末，云：「曾以不謹，爲監押笞辱，固已啣怒。及涉白

【四】二日　涵芬樓本注，吕本作「後二日」。

【五】將歸玉沙沔陽鎮　「玉」原作「王」，李按：荆湖北路江陵府監利縣下轄玉沙、沔陽二鎮，「王」應爲「玉」之誤，據改。

【六】武陵　「武」原作「五」，李按：荆湖北路鼎州常德府，郡名武陵，治於武陵縣，且下文「迨抵武陵」云云，據改。

湖，又爭言往復。湖瀰漫萬頃，四無他船，遂悖罵之，曰：『常德府是官人世界，這裏是我世界。』即搘以篙，隕於水。其妻驚出，亦隕之。并二女三婢皆死。一時失計，自觸刑誅。今已成擒，無所尤悔。」遂就戮。湘中多有此惡。其人汎汎洪波中，寄命舟楫，而與之爲怨，取死宜矣。右二事，子中說。

夷堅支庚卷第六 十一事

處州客店

處州民葉青，世與大家掌邸店，至青，以貧捨業，而應募括蒼尉司，爲弓手。心膽勇壯，無所怖畏。凡深夐館舍，他人不敢至而必當往者，輒懇求相伴，所向帖然。城外有大店，方建造三年，極新潔，商客投宿甚衆。淳熙十六年，民周二十者主之。其子周九，愚不解事。歲十二月，因以片瓦貯火炙手，熱，頓於漆櫃上，忘復取，櫃頗燒破。父拈柴枝箠之，怒不已。子懼，其夜自經于廁。明日，父喚起洒掃，不應，又攜杖逐索，始覩其死。鄰人皆咎厥父，父追悔痛惻，葬之於十五里外。自是每夕爲厲，哀哭不絶聲。寓客不勝擾困，相戒勿來，至於掃跡，父亦辭去。後人繼之者亦然，店遂扃鎖。至紹熙三年，或言於主人，謂葉青可付。主邀致青，捐一歲僦直爲餌，青欣然而入。纔及暮夜，怪變不息。朋輩或問之。曰：「安有此事？」客以其處於交易趨市爲便，漸肯來宿。嘗有五六人同至，一時皆驚，天方曉，急徙去。青次夕獨飲酒三升，二更後籠燈如廁，燈乍明乍滅，聞有人呼曰：「葉都頭接了紙。」青取之，溷訖，趨下。復曰：「接得旋盆。」青舉右手接盆，左手搦

校勘記

之曰：「汝真是癡魂，許多時不尋托生處。我做道場與汝，宜速離此店。」乘勢推仆之，其聲若陶器響。青手冷如冰，半月後乃愈。鬼不復來。

潘統制妾

興元統制潘璋，在臨安時，買一妾攜入漢中，爲人嫵媚柔和，舉家憐愛。兩歲後得疾，若懷孕者。始數日不食，漸至一月枵腹。經十旬忽産一男子。越三月復然，又四月亦如之。是歲連舉三子，聞見者莫不以爲異。自是飲食疏數不齊，似有所憑附。預説其家禍福，往往多中。遂白主公主母，乞一淨室學道，勿以事相關，晝夜揜户。或穴隙窺之，但趺坐誦經。璋嘗排闥强造其處，則四壁環列皆佛書内典，至有天竺及外國所刊板籍。詰所從來，曰：「天女見與。」淳熙辛丑，兵帥彭果選璋部西軍赴殿岩，因剡薦其材。妾請從行，璋辭以法不許。舟次果州津溉【一】，謁郡守還，馬上望一女子，至沙上持誦【二】，即之，乃妾也。駭其何自而來，曰：「思君之極，不覺魂飛。」璋亦喜，載與俱東。至鄂渚，其表弟秦奎幹辦戎幙，來相訪。未至，妾已先知，曰：「秦都幹至矣。」秦向者固已識之。是日，覺其精爽比舊微爲聳露，問璋曰：「兄本買妾，聞却遇仙。」璋備言其狀。令取一小尊酒與秦飲，所貯才三升，各舉十觴，而尚存其半。怪而叩之，曰：「近來學得一戲劇術，不足道也。」明日，秦邀到官舍，語次，及西州風物，曰：「兄留行都，正是春暮，必可飽食玉

【一】津溉　原注：音讀爲「既」，蜀人謂江干步曰溉。

【二】持誦　涵芬樓本注，吕本多一「經」字。

津櫻桃。」妾曰：「此亦不難致，願假一合往取。」合子至，布氣數口，以手帕緘封，授老兵，使持往舟中，且祝勿擅啓。少頃而回，櫻桃溢合，賓主飫嘗，徧及姨爐，唯一乳媪及小鬟不得食。曰：「渠不應饗此。」璋問秦：「建溪新茶已到未？」曰：「未有。」妾曰：「我亦能致之。」即於假山側拈塊土，寘掌内挼碎，嘘呵，付外碾細。瀹之，即於假山畔嘗，真奇品也。妾每出，必以虎子自隨。俄暫起，曳窗屏蔽障。既退，媪鬟視其旋溺，香如麝臍，而色清潔，舉而共飲之。妾在坐，笑曰：「兩人無良，竊飲吾溺。然亦何傷，不過費我幾日工夫耳。」後至都城，璋登岸而返，失妾所在。方疑撓之際，一翁一嫗來省女，璋無以對。執詣廂官，送於府，奏劾之。坐輒帶婦人從軍，停官，責本隊自效。彭果以舉官不當，削秩。鄱陽吴溱從婦翁胡德藻官於鄂，見秦生，目擊其事。已而遇璋於廬州逆旅，訪得本末甚詳。又三年，溱往渝川，逢利路州鈐轄吴漢英于夔府，因及璋踪。云：「妾生子皆俊慧，能讀書，妾今在父母家，無恙。」

譚法師【三】

德興海口近市處，居民黄翁有二子，服田力穡，以養其親，在村農中差爲贍給。又於三里外買一原，其地肥饒，二子種藝麻粟，朝往暮歸，久而以爲不便，乃創築茅舍，宿食於彼。翁念其勤苦，時時攜酒或烹茶往勞之。路隔高嶺，極險峻，子勸止勿來。翁曰：「汝

【三】譚法師　目録作「海口譚法師」。

竭力耕田，專爲我故。我那得漠然不顧哉？」自後其來愈密，正當天寒，二子共議，使老人跋陟如此，於心終不安，捨之而歸。翁問何以去彼，具以誠告。翁曰：「後生作農業，是本分事。我元不曾到汝邊，常以念念，可惜有頭無尾。」二子疑驚，詢其妻，皆云：「□翁不曾出。」始大駭，復爲翁述所見。翁曰：「聞人說此地亦有狐狸作怪，化形爲人。汝如今再往原上，若再敢弄汝，但打殺了不妨。」子復去。迨晚，翁至，持斧迎擊于路，即死，埋諸山麓。明日歸，翁曰：「夜來有所見乎？」曰：「殺之矣。」翁大喜，二子亦喜，遂益治原隰，爲卒歲計。然翁所爲，浸浸改常。家有兩犬，俊警雄猛，爲外人所畏，翁惡之。犬亦常懷搏噬之意，其一乘其迎吠【四】，翁使婦餌以糟胾，運椎擊其腦。既又曰：「吠我者，乃見存之犬，不可恕。」婦引留之，不聽，皆死焉。固已竊訝，且頻與婦媟謔，將呼使侍寢。里中譚法師者，俗人也，能行茅山法，雖非道士，而得此稱。黄翁【五】待之厚，來必留飲。是時訪翁，辭以疾作，不出。凡三至皆然。已而又過門，徑登床，引被自覆。譚曰：「此定有異。」就房外持呪捧杯水而入，覺被内戰灼，形軀漸低，噀水揭視，拳然一老狐也，執而鞭殺之。而尋父所在弗得，試發葬處，則父尸存焉，已敗矣。蓋二子再入原時，真父往視，既戕之，狐遂據其室。予記唐小說所書黎丘人張簡等事皆此類云。

【四】乘其迎吠　「其」字原無，據周本補。

【五】黄翁　李按：「黄」原作「董」，據上文改。

鄱陽縣社壇

饒州自建炎後就薦福寺試舉人。淳熙初，提點刑獄丁時發將别創貢院，委學正魯時以下，訪隙地可以營建者。或曰：「七里外縣社壇，處勢空曠，且旁無民居，用之最便。但爲縣徙社於它處足矣。」議未決，其首謀者夢一士人來，與談是事，曰：「取之無害，但非旱乾水溢，可變置社稷乎？」謀者懼，乃白于丁，寢其説，而置院於學官之東。士人以片言而能止大役，蓋神云。

蕉小娘子

潘昌簡，紹熙三年知鄂州蒲圻縣，攜婺士陳致明爲館客。邑小無民事，潘每出書院，與陳款飲。庭前芭蕉甚盛，常捧杯屬客，曰：「只令蕉小娘子佐尊。」如是一歲，陳遂有所感。一女子緑衣媚容，入與之狎，寢則同衾。涉歷百許日，憔悴龍鍾，了無人色。潘初不悟其然，以爲抱病，招醫療拯，略不能成效。迨疾棘，問其所致，乃云蕉小娘子也。潘即命芟除，已無及矣。

胡宏休東山

婺源縣清化鎮人胡宏休，少年時，浪游京師，因得肄役於何太宰府。後補武階，又中武舉，與何門人謝受之投分甚密。胡還歙，謝從之，館於胡氏，凡十年。胡喪母，謝曰：「荷君顧遇久，常念無以報德。吾嫻習地理，當相爲謀吉地，以尊奉夫人。」胡初未知謝有此術，起詢之。謝乃言：「只在相近東山之間，屬君鄰家，君亟買得之。」則爲指穴，并求對面案山，尤佳也。胡即以五千買諸鄰，又以千錢請於族黨，二者俱立約。謝謂胡曰：「此山名飛天蜈蚣，則相對者名蝦蟆形，有識書紀載其略云：『葬後五年，當三人出官。十五年後，有水命人爲國戚。四十年後，陽鼓未鳴，陰鼓先鳴。周一甲子，當生貴人。』吾言固不誣，但有神靈護守，不可輒擄，須作法圖之。當爲擇良日，同登峻峯，孝子披髮行，吾則仗劍隨後，乃可。」及期，履高原上，指一處，曰：「此吉穴所在也。然更須憑鄉術，爲斬草下棺之證。」時無應選者，獨里中小巫郎二師粗解識陰陽向背，呼使護役。方施工之際，持鉏鍤斧斤者百輩，半染狂罔異疾，至還舍，十六人死，郎師亦亡。衆誦言：「地之凶如是，安可興役，宜罷之。」胡必欲用，厚捐錢粟，與諸死者家，而躬立其所，朝暮自程督。嘗醉寐草舍，恍然如夢，見三婦人立於前，著白衣，襟袖飄飄，若神仙者流，同詞曰：「我自婺女星君處來，家於此地，而君欲奪爲立墓，誠爲不可。」胡咄之曰：「吾用謝先生所教，以窆吾母。人子之心，不遑安處。汝家在何處？敢出妄言！我決意用之，若有災咎見及，自從汝力量。吾斷無斂手相避之理。」辯折再三，婦人如不獲已，言曰：「吾之居，只此數步内。既謝神翁有命，定不容輒【六】。幸爲改卜吾居，勿使暴露，異時當異報【七】矣。」胡寤。徧訪左右，得古祠於叢林中。棟朽柱折，上無片瓦，三女像鼎坐，埃塵充滿，狀貌與夢中所睹不少異。具以語謝，謝愀然曰：「吾慮初不及此，亦恐未能免禍。」於是就半里外創一新祠。及坎墓穴，謝生不能親臨，掘太深，過三丈，得三石魚。又一生者，飛起丈許而墜。事竟，謝辭去，留之弗得。明年，死於休寧黄山道上。所謂蜈蚣飛天，其狀若此。宏休仕至諸司副使、東南正將。三弟姪相繼食禄。一子娶濮王宫宗女，補官，妻享封邑。終以石魚露現躍出，泄其旺氣，故不迨昌顯。甲子一周之語，未能即驗。而一周門【八】多好學有成。立女象廣令頗盛【九】鄉人祭供禱祝，一歲四至，胡氏奉之不衰。予從兄景高之室，於宏休爲兄弟，其長孫沇説也。

汪八解元

德興汪遠之，行第八，赴省試。其兄及之在家，夢一駛步至，立於廷曰：「十年勤苦無人問，一日成名天下知。八解元過省，喏喏。」後三日，報牓人來，大呼前三句，及連唱喏，與夢中不少差。夫以一走卒唱喏，亦先見於夢，豈得謂之不前定乎？

【六】定不容輒　涵芬樓本按：此句疑有脱誤。

【七】異報　涵芬樓本按：「異」字疑誤。

【八】一周門　涵芬樓本按：「周」字疑衍。

【九】立女象廣令頗盛　涵芬樓本按：此句疑有脱誤。

徐問真道人

徐問真道人者，濰州人。嘉祐、治平間，多遊京師，嗜酒狂肆，能啖生葱、鮮魚。以指爲鍼，以土爲藥，治病絶有驗。歐陽公在政府時，嘗苦足疾，求其拯療。徐教公汲引氣血，自頂至踵，用其言而愈。忽一日，求去甚切，曰：「我友罪我與公卿遊，不可留矣。」公使人送之出，果有丈夫冠鐵冠，長八尺許，立道旁俟之。徐出城，顧村童持藥笥。行數里，童告之求去。徐探髻中，取小瓢如棗大，覆之掌中，至于三，得酒滿掬者二，以飲童，蓋美酒也。隨即發狂，後皆不知存亡。黄岡令周孝孫，暴得重腿疾，東坡公授以徐口訣，七日而愈。見坡志林。

歙廳吕明

淳熙十四年，歙縣宰虞奉議枅，遣廳吏吕明往嚴州。歸塗值一客，亦負擔，元不相識，即顧揖如舊交。凡四五日間，其行或在前，或在後，一日數相逢。吕當食，必招與共啜。但見其追逐不捨，頗疑焉。投宿村店，取腰篋中所藏楮券十餘道，置席下，以防其竊。明早啓户，遇此客，前問曰：「爾平生作何善緣？」吕曰：「我小人耳，有何善可説。」客曰：「我相隨許時，本不是好意。望爾身畔，料必有財物，欲爲不利。夜來鑽壁覷，乃覩一人，長七八尺，面似神道，瞪眼看我。我不覺驚倒，又不敢叫人相救，此何祥也。」吕曰：「每日天未曉時，誦《金剛經》，今十年矣。」客愧悚謝去。《金剛》靈驗，古今非止一端，甲志載之矣。予姪脩之與虞爲代，吕明正在，直説此。

金神七煞

吴楚之地，俗尚巫師，事無吉凶，必慮禁忌，然亦有時而效驗者。如居舍脩營，或於比近改作，必盡室遷避，謂之出宫。最所畏者，金神七煞之類，各視其名數以禳之。俟家人出竟，乃誦呪施法，用七鴨卵，從外擲之堂中，視其在亡，以應占訣。樂平一富家，以築室方隅之禁徙出，徑日而歸，七卵在地，但餘破殼而已。大鼠【一〇】死於傍，蓋室内無人，羣鼠謀食，遇卵焉，各啖其一，故犯禁而隕。考其厭禱之理【一一】，疑若以物數【一二】相代然。予叔父中造牛欄於空園，術士董猷見之，曰：「欄之一角犯九梁煞，當急解之。」呼巫焚紙錢、埋桃符以謝。既而言：「人可以免，恐牛當有災。」後一月間，相繼斃其五，而三牸有胎，一牸雙犢，正合九數云。

【一〇】大鼠　涵芬樓本注，吕本作「七大鼠」。

【一一】考其厭禱之理　涵芬樓本注，「考其」吕本作「老巫」。

【一二】物數　涵芬樓本注，吕本作「物類」。

夷堅支庚卷第七 十七事

向生驢

樂平人向生，有陸圃在懷義鄉，戒其佃僕曰：「此地正好種菉豆。」僕以爲不然，改植山禾【一】。一日，向乘驢至彼按視，怒之，悉加芟蕩。僕方冀其收成而弗獲，大失望，即入室取利斧出，剸刃已及，向急跨驢而走，因傷墮地。驢舉兩足觗僕，又人立齧之，且逐行數十步。僕既逸，乃還護向。人或過其前，輒蹄觸之，無敢近者。復啣草覆向體。迨暮，芻秣者至，始嘶鳴往迎，引以視，向遂得脱【二】。

蓮湖土地

鄱陽蓮湖寺僧惠臻，出近村赴齋供，經日始還。而盜穴其室，囊鉢一空。臻顧戀嗟嘆，作小詩書土地堂外壁上。前兩句云：「禍來患至不由人，土地伽藍固弗靈。」其夕，夢一老翁卑詞而請曰：「吾職護山門，乃有不能覺盜竊之失，何所逃罪？然所書之句在壁，觀者見必讀之，吾之羞辱，不啻撻於市朝。願師爲去之。自此苟有穿窬之過，雖輦棄

校勘記

【一】山禾　涵芬樓本注，吕本作「山菜」。

【二】得脱　涵芬樓本注，葉本「脱」下多一「歸」字。

此軀，不敢愛也。」臻覺而感其異，旦即刮除之。

雙港富民子

鄱陽近郭數十里多陂湖，富家分主之。至冬日，命漁師竭澤而取，旋作苫廬于岸，使子弟守宿以防盜竊。紹興辛酉，雙港一富子守舍，短日向暮，凍雨蕭騷，擁爐塊坐。俄有推户者，狀如倡女，服飾華麗，而遍體沾濕，攜一複來，曰：「我乃路岐【三】散樂子弟也。知市上李希聖宅親禮請客，要去打窠地。家衆既往，我獨避雨，趕趁不上，願容我寄宿。」富子曰：「舍中甚窄，只著得一小床。若留汝過夜，我爺娘性嚴，必定嗔責。李宅去此不遠，早去尚可及。」女懇祈再三，雜以笑謔，進步稍前。子毅然不聽。徐言：「既不肯教我宿，只暫就火烘衣，俟乾而行可乎？」許之。子登床，女坐其下，半卸紅裙【四】，露其腕，白如酥。復背身挽羅裙，不覺裙裏一尾出。子引手拈杖擊之，成一狐而走，衣裳如蜕，皆汙泥敗葉也。

【三】路岐　中華本注，「岐」原作「妓」，今改。

【四】紅裙　涵芬樓本注，吕本作「紅袖」。

史家塘

餘干之北，官道傍，有史家塘。其一穴緑水泓澄，過客多賞戀，弗忍去。一官人攜妻孥來，留止甚久，有姬妾數輩。時當炎暑，其一妾爲人輕浮，即脱履襪，徑下濯足，爲物從水内挽以入。主公不知所爲，望之不見，旋就農家假水車，倩夫力捲涸，不得踪跡。爲駐宿一夕，愴然而去。

盛珪都院

饒州吏人盛珪，因盜用官庫錢，事發，挈妻子避地餘干之金步，寄跡於市民萬廿四家，聚小童讀書以自給。建炎庚戌，妖賊王念經嘯聚旁邑，狂僭稱尊，步市之人皆竄伏山谷。萬生投賊中，受其官職。珪窮悴飢摧，值其擁衆游徼，自謂故舊可托，出而迎拜。萬叱而禽之，斷其首，揭于竿上，持示賊，詐云殺獲官軍諜者。及賊平，黨與多誅，萬獨漏網。紹興辛亥上元日，里中豪者王德璋，倡率社甲爲佛會，禳除凶災，且薦拔遭兵而死者，萬預焉。事畢還家，中途大叫言：「盛都院領人共打我。」所親走報其母妻，且扶掖以歸。在室跳浪，若格鬬狀。呻吟甚苦，仍不絕聲。母妻視之，則無他人，意爲醉耳，扃其户而出。夜半其聲始息。明日入視，死矣。遍身青痕，蓋寃鬼報仇云。

應氏書院奴

德興吳良史，紹興十六年，就館第于店石應氏新宅書院。奴子戴先，因負水灌蔬，跌而傷足。久之，乃能起，歎曰：「我幾夜做怪夢，元是有此厄。」吳及諸生詰之，逡巡始道其故，曰：「自四月以來，有人夜入所寢室，著揉藍花纈，妝澤明媚，丫鬟綽約，相視而笑，便爲自獻之態，共榻至曉而去。問其姓氏居止處，曰：『只是下頭人。』從此每夜必來，漸覺情密。但令脱衣服，則堅然不肯。欲捫其胸，亦固拒。或時拊弄其髻，則曰：『布髮也，所以多硬。』經十餘日，解頭編于【五】我綰同心髻，許嫁焉。而云：『我有母在，元未知此一段因緣。明當邀他來，汝自告懇。』天將曉，把手出房，忽笑云：『與你上樹戲。』遂同登一枝而立。枝折而墜，身乃在床。恍惚直如夢裏。」吴疑爲妖魅所作，投牒驅邪院。其弟明甫習行正法，爲結壇於室，布灰滿之。夜聞兵馬喧沸，搦一物，其聲可駭。視壇上，得兩狐印跡，一小一大，所謂母子之驗云。時五月二十有八日也。

馬大夫

樂平夏陽馬之奇大夫，爲嶺南太守，解組還鄉。憩道間郵亭，縱步花樹，遇道人挈酒一壺，又一籃貯燒猪肝一具，不知所從來。相見驩如故交，曰：「大夫能同飲此酒乎？」馬曰：「幸甚。」即就闌干曲對酌，且食肝。肝味極美，馬意甚適。方欲延入款接，忽騰空而去，馬自以爲遇仙。思肝之珍，命庖人臑治百端，莫能及。未及幾日，得疾而亡。則所遇非佳士也。

【五】于　涵芬樓本注，吕本作「與」。

邵資深詩

鄉人邵資深，晚得官，調光澤尉。夢一人如鬼，謂之曰：「吾有絶句爲君獻。」即高吟曰：「滄浪白髮老相催，故圃西風又到來。諸事生涯常束手，一年此處一啣盃。」覺而語子弟，以其詞意非佳，愴然不樂。甫到官，中風疾，丐歸。處于桑圃茅齋中，未幾不起。

周氏子

鄱城周氏子，未娶，獨寢處門下一室讀書，抗志勤苦。一夕，夜過半，有隱士著道服，杖策窺户，稱姓名修謁。其狀奇古，美鬚髯，對坐，相褒賞，良久乃去。如是踰月，不以風雨輒來。忽挾一女子至，容色蒨麗，衣履華好，立侍於側。隱士笑曰：「吾嘉君少年，而力學若此，前程未可量，故攜小女來奉伴。」於是三人鼎足坐，隱士旋引去。女令周吹燈，解衣登榻。隱士絶迹，而女夜夜來。嘗持一物饋周，曰：「是熊膽也，服之最能明目，可夜觀書。」周受而食之，出入期年，形體消瘦。父疑而詰之，始諱不肯言。加以怒駡，乃備述底蘊。父即日挈之徙舍，招醫拯治，云：「元氣耗矣，更月十日，將不可爲。」遂進以丹補煖之藥【六】，歷時乃安。是歲紹興辛酉也。

【六】遂進以丹補煖之藥　中華本注，此句疑有脱誤。

招慶寺水

紹興甲子歲，江浙大水。衢州常山門外招慶寺，於五月十八日早，雨作，山林震摇。土大夫家居其中者，相率望空，焚香拜禱。諸僧就佛殿課經厭禳。主僧自曉出赴齋，俄聞雲烟中語曰：「欠山主與徐保義及馬在。」時山漸摧壓塞路。有頃，山主歸，徐跨馬亦至。諸峰同時倒，廊殿陷没，反居上，唯魏邦達侍郎一位獨脱。先一日，有老道者晨起，見數僧打包而出，若行脚者。顧曰：「此將有難，唯藏下可免。」是夜，魏之壻趙叔温，覺有異，豫挈橐囊，置山腰亭上，使兩婢守之。至明日，水從山頂推一大石著亭背，而分兩道流下。老道者在藏院，呼叔温，曰：「官人可來此處。」甫到，而山頹。經界法初行，於寺置局，以積雨皆徙去。先一夜，邑人俱聞傳命曰：「知縣約束，應經界文字，侵曉盡要來寺中整頓。」於是悉壓死。其後邑衆斂錢，命工發土出尸，欲行埋葬。凡僧俗婦女，一切裸身，禍罰之酷如此。

華陰舉子

華山既摧之後二十年，華陰舉子赴省院。離家未幾，不覺迷路，盡失僕從行李所在。就近村保訪居人，其人曰：「知秀才上京，我有一書煩爲寄與五岳觀某道士。仍煩與之言：『這箇畜生，往來壞山，損了生靈無數。後來又去西京作孽，今却敢復回在此。已行枷錮了。』吾引秀才一看。」乃偕行。才數步，所失僕從行李咸在，而居人境界寂然。舉子異焉。到京師，未弛擔，亟詣五岳觀欲投書。問道士房在何處，觀主云：「見在園中鉏草。」舉子走視，授以書。道士植鉏而接，舉子正欲下拜【七】，仰頭不見矣。

明州學堂小龜

明州大家子弟，聚一學舍。或買得小龜，才闊寸許，而背甲長出覆首，異於常龜。一士最好奇，取育于家。經宿，其妻頓荒忽失度。每夢追逐男子，項有裝飾不同世人。夢中相接笑語，同室聞之。醒時則云：「是我丈夫也。」攜之共飲，士無如之何。邵【八】有宗室子，行天心法，與此士善，許爲攝治。方施法禁，龜從盆内霍霍奔走，徑趨壇上。宗室意其作祟者，譴問之，低首若服罪。乃赦之，送于海，士妻遂寧。

胡彦才女【九】

衢人胡彦才有女及笄，容色姝美【一〇】，擇壻未諧。嘗戲堂上，忽見三錢墮梁間，漫拾之歸，將納于厨。方啓扉，乃得紅牋同心結數百。自是敞罔不常，或唧唧私與人語，或似與人笑。父母憂駭，坐守其側，不能戢也。郡士徐具瞻，習行大洞法，招使治之。爇一符於竈，寘

【七】舉子正欲下拜　欲原作「於」，據周本改。

【八】邵　中華本注，似當作「郡」。

【九】胡彦才女　目録「女」作「子」。

【一〇】姝美　涵芬樓本注，呂本作「殊美」。

一符於口，而坐室内，伺視女。望一美丈夫來，入房，爲青衣人斥去，云：「正要捉汝。」女迷惑眷戀，隨而觀之，見甲士數十人捽拽以出，而餘人無所覩。女猶話其事，而豁然矣。

村民殺胡騎

建炎庚戌，胡騎犯江西。郡縣村落之民，望而畏之，多束手斃【一一】。間有奮不顧身者，則往往得志焉。雖婦女，亦勇爲之。其過豐城劍池也，鐵騎行正道，通宵不絶，蓋使我衆聞其聲而不測多寡耳。一騎挾兩女子獨穿林間，女指請避者言：「可擊。」於是衆舉挺椿之【一二】而墜，旋碎其腦。馬嘶鳴不已，似尋其主，衆逐而委之井，遂脱。又胡掠一婦，使汲井。婦素富家子，辭不能。胡呶呶怒罵，奪缾器，低頭取水，婦推其背，失足入于井中。餘干民艾公子，全家遭劫，虜兩胡然火，將焚厥居。艾默念：「若蕩爲丘墟，萬一獲脱，將無所歸。」乃呼其子，齊奮梃縱擊，垂困，取胡腰刀，截其首，一家遂全。

李源會

李源會，京師人，所居坊曲，頗寂靜。其外書室，窗外有隙地，以種花卉。兒自亳州教授罷歸，姻戚畢集，具酒。婦女所乘竹輿，皆置花陰之下。日將暮，聞一輿内有兒曹聲，李遽往視，無所見，已而復然，竊怪之。唾罵詬責，杳無應者，懼而入中堂。經廳側，逢一妙

【一一】多束手斃　涵芬樓本注，吕本作「多束手就斃」。

【一二】衆舉挺椿之　李按：「挺」當爲「梃」之誤。

麗，笑抱李腰而語，其音如簧，曰：「不得道，不得道。」李惑而秘焉，乃握手入室，交歡而散。李意爲坐上客，歷驗皆非也。客去後，此女遂出相就，若夫妻然。時李猶未娶，母畏其染著，徙榻于中堂，每夜亦至。迨胡寇犯闕，李依所親趙師古南來。紹興中，官于饒州樂平，女始絶迹。李脅下生一氣塊，挼之不痛，藥之不損，三十餘年而卒。

薛和夫

汴京毗婆寺前一宅，常僦與人充官舍。薛和夫者，奉母與兄處之。每日昃，必見一婦，衣碧衫，仙袂飄然，相去不過二三尺。雖知其異，不敢略采顧，而心絶怖恐，白母兄亟徙居。兄後爲河北通判，凡兩任，解官還都，復訪僦宇。和夫行巷陌，過舊處，扃閉寂然，因躡足而入。偶念昔日所見，不知在否，漫以津唾點窗紙破窺之，碧衣者正背身而坐。和夫毛髮森竦，急趨出。時相去七八年矣。

金步岳翁

金步市民岳翁，年八十二歲。時臀後忽生一尾，長五六寸，甚惡之。自以剃刀割去，置於火中焚之，烈焰沸油，一爆而失。爾後每歲一生，只長寸餘而脱。其姪師禹問之，亦不諱，曰：「休説，休説，前身定是畜生。」至八十五乃死。

夷堅支庚卷第八 十二事

王上舍

建康王樞密德言綸云，鄉人王上舍，以政和六年元夕，與友【一】同出府治觀燈。三友登山棚玩優戲，王獨在棚下，不肯前，邀之弗聽，蓋意有所屬。見一姬緩步，一女僕隨之，衣不華，妝不豔，而淡靚可喜。顧王微羞，整飾冠，若欲偷避。王逼而窺之，始撒幕首巾，回面而笑。王將與之語，爲友所牽，莫能遂。於是偕入委巷，行人絶希，姬復在焉，而友無所覩。王託如廁，抽身相躡，情思飛揚，因就與姬語。姬曰：「我知君雅意，但以寡居一第，無男無女，只小妾同居，蕭索之情，不言可知。君果有心，異日願垂顧。」王曰：「吾方寸已亂，何暇遷延！」攜手將與綢繆，四顧巷陌，燈燭車馬，略無可駐之地。念市橋下甃石處，差可偷期，乃野合而别，道其所居某坊。明日往詣，姬出迎，獎其有信，留至【二】通宵，買酒款適。王暫還學宫，無日不往。倘有故失期，則飲膳具廢。浸以臞劣。向之三友固詰其曩游，具以告。友曰：「此爲妖異，不言而知。勿復沉迷，以全性命可矣。」王如醉而醒，强自抑遏。姬忽夜造其所，責之：「我不幸失身于子，奈何中道相棄？」王第詞謝，

校勘記

【一】友　涵芬樓本注，吕本作「三友」。

【二】留至　涵芬樓本注，「至」吕本作「止」。

姬留歡如初。王覺氣體不支，思與之絶，乃從友寄寢。又夢其來，竟病風淫而卒。

餘干民妻

餘干鄉民周生之妻，性淫蕩。紹興十八年三月，往母家，中遭遇巨蛇當路，意其死者，遂跨之而過。行不數步，蛇起逐之，熟視，蓋三男子也，若兄弟然。長者以言挑之，欲强與合，妻未從。二弟者勸解之，兄不聽。方撑拄之間，鄉人龔犁匠偶至，見巨蛇繞婦人數匝，共臥于地，龔欲前營救，而手無所攜，不敢近。素能持大悲呪，乃高聲誦念，奮而叱蛇，即解去。及轉山腰回望，依然三男子，衣白紵紗，緋勒帛，背人而逝。邑士張時濟説。

煉銀道人

逢時澤汝霖，居于安仁縣。其姻張翁，酷嗜丹竈。家有甘井，不許他人汲，專用以煉丹，貴其潔也。性又恬静，非道侶不接納，雖貴客至亦拒之。嘗遇道人於路，麻衣穿結，求登門，揖而飲之。酒既三行，問其有何術。曰：「能煉銀。」張大喜，曰：「先生須何物？」曰：「只須井泉一盃。」請翁自汲。洎水至，道人循坐布氣，水即沸。少頃沸定，已成汞，持付張，曰：「可寘爐内，用某藥若干，某藥若干。」皆易得常品之物。如其法，候之，果凝爲白金。復問：「更有何術？」曰：「能使枯木再榮。」使試之。笑曰：「宜多飲我酒。」

張縱其飲，無算。徐取小奴所執敝箒插于地，噀水一再。良久，蔚然回緑色。張驚喜對之設拜，起則失之矣。悵然嘆曰：「真人過我，而不遇，命也夫！」其子魯卿爲逄公壻，亦有父風。

李山甫妻

汴梁李山甫妻，亡踰月，所居樓梯，忽軋軋有聲。少焉妻至，李初疑怖，至則忘之矣。語笑就枕，如平生歡。曉去夕來，母聞知，密布灰於梯道以驗之，見鷄跡四五。已而妻謂李曰：「我托此而來，非是異類。夫婦情深，自戀戀不能捨，無意相害也。」久之，李謀復娶同邑包氏。一夕，妻泣言：「君已謀繼室乎？」李諱焉。妻曰：「我斷君此事不得。既有此議，我當絶矣。」苦留不可。曰：「幽明有間，但善與新人養護稚兒。否則，君婦生子，我必致禍。」李許諾，遂訣去。包氏成禮，未幾晝寢未熟，若有牽帳者，冷風凄然而入。一婦人嚴整【三】麗服，登榻曰：「我即李前室，與夫人如姊妹，幸善視吾子。不然，夫人生子，我必祟之。」下榻徑出，風吹其帳自合。包驚覺，帳猶摇摇不已也。

【三】嚴整　涵芬樓本注，「整」吕本作「裝」。

蕪湖儲尉

建炎間，太平州寇陸德叛。燒刼居民，殺害官吏。蕪湖尉儲生，竄避不及，爲賊黨縛去。德自臨斬之，已脱衣揥坐，德見其頂有毫光三道出現，乃釋之。且令主邑事，付以倉庫。後盜平，用此策勳改京官。宣城僧祖勝云：「儲尉每日誦《圓覺經》一部【四】，觀世音菩薩千聲，率以爲常，以故獲果報，得免橫死。」

茅山道人

紹興二十年，茅山大修醮事。江東運使鄭清卿、王亦顔同往縱觀。至午，憩於茅舍。遇道人服【五】白紵衫，青布巾，修眉美須【六】，風骨清峻。鄭、王相謂曰：「豈非呂仙乎？」召與語，命之坐。酌酒數行，兩主人皆已醉，漫問客曰：「能更進否？」曰：「能。」「尚能幾何？」曰：「無算。」乃令侍史注酒兩壺於銀盆中，恣其痛飲，一杯復一杯【七】。鄭曰：「先生如有藥，求幾粒。」曰：「有。」即引手擦左腋下垢汙，撚成青粒與之。曰：「只得嗅，不得喫。」王亦求之，復擦右腋下汙，成紅粒與之。所言亦然。酒盡，客去。先是，一老兵守邸閣，二漕出，兵卧簷間，日晏未醒。漕因戲以兩藥納其鼻中，氣即吸之【八】，猶未覺。使人唤起之【九】，問曰：「汝覺四體如何？」曰：「覺得極輕，殆欲凌雲霄耳。」明日，騰空而去。二漕相視而歎，自恨無緣，蓋假手以度老兵也。

【四】每日誦圓覺經一部　「一」字原無，據甲志卷一四同條及周本補。

【五】服　涵芬樓本注，葉本無「服」字。

【六】美須　涵芬樓本注，葉本作「美髯」。

【七】一杯復一杯　涵芬樓本注，葉本多「不已」二字。

【八】吸之　涵芬樓本注，葉本作「吸入」。

【九】唤起之　涵芬樓本注，葉本作「唤之起」。

金壇翁甥

金壇富翁有甥居丹陽，主其田莊出納。嘗以日暮到舅家，舅正坐門上，見甥背有佳人相隨，意其挾倡也，未暇問。俟館定，伺之，甥既寢，切切呢語甚密，云【一〇】微笑聲。擬須明旦責之。及啓門，但甥在耳，方以爲異，戒甥使自謹飭。甥云：「相與繾綣久矣，不謂輒至此。」其里人教之曰：「其來必經由橋梁。他日汝過，試抛三五泉於水中，而祝水官河伯，乞勿令此婦渡得，當可免。」乃如之，而宿於一橋畔民舍，以驗影響。是夜，婦至，將度橋，有物訶止之，垂泣而退。自是稍與之絶。其舅言：「初見時，其人簪髻，帶珠翠，霞帔繡領，醉臉蛾眉。」逢人必使詢訪，何處有此。一客云：「近地人家及廟宇悉無似之者，獨丹陽米侍郎【一一】寮院内一美人真如是。疑此鬼也。然相去百里，又恐不然。」舅親物色，驗之不差。

江渭逢二仙

紹興七年，上元夜，建康士人江渭元亮，偕一友出觀，游歷巷陌。迨于更闌，車馬稍閴【一二】，見兩美人，各跨小駟，侍妾五六輩，肩隨夾道，提絺紗籠【一三】，全如内間裝束【一四】，頻目江。江追躡到閑坊。一妾來言：「仙子知君雅志，果欲相親，便過杜家園

【一〇】云　涵芬樓本注，吕本作「且聞」。

【一一】米侍郎　「侍」原作「待」，據周本改。

【一二】車馬稍閴　涵芬樓本注，葉本作「燈火漸稀，車馬已寂」。

【一三】提絺紗籠　涵芬樓本注，「絺」明鈔本作「絳」。

【一四】全如内間裝束　涵芬樓本注，「内」明鈔本作「宫掖」，「間」吕本作「家」。

中。臨溪有樓閣，足可款晤。」江喜而往，不旋踵至彼。兩髮持燈毬出迎，二士皆入。四人偶坐，展叙寒温。仙顧笑曰：「襲【一五】我至此，勿問有緣無緣，且飲酒可也。」於是命【一六】設席，盃觴殽膳，一一整潔。仙滿酌勸客，酬之【一七】皆引滿，至於三行，賓主意愜。一侍女曰：「天上月圓，人間月半。教人似月，正在今宵。不應留連飲酒【一八】。歌曲止能動情，未暢真情；酌醴止能助興，未洽真興。與其徒然笑語，何似羅帳交歡？」兩仙大悦，曰：「小姬解人意。」即起，同詣一閣【一九】，對設兩榻，香煙【二〇】如雲，各就寢。使妾揜帳。妾曰：「滅燭乎？」一曰：「好。」一曰：「留。」久之，聞鷄聲，妾報曰：「東方且明，宜亟起。」倉皇著衣，就榻盥靧，相對傳觴，授以丹兩丸，曰：「服之可辟穀延年，别卜再會。」江與友遽趨出。一鬟曰：「未曉裏，且緩步徐行。」仙送至門，慘愴而别。二士自此不茹煙火，唯湌水果。殊喜，爲得際上仙。三月，往茅山與道士劉法師語，自詫奇遇。劉曰：「以吾觀之，二君精神素漠，有妖氣。若遇真仙，當不如此。我能奉爲去之【二一】。」始猶不可，劉開諭以死生之異【二二】，豁然而寤，曰：「唯先生之命是聽。」劉命具香案，擇童子三四人，立於傍，結印噓呵。令童視案面，曰：「一圓光影如日月。」曰：「是已。」令細窺光内。曰：「有吏兵。」劉勑吏追土地至，遣擒元夕杜家園祟物。才食頃，童云：「兩婦人脱去冠帔，伏地待罪。」又有數婢側立。」劉勑通姓名，一云張麗華，一曰孔貴嬪，盡述向者本末。劉曰：「本合科罪，念其嘗列妃媛。生時遭刑，而於二君不致深害，秖責狀而釋之足矣【二三】。」二士謝

【一五】襲　涵芬樓本注，吕本作「躡」。

【一六】命　涵芬樓本注，葉本作「命侍女設席」。

【一七】酬之　涵芬樓本注，葉本作「客酬之」。

【一八】飲酒　涵芬樓本注，吕本作「歌酒」。

【一九】同詣一閣　涵芬樓本注，葉本作「各擕手，同詣一閣」。

【二〇】香煙　涵芬樓本注，葉本作「香靄」。

【二一】我能奉爲去之　涵芬樓本注，葉本無「奉」字。

【二二】異　涵芬樓本注，葉本作「説」，明鈔本作「意」。

【二三】秖責狀而釋之足矣　涵芬樓本注，葉本無「足矣」二字。

去，復能飲饌如初。

景靈宫道士

紹興中，臨安有老道人，年八十餘歲，言舊爲京城景靈宫道士【二四】。嘗以冬日在三省門外空地聚衆，用濕紙裹黄泥向日，少時即乾，已成堅瓦。因白衆曰：「小術【二五】呈獻諸君子爲戲，却覓幾文錢沽酒。」乃隨地方，所畫金木水火土五字，各撚一丸泥，包以濕紙，置其上，就日色曬之。告觀者，請勿遮陽光。少頃，去紙，東方者色青如靛，南者則赤如丹，西則白如珠，北則黑如墨，中央如黄蠟然。往來人以千百計，相顧嘆異，各與之錢，而无取其泥者。天正寒，其人髮黄面黧，只著單衣，必有道者也。

黎道人

黎道人者，溧陽人。少落托【二六】去家，足跡遍秦魏。政和間，走陝西沿道【二七】，數中塗值夜，爲虎所窘，竄入三官廟，跧伏紙錢中。半夜後，燈燭光明，見三道士飲酒，數人【二八】侍立。一道士云：「此中安得有生人氣？」侍者以告，命呼出。問鄉里姓名畢，又問：「能飲乎？」曰：「能。」使酌酒飲之【二九】，并與一棗、梨。拜謝，復入紙錢中。道士侍人【三〇】皆不見。自是不飢，唯飲水【三一】。宣和間，到邢、磁村落，聞四畔哭聲相續，

【二四】言舊爲京城景靈宫道士　中華本按：此句上下似有錯誤。
【二五】小術　涵芬樓本注，吕本作「有小術」。
【二六】落托　涵芬樓本注，葉本作「落魄」。
【二七】沿道　涵芬樓本注，葉本作「緣邊」。
【二八】數人　涵芬樓本注，葉本作「數僮」。
【二九】侍者以告命呼出問鄉里姓名畢又問能飲乎曰能使酌酒飲之　涵芬樓本注，葉本作「僮以告，黎趨出拜，詢其姓名鄉里，以銀盌酌酒飲之」。
【三〇】侍人　涵芬樓本注，葉本作「童子」。
【三一】水　涵芬樓本注，明鈔本作「冷水」。

扣店媪。媪曰：「此中有野狗爲暴【三二】，夜至人家，搏食孩稚。」黎曰：「然則我爲殺之。」他夕，宿一處，正聞哭聲，其家叫云：「狗來也。」黎持梃追逐，狗行甚疾，走渡水，黎亦渡水，狗穿岡，黎亦穿岡，約百餘里，然只旋轉此一村。東方漸明，狗窘甚，奔古窑喘息。黎大呼傍近居人，壞窑取之，乃一老媪，煤面裸身。衆有識之者，曰：「是某村某婆也，有子有婦有孫。」衆擊之百數，不作聲，唯口吐涎沫。執以赴郡，郡逮其子婦。婦至訴之，曰：「累向阿家道，莫作這般相態。今果了不得。」郡使婦具言之【三三】，曰【三四】：「不知其他，但見每夜黄昏，必至竈前，以火煤【三五】塗面，脱下衣裳而出。天曉復還。」郡積其宿愆，斬之【三六】，狗禍遂絶。建炎多難，黎歸故鄉。結廬官道側，買藥乞食。若有兵寇火疫【三七】，率預知之，輒告别邑人而去。踪跡稍露，人視其去留，以卜安居。宗室子共爲營庵，事之甚謹。一夕，縣市災，居民鼎沸。黎助之救火，同時四門各有一黎。自是人愈崇禮。黎心不能安，忽奄然而逝，宗子買棺葬焉。後乃在建康，有遇之者，猶寄聲謝溧陽人。宗子與好事者，開棺，存草履，後隱不出【三八】。

開福院主

饒州東湖内，浮洲開福院主，善講經。郡民熊氏出入庫倉，爲人輸送苗帛，家稍温而好善，常延致齋供。熊未有子，僧因赴齋罷，熟視其妻曰：「我來與爾作兒。」熊夫婦大

【三二】爲暴　涵芬樓本注，葉本作「爲祟」。

【三三】郡使婦具言之　涵芬樓本注，葉本作「郡扣其故」。

【三四】曰　涵芬樓本注，葉本作「婦曰」。

【三五】火煤　涵芬樓本注，葉本作「炭」。

【三六】斬之　涵芬樓本注，葉本作「斬諸市」。

【三七】火疫　涵芬樓本注，葉本作「疫癘」。

【三八】開棺存草履後隱不出　涵芬樓本注，葉本作「啓棺視之，但存雙草履，後遂隱，不復見」。

笑。是夜，妻夢訪其居，遂懷妊。越十月，又夢詣其室，腹疼而寤。忽見一禽若青蒿者，飛入口，即生男。明旦，熊往開福視之，已坐亡矣。後娶婦得孫。利陽鎮人沈公假館於熊，熊子謂曰：「我欲托身翁家。」沈戲曰：「吾家那得飦與汝喫。」沈回舍，妻亦再夢熊來。其生也，亦感青蒿之異，而熊子亡，才七歲。都昌土塘黄氏，母以姻事至沈家，此子之語【三九】如熊生，既而亦如之。蓋僧閲三生不離鄱陽，皆先與母約，首尾不過三十年。

道人治消渴

臨川人苦消渴，累歲更十名醫，不効。嘗坐茶坊，見道人行乞，漫呼與茶，又具飯，問其有何術。曰：「無所能，只收得幾道藥方耳。」主人喜，復問：「有治消渴方乎？」曰：「正有之。用苦練根、新白皮一握，切焙。入麝香少許，以兩盞水煎一半，空心飲之。雖困頓一二日，然疾可愈。」乃延留之，而如方服藥，下蟲三四條，狀如蛔而真紅色。以語道人。道人曰：「尚有食蟲三條，不必再服，恐取盡，則困不可支。」自此渴頓止，卧而將理，再宿脱然。

【三九】此子之語　涵芬樓本按：「之語」二字，似當乙轉。

校勘記

夷堅支庚卷第九 十六事

最德鎮婦人

景德鎮一巫，夢自皙婦人二十七輩，皆素衣前拜，曰：「願伏事君家。」自此，歲一夢，或再夢，已而至於三四。竊怪之，不知何祥也。後開山爲生，穴得一窖，中藏銀二十七鋌，皆漢裹蹄樣也。役人爭取之，巫與之競，訟于官，檢式受庸者弗得，乃悉付之。予按漢武帝以太山出黄金，故鑄爲趾裹蹄，初非白金也。

溧陽狂僧

溧陽有風癡狂僧，而語人禍福立應。一民家娶婦，三日，僧往賀，曰：「我來賀婚，當與我酒。」主人沃之巨盃。又欲見新婦，其家難之，婦亦不肯出。請不已，乃令一見。僧熟視良久，近前擁持，齧其咽。婦叫呼，衆奪以歸。僧歎曰：「得我齊咬斷，却也好。」再稱「難難」而去。無何，婦因與夫爭言，以雙股繩自經於房梁。其一股斷，方悟僧先所云「難難」者，不可免也。

鮑同及第

金陵府鮑府史生三子，少時皆俊秀，讀書有聲。父夢道人，青巾白袍皂絛，抱墨桶，寘其庭階，如世所謂呂先生。顧其三子，曰：「兄弟三人同及第。」故悉使更名，伯曰同，仲曰回，季曰冏。其後獨同登科而回、冏不第，乃驗其語。

淵明瘞酒

世傳環九江境内有淵明瘞酒處，人或掘得之。鄉人鄒廣成云：「南康廬下多美田，山腰有巨石，可容二百人坐，耕農多登之會食。一農忽言：『石根太半危出山外，盍共鑿其下，若墜落山側，我輩免得上去喫飯，大段省力。』衆以爲然。鑿之果墜，而於底得一石函。函中一銅器，有蓋，即匾壺也。揭視之，盛酒滿中。傍刻十六字曰：『語山花，切莫開。待予春酒熟，煩更抱琴來。』衆疑酒非人間物，不敢飲，悉傾棄之。酒香在地，經月不滅。其器爲縣尉取去。」予謂是必道術士所藏者。淵明得酒便醉，豈復留待後人哉？

郴圃鯽魚

郴州支邑村落中，有小民圃，蓋昔之達官故宅基。其畔有小池，水泓澄可愛。嘗見雙鯽出游，比翼【一】而嬉，略不暫捨離。雖經二年三歲，亦無他鱗，而其大小只如此。民懷貪意，投網欲取之，訖不可得。後因灌溉竭澤，於泥内獲一銅盆，中鑄兩魚，形狀與向者不異。滌淨持歸，把水注滿，魚撥刺【二】去來如前。事聞於縣，縣令將奪之。閲租籍，視其逋賦，擬加囚責。乃出以獻，酬之錢五千。復爲郡守關吏部所有。

【一】比翼　涵芬樓本按：「翼」字疑誤。

【二】撥刺　李按：「刺」原作「剌」，今改。

余吏部

德興石月老人余先生，有母弟，弱冠力學能文。里中王氏約聘以女，資裝甚厚，然須登科乃親迎。余預鄉貢，而黜於春闈，王女歸他人，余怏怏失志，因棲泊京師死焉。石月妻在鄉里，夢叔歸，乘白馬，張青蓋，以爲拜官也，喜而出迎。叔下馬，投入嫂懷，遂覺。是月，有娠。及期，將就蓐，遲遲痛楚，瀕於危殆。適有兩雀鬭庭中，傷而死。石月懼，呼巫占之。卦成，巫起賀曰：「兩雀鬭偕隕者，主生貴子。」已而誕一男，名曰應求，字國器。少而頴異，七歲中童子科，未二十歲魁鄉舉，位至郎官、御史。

石逢時

信州干二大山吴氏，盛族也。有子某娶婦，伉儷甚篤。吴名宦不成而亡，妻悼慕不已，常夢見之。一夕又夢在佛殿上堂，奔往就之，不得近。遥語曰：「我將託生，汝休眷戀。今往樂平石村石大秀才家爲男子矣。」旦而告於兄伯，伯爲訪之，時石大之妻方懷孕朞月。後又見夢曰：「某日我將生。」伯如期往登石門，道其故。大秀才抱嬰兒出示，兒見伯一笑。伯懇于石，欲求爲吴氏嗣，石不許。其兒後名逢時，長游太學，及進士第，然位則至一邑丞。吴妻猶守志，將俟其解官往見之，會卒，而止。

揚州茅舍女子

揚州士人，失其姓名。建炎二年春，因天氣融和，縱步出城西隅。遥望百步間，有虹暈燁然，如赤環自地吐出。其中圓影，瑩若水晶。老木槎枒，斜生暈裏。下有茅舍機杼之音。試徐行入觀，瀟洒佳勝，了非塵境。有機數張，皆經以素絲。白晳女子四五輩，綰烏雲丫髻，玉肌雪質，各衣輕綃朱衣【三】，揎腕交梭，組織白錦。轉眸一顧士人，正色端容，抽簆不息。逼而視之，錦紋重花交葉之内，有成字數行。第一行之首曰李昜，稍空，次又一人姓名，復稍空，又一人焉。如此以十數。乃拱手問之，曰：「織此何爲？」一人【四】毅然而對，曰：「《登科記》也，到中秋時候，當知之。」餘無一語。士人遍觀舍中，窗壁玲瓏，風露凄切。自念此身，真如腐鼠，而得造瑶林瓊圃，瞻近羣玉，既情致澹泊，不相答禮，揖而辭退。諸女皆目送之。迨出虹暈，回頭注目，蕩無所覩，乃躡故道歸。時過二更，郭門已閉，遂宿於旅邸。恍疑午境爲夢而歷歷分明可記。是歲之春，高宗車駕南巡，駐蹕揚

【三】朱衣　涵芬樓本注，吕本作「銖衣」。
【四】一人　涵芬樓本注，吕本作「一女」。

都，四方貢士雲集。至八月，始唱名放榜，第一人曰李易，其下甲乙之次【五】，無一差。易，正揚人也。於是悟首春所屆，蓋蟾宮云。

巡察都監

餘干人李孟家，賽三界燈願，命奉國院僧師文、師仁行持，頗極精恪。明日，二僧往謝，及門，李出迎。忽見一官人，如州都監者，徒御稍盛，亦入門，踞坐胡牀。師文前揖，官人遽問：「燈疏是誰寫？」師仁拱曰：「山僧寫。」官人曰：「天有天主，人有人主，如何輒書『燈主臣』？李孟只是庶民，安得稱主？自今不得復然。」又言：「既云三界燈，却不點天梯燈。」文懼曰：「村野僧徒，不知儀式。」即索紙，以朱筆畫樣付之。狀似槐架而狹長，分三層，每層三燈。曰：「此燈上按九天，下按十八地獄。須如此方合式。」文受而揖謝。李延坐奉茶，兩從者同曰：「不入，不入。」升輿而去。最後一隸青衣，李問：「此何官？」疾對曰：「巡察都監。」遂霍然而没。

陳逍遥

陳逍遥者，或稱陳黑子，不知何許人。紹興末，來鄱陽，好遊樂平、德興之間。身衣布絡，雖盛寒亦然。露卧霜雪。或就富家乞錢，須若干緡，人亦樂與，不違其數，而不見其所

【五】其下甲乙之次　「乙之」原作「之一」，據周本改。

用處也。東尉弓手之妻寡居，以私酤爲生。陳數從之賒飲，婦人奉之不倦。嘗遺溺盤中，持與之。婦即舉飲，不嫌。自是陽狂不食。唐立夫舍人守饒，陳醉入公宇，指而罵曰：「汝將病温，生角矣。」唐弗怒，後乃移知温州，加直秘閣。人來問禍福，必毁罵，至遭笞擊。未幾，病死於鍾端明道堂，葬於漏澤園。唐公自永嘉遣一武官來訪之，聞已亡，爲火其柩。煨燼中，得勾連鎖骨一具。明年，一道人來德興，謁天門山下余秀才，擕一苧衫授之，曰：「陳道遥託。將還，云乃是君室人手製者。」視之信然。又有細民魯九者，從之游引至妙源觀丹井，酌水與飲，且與一棗使食。當冬月涉水不慄，人沃以水亦不怖，今尚存。

朱少卿家奴

朱少卿寓居德興妙源觀，有僕朴直無過。知觀黄道士次裘垢敝，僕哂之，曰：「如此衣服，豈可朝真？何不换新潔者。」黄以貧未能辦爲辭。曰：「計所用錢若干見告，我當任此責。」黄以爲戲言，姑應曰：「謝汝。」又曰：「我但積每月顧直，便可就，非妄語也。」數月，持鶴氅道服、襦袴各一道與之。未幾，易新巾、白衫、棕履。顧少卿之子子壽，曰：「小官人看一箇則劇術子。」即下庭跳擲，稍起乘虚，一二尺至五六尺，漸高，上衝雲霄而没。張忠定公，邑人也，素識之。及鎮建康，忽來拜於庭下。公憶其貌，問之曰：「何爲到此？」曰：「來赴三茅千道齋會。」公命於宅取杯酒與之，飲訖，辭出。徑從立處上昇，莫知所届。公愕然，府僚吏卒皆賀，以爲過真仙云。

無錫木匠

無錫張木匠造盆器，出貿於街。一日差晚，在茶肆前交易。一客來，買數種，酬價已定，客曰：「偶不曾將錢來，願同往家中取直。」遂引行，穿一曲巷，夾路皆竹籬，到水濱巨宅，門外有櫃坐。張欲入，客曰：「不須入去，待我自取。」久之不出。張睡於櫃上，行人過者識之，正在枯草水傍大木下，呼之不醒，爲報其家。厥子奔往，扶叫始得歸。視向之宅乃大木，竹籬乃枯草。白晝鬼迷人於邑市，異哉！

程老枕屏

鄉人程景陽，夜卧，燈未滅。見二美女，綰烏雲髻，薄粧朱粉，坐于傍，戲調備至，加以狎媟。程老年已高，略不答。二女各批一頰，拏撼之，乃去。明日視之，傷痕存焉。兒曹不知何怪。久之，因碎所卧枕屏，方於故畫絹中得二女，蓋爲妖者，亟焚之。又彭聖錫取所藏名畫示人，有宣城包【六】虎帳，未收，暫寘榻内。其夕，夢大小四虎噬其支體，至血流。寤而疑其異，展帳驗視，與夢無差，舉而售於他人。

【六】包　涵芬樓本注，吕本「包」下多一「鼎」字。

金山婦人

祝堯卿云，有士大夫自浙西赴官湖外，妻絶美，舟過揚子江，大風作於金山寺【七】，所乘舟覆，妻孥盡溺。唯大夫賴小艇得脱，就寺哀慟累日，然後去。三年秩滿，東還，復届故處，就寺設水陸供薦，禱於佛，乞使妻早受生。罷時已四更，少焉，僮奴掃地，逢一婦人滿身流液，如饞涎，裸跣抱柱，如醉如癡，唤之不應。黎明僧衆聚觀，大夫亦至，細認之，乃其妻也。駭怖無以喻。命加薰燎，具湯藥守之。至食時，稍稍知人，自引手接湯【八】。俄而復活，夫婦相持而泣。遂言其故，曰：「我於没時【九】，如被人拖脚引下，喫數口水，入水底，爲緑衣一官人攜入穴。穴高且深，置我土室中【一〇】。每夜袖糕餅之屬飼我，未嘗茹葷。問其所從來【一一】，初猶笑不言。及既昵熟，方云是水陸會中得來。因告之，曰：『我囚悶已久，試帶我出，瞻仰佛事，少快心意。如何？』彼堅拒不肯。求之屢矣，一夕，導我攀險梯危，上寺中，望燈燭熒煌【一二】。及詣香案邊，聽讀疏，乃是君官位姓名追薦我者。我料君在此，盤旋繞寺不肯返。緑衣苦見促，我故逗留。會罷【一三】，强拽我行。我聞君咳聲【一四】，緊抱廊柱不放，遭毆打【一五】，極困。佗怕天曉，遂捨去。此身墮九泉下，不知歲月，賴君再生，皆佛力廣大所致。」喜甚而哭，夫亦哭，遂爲夫婦如初。滿寺之人，莫不驚異。緑衣官人者，蓋水府判官也。

【七】金山寺　涵芬樓本注，葉本多一「下」字。

【八】稍稍知人自引手接湯　涵芬樓本注，「自」明鈔本作「事」，屬上。

【九】我於没時　涵芬樓本注，「於」字，葉本作「初」。

【一〇】置我土室中　涵芬樓本注，葉本多「以我爲妻」四字。

【一一】問其所從來　涵芬樓本注，葉本作「問其安得此物」。

【一二】望燈燭熒煌　涵芬樓本注，葉本多「花幡間列」四字。

【一三】會罷　涵芬樓本注，葉本多「燭滅」二字。

【一四】我聞君咳聲　涵芬樓本注，葉本多「願見不得」四字。

【一五】遭毆打　涵芬樓本注，葉本作「遭他毆打」。

新安道人

洪中孚尚書，新安人也。有道人常游其門，以茶酒待之不倦。忽告别它適，言曰：「願呈一術，以爲公歡。」時當歲晚，洪指園中枯，李曰：「可使開花結子乎？」曰：「能。」即請青幙幕其上，白洪延客置酒以賞之。乃於腰間探藥一粒，納李根，封以土。少選揭視，李已著花。又覆其幕如初，及再揭，李已結實。於是三幕之，令遍行酒，遂去幙，則一樹全熟，青黄交枝，滿座摘食，香味勝於常種。但歎訝，而不能識爲異人者【一六】。既去之後，方悟其神仙，欲見不可矣。

舒道人

餘干萬氏嫁舒氏，平生好善緣，故有道人之目。中年而亡，其子傳朋夢母歸，不之本房，而入女室。女之夫曰李松，縣尉，亦夢道人來，言欲爲兒，答曰：「母來女處托生，爲不順矣。」明日，各話所夢。已而，女復夢黄衣人告曰：「舒道人將爲汝子。」又紫衣僧之言亦同。女固辭，僧舉袖示之，現一圓光，道人在焉。曰：「業已如此，奈何？」時女懷妊且數月。及期，夢母至，只坐堂上。女邀入房，曰：「李郎在，故不入。」寤而子生。是日國忌，促夫出行香。少焉，生男，容貌與道人相似。以上三卷，皆德興吴良吏之子秦傳其父書。

【一六】而不能識爲異人者　涵芬樓本注，「者」字疑衍。

校勘記

夷堅支庚卷第十 十三事

嘉魚龍珠

建炎元年，鄂州嘉魚縣農夫乘春雨耕田，於陰雲蔽野中，見一火毬在空，欲上復下，竟墮地，光焰赫然，須臾漸息。牧童以篛笠覆之，一爇而盡。老人或稍有識者曰：「我聞驪龍有珠，是必因鬭而墜，須持厭服掩取乃可。」農釋耒，解犢鼻褌，罩于上火，焰如沃，果一大寶珠。包以歸，獻于主人田二翁，翁與千錢，寘諸佛室。至夜，祥光四發，高出屋外。遠處望之，謂田氏遭火，及赴救，則不然。喧傳達於邑令。令欲得之，而慮其閉拒，乃摭他事，囚翁于獄，使吏諷之。翁曰：「此亦何用？願以獻。」令大喜，遽命取之。而前一夕，濃霧罩翁居，對面不相認。迨開霽，已失珠所在。其家來報，令不以爲然，謂其靳誕，横施械梏。翁不能自脱，竟死獄中。施師俞説。

徐千一

樂平民徐廿一，居邑下秋洲灣。其長子千一，治生有方，家業頗振。父忽如覺如夢，見其子在禾場上，而空中刀劍紛紛自下，皆將擊之，父百方遮救，僅得脱。寤而懼甚。自是子獨處，則受此撓。於是每夕命數僕陪之寢宿，而夢中復多悸。乃議徙避之，旋於二十里間築室。千一之弟千二，方詣塘運水和泥，兄在新屋内忽大叫稱痛，聲徹于外。弟奔視之，已死，其身遍體皆遭刃斧，痕至闊三寸許。此子庸常一民，不聞顯惡，殆宿寃業所致也。

葉妾廿八

葉正則庖婢事，載於支乙。陸子靜知其詳，云：「葉之父朝奉君，買侍妾，仍其在家排行，只稱爲廿八。來累月矣，一夕，聞窗外有呼廿八者，認其聲，不審，未應。忽曰：『汝不應，我自入來。』俄一美丈夫至，妾惑之，遂共寢。自是乘間必至，已而有孕。十月免身，乃生泥子二，真土偶也。又生車螯、鯽魚各二枚，皆活。葉老不勝駭，亟投諸江中。此怪往來猶如初。迨正則罷官東歸，將及京口，始絶迹。」子靜言之於王順伯、黄雍父云：「此乃正則作平江幕官時事。所生兒入地縫中，遣兵持鉏掘之，聞其下曰：『爾何人要來尋我？』乃止。」雍父審其事於正則，曰：「然。」

楊可人

湖妓楊韻可人者，紹興十年以後，用色藝敏黠著名。海陵仲彌性并通判州事，爲所惑。嘗約，一鐫秩，一受杖，無所辭。及仲以章罷，韻貨醫，詐爲有孕。二年後，竟爲王亨道所撻。仲寓居常州，一夕夢之，曰：「我抱病甚亟，且死矣。平生誦《妙法蓮花經》，以故可免墮落，得作男子。只在湖州城外方二弓手家託生。君若不忘故情，幸急來視我。正恐已無及，尚可周旋後事。方家極貧，不能育我，望加意賙給。我生三日後，煩君來，當以一笑爲證。」仲寤，遽登舟，到即詣其室。韻困血疾暴作，連夕不知人。又訪得方二弓手家。韻死，方妻生男。仲既悉如前戒，經三日復往。方氏使抱兒出見【一】，望見已驚笑。自此仲數存拊之。仲爲蘄春守，張壽朋爲倅，親聞其言。

【一】出見　中華本注，「見」原作「現」，據周本改。

胡氏異兒

徽州清化鎮人胡廷輝，長婦李氏，以淳熙戊申歲生男子。才出胎，上下齶已各有一牙，試以乳就之，而骨軟不能吮。父母駭其異，欲殺之。羣族共勸，言：「爾無它子。此兒既不吮乳，且無別狀。不若留育之，俟其長成可也。」及三歲，諸牙皆出，與舊二者無以異。

江四女

婺源嚴田民江四，家世爲農，頗饒足，而行跡無賴，與鄰豪代名充里役。妻初産得女，怒投之盆水中，逾時不死。江痛掐其兩耳皆落，如刀割然，遂斃。次年，又生女，兩耳缺斷，全類向者掐痕。里巷以爲業報，謂苟再殺之，必有殃禍，勉其存育，乃留之。

白石大王

李智仲鄉居時，一姪在書室，忽癡瞪不能語。正遣奴持酒與飲，見而歸告。智仲出視，乃書卓上云：「有駛卒持文牒，稱泰山府君令與白石大王爲代。辭以母老，且未娶，無人侍養，乞免行。駛怒曰：『府君之命，烏可辭？』再三致禱，始許來早復報。適所賜酒，不敢飲，即以犒之。叔出時尚立門側，今去矣。」明日，又書曰：「駛足再來，已許辭免。」猶不語。智仲曰：「汝一旦如此，何時是了？」又書曰：「叔無過慮，但以炭火煆定椀二隻，俟通紅，款款取出，投于前溪。明午自能語話。」如其説，及期，一切復常。扣所見，冥然不知。李宅前臨大溪云。右四事，子理説。

韓世旺弓矢

臨川王椿者，平甫之孫，待制游之子。紹興初，爲臨安幞官，能弧矢。將官韓世旺，蘄王兄也。家本西州，固諳此技，而不以自名。爲王所輕，每對客侮之，韓不與較。吕丞相都督江淮，辟王爲僚，王收拾背裝，貯一篚。逢韓於教場，適諸將置宴席，因留之。韓忽言：「今當與君别，能以弓矢角勝負，賭篚中物乎？」王恃其技，即應曰：「諾。」且指坐間數客爲證。各分箭一把，王引弓先發，其四中的，其八皆在垛内，無一不中。王意欣然自得，坐客無不斂衽稱贊。韓逡巡起應曰：「我軍旅中人，若以十二箭爭勝負，則爲不武。願止以兩箭決之。」衆咸不曉其語。韓使虞候持筵上金錢立垛前，一發中錢孔心，再發破筈。滿坐呼譟。開篚取物，得金六百兩，王慚悔氣，不終席而歸。橐中枵空，莫知所出。次日，謁韓所厚善者，托往解謝，丐還元金。韓笑曰：「我本不須彼物。正以文官口强，常時受他侮薄不少，故聊窘挫之。他必能做啓事，但以一篇謝過，便悉返之。更須直説，不要逞文章，恐其見罵。」王如戒立作啓，大略云：「幸自識得三兩箇難字，何須射【二】他伍六斗軟弓。不識便宜，搦人賭賽。抛毬打論，雖是有輸有贏，破白傷財，其奈著腸著肚。」他皆類此。韓讀之大嘉，即日歸其所獲。王外孫劉模説。

【二】射　涵芬樓本注，吕本作「挽」。

姚時可

張邦昌既坐竊位死，其族弟嘗爲郡，居會稽，府捕其家，良賤六十口寘于獄，具奏待報。張自料身爲逆人親族，當死不疑。與其明正刑書，不若預爲之所。乃囑推吏姚時可曰：「吾自分必死，敢有請於君。」姚問其故，曰：「吾藏金百兩，在某室篋中，君往取之，煩爲密營毒藥十數服。俟誅命下，即與子弟輩共引決，以後事累君。」姚曰：「事未可知，朝廷仁政尚寬，何必至是？當爲公出探消耗，果不可免，用此計未晚【三】。」張再三瀝懇，訖不可。及奏上，高宗諭輔臣曰：「邦昌之逆，出於迫脅。正已可哀。其弟相去三千里，本非同謀，豈宜加罪。」即命盡釋之。一家按堵如故。張詣姚舍，謝其全護之恩。以所説百金爲餉，拒不肯受。至損十之九，亦然。是時，姚未有子，後連生八男。迨長立，皆好學馳譽。廷衮，登紹興三十年進士第一。謙者，淳熙十一年繼之。廷昂、一夔及其他子，悉爲名士。越人【四】以爲陰德之報云。順伯説。

吴淑姬嚴蕊

湖州吴秀才女，慧而能詩詞，貌美家貧，爲富民子所據。或投郡，訴其姦淫。王龜齡爲太守，逮係司理獄，既伏罪且受徒刑。郡僚相與詣理院觀之，仍具酒，引使至席，風格傾

【三】用此計未晚　涵芬樓本注，明鈔本多「無爲先就死地也」。

【四】越人　涵芬樓本注，葉本作「时」。

一坐，遂命脱枷侍飲。諭之曰：「知汝能長短句，宜以一章自咏。當宛轉白待制，爲汝解脱。不然危矣。」女即請題。時冬末雪消，春日且至，命道此景，作《長相思》令。捉筆立成，曰：「烟霏霏，雨霏霏，雪向梅花枝上堆。春從何處回？醉眼開，睡眼開，疎影横斜安在哉？從教塞管催。」諸客賞歎，爲之盡歡。明日以告王公，言其寃。王淳直，不疑人欺，亟使釋放。其後無人肯禮娶，周介卿石之子，買以爲妾，名曰淑姬。王三恕時爲司户，攝理正，治此獄，小詞藏其處。又台州官奴嚴蕊，尤有才思，而通書，究達今古。唐與正爲守，頗屬目。朱元晦提舉浙東，按部，發其事，捕蕊下獄，杖其背。猶以爲伍伯行杖輕，復押至會稽，再論決。蕊墮酷刑，而係樂籍如故。岳商卿霖，提點刑獄，因疎決，至台。蕊陳狀乞自便。岳令作詞，應聲口占，云：「不是愛風塵，似被前身誤。花落花開自有時，總是東君主。去也終須去，住也如何住。若得山花插滿頭，莫問奴歸處。」岳即判從良。景裴説。

天慶観道人

饒州天慶觀道士陳元齡，素有爐火癖好，無日不從事於斯，僅能得點茅一二小技，至於治煉黄金，莫能測涯涘也。嘗在室内，踞爐治藥，一道人揚揚而來，直入傲揖，趺宕已醉。延坐與語，酒氣觸人。卒然問曰：「師黄冠羽服，擺脱塵凡，頗有以助道否？」陳曰：「甚好丹竈，奈骨相窮薄，不能有所值遇。擬乾汞爲銀，十作十敗。先生曾留意乎？」道人笑而勿言，陳飲以酒，復扣之。曰：「此豈是一朝一夕，單詞半句可了？吾不惜少駐，爲君圖之。」陳以爲異人，不敢固請，但日與詣永平監沽肆劇飲。因循三月，不告而去。陳望望然，若有失。經旬復來，曰：「向者所言，今姑小試。此有水銀否？」陳曰：「有之。」即以一斤至。曰：「那用許？」只留四兩，貯於黑盞中，置湯缾上。解腰間所挂火瓢，取藥一刀圭，投而攪之，復【五】以陶楪，袖手而俟。少焉，錚然有聲。曰：「就矣。」揭楪視之，既成白金，秤之分銖不耗折。陳正衣冠設拜，願執弟子禮。是夜同宿。越三夕，因大醉，陳起貪志，竊其瓢。道人睡覺，愴然曰：「不謂君無義若此，然亦幾何分量，可謂淺窄！」遂拂衣去。陳夸語於衆，曰：「從今一生快活，更復何求？」如其法治汞，無不立成。凡得銀數百兩。及天慶遭庚子之災，陳所有囊笥，多不救，至今尚存。張思順言。

夢監補試題

王景伊赴國子監補試，夢宣押考試官三員乘馬而來。其前一人姓黄，中一人姓孫，後一人忘其姓。繼即若入監闈，出《詩止乎禮義賦》，操筆成文，頗得意。既覺，猶歷記數聯。已而又夢云云，則不憶一語矣。明日，三考官入院，蓋黄堂雍父、孫逢吉從之、毛崇甫辯也。洎就試，題未出，已喧傳所夢賦題。俄聞簾内嘈嘈，如爭辯之狀。良久，乃《以古爲

【五】復　李按：當作「覆」。

鑑賦》。是歲，景伊不利。後見施德遠之子，聞毛崇甫言：「孫初欲出《詩止乎禮義賦》，黄欲更以爲《六德教胄子》。孫曰：『試者皆朝士子弟，即不挾書，恐難尋索六德體字。』議未決，崇甫曰：『自來國子賦題，只是四字。』遂定用後題。」景伊一夢明白如此，而不獲預選者，豈以不符其所見故邪？景伊說。

劉職醫藥誤

私鑄銅器，法制【六】甚嚴。信州永豐縣民犯禁，爲人詣縣告，逮赴獄，罪狀已白。典吏毛遂、周永受賕釋之。告者經坑冶司訴理，械二吏送饒州州院。俄而皆病寒疾【七】，直獄劉、舒二醫同診視，云：「周永當汗。」隨證下藥而愈。劉欲以大茈胡湯與毛生，舒曰：「渠是陽證傷寒【八】，此藥入口，死矣。」劉堅執前説，舒力爭不勝，竟與服。即時痛徹心腑，旋復洞下，糞結如脂膏。又强使服，至於再，須臾髓竭而亡。吏呼二醫視之，已無可言。共議作節次申郡，而令出錢買棺，候檢畢就殮。正舁尸束寘牆角【九】，忽張目舒氣，獄級走，二人還，【一〇】已宛然再活。問曰：「晝時【一一】兩服藥，是那箇郎中主張？」劉方喜，以爲己功，應曰：「是我所下【一二】。」正揶揄舒生【一三】，毛曰：「今後且須仔細。我一家長幼十餘口，仰我以生。所坐本不至死【一四】，而汝以一服藥見投，使我五臟如刀割，膏液盡爲臭穢。我既知之，而獄級又勒使再進，腸胃已腐，安得復生？今只在鬼門關相

【六】法制　涵芬樓本注，葉本作「法禁」。
【七】械二吏送饒州州院俄而皆病寒疾　涵芬樓本注，葉本作「械二吏送饒州，至州，兩吏皆病寒疾」。
【八】陽證傷寒　涵芬樓本注，葉本作「陰證」。
【九】候檢畢就殮正舁尸束寘牆角　涵芬樓本注，葉本作「相檢舁至牆下」。
【一〇】獄級走二人還　涵芬樓本注，葉本作「獄卒走報，二醫往視」。
【一一】晝時　涵芬樓本注，葉本作「昨日」。
【一二】是我所下　涵芬樓本注，葉本作「是我之藥」。
【一三】正揶揄舒生　涵芬樓本注，葉本無此句。
【一四】所坐本不至死　涵芬樓本注，「所坐」葉本作「我疾」。

侯。」復顧舒曰：「且得知治藥人【一五】姓名分曉。」語終而亡【一六】。劉未幾即死。舒懼，謝去醫職【一七】，而學三壇法，以符水治祟，亦能自給。

【一五】治藥人　涵芬樓本注，葉本作「下藥人」。

【一六】語終而亡　涵芬樓本注，葉本作「語終復斃」。

【一七】謝去醫職　涵芬樓本注，葉本作「陳詞謝去醫職」。

夷堅支癸序

劉向父子彙羣書《七略》，班孟堅采以爲《藝文志》，其小説類，定著十五家，自《黄帝》、《天乙》、《伊尹》、《鬻子説》、《青史》、《務成子》咸在。蓋以迂誕淺薄假託聖賢，故卑其書。最後虞《周説》，九百四十五篇，出於稗官街談巷語道聽途説者之所造。當武帝世，以方士侍郎稱黄車使者，張子平實書之《西京賦》中。噫，今亡矣！《唐史》所標百餘家，六百三十五卷，班班其傳，整齊可翫者，若牛奇章、李復言之《玄怪》，陳翰之《異聞》，胡璩之《談賓》，温庭筠之《乾饌》，段成式之《酉陽雜俎》，張讀之《宣室志》，盧子之《逸史》，薛涣思之《河東記》耳，餘多不足讀。然探賾幽隱，可資談暇，《太平廣記》率取之，不棄也。惟柳祥《瀟湘録》，大謬極陋，汙人耳目，與李隱《大唐奇事》，只一書而妄名兩人作。《唐志》隨而兼列之，則失矣。予既畢《夷堅》十志，又支而廣之，通三百篇，凡四千事，不能滿者，才十有一，遂半《唐志》所云。支癸成于三十日間，世之所謂拙速，度無過此矣，况乃不大拙者哉！繼有聞焉，將次爲三志，而復從甲始。慶元三年五月十四日序。

夷堅支癸目録

校勘記

夷堅支癸卷第一 十事

回天寺鐘樓

乾道中，成都府法曹孫君，與其子次山游城下回天寺。見殿宇廊舍，無一不整，獨鐘樓蠹蝕欹傾，垂垂欲仆。問主僧：「何爲略不經意？」曰：「非不在念，但如此已八十年，似爲怪物所據，莫敢輒登。況於脩理，頃來長老初至，必責童行往打鐘，才下即死，前後數十人。屢呼都匠評議，餌以厚犒。皆云：『正使得錢千貫，難博性命。』唯數歲前，一匠頗智巧，先於旁絞縛雲梯，而偕同輩腰巨斧以上。方久陰乍霽，望一肉塊垂下，長五尺，如蛇尾狀。乃運斧夾斫之，斷于地，頑然混沌，軟厚無骨，竟不敢施工而退。今豈宜妄動，以招凶災？」孫亦嘆息。後兩月，次山復同暱友田二官往遨嬉，各持弩挾彈，弋射禽雀。俄見大雉鷄，翔立樓表，田生發矢中之，離披而墮，其尾秃如截，蓋前物所化也。欲攜詣邸肆，買酒煮食，而兩人皆起專享意，忿鬩移時。有老僧從延壽堂策杖而出，勸解之，曰：「此爲精潔寶坊，豈應喧譟撓衆？況所爭甚小事，已之若何？」孫出言詆罵，不肯聽，久之皆捨去。雉在地，無復取者。經三日，寺奴之有膽者，漫升高覘視，得白蛇蜕，堆蟠盈屋，計須七八十丈。衆知曩怪止此，於是一新之。向非孫、田紛紛，竟食雉肉，定不免禍。疑爲伽藍除一害，故神僧救之。次山後居鄱陽，作蘇高州道夫壻，與人説此。予檢趙清獻公《成都記》及王恭簡《續記》，無所謂回天寺者，得非里俗稱謂，或不同邪？更當訪諸蜀士也。

薛湘潭

薛大圭禹玉，本河東簡肅公之裔，爲人倜儻俊快，不拘小節，而深負吏材。淳熙中，爲湘潭令。新牧王宣子侍郎臨鎮，詣府參謁。時湘鄉縣有富家女子，夜爲人戕於室，迨曉父母方覺之，但尸在地而失其首。告於都保，訴之郡縣，歷數月不獲凶身。府招諸邑宰晏集，坐間及此事。薛奮請效力，乃假吏卒數十輩，枉道過彼縣境，每一程減去五人或十人，唯留四卒荷轎，殊不曉其意。漸近女家，下而步行。遇三四道人聚野店，各有息氣竹拍，從而求之，且脱巾換其所戴緇布，解衫以易布道袍服，與錢兩千。薛多能鄙事，遂獨身前進，戒從者曰：「緩緩相隨，視我所向。俟拋息氣出外，則悉趨而集。」望路次小民舍，一老媪在焉。入坐，將買酒，媪曰：「此間村酒二十四錢一升耳，我家却無。」薛取百錢，倩買二升。媪利其所贏，挈瓶去。少頃，得酒來，與媪共飲。媪喜甚，獻熟牛肉一盤。酒酣，薛云：「郇居安靜，想住得好？」媪曰：「正爲一件公事，連累無限平民。我兒子也遭囚禁。」問：「何事？」曰：「某家小娘子，與東家第三箇兒郎姦通，後來却被殺了，斫去頭，埋於屋背樹下。此郎日前累次手殺人，凶惡無比。他有錢有勢，更不到官。鄉人怕他如虎，都不敢説。」薛徐徐詢其姓氏狀貌居止，徑造之，唱詞乞索，兩後生與之十錢【一】。棄于地，曰：「何得相待如此？」增至五十及百錢，皆擲之，曰：「我遠遠到來，須要一千足陌。若九百九十九錢，亦不去。」兩生蓋凶子之兄也，疑爲異人，或有道之士，遜言慰謝。凶子在内窺見，忿怒不能忍，趍出，擬行拳。薛就門擲竹拍，從卒爭赴，遂執之。凶子咆勃，薛批其頰曰：「汝殺了某家女子，却將頭埋樹底。罪惡分明，如何諱得？我是本縣捕盜官，那得拒抗！」子無語，即縛往，發地取頭，送於府，鞫治伏辜。宣子嘉賞無已，率諸臺交薦，因改京秩。《涑水記聞》所載向文簡雪僧寃事，亦以一媪言云。余甥玠説，其姻家也。

曹家蓮花

鄱陽義仁鄉車門，一大聚落也。曹氏環而居之，至數十百家。有曰曹廿一者，慶元元年中夏，住屋内，平地上忽踊出白蓮一朵，闊七八寸，其高二寸餘，四畔焕如繪畫雲彩，花粲然居中，芬香豔好。傳聞來觀，充塞門巷，皆以爲其家且有吉祥。識者曰：「水花陸處【二】，亦非佳兆。」明日，已化作菊花，半開半蔫。越三日不變，舉室疑怪，圍薪然火以焚

【一】十錢　「錢」原作「金」，據周本改。下同。

【二】水花陸處　涵芬樓本注，「處」葉本作「産」。

之。其後按堵如初。

王五七造屋

淳熙元年，鄱陽新安鄉民王五七，因農隙作屋，使村巫張五擇日。未施工之際，別有術者曰思眼【三】來言：「所用日不佳，多犯凶煞，最於主人不利。當以某日可。」王素聽張說，不肯改移。甫立木，偶登高臨視，足跌而死。次日張巫亦死。後數日，思眼從外歸家，逼暮路暗，村樵先設一網於往來之衝，以罥麂雉。忽蹶然而起，誤墮其中，即死。若被人領赴冥司，主者坐高殿，王生已先在庭下，牽其衣裾，前白曰：「上告府君，我命未合盡。緣他錯檢日子，干觸禁忌，遂至隕身。」主者問思眼，對曰：「當時曾與他說，不見信，竟用張山人之言，非我過也。」王生低首無語。須臾，一黃衣引思眼至大池邊，擠落水中，即得復活。右二事，薦佛西堂僧師粲說。

樂清鮑貴

溫州樂清縣，嘗有凶盜殺一家八九口，莫知所由起。此家既殲，不復測失何等物。郡以責巡檢、尉，至鎖【四】其廳宇，不許歸。尉唯取辦於弓兵，然主名渺茫，又無贓貨足驗，無計可展。一兵親能下紫姑神，著驗鄉社。乃持香酒乞靈。即書曰：「陰府幽而甚明，

【三】思眼　涵芬樓本注，葉本作「鬼眼」，下同。

【四】鎖　中華本注，原作「鎮」，今改。

天網疎而不漏。鹽場窑穴，先獲鮑貴。次及冢山，盡擒餘黨。」兵得之，再拜喜謝。遂分詣海傍諸場，精意物色。見一男子倚冷窑而立，精采如癡，遥望外間人至，弁栗不自持。兵喝之，曰：「汝是鮑貴，安得在此？」其人俯首不敢對，乃縛而引出。行數里，到冢山，惡徒九輩，正聚坐飲博。見鮑貴已擒，皆束手。所掠金帛咸在，元未暇用也。於是悉行杻繫，送於官，皆論死。尉以是受賞云。王居安資道説。

王播之魁解

乾道辛卯，饒州將秋試，是時以薦福寺爲舉場。鄱陽士人李似，於八月七日夜，夢行天慶觀街，逢報榜人絡繹，呼云：「解元是王播之秀才。」未及細問而寤。遍思朋游卓卓者，皆無此姓名。獨念《尚書·盤庚篇》有「王播告之脩，不匿厥指，王用丕欽，罔有逸言，民用丕變」之句，是一好書義題目，因入州學，與【五】其友方千里子材曰：「夢如是，恐必出此。正係子材本經，決非偶然，故密以相告，盍預爲之備？」子材曰：「固已曾商量，未必然也。」殊不介意。及引試，果爲第一篇題，子材悔不從李言，怊悵失色。暨揭榜，遭黜。吴雱遠澤遂以書居首。李似者，元名某，後三年甲午，夢人持一張紙，如試卷者示之。標五字曰「鄱陽李似詩」。李蓋習《詩》，覺而喜，即更名。又三年，丁酉，乃被薦第四，而於《詩經》爲魁選。

【五】與　涵芬樓本注，吕本作「語」。

鍾彦昭詩句

鍾炤之，字彦昭，樂平湖團人，吾邑佳士也，長於詞賦。紹興己卯之春，夜讀書窗下。過三鼓，聞有吟哦詩句於外者，曰：「霖作商巖雨，薰來舜殿風。」驚聽之，復誦至再。啓户視之，無人焉，以爲神物所告，謹志於策，秘不語人。至秋試，以《膏澤多豐年》爲詩題，鍾押「豐」字韻，用此兩句入第五聯。考官讀之，擊節稱嘆，批其側曰：「形容得膏澤意好。」竟置之巍級。唐《雲溪友議》載，錢起夜宿客舍，聞人吟於庭中，曰：「曲終人不見，江上數峯青。」及就試日，作《湘靈鼓瑟》詩，用爲末聯。禮部侍郎李麟謂之絶唱，遂擢第。甚相類也。鍾以次年一舉登科，然僅得改秩而卒。右二事，焦德一吉甫説。

趙承之游岱岳

東郡趙承之鼎臣，政和七年夏四月，自滑州韋城詣東岳。戊午，至奉符縣。己未，伏謁祠下，游玉女池，水盡竭，出敗楮如山。邂逅縣尉曹餘慶，曹語之曰：「歲至四月八日，四方之來者益希，因決水取池中所投物，籍而歸之觀中，縣吏察焉。僕爲是來也。」問所得，曰：「今歲得黄金二百銖，白金數倍，縑繒衣服數百計云。」趙欲與猶子奕登山，邑人姜居實爲具車【六】，同至岱岳觀。過大小水簾，遂登黄峴。自是，山愈奇，路益險，深嵓邃壑，

【六】具車　涵芬樓本注，吕本作「具車徒」。

應答不暇。至龍口，泉水出石縫間，其寒凝冰，其甘天成，非世俗飴蜜可比。是夕，月望，登十八盤絶頂，自山俯視，見太陰如盤，亭亭於霄漢之表。姜童挈酒三榼至，席地而飲。俄聞窸窣有人行聲，趙心動，曰：「山中暮夜，安得此聲邪？」左右曰：「去此數百步，有庵居之道人，非怪也。」亟遣人連呼之，皆不應。則又諭之，曰：「此間有酒，請與道人飲之。」語未絶，左右呼笑曰：「應矣。」有頃即至，延坐問之，則密州張景巖也。年五十餘，居太山七八年，鬢鬢黑漆，語言純直，無方士虚誕氣。飲數行，探懷中伏苓、松華數種薦酒。伏苓出地未久，齧之如粉而甘。松華漬以鹽，芳辛可愛。歌道家曲數闋，飄飄有出世間意，傍若無人。酒盡，穿東嶺而登，道中月明，可數毛髮。既而歸卧。辛酉，夜未艾，三人夙興，攬衣寒甚，挾纊披毳而出。方行數十步，道人已候於中路矣。至日觀峯，曉色未分，有赤光發於極望之東。道人曰：「未也，是陽輝之先至者爾。」須臾，霞采四出，眩晃騰射，金規一縷，隱起於青冥杳靄之間。既而大明，赫然涌出雲端，恍如車輪，萬里直上，光耀所燭，東極滄海。時山下蔭翳，尚未辨色。道人以手加額，曰：「貧道居此七八年，昨宵之月色，今旦之日光，洞徹太虚，殆未曾有。」因邀客至庵，環具内皆素所儲藥。趙偶謂曰：「松根、伏苓與夫黄精、紫參皆君所厭飫者，頗嘗得異艸靈芝不死之藥乎？」道人色變，徐曰：「吾以昨日之朝，登明月嶂絶壁，獲紫芝一本。雖吾弟子不知也，子何自知之？」遂取以遺之，曰：「以爲子壽。」且曰：「吾庵雖陋，方將改築而增大之，以待四方之賓客，願子爲我名。」趙命曰：「采芝庵。」復自東嶺還。道人攜酒來別，厚相鄭重，乃去。承之作《遊山記》，載於《竹隱畸士集》中。

餘杭何押録

餘杭縣吏何某，自壯歲爲小胥，馴至押録，持心近恕，略無過愆，前後縣宰深所倚信。又兼領開拆之職。每遇受訟牒日，拂旦先坐于門，一一取閲之。有挾詐姦欺者，以忠言反覆勸曉之，曰：「公門不可容易入，所陳既失實，空自貽悔，何益也？」聽其言而去者甚衆。民犯罪，麗於徒刑，合解府，而顧其情理非重害，必委曲白宰，就縣斷治。其當杖者，又往往諫，使寬釋。置兩竹筒於堂，擇小銅錢數千，分精粗爲二等，時擲三兩錢，或一錢，於筒中。諸子問：「何故？」曰：「吾蒙知縣委任，凡幹當一事了，則投一錢。所以分爲二者，隨事之大小也。」子竟不深曉。迨謝役壽終，始告之曰：「爾曹解吾意乎？吾免一人徒罪，則投一光錢於左筒。免一杖罪及諭解一訟，則投一糙錢於右筒。宜剖而觀之。」兩筒既破，皆充滿無餘地。笑而言曰：「我無復遺恨，如陰隲可憑，爲後人利多矣。」遂卒。後十年，其子伯壽登儒科。紹興中，位至執政，累贈其父太子師。景裴説。

董氏籠鞋

汪承相之孫、承事郎德輝，娶鄱陽董氏女，數年而亡。終喪後，復取其女兄。成婚數月，當初夏多雨，畏地濕，偶故妹有籠鞋在笥，取著之。即時右足一指痛，俄發腫，至於困卧，三日不能下床。夫知鞋爲祟，勸使焚之，且呼僧誦經悔謝。痛雖小減，猶未復常。時慶元三年也。姪孫伋子中，娶張會卿待制女，隨夫官荆門。病卒，載柩歸葬鄱陽，其姒朱氏送之。先夕，奉魂帛於五十里客邸，置所迎雙屨於箱中，朱氏戲著之。少頃，四體寒顫，如挾冰雪，又如物有鑽刺，便得病，繼變爲疹痘，痛不可忍。夢婦人黄衫搭帔，立於前，覺而益懼，設供靈几前以謝過。凡二十餘日，乃愈。

夷堅支癸卷第二 十二事

黄州渠油

黄州市民渠生，貨油爲業，人呼曰渠油。一意嗜利，每作油時，乘熱益以便溺，幾三之一。謂其可相雜，不妨點照。因是獲息頗博。家惟一妻一數歲子，子忽告母曰：「耶身畔常有獄子把枷棒隨後。」屢言之，而他人無所覩，父固莫信。又曰：「我將死，母亦不免。緣人買油去，不惟食用，亦要供養天地神明，奈何混以穢物？罰譴深重，禍至無日矣。」未幾，子母相繼亡。渠悲泣不已，遂感奇疾，如受拷掠，痛苦萬狀。家貲索然，經歲而殂。

滑世昌

鄂州都統司醫官滑世昌，居於南草市，家貲鉅萬，而行醫以救人爲心。鄂州【一】稱其盛德。淳熙十四年十一月，夢有客來訪，車騎甚都，通爲城隍神王。既入坐，談話之次，云：「此邦明日有非常大災，民罹非命，君家亦當墮此厄中。以君平時用心慈仁，多所濟

校勘記

【一】鄂州　涵芬樓本注，葉本作「鄂人」。

活，陰功昭著，上帝敕我救爾一家，但貨財不可得耳。」滑拜謝，且伸懇禱【二】云：「正獲幸免，若資蓄蕩然，則舉家狼狽，去【三】死一也。」神曰：「此却易辦，決不致餒凍。」恍然而覺。聞樓【四】鼓已五更，呼告其妻，妻亦夢如是，深以爲憂。至旦，天大風斗寒，滑方朝食，漢陽武八官招之視疾，絕江往來，到家已昏。暮夜未【五】半，火作於市，滑居烈焰中，生生之具，分【六】爲灰燼。念闔門十口，無計自脱，忽有壯夫數十輩，着紫衣突入，邀上轎。滑謂爲州兵至【七】，出望，但見轎十乘，排列火邊，驅家人登之，徑舁至將臺下，相去六七里。俄風雪大作，適路有空屋，趨避于中。相看如癡，莫知所以。黎明，人轎皆不見，顧南市舊居，悉爲瓦礫之場矣【八】。掇剔埃煤中，得碎銀三十餘兩，始悟不致凍餒之説。夫婦兒女僕妾悉無恙，旋僦小宅於城中，醫道復振。初，滑爲醫藥飯食官【九】。會歲荒疫，凡傷寒有危證者，自捐錢藥拯療，賴以全安者不勝計，故蒙此報云。

武當真武祠

乾道六年，王炎公明，以參知政事宜撫四川，道出襄陽，聞蜀中久旱，欲迂路過武當，親禱真武祠殿。此念一起，是夜，夢真君至，言及旱災，曰：「知蒙異眷，當便爲料理。」且語且笑，詞色甚温，熟視而退。王才覺，索日記，書其事，遂決此行。以七月九日到祠下，焚香敬謁，揭帳瞻聖容，宛與夢中者不少異。一金蛇出現，盤旋於几案匕箸間，忽爾屏跡。

【二】且伸懇禱　涵芬樓本注，葉本無「伸」字。

【三】去　涵芬樓本注，明鈔本作「與」。

【四】樓　涵芬樓本注，葉本作「譙樓」。

【五】未　涵芬樓本注，葉本無「未」字。

【六】分　涵芬樓本注，葉本作「悉」。

【七】至　涵芬樓本注，葉本作「亟」，屬下。

【八】悉爲瓦礫之場矣　涵芬樓本注，葉本作「盡瓦礫矣」。

【九】滑爲醫藥飯食官　涵芬樓本注，葉本作「滑爲醫官」。

道士云：「常人願見此蛇而不可得。若出，必有夢感。」王辭去。前旌及金州上庸縣境，甘雨丕降。次于洋州，少駐。四路繼申行府云：「皆得雨。」初，宣撫司相承在利州。王始至，又夢真君來，謂之曰：「漢中正據秦蜀之衝，乃自古用武之地。胡不徙治於彼？」因言公寵姬懷妊且得子，然不能久。徐及恢復之事，真君欲出口復輟。是日，暮，姬果生男。纔及來春，爲一婢抱持，誤墜於地而隕。王年將六十，無餘子，悲怒之極，擬杖殺之。思不能久之言而止。竟奏請於朝，移司興元。然訖无所成而罷歸。益信欲出口復輟之意，蓋料其不克終也。王寅祖時在幕府，備説本末。

王德廣石龜

王德廣承奉，膠東人。晚游蜀，於山間得石龜，紋理隱起，全如真。少事靈應真君，甚勤香火，因置神座前，盧仲甫大夫，其表兄也。見而愛之，每至，必瞻翫不釋。它日來，乘王出外，遂竊懷以歸，用爲几案之玩。過數日，王自別村還。時方雨歇，忽一物出没於馬首泥淖中，深異之，下馬注視，乃所奉龜也。意謂神物，皆迎迓，敬取納袖間。才及門，未暇與家人語，徑詣神堂炷香再拜。妻方言：「比者盧家伯伯潛挾龜去。正欲言之，何以得在野外？」歎息未已。盧亦來，王道其事，盧笑謝曰：「昨日方訝失之，不知靈化如此。」但舉手加額，引過而退。

徐希孟道士

婺州天慶觀道士徐澹然，字希孟，庸庸黃冠也。紹興六年，與同輩作醮事。既畢就寢，困睡中，若哽咽者。傍人呼撼再三，始寤，已不能言。索紙書云：「適夢兩青童喚起，隨之前行。至大殿下，童持一狀，讀判曰：『戒子徐澹然，屢吃葷酒，對聖陳詞，可令罰啞一紀。』旋以灰酒一杯使飲，覺來即喑。」凡數月，同輩共議爲設醮祈謝夢。其母曰：「不可爲此，恐譴責愈重。」乃書告衆，止之。未幾，又夢一騶卒，追縛到官府，遇有著緋袍繫魚皮帶者，立於西階，問曰：「汝是戒子徐希孟耶？」曰：「字希孟，非名也。」又曰：「是饒州人耶？」曰：「婺州也。」緋袍顧騶卒，曰：「豈可錯誤追人？」便放回。將出門，見舊所識法司吏在門下，揖與款語，且云：「澹然坐茹葷罪，受罰啞一紀。今因赴逮，却能出聲。如本觀道流之愆過，固有甚於我者，何爲不治？」法吏言：「是日，偶三官巡遊天下，親見汝罪，所以行罰。」徐固扣請：凡平生所爲不善事，尚恐有可知而改者【一〇】，願以見告。吏即令取一簿，檢至徐名字，第一項書云：「曾打母一拳，但年方五年【一一】，未爲罪。」後一項云：「常孝思父母，乞免染疫病。」閱讀未了，吏促之去。行次水邊，墜而寤。其喑如初。又半歲，夢前者兩青童復來，引詣故處，唱云：「徐澹然改過奉道，用心精勤，可免先罰。與清酒一盃使飲。」飲罷，傍有三道士率之同遊天台山，洗足墮溪，俄然覺，則

【一〇】尚恐有可知而改者　涵芬樓本注，呂本作「尚恐有未知而未改者」。

【一一】但年方五年　中華本注，下「年」字當作「歲」。

己身乃卧三清殿後淺水中，呼童掖起。將入寮舍，猶未啓關，徐聲音一切復故。於是遍謁鄉老，自述其詳。

李五郎

衢人李五郎，雖爲閭巷編氓，而好賢樂善，事親孝謹。祖母病篤，刲股肉以療。家資稍腴，尤喜濟道塗之乏【一二】。閩士張師中，赴省試，過衢，經其門，盛寒欲雪，佇立少時，適李望見之【一三】，邀入附火。問其鄉里，張以告，且言：「僕【一四】負擔，不能相追隨，故候之於此。」及僕至，日已西下【一五】，李因留宿，具酒饌。明旦，雪大作，又留一昔，仍遣壯奴【一六】送至嚴陵。張感德無已。春闈下第【一七】，鄉人薦往大理吴宜之少卿，招致學館【一八】。方兩月，衢州逮送凶盗二十輩來對獄，李生乃在焉。張密使詢其故，云：「爲盗有求不愜，誣爲窩停主人。訴于郡，不見察，故陷黨中。」至暮，吴卿詣書院。張即白之，曰：「頃客三衢日，聞邦人多談其賢，且家自豐足，何由作不義之事？願少卿有以分明之【一九】。」吴瞿然，躬到獄户閲實，知其非惡徒，立釋遣【二〇】。李未及理歸棹，得疾甚危，并隨行一子亦然。張爲召醫拯救，皆獲愈，李遂歸。妻夢人謂曰：「五郎有大難，緣有孝行，活祖母一節，上穹録其誠心，特令張吉甫【二一】秀才來做一段果報。苟不如是，當死於大理獄矣。」人益證李生爲長者云。柴椿年教授説。

【一二】尤喜濟道塗之乏　涵芬樓本注，葉本作「尤喜賑恤貧乏」。

【一三】經其門盛寒欲雪佇立少時適李望見之　涵芬樓本注，葉本作「時盛寒欲雪，竚立其門，李適見之」。

【一四】僕　涵芬樓本注，明鈔本作「一僕」。

【一五】西下　涵芬樓本注，葉本作「晡」。

【一六】壯奴　涵芬樓本注，葉本作「健僕」。

【一七】下第　涵芬樓本注，葉本作「不利」。

【一八】鄉人薦往大理吴宜之少卿招致學館　涵芬樓本注，葉本作「鄉人薦爲大理吴宜之少卿家館賓」。

【一九】何由作不義之事願少卿有以分明之　涵芬樓本注，葉本作「何由作賊，當有以詳讞之」。

穆次裴鬬雞

穆度，字次裴，青州人。政和四年，爲潁州沈丘主簿。赴同官宴集，及雞臛至，不下筯。揖之再三，但拱手而已。問其故，曰：「度平生好鬬雞，一雞既勝矣，復使再與他雞鬬而敗，度甚怒，盡拔其腹背毛羽。雞哀鳴宛轉，一夕死。未幾，夢爲二皂衣追去，行無人之境，遇冠金冠七道人，皂衣黑帶，拱立於側【一二】，執禮絶恭。度意其神也，趨揖致禱。其一人曰：『汝生於酉，雞爲相屬。何得殘暴如是？今訴於陰司，決不可免。』度懼甚，乞放還人世，當設醮六十分位以謝過，仍資薦雞託生。道人敕二吏釋之，遂寤。因循憚費，經歲未償，復夢二童來攝，迫趣急行。到官府，七金冠者列位，責亦如前所言。度俯伏請命，乞至本家，增脩百二十分。蒙見許。且戒以宣科之際，勿燒降真香，蓋吾輩私營救汝耳。俄頃得回。度不寐待旦，亟延道流，誠慤還賽。自是之後，不復敢食雞，舉家亦因斷此味，今十餘年矣。」諸客爲之悚然。穆作《異夢記》，具述所覩。七道人者，實北斗七星靈化。穆氏素所嚴事，故委曲救護至此。

山寺嬰兒

洛州人辛思齊，少時攻苦學經。政和三年，寓山寺，淬勵舉業，於佛殿内讀書。一日

【一〇】遣　涵芬樓本注，葉本作「遣之」。

【一一】張吉甫　原注：即師中字。

【一二】拱立於側　「於」原作「杓」，據周本改。

大雷電，正危坐殿角，忽有一物穿壁間小竅出，正落案前。倉卒駭異，未暇視其何物。俄化爲初生嬰兒，乘電光而去。外人悉聞霹靂從殿中轟震，獨思齊無所覺。

昌田鳴山廟

鄱陽昌田，舊有鳴山小廟，積以頹敝。慶元二年九月，鄉人議毁之。一巫爲物憑附，猖狂奔走，傳神命，告里中曹秀才，使主盟一新。廟之始建也，曹之祖有力焉，故復致請。而曹生平日不好語怪，疑弗信。越夕，凡一鄉巫覡工匠百餘人，盡造曹居，不約而集，皆不知所以然。曹猶不聽，衆怒去。或不假舟楫，而直度大溪。四境林木，輒徑指定，不求於其主，即行采斫。合抱十圍者，數斧而斷。當時健丁百輩可舉者，不過三十人，其行如馳。曹往視，乃悔前非，自詣廟下。工役爭盡力，亦不取庸雇之直。它處富室各施財米。地去水四十里，而運致瓦石，當晝晷極短日，可數往反。首尾纔涉旬，殿宇已就。匠有倦懶捨去者，或病或死，皆怖畏不敢怠。傍郡聞之，遠來薦禱千計。間有惡少不逞、擾衆規利之徒，則無繩自縛，高繫於廟階之下。今遂成社廟矣。姜好古説。

楊教授母

資州人楊某，幹辦諸司審計，卒於官。其家不能歸，寓居臨安打繩巷。不數年，妻曹氏亦亡，皆寄攢野寺。一子光，苦志學問，獲漕臺薦送。淳熙戊戌，赴省闈。試罷，偶貢院西牆爲大風雨所攻，頹仆數丈。臨安教授高㮚，爲點檢試卷官。夜在房門首考閱程文，忽於燭下見婦人，年五十許，拜而致懇，語言操蜀音，云：「老婦資州人，有子忝入舉場。此卷子正其所作，願收置下列。儻僥倖一命，則旅骸可西歸矣。」高曰：「觀汝子之文，平平耳。未必可得。」復申扣甚力，乃許之。恍然而驚曰：「媪何以能到此？」曰：「數夜徘徊於外，望金甲神人周匝圍繞，無路可入。適間風雨打了牆，諸神亦避，故從牆隙而至。不敢遲久。」遂不見。高始懾怖，終夕不寢。明日，攜此卷詣所隸參詳官鄭少卿，道媪之請，遂收寘末級【一二三】。洎拆封，果楊光也。廷對，注官調涪州教授，因奉二親之柩歸。高改秩爲德興宰，談其事。予案《登科記》是年無楊光，疑姓名不然也。

仁簡闍黎

僧仁簡者，京師人，善梵語。於加持水陸，最精，名出輩流遠甚。士大夫家有資薦法事，必得其來，乃爲盡孝。所蓄衣盂萬計，然素不守戒律，飲酒食肉之外，靡所不爲。後避地出都，寓淮陽軍慶和寺，抱疾甚異。自咬其指，始時喜笑稱甜美，已則叫呼楚痛，略不可忍。少定復然。數日間，十指禿盡見掌，然後死。

【一二三】遂收寘末級　涵芬樓本注，吕本作「遂收寘於牓之末級」。

董待制

顯謨閣待制董正封彦國，知榮州【二四】。使宅一樓極高，可以遠眺，而爲大桐樹所蔽，舉目殊有妨，命伐去。吏輩羅拜，乞留曰：「此木爲吾州鎮，蓋踰二百年，有神物居之，頗著靈効。尋常事以香火，不敢怠。若除之，定起大禍，兼亦未必可致力。」董賦性剛烈，叱衆退，自率工匠運斤斧。自朝至暮，木已倒仆芟削。忽暴風駕雲起根中，屋瓦飄揚，雷電晦冥，驟雨傾瀉。董與家人共聚一室，其上如奔馬騰踏，獸蹄鳥爪，穿透椽箔，如欲攫人之勢。老幼咸怖，泣叫相聞，董怡然不爲動。未三刻許，風雷皆息，内外晏如，略無所撓。郡人始嘆，誦其明決。董壽過八十乃終。此卷皆呂德卿所傳。

【二四】榮州　李按：宋無滎州，「滎」，應爲「榮」之誤，據《宋史》卷八九《地理五》榮州條改。

夷堅支癸卷第三十四事

獨脚五通

吳十郎者，新安人。淳熙初，避荒挈家渡江，居於舒州宿松縣。初以織草屨自給，漸至賣油，才數歲，資業頓起，殆且巨萬。里落【一】莫不致疑，以爲本流寓窮民，無由可富。會豪室遭寇刼，共指爲盜，執送官。困於考掠，具以實告，云：「頃者，夢一脚神來言，吾將發迹於此。汝能謹事我，凡錢物百須，皆可如意。明日，訪屋側，得一毁廟。問鄰人，曰：『舊有獨脚五郎之廟，今亡矣。』默感昨夢之異，隨力稍加繕葺。越兩月，復夢神來，曰：『荷爾至誠，即當有以奉報。』凌晨起，見緡錢充塞，逐日以多，遂營建華屋。方徙居之夕，堂中得錢龍兩條，滿腹皆金【二】自後廣置田土，盡用此物，令將十年。未嘗敢爲大盜也【三】。」邑宰驗其不妄，即釋之。吳創神祠於家，值時節及月朔日，必盛具奠祭，殺雙羊雙猪雙犬，并毛血糞穢【四】，悉陳列於前。以三更行禮，不設燈燭，率家人拜禱訖，不論男女長幼，皆裸身暗坐，錯陳【五】無別，踰時而退。常夕不閉門，恐神人往來妨礙。婦女率有【六】感接，或産鬼胎。慶元元年，長子娶官族女，不肯隨羣爲邪，當祭時獨不預，旋抱

校勘記

【一】里落　涵芬樓本注，葉本作「里人」。

【二】金　涵芬樓本注，葉本作「金銀」。

【三】未嘗敢爲大盜也　涵芬樓本注，葉本作「固未嘗爲盜也」。

【四】并毛血糞穢　「糞穢」，涵芬樓本注，葉本作「腸胃」。

【五】錯陳　涵芬樓本注，吕本作「錯雜」。

【六】有　涵芬樓本注，葉本作「與」。

病，與翁姑相繼亡。所積之錢，飛走四出，數里之内，咸有所獲。吴氏虔啓謝罪，其害乃止。至今奉事如初。

鬼國續記

支壬載鬼國母之異，復得一事，頗相類而實不同。福州福清海商楊氏，父子三人，同溺於大洋，共附一木，遂漂流【七】鬼國中。煙火聚落，悉如人世，但其人形軀枯悴，生理窮窶。每相報云，去某州某縣赴法會，則各有喜色，往往盡室以行。大率醉歸，挾餘饌分餉三楊，賴以充飢。或數日不值，枵腹竟夕。居數年，不堪鬼氣薰蒸，父兄皆死，唯幼子存。一日，見飛符使者從天而下，訪問此子。衆鬼謀曰：「使去則不可，若不去，又已有它姓名，將奈何？」或曰：「令隨隊而行亦可。」戒楊瞑目勿開。既登塗，耳畔聞風雨波濤之聲甚厲，良久，脚履平地。見僧振鈴呪食，衆合掌盡入。引楊生蔽身大木之上，時持食物出餽。忽聆【八】羣誦大悲呪，楊少年時能之，自墮異域已廢忘，一聽其聲，便能憶，亦隨口持諷。鬼不復相親。會散掃迹，楊彷徨到曉，往來見者指爲猿猱，乃下樹與人説本末。始認得夜來法席，正其家也。秀州天寧長老玅海時在彼縣，親見之。楊氏一門，且疑且畏，妻亦不敢深相求識【九】，經日驗其無它，方悲泣存問。積久漸復人色，越歲一切如初。

【七】漂流　涵芬樓本注，葉本作「漂墜」。

【八】聆　涵芬樓本注，葉本作「鈴」，《榕陰新檢》更多一「響」字。

【九】求識　涵芬樓本注，葉本作「認識」。

寶叔塔影

忠訓郎王良佐，居臨安觀橋下。初爲細民，負擔販油，後家道小康，啓肆於門，稱王五郎。夫婦好奉釋氏，齋施無虚日。淳熙初年二月，清旦焚香，日中有塔影七層現於側，黄碧璀粲，宛若新飾，金書三字曰「寶叔塔」。私竊自念：「此塔草創，脩治全未成緒，我今自任其責。」乃捐力重建造，規範雄赫，勝於承平之時。寺僧塑其夫婦像於第一層上。後買給使，減年恩補官。或云：「王生少年日，因在市鬭歐傷人，捕係仁和縣獄。適與一重囚同牢，語話款洽。因密言：『我一生做經紀，今焉獲敗。念殺人負罪，決無生理，切有心腹之事爲君陳之。我昔年曾掠富室之物，得金銀甚多，埋於寶叔塔之下左方，入地若干尺。可悉掘取【一〇】，俟我伏法了，幸爲收拾骸骨，瘞之高原。仍廣作佛事，以資超脱。遇忌日時節，宜飯僧誦經，分明回向，則我瞑目不憾矣。』王出獄，悉如所戒，往塔下啓穴，果得物，可直萬緡，因此致富。故假影之【一一】，以蓋其事云。」

【一〇】可悉掘取　「可」字原無，據周本補。
【一一】故假影之　涵芬樓本注，吕本作「故假塔影之説」。

柯山蛇妖

黄州柯山在城中，其上皆巨竹。山下民婦就蓐，産一蛇，徑走入竹間，不知所向。後數年，乃時出。色正白，脊有紅鬣，見之者必死，那人極惡之。崇寧五年，青社李變老【二二】，坐事謫居。嘗拉所善三士人潘仲達、何斯舉、欒正夫同游此山。將飲酒，或告以有蛇怪，行未久，果見蟠於竹下，高與人齊。李失聲，三子倉皇散走。李知不得免，拾一拳石，祝之曰：「我今日與彼勢不兩全，我勝蛇則蛇死，不勝則我死。」祝罷，石正中蛇腦，即疾穿草去，砉如風聲，草爲之偃。四客相賀，竟縱賞，抵暮乃歸。後三日，竹外人家聞臊氣不可近，稍前視之，蛇已死腐，其長有丈五尺。衆掩鼻相率輿去，投諸江中。

張顯祖治獄

信州吏人張顯祖，爲獄院推級，鞫大辟罪。因家富，賂以千緡，使方便脱免。會理掾廉明，不可罔。張貪厚賄，既不肯捨，且慮其復索取，陰諭獄卒斃之，而告其家曰：「案卷已盡翻換，無奈暴亡。」因家置不問。張用所獲，委甥姪經營販易，所向稱遂。於是謝吏役，益治生，浸成富室。惟恨無子，忽生男，少而俊慧，纔十歲，能作舉子三場文，稱爲神童，十八登科甲。父母視如掌上珠，意之所欲，悉聽之，無論所費。後二年，赴調注泉州教授。在都城留戀聲色，又飽酒無算，極其花柳博塞之娱，蕩析家資，十亡七八。臨之官，得羸疾，困卧半載。醫療禱祝，囊橐一空，迓兵及門而卒。父母痛割，祈死不能。既殮三日，揭帛拊其面，則形容一變，乃爲昔日所殺之囚。張感悟前過，不復追憶，但鬱結無生意，未及累月，與妻相繼下世，一門遂絶。

【二二】李孌老　涵芬樓本注，黃校：疑誤。吕本作「李辯老」。

太山府君印

呂辯老爲德州平原縣酒官，因築務牆，役工取土，得一印，刻文曰「太山府君之印」。非鐵非銅，似玉石之類，製作極精，篆法尤古。郡守王仲孺聞之，遣候兵借視。見之，捧翫不釋手。折簡報云：「欲借留數日。」呂以屬吏之故，不敢取。後旬餘，州宅中堂地忽陷，見一石，廣如席，其上大書八字曰「太山府君王公之墓」。王視之大笑，家人莫測，而子弟絶惡之。俄頃疾作，數日而卒。王政事精明，下不能欺。至是，以爲必主張岱岳矣，玉印亦竟失所在。

楊真人

政和初，河北有楊真人者，莫知所從來。年四十許，美鬚髯，久游趙魏，耆老或見之，六七十年，顔貌不少變，故有真人之稱。人與之錢，不謝，徑詣酒家獨飲，錢盡乃止，不發一談。呂辯老監平原酒稅，霍子盤監藥家鎮，相距二十里。楊往訪之，泊於客舍，旦暮各一往來，常云：「二子可教。」呂、霍皆少年，雖知其異，未嘗有所咨請。每至，則與酒，多至一石不醉。或作怒，則鬚髯森張，皮肉隱起若鐵石。留歲餘，霍官滿，憲檄攝澶州觀城巡檢。楊往謁，相見甚驩，云：「吾遠來，將傳道於子。明日五更，是其時也。」言竟即出。

霍自四鼓披衣起坐以待之，杳不至。天將曉，聞户外喧鬧，似相毆擊者，遣視之，則楊毆殺一市民，既竄矣。霍驚恚，深恐累己。少頃，四門外保甲報，大木下有人縊死。縣尉檢尸，翌早，霍往覆驗，乃真人也。意其一時偶墮罪罟，慮必不免，故亟自取盡，嘆恨不已。命邏卒，就木傍掘土窖數尺，舉而瘞之。役工告：「已有一死者，衣裳形模與楊無異色【一三】。」霍自臨觀之，竟不能辨，但令重疊寘坎中。後五月，蜀客至澶淵，見霍，出楊書一緘，謝其慇懃，且問呂君安否。霍以書示人，歷説其事。

大聖院蝦蟇

呂辯老母李夫人，喜事佛。中年後，晨興盥櫛竟，必焚香誦《金剛經》一卷已，然後理家務。其子自涇州録曹受代，歸青州，寓居皇化寺大聖院。庭中有古井，甃損不可汲。李每誦經，先擊磬。磬聲纔發，一蝦蟇即從井躍出，直至坐傍聽經，罷亟還故處，未嘗少差。李凡歲餘，一日當去不去，李訝而觀之。蟇以前兩足相叉若擎拳狀，已坐亡矣。盡室瞻嘆，捧置庭前香臺上。鼠夜過而不傷。明日槁乾，舉之輕若無物，惟目光若生，因藏於香奩內。後半年，天大雷雹，火光旋繞于奩。雷息，發視之，失矣。

【一三】衣裳形模與楊無異色　涵芬樓本注，呂本多「理如生」。

方士陰陽丹

宣和中，蔡魯公閑居京師，有方士持陰陽丹一兩許，如彈子大，色正紅，以獻之。置之水中，隨十二時上下，六陽時則浮上，六陰時則沉，仍各準其方位，不差晷刻。云：「用水摶爲丸，每餌一粒，可延百歲。」蔡受之而不敢輒服。旋失所在，方士亦不復來。

文登弈者

黄旦者，登州文登縣人。村民，未嘗學弈，自幼即能之。既長，挾藝行游，遂與國手爲敵。吕辯老在平原，且往依投，因留止外館。主簿閭丘天用好奕，品頗高，每以暇日詣酒局，與角勝負，未嘗相捨。會恩州舉場啓，天用考試，從吕請，旦偕行，夜宿旋奕，幾忘寢寐。迨至恩，忽死於貢院。天用爲買棺殮葬，而以書告吕。吕失聲歎息。又數日，客從京師來，持旦書，考其日時，乃在既死之後。天用猶未開院，及出，得報，絶驚異，遣人發其殯，則棺空矣。

符建中

紹興元年，奉議郎符建中知貴溪縣。次年四月，正與妻坐堂上，忽回首，切切對人私語。妻怪而問之，徐徐應曰：「我去歲以非理殺士兵陳慶於獄，慶投訴陰司，適間遣駛卒追我，云：『先押吏人兩名去再來。』殊爲可慮，吾必死。」妻不知前事，謂其發狂見鬼，不以爲然。建中亦無他，飲食起居，不異前日。明旦，出治獄訟，兩吏家人持狀請，急言暴得疾，便至危殆。建中以契昨所見，意緒不懌。俄聞吏死，亟還卧内就寢。妻往奔視，已落枕而殁。

聞人氏事斗

聞人堯民伯封，嘉興人也。淳熙六年，赴楚州録曹。母春秋高，不肯去鄉里，乃囑其弟舜民侍養，而獨之官。經三月，積俸錢百千，買楮券，遣僕持歸遺母。未及行，爲盜竊去，極以憂窘。常時敬事北斗，即炷香拜祝，言：「母氏年老，以貧逐禄，僅得此金，稍供甘旨之奉。不意落暴客手中，願靈君哀憐，指示其人，使速敗獲。」於是發巡卒躡捕。出城門，見一男子持傘在著鞭亭，狀若張皇失措，就擒之，果盜也。點閲元券，纔失其二。縛送州，太守翟畋無逸詰之，對曰：「方上路，便見一人隨後，長身披髮，稍前進，漸添成七人，别有兩神將當道遮闌，更不容行一步，以故坐而受執。」翟械諸獄，正厥罪，黥配合肥。

廣州蛇鬬

趙中甫待制思誠，紹興初，知廣州。次年，後園有赤蛇，長數尺，掛於木杪。須臾，有蒼黑蛇，自草間出，其長一倍，小蛇從之以百計。赤者望見，躍從高枝下，迎與鬬，風塵簸揚，衆木振動，人不敢正視。良久，蒼黑者敗走，赤蛇緣木上，復遂失所在。中甫惡之，占云：「不利主者。」或言：「鄭内蛇死，故鄭子失國。今乃客蛇去，似非所憂。」中甫竟用爲疑，設醮祈禳，仍避正寢。已而，終於府治。

蔡七得銀器

湖州民蔡七，長大有力，受人傭，故【一四】足跡遍閭巷，率至夜分始歸。常見一偉丈夫，丰神秀整，舉動雅靜，衣銷金白袍，傍駱駝橋欄柱立。次夕，復見，在故處。蔡已醉，因盡力抱持之。其人哀祈求去，許以銀酒器。即開橋上小佛堂，杯缾匙箸，粲然陳列，鏗鏗有聲，隨其意所取。蔡喜不自勝，約有二百餘兩。旦而視之，皆真物也。時郡中公庫忽失器皿，散牓捕緝，數日後得於蔡民。郡守置之獄，辯析甚至，元無穿窬之實，但杖而釋之。偉丈夫者，俗所謂二郎是已。方倚欄遭辱時，何遽不能脱？蓋知蔡愚貪，聊戲之耳。此卷亦吕德卿所傳。

【一四】故　涵芬樓本注，吕本作「雇」，屬上。

夷堅支癸卷第四 十二事

祖圓接待庵

二浙僧俗，多建接待庵，以供往來緇徒投宿，大抵若禪刹然。其託而爲姦利者，固不少也。淳熙初，越僧祖圓者，倒空鉢囊，作舍於天台境上。寢室既成，命工僕翦薙荆棘，拓廣基址，擬營它屋。值暮，風雨暴作，飄落木葉，充塞四邊溝渠，役者悉捨去。明旦，將屏疊，而鉏钁遺於草壤中，圓自往取之。草遭雨淋漬，氣烝如焚，舉手撥尋，乃得一銀钁，即默收藏之。仍誌其所，曰：「是必此草能化鐵爲金也。」就掇拾盈掬而還。試洗滌小釜，煎煮以驗，凡湯所及處，爛然成銀。圓驚喜，亟築牆圍護草地，託云防寇竊。自後相繼煮鐵，一切爲上色白金。積貯益富，遂別作大院，仍買蓄田疇，養僧行六七十輩。遊僧始至之日，具齋食三品，且襯以錢六十文。是時，錢參政、曹太尉皆居台州，各有庵舍，適相附近。禪客更相謂：「不若向曹庵落脚。」蓋圓經理之初，乞地於曹宅，故因得名。尋常諸庵，容客不過再宿，惟此處，則雖累月亦不厭，以是人樂遊趨。庚子歲，蜀僧了祥到彼，閱其齋供簿，已滿八大帙，計無慮二萬員。揆校資費，固不勝算。圓自爲祥説端本【一】，但

校勘記

【一】端本　涵芬樓本按：「本」字似「末」之誤。

不言草名狀，祥亦不問也。自至今，又十七八年，圓未嘗妄用分毫，專以濟衆，故天相之不已。使貪者得之，必招禍咎，前者屢有之矣。了祥今住持鄱陽安國寺。了祥説。

醴陵店主人

吉水縣人張誠，以乾道元年八月往潭州省親故，次醴陵界，投宿村墟客店。主人一見如素交，延接加禮，夜具酒殽對席。張謂無由而得此，疑有它意，辭以不能飲，且長塗倦困，遂就寢。良久，堂上燈燭照耀，起而窺竊，見主人具衣冠設茶酒，拜禱於畫像前。聽其詞，屢言張生，知其必以己祭鬼，不敢復睡。主人既退，望神像，一神眼睛如盞大，張料已墮惡境，而無由可脱。嘗聞大悲呪能辟邪，平時誦習，於是發心持念。及數過，覩大眼者，自軸而下，盤旋几上，須臾有聲剥剥，迸作小眼無數，其狀可畏，乃閉目坐於床，誦呪愈力。時聞敲户，擊搏欲入不能。已而鴉噪，天且明。張亟走出，不暇取囊篋，但聆店家聚哭，無追逐者。行二里，少歇，聞塗中來人則云：「彼店主翁，中夜暴卒。」徐扣其實，蓋因三世事妖鬼，歲以一人祭之。往過遭害，不可勝舉。其法，若無外人，則禍及家長，斯其驗也。湘中風俗，大抵皆然。管榮之表叔莫主簿者，寓居吉水，與張爲鄰，親見説兹事。張從此不復出。榮之説。

羅漢汙池木

饒州城内永寧寺東廊，羅漢、泗洲兩院相隣。其外有汙池，方闊三四丈，深不能三尺。枯木一截，僅丈許，浮於中，歷歲甚久，人不記其所來。院僧朝夕見之，略不動轉，意必朽爛，且不潔，故未嘗漉取。乾道初，因雷雨震暴，下罩池面，木忽勝躍爲龍，爪角儼然，拏雲而去。行人在外者，猶見其尾。所謂應龍潛於潢汙，失所處矣。其不遭焚折者，幸也。院僧説。

鄭百三妻

饒州市民張霖，居德化橋下，販易陶器，積以成家。生三女，次者嫁小鹽商鄭大郎第三子，奩具亦二千緡，居税務巷。慶元二年冬，父子同往通州取鹽。鄭大未有嗣息，時求一外姓兒養之。其後，妻生仲與季。仲娶屠者劉翁女，別僦舍於北街。三年二月，鄭媪欲挈以歸。先就本屋内治房室，其所善巫師言：「今年九梁煞在門，切不可移門換户。大忌百二十日，小忌六十日，未易過得。若衝犯，必有年命衰謝之人當之。幸勿忽。」媪笑曰：「果有一切方隅禁忌，我自抵當。」於是縱意脩營，略不顧避，擇以二十一日乙丑天明，延仲子并劉氏婦入。纔及日暮，張氏忽引手拊心胸，叫稱極痛，遣童報父母，亟招醫，已而益甚。母朝夕守視，更三四醫，服藥輒嘔。將兩月，脈證遂殆。外姻沈三來省問，女起坐曰：「姑夫知否？我只怕第九個。」沈歷道諸親，排行皆無第九者。再扣之，不肯言，但云：「説時便害我性命。」明旦，醫黄裳視之，呀然曰：「他少間到此，是煞也。」旋踵而殂。是日，乃四月二十一日乙丑，正滿一甲子云。鄭仲子一房還母居，而少婦遭禍，豈其命歟？楚俗趨邪使淫，巫得以藉口，皆此類也。黄裳説。

琴高先生

林錞學士，福州人，紹興十八年登科，調授某縣尉。夢到一宫室，見道人，衣冠高古，風采【二】遒潔，如神仙中人，延與客禮。相對從容告之曰：「君異日任官處，宜好生存心【三】。苟能於談笑間全活數萬性命，陰功不淺也。」林曰：「敢不承教。」寤而莫知所以然，但想憶其貌，常若在左右。至乾道末，爲寧國府涇縣宰，因檢按水潦，遍行鄉疃。入小廟，望居中神像，與昔年所夢道人略無少異。仰視牌額，則爲琴高先生。廟前有清溪，高臺臨其上。臺下小魚千萬計，所謂琴高魚者。漁人網取，漬以鹽，邑官須索無藝，用爲苞苴土宜。林追念二十年所戒，白府牧魏王罷此品。及林之去，復如初。順伯説。

【二】風采　涵芬樓本注，吕本作「丰儀」。
【三】宜好生存心　涵芬樓本注，吕本作「宜以好生惡殺存心」。

畫眉山土地

侯官縣市井小民楊文昌，以造扇爲業，爲人朴直安分。每售扇，皆有定價，雖村人及過往收市，未嘗妄有增加。稍積餘錢，則專用養母，自奉甚薄，閭井頗推重之。一日出街，欻閃仆于地，若氣厥者。少頃復蘇，語路人曰：「適間逢黄衣人，持文牒在手，外題云『拜呈交代』。接而啓視之，云：『楊文昌可作畫眉山土地，替鄭大良【四】。』我應之曰：『諾。』遂豁然而寤。此必不佳，吾甚以爲憂。」有與之善者，掖以還家。明日，別母與妻子，沐浴而逝。時慶元元年春也。歲晚，客【五】至閩，楊之子因其來買扇，從容話及前事。客言：「畫眉山者，正在西川嘉州。郡人盡談，今年二月内，多夢新土地上任。今比之昔時，頓覺靈顯，一邦奉事甚謹。」楊子乃知父爲神云。福州醫李翼説親覩其事。

楊大方

楊大方者，岳州人，性耿介，有操持，好使氣【六】，見稱鄉里。紹熙三年，赴漕臺試，於江陵道中過一廟，望其相貌頗雄【七】。整衣冠入謁，焚香致禱，因擲案間盃珓，咨決得失。凡三擲，皆得陰珓，以爲神不賜許。時已被酒，遂發怒，取珓毀之。神之側塑兩判官，所謂善惡二部者。楊控惡者鬚，仍【八】批其頰，大聲叱之，曰：「教汝作判官，略無靈驗，虚受

【四】鄭大良　涵芬樓本注，「良」吕本作「郎」。

【五】客　涵芬樓本注，吕本作「蜀客」。

【六】好使氣　涵芬樓本注，明鈔本作「好學負氣」。

【七】望其相貌頗雄　涵芬樓本注，吕本作「望見像貌頗雄」。

【八】仍　涵芬樓本注，葉本無「仍」字。

香火享奠，可謂失職。何不請我做？我一生留意文章，十分準擬科第，何爲不報我耶？」語罷，引足蹴仆之，乃去。纔出門，行十數步，酒微醒，覺渴悶，令擔僕汲水，未及而蹷，撼呼弗應。僕掖往近處村邸，就榻少憩。移時矍起，謂僕曰：「酒之累人如此。吾適入彼廟，實爲無禮。干觸威怒，遭二卒追詣廷下。神王【九】詬責甚峻，將痛加囚治，賴善判官力爲分解，曰：『此子是岳州一箇好秀才，志行不凡，前程儘未可量。只爲一醉所誤，别無罪愆。若置之重罰，却爲太猛。不如就令充惡部，使晨夜在此衹承，庶使知過【一〇】。不爲已甚，可也。』王首肯再三，顧二卒曰：『暫押回。』度【一一】事勢，我定不免。」急索紙作書與妻，詞意悲哽。封題授僕，投筆而逝。

千福藏寶珠

福州閩清縣白雲寺西廊，有大輪藏，名曰千福。王氏據閩日所建也。淳熙中，寺僧以殿柱朱漆暗淡，命工莊嚴。選行者監視。其故所用漆，略與木不同，粘綴隱隱有紋，遂引手剥之。見寶珠一顆在柱上，中現入定觀音聖像，相貌端嚴，極爲明了。至今觀瞻者，無不稽首敬禮。蓋【一二】信大士之靈通，與人依怙也。

【九】神王　涵芬樓本注，葉本無「王」字。

【一〇】使晨夜在此衹承庶使知過　涵芬樓本注，明鈔本作「使晨夜祇役於王前，庶得謝過」。

【一一】度　涵芬樓本注，「自此子是岳州」至此，凡七十六字，原本闕，從葉本、吕本參補。

【一二】蓋　涵芬樓本注，吕本作「益」。

洞口先生

淳熙間，信州漁人楊六者，以綱釣爲業，孤子一身，生涯惟葉舟而已。日所得錢，悉爲酒肉之資，不買布帛，盛冬霜雪，亦單衣自如。酒酣，輒往來煙波間，鳴棹【一三】高歌，類有道者。一日，有道人獨棹小艇，從之賖魚。楊隨所須付之，初不語直。自是數數來，楊亦與魚，無倦色。道人愧謝曰：「我視汝誠輕財重義一君子人也，可喜，可喜。」一夕，風月清潔，波平如席。楊正低頭舉網，覩一舟從天際冉冉造前，細視之，蓋向者道人也。微笑相呼，於坐處盡取所負魚直，約兩三千，併償之。楊固却不受，曰：「我飄然簑笠，底能用得幾許錢？先生直留助雲水費，只乞著我同處船中。」道人曰：「我相試已久，恰來將錢還償。仍更試汝。汝之志堅固如是，真可教也。」即挽之共載，但一小童操槳，其行如飛，迤邐窮河源，登石岸，到山巖中。奇花珍果，芬香錯落，全不似塵世。楊心意洒豁，雖蠢爾下愚，頓覺超然悟解，便欲依止。道人曰：「此非汝可久居之地，宜暫還，後五年復會【一四】。」出一卷書與之。臨别，扣其姓字，曰：「我洞口先生也。」就命童送歸元所釣處，回顧已失童。楊不識字，以其書示人，乃金丹秘訣。因悉具告曩事，且從習學。性識開明，隨口能誦，而取魚如初。五年之期至，躡空而升，邑里俱見之。識者驗「洞口」之字爲吕翁無疑云。

【一三】棹　涵芬樓本注，周本作「櫂」。

【一四】復會　涵芬樓本注，吕本作「復相會」。

鄭四妻子

福州懷安縣津浦坊民鄭四，以鬻羊爲生，年六十餘，唯一妻，而年方及半。嘗告其夫曰：「汝老而無子，脱有病，若做經紀不得時，何所賴？今東家兒十七八歲，上無父母，我欲求之爲義男，汝意何如？」鄭頗知妻與此子相染著，初未然其請。他日再告，度終不可輟，且虞其狠悍肆虐，勉從之。既同居，公爲姦通，視夫如路人。鄭不能堪，又畏鄰里恥笑，自縊以死。衆爲之不平，共告于縣。逮繫兩姦，寘獄中，久而弗決。妻見夫至，罵曰：「汝不義背我，使就死地，合還我命！」妻恍惚驚怖，不知所答，但連叫救人。獄卒趨走而來，無所睹。時慶元二年，偶值皇子誕生，德音皆從宥放。妻還家，稔惡尤甚。每夜見夫索命，至扼其咽，而毆其背【一五】。壓【一六】而寤，以語厥子，覺問【一七】極不佳，旋嘔血而死。

張知縣婢祟

侯官張德隆知縣家，有婢五人。其一爲祟所憑擾，雖不爲大害，然觸事可憎，舉室厭苦，招里巫文法師視之。文生開酒壚，既至，婢掩面而笑，曰：「一身帶糟酵氣。如何奈得我？」文慙而退。又招林特起，林乃張之婦兄，蓋嘗爲祛逐一怪矣，事載支壬中。林背

【一五】毆其背　中華本注，「毆」原作「嘔」，今改。

【一六】壓　涵芬樓本按：「壓」字似「魘」字之誤。

【一七】覺問　原校：疑誤。按「問」似當作「悶」。

微僂，婢復言：「一片芭蕉葉耳，我不怕它【一八】。」於是，祟愈橫肆。張邀商日宣法師同梁緄治之。梁先行，詰問曰：「汝曾在誰人家作過？」謝曰：「固有之，只是過公宅門不得，有穢跡神兵一千萬數，羅列遮護，豈敢正眼覷著？」蓋梁氏素事此神，甚嚴敬也。梁叱之曰：「汝是什麼精魅？分明告我。若不直説，當拘縶北酆無間獄中。」良久始云：「是南門外石獅子，願慈悲恕罪，自當屏迹。」梁亦與商共議，具狀其故，移牒東嶽收管。婢即時頓醒。石獅者，不記何年所立，形模獰惡，兩目睜睜然，近臨官路。是夜，其處風雷欻起。明旦，遂失之，不知所在。商日宣者，頃爲任道元考照，亦載支戊中。右六事皆修説。

臨淄石佛

青州臨淄縣二十里外，有古佛一軀，高丈餘，在田野間。宣和五年春，忽自動摇，晝夜不少止。邑民遠邇競來祈拜，日不減萬人。又防其覆壓，不敢輒近。邑宰吴直奉議，健决吏也。惡其妖異惑衆，集里保丁壯擊碎之，亦無兆祥。明年，縣遂爲羣盜所破。識者謂：「石乃艮止之物，動則變生矣。」《述異志》載邕州事，蓋此類也。德卿説。

【一八】我不怕它　涵芬樓本注，吕本多「林亦去」三字。

夷堅支癸卷第五十一事

陳泰冤夢

撫州民陳泰，以販布起家，每歲輒出捐本錢，貸崇仁、樂安、金溪【一】諸債户，達於吉之屬邑，各有駔主其事。至六月自往斂索，率暮秋乃歸，如是久矣。淳熙五年，獨遲遲而來，盡十月不反，妻頗以爲念。夜夢其披髮流血，告曰：「我此行不幸，到樂安曾家，爲所戕殺。盍亟爲我雪此冤！」旦與人言，皆曰：「心疑生妄，勿信也。」次夕，夢如初，遂訴於郡。太守王曉浚明謂事干刑名，怪其憑夢申理，扶之出。還家啜泣，夜聞户外剥剥彈指聲。祝之曰：「吾夫有靈，此聲當入室。」俄頃，撼床枕不已。妻悲怖。翌日，再詣公庭哀祈【二】，且拜且泣，守惻然，爲下其事。縣宰張公【三】茂老，悉集諸駔驗究。有曾小六者在數中，白宰言：「舉室受陳氏恩，未可報【四】。那敢作此大惡？既以某日離某家去矣。」張無以詰。後五日，里正報：嚴陁村道側有卧尸。牒尉檢視，曾以甲首往會，曰：「非也。」又五日，或與曾素仇，告其實殺陳泰，埋於舍後竹林中。於是捕送獄，纔鞫問，即承伏，云：「初用渠錢五百千爲作屋停貨，今積布至數千匹。因其獨來，妄起不義之心，醉

校勘記

【一】金溪　「金」原作「全」，據《宋史》卷八八《地理四》撫州條改。

【二】哀祈　涵芬樓本注，吕本作「哀訴」。

【三】張公　涵芬樓本注，吕本作「張松」。

【四】未可報　涵芬樓本注，吕本作「未知所報」。

以酒。隨行只一僕，詐主人之命，使先歸語妻云：『掊索未就，尚須小淹。』僕去少時，遂斃之於山下。前所驗道側之尸，是已。續乃縊陳而埋之。不敢復隱。」獄成，坐誅死。

連少連書生

饒州安仁書生連少連，其父仲舉下世，獨與母居。年甫冠，就館於近村富家。館相距半里，諸生暮歸，唯一童作伴。當春夜月明，燈下誦讀，忽聞簷間欬聲，舉目視之，見紫衣老媪，豐頤皤腹，已在側。出語通殷勤，問：「爲誰？」曰：「媒人也。東里蕭家有小娘子，姿色絶豔，如神仙中人。慕秀才容儀，請於父母，願爲夫婦，使我來達意。其家快性，纔説便要成，幸勿遲緩。」生曰：「無乃太急乎？我談笑得一好妻，豈不大願？然要俟歸白母，雖正貧悴，須略備納采問名之禮，始爲允當。」媪曰：「秀才終歲辛苦，所獲幾何？今蕭女奩具萬計，及早成婚，即日可化窮薄爲豪富。但一諾，立諧矣！」生沉吟良久，許之。財頃刻，去而復來，攜兩小鬟先至，便有數黄衫卒，施供張，敷茵几，金玉綺繡，雜然盈前。尚疑信未決，聆笙簫之音，鏘洋漸近，翠幢寶蓋，畫扇圍列，女子下花輿，席地步入，真國色也。生目眙心蕩，默自計曰：「姑與之結好，則奩中物皆吾有耳。」媒已知之，咄曰：「秀才何得遽起薄倖之念？」生諱謝曰：「無之。」就席，酒半，始合巹。覺女脣間有牛吻氣，乃託以地迥招盜，悉收斂器皿金帛寘篋中，加扃鎖焉。一牛頭人自外持梃入，喝曰：「不得無禮！」俄冷風滅燭，衆一切奔散，月色依然，闃無所睹，隱約聞樂聲，赴主人家祠堂内。小童熟睡，促之起，吹燈發籠，枵枵然并己之衣衾書策亦羽化。生惶惑，待早走告主翁。翁驚嘆不已，云：「是吾家所事蕭家木下三神也。」生亟辭館而去。

北塔院女子

鄱陽吳溱伯秦，淳熙庚子歲，偕二三友，結舉課於樂平西禪寺北塔院。童行姓詹者，處鄰室，夜聞其與人飲酒語笑，穴壁窺之，見一紅衣女子殊秀艾，意其挾外倡入，又念邑市無此人，每夕皆然。或夢魘呼叫。嘗詰其故，不敢諱，乃言：「此女夜夜攜酒漿殽蔌來共享，醉則留宿，只著乾紅衫，未嘗換，亦儼然無垢汙。捧一水精合在手，會罷必藏於袖。就求之，不肯，曰：『有父母在，脱或見問，何辭以對？』不可。」歷數月，詹尫羸骨立，度不能支梧，捨之而遁，竟死。其前一僧亦然。續有吳五戒者至，不久亦見女，急徙居。人指以爲凶室，莫敢至，遂摧仆爲丘墟。後二年，有應寺丞之子到邑，頗聞其事，始言：「十餘歲前寓彼，一笄女暴亡，葬于廡下。吾隨牒入嶺表，兹方北還，正謀火化其遺骸耳。」啓棺之次，得水精合，紅衫尚存。乃證昔爲鬼而害平人也。

瑞應尊者

恭州報恩寺，有羅漢洞，塑爲巖壑五百所，人物散處，其長大與生身等。唯瑞應尊者一像，乃天生石所成，其顔狀衣服襞摺文縷悉具，了無斲削痕迹，莫知起於何代。紹興間，或失其首。寺僧告於州，申達制置司，徧下屬部，尋訪弗獲。乾道中，一蜀商泊舟江陵沙頭，夜夢異僧來謁曰：「貧僧受業於渝川之報恩寺，今行脚西歸，擬附於舟尾。如辱賜許，當先奉候於白羊口。」商曰：「諾。」寤而恍然。蜀客率能於亂石中識别璞玉、碼碯，及至白羊，沙磧間，得一圓石，高尺許，宛如人頭，眉目全備，而圓頂無髮。衆方聚觀，商認爲夢中所遇，浴而收之。將至恭州作供，行次洞前，見一石像方袍無首，默與心會。白方丈，辦香花，迎於江濱，寘之項上，脗合無齟齬，遂復成全軀。是時，朱師古少卿赴召造朝，挈家游洞。子婦求嗣者，竊其隻履而去，諸僧不覺也。十年後，朱還鄉過渝，夢僧稱在報恩寺掛搭久，乞施履舄。明日，爲人語，訝其異。婦始自陳囊事，敬以歸之。

酆都觀事

忠州酆都縣五里外，有酆都觀，其山曰盤龍，山之趾，即道家所稱北極地獄之所。舊

【五】苞笠　涵芬樓本按：「苞」字似「包」字之誤。

傳王、陰二真君自彼仙去，未嘗爲兵戈踐暴，故多古跡。晉唐五代，乾竺殿猶在，吴道子畫壁丹青如新。丹井上二柏，狀如龍角。人言東漢時物。老子丹竈後，柏亦數百年，枯槁摧裂，而直幹堅如石。皇甫先生赴召，過之，曰：「吾能使此柏再榮。」即布氣呵手，拊摩盤根錯節處，自是數十枝復蒼翠如初生者。政和以來，有旨禁採捕羣鹿，至與人雜糅，養茸引子，卧廊廡，食厨蔬，居然相忘。淳熙十二年中元日，方作齋醮，鹿從丹井來，數百成羣，驤首霄漢間。五色氣自井出，散而成雲，中有笙笛鸞鶴之聲。至暮知觀白道士無疾而逝，咸以爲尸解云。

趙邦材造宅

紹興中，餘干宗子趙邦材，造第宅，飾臺榭，恃其屬籍，凡所需林木，不復誰何，肆意芟伐，自僧宇【六】神祠，民間墓樹，無得免焉。屋畢工，而怪出現。白晝昏暮，人不奠居。落成未幾，縣尉黄子强【七】往致慶，傳觴行酒，皆臭不可近。趙知其所由來，叱駡罔兩而罷。次日，庖婢以昨夕籠餅供朝食，至前，滿盤化爲穢物，遣視甑釜亦然。遂卧病。平生治僕妾，輒以髪繫柱，箠楚無算，怒猶不釋，則沃以糞溺。至是苦肺熱，命家人取圊中汁以解之。其妻不忍，給用地漿進，嫌弗快，必須此汁飲，竟瞑目而殂。黄尉傳其事於善類，使廣之，以警爲惡者，俾知所懼云。

【六】僧宇　涵芬樓本注，吕本作「社廟」。

【七】縣尉黄子强　「尉」原作「村」，據下文「黄尉」云云，改。

白雲寺行童

淳熙三年夏，吴伯秦如安仁，未至三十里，投宿道上白雲寺。泊一室中，喜竹榻涼潔，方匹馬登頓頗倦，不解衣，曲肱而卧。朦朧間見小行童，垂茁髮，着短褐衣，拱手側立，情態恭甚。云：「主僧遣邀飲茗。」語之曰：「容我睡少時便去。」見童不答，亦不退，俄然而隱。吴殊未以爲疑。再合眼，復在側，又與之語，不答不退如初。乃急起訪僧。笑曰：「比有士大夫暫憩此榻，所覩亦然。蓋昔時行童某者，姓好雅淨，自買此受用，而去年已亡。小兒癡迷【八】，故尚爾戀着，亦可念矣！」吴勸付諸火以絶之，其怪遂息。

神游西湖

樂平新進鄉農民陳五，爲翟氏田僕。每以暇時受他人庸雇，負擔遠適。紹興四年春，在家病疫死，胸臆尚暖，家未忍瘞。越三晝夜，奮而起，説：「初死時，覺魂魄從腦門出，見本身卧床上，妻兒叫哭，作聲相呼，更無應者。有一神人稱將軍，領去過别病家，歆享酒食。既醉，唤我前曰：『我聞得杭州西湖景致極好，常恨平生不曾到。今欲因巡歷遊翫一遭，倩爾引導。候看了，當放爾。』即命監守者捉我寘布袋中，攜以先行。沿路遇人家供獻，則掛袋於簷下，丁寧莫要喘氣，盡將食物收拾挈去，匆忙不少停。又詣一家，一日須

【八】小兒癡迷　「兒」字原脱，據周本補。

十餘處。昏暮入廟宇，將酒肉分給人從，亦自就位飽食。如此五日，到臨安，游湖【九】，天竺靈隱，市肆園林，逐一行遍，只不敢入道觀。復從海岸抵福建，回建昌、撫州，至白干查家歇憩。坐未穩，一急脚走報曰：『速去，速去。』俄霹靂雷閃，震動天地，一道士戴星冠，仗劍捧水誦咒，念到火發燒屋處，衆扶擁將軍以下奔出，更相踏踐。我依前在布袋内，不覺攧落地，元來却只卧此間。」自是遂活。是日，洛陽康義仲【一〇】來翟氏莊，目擊其事。及秋末，康與翟同往踈山，經白干，專謁查家，訪動靜。云：「今春舉室染時疾，得道士行五雷法祛之而愈。」正合陳五所言。

石頭鎮民

慶元元年冬，石頭鎮胡大夫家修設水陸齋會，市民龔三者，日持蒸芋來鬻。至判斛之夜，歸差晚，行到燈火盡處，若爲人所排，仆地悶絶。妻子訝其不至，秉荻炬迎照，得之，舁以還舍。舉體冰冷，燃薪温其手足，稍有蘇意，漸能言。曰：「恰逢着鄭十五與孫山東幼兒，問其去何處，答云：『胡知府宅設水陸齋會，故往趁赴。』我尋你多時，不曾見，今且得值遇於此。』便搊倒我，恣意拳踢毆打，須要牽捽去。我盡力扞拒，不肯行。他怕天曉，方始相捨。」是時鄭十五已死十三四年，孫氏兒亡未久，莫知何冤。龔言訖，涎涌於喉間，飲之以湯，亦不能納，奄然長往。

【九】游湖　涵芬樓本注，呂本作「西湖」。

【一〇】康義仲　「義」《永樂大典》卷二二六三作「羲」。

劉居晦醮設

樂平南原人劉居晦，慶元三年春，就家設醮。既訖事，其小子明哥，忽發狂言，如物憑附。云：「玉皇敕北方真武神君降我家諭旨，今日醮筵，章奏全不虔誠。更須擇日，舉家齋潔，別建一百二十分，多獻金錢，謝過祈福。有如不然，定貽大禍。」劉氏懼，以爲黄冠褻慢所致，痛譙責之。衆相謂曰：「吾曹安敢不盡誠敬？但上天高明，豈肯用禍福嚇誘下民，需索供享？是必木石怪魅，假托爲之。」推其徒王師行正法考召。童子見光中攝到土地、社令，詰之，對曰：「非祀典之神三人詐僞爲此。」即逐之境外，仍刈伐近處林木，一大木根下，竅穴通透，舉烈火薰灼之，三巨蟒迸出而死。劉以其木與興福寺僧。是日，有崇仙觀道士謝時亨在醮壇，而出外買食犬肉，明哥又言：「帝知謝時亨輒啖厭物，來日午時必殛之。」語竟，狂子即安。及期，時亨殂。劉益懼，遂更置醮席。而纔至四月上旬，以微疾亡。蓋大數且盡，故鬼得而侮之耳。

新喻張屠

臨江軍新喻縣屠者張氏，居於僧寺之傍，每宰猪，必以曉鐘時起。紹興某年，寺主僧於半夜後，夢男子婦人凡五輩，皆著烏衣，羅拜於前，同聲懇言：「告和尚，乞慈旨，説與道者，免來撞早鐘。」覺而又夢，且云：「性命所係，危在須臾。只得一語便可活，願慈悲哀救。」僧寤而異，急呼直鐘道者諭之。道者已攝衣將往，聞僧所戒，猶云：「此所以警旦，寺院法律當然，豈宜廢不講？」僧曰：「一段因緣，續當説你，勉聽吾語。」乃止。天明，道者出，過屠門，張問不擊鐘之故，以僧語告。張曰：「賺我失曉，誤一日經紀。然當死之母猪，遂生五豚，亦爲吾利。」道者還白方丈，僧特造張店，開以因果之理，曰：「人生百技，何必造業如此？儻肯謀别生，吾以衣鉢所餘助爾。」張即奉命。僧與之錢百千，使改市它貨。張素無子，已而得男，讀書擢高科，致位華顯，不欲書其名。此卷皆吴溱伯秦所傳。

夷堅支癸卷第六十三事

尹大將仕

秀州廣平橋，尹大郎將仕，其家本微，致力治生，雖無田莊，而浮財頗裕，唯每以無子爲不足。已而妻得男，憐育備至。迨長成，下劣不肖，破蕩錢帛。父母愛鍾於心，亦不復較。俄以病没，尹悲悼之切，不如無生。或教齋戒，擇日禱於福山岳祠【一】，遂具舟楫，與妻偕往。及抵岸，尹謂妻：「我先詣廟下排比牲醪，明日清曉【二】，共焚香供獻。」既去，移時不反。妻自步行咨訊，至憩亭，則見亡子用兩手執其父，駭而問之。答云：「不干娘事。我前生爲某處縣尉，雇船渡江，尹大作梢工，利我財物，擠我溺於中流，今當索報。」母泣曰：「爺娘養你二十年，竭盡心力，家計任汝費耗，豈不念此？」曰：「負財已了，只是欠命。」母度不可解，又泣曰：「既宿世冤債，所不客免，但乞放還舟中。」堅不從。斯須而斃。

校勘記

【一】岳祠　涵芬樓本注，吕本作「岳神祠」。

【二】清曉　涵芬樓本注，吕本作「浸曉」。

野和尚

襄陽南關寺僧寶樞，姓野氏，本泰州人。來駐錫時，方二十歲，能談誦《孔雀經》，聲音清亮，人家多邀請，富有衣鉢，俗呼爲野和尚。淳熙甲午，赴近村經課。飲酒回，耳畔聞嬰兒啼聲，如是不一，甚異之。左右前後，並無人家，寺中又無寄寓者，不敢與人説。寺前臨江，其北有人煙市井。僧嘗渡北岸，憩于張氏客邸，從其妻談未了，一優伶攜女子入邸，僦室以居。僧見之心頗動。未幾，厥優病，僧每日必到彼，爲治粥藥，因與女接杯酒之歡。既而優死，又捐錢殯瘞，女感其德，遂陪之款昵。僧猶未快意，育髪出外，取之爲妻，連歲産三男，生計益進。凡十餘年，妻病亡，復用故度牒披剃，三子以次繼爲僧，徙居南漳雙池寺，而彈《孔雀經》如初【三】。紹熙甲寅，季祖忠訓作邑宰尉，猶識之。

譙氏柿木

青州譙氏，大家也。其所居堂後，有大柿樹，圍三丈許，蓋百餘年之物。崇寧二年冬，雪寒太甚，木凍裂至根。中有奇石，長袤丈，紋理瑩然，碧色可愛。聞者爭來觀，郡僚亦至，莫能測其兆應，多以爲吉祥。然自此家道凌替，售宅於它人，居之復不寧。洎宣和末，不及三十年，屢易主矣。

【三】而彈孔雀經如初　涵芬樓本按：「彈」字似「談」字之誤。

張七省幹

張守中者，本會稽人，隸役高門，得右列一職，買田揚州江都，稱爲七省幹。淳熙二年，詣臨安，攝内諸司冗局。其母與議宗室女爲妻，言定矣。張過市，覘銀鋪秦氏女美色，遽憑媒禮娶，秘不告母。後兩歲，母方知之，自越來見秦婦，元不甚美，然已生産二子，不可逐還母家。厚餉卑詞，謝絶趙氏。趙女以結約既久，無故遭斥，羞愧悒快而死。張之子繼夭折，生事亦退，酷嗜酒，田園蕩爲飲費。一日，登酒樓，遇道人清眉秀目，先踞坐獨飲，引袖長揖而笑，曰：「君不是張持正名守中者乎？」張曰：「是已，但與先生素無一面，何以知守中詳悉如此？」道人曰：「君合有三子二女，官職隨分粗得。近見姓氏，乃注在死籍，不知作何隱惡，以致於是？其事亦不久，吁，可惜哉！」張大駭，不能措辭。道人趨下樓，迹之不見。歸爲秦氏説，亟脩設醮席祈哀，踰歲而卒。右四事德卿説。

鄂幹官舍女子

湖北轉運司在鄂州，其幹官廳事常有鬼物出没，道人多晝見之。宜黄劉巖叟滿罷，代者胡承議已入宅。以初到，遍謁諸使及郡守，率用五更三點出。一子未娶，每其父夙興，必起侍湯粥，送之升轎，乃復寢。嘗值美女子，相顧而笑，方注目，又不見。自是屢有所睹。自言：「只是鄰近鋪籍小民女，瞻慕丰采，乘間竊來。」胡子浸有惑志，但念：「官舍嚴密，豈外間婦女可得到？」以扣小吏。吏曰：「此決非人，俟其再至，試執而視之，當驗其實。」明早，承議出謁，女徑造子室，子以言誘之曰：「汝既云慕我，當少圖從容，快滿平生志願。今倏來倏去，甚無謂也。」女躍喜，即有相就意。胡子直前擁之，復奔迸求脱。把持愈急，覺懷抱間漸縮小，呼燈至，則木板一片在手。蓋舊屋翼剥風板也。取斧析而焚之，怪遂絶迹。是時淳熙中，秉義郎賈伯洪駐鄂【四】，見其異。

淮陰民失子

楚州淮陰民爲保正，遣其子赴縣輸租。子不肖，盡以供飲博費，徒手不敢歸，信步野外，彷徨無所之。忽有兩人從山中出，爲憐撫之狀，招使隨行。至彼處，大屋深廣如富室，而寂無餘人。子告餒，持炙魚燒肉各一楪與之，曰：「飯適已盡，未暇别炊。」子啗魚肉訖，殊不飽。兩人率之，暮入農家，竊庖厨餘飯，并飲饌分食。當晝，則捕禽鳥，漉生魚，炰煮飫餐，間盜酒共酌。此子冥迷，不復知朝暮日【五】。山下諸家，積以夜失物，知必鬼魅變怪，邀巫治之。巫罡步布網，戒居者伏伺竈側。夜半，三黑物髣髴人形，越窗隙而入，翻盆攪甑，睢盱尋索。於是突起呼譟，相與逐之。蒼忙奔遁，其捷如矢。衆秉炬追趕，僅執其一，束縛以歸，謂爲魈怪，聽其辭，乃此子也。走告厥父，父至，問同行者爲誰，不能言。

【四】駐鄂　「鄂」原作「惡」，李按：本則首句「湖北轉運司在鄂州」云云，據改。

【五】日　涵芬樓本注，吕本作「日數」。

尚記窟穴所在，引衆偕往，空無尾廬，惟亂石嶄巖，墮薪殘蓧，煤炧堆積，鱗羽毛血，狼籍滿地。共驗爲山鬼，不復窮覓，父挾子而去。右二事，皆賈伯洪説。

大孤山船

鄱陽民黄一，受庸於鹽商，爲操舟往淮南。還至大孤山，乘順風張帆，健疾如飛。當白晝，與同輩十許人，坐立舷外。中一人反顧，見空舟甚大，亦有十許人，主持銜舳而進。慮其或相撞觸，呼衆視之。同聲叫後使引避，唯黄一杳無所覩。方與衆爭辨，且詆其妄，轉盼間，鹽舟平沉，旋即覆翻，所載悉淪洪濤，人盡溺死。舟忽躍起，黄隨而騰出，遂獨免。乃知向之值遇，蓋鬼神之作祟者云。慶元三年三月也。趙希詵説。

大浪灘神祠

嚴州大浪灘，在州北十五里，介於兩山之間，深不過八尺，而湍流峻駛，縈回曲折，稍遭風色，則激爲巨浪，由是得名。往來者多苦濡滯。紹熙四年，鄱陽周貴章赴省試，與鄉人羅正臣、李顯祖、康師尹相值於常山。買舟同下，逮至彼灘，見它郡貢士船三十餘艘，鱗次岸滸，皆阻東風。久者，幾七八日，更相愁歎，不敢解纜。或强驅童奴，盡力挽縴，纔少進，復猛退。有忿鬱而束擔陸行者。且慮失試期，曉夕隕穫。餘干董經負膽略，出語衆曰：「聞坡上一廟，乃威惠王行祠。盍往致禱？脱蒙垂祐，便可去矣。」皆合詞曰：「然。」時已昏暮，即籠炬造謁，焚香列拜。董拱而啓曰：「神王聰明正直，受國爵封，又享血食於此。今朝廷三年大比，網羅賢俊，公卿將相悉由此塗，禮闈較藝，程限迫促，顧留泊此地，欲往不能。願一施威靈，訶禁山川【六】，使灘上諸舟，前進无壅。豈惟寒士蒙賴，亦所以報國也。」禱罷，焚獻紙錢，稽首徑出。到夜，狂風尚厲，漸以帖息。天將旦，波平如席，三十艘順流相銜，略無礙滯。始悔乞靈之不早云。周少隆説。

彭居士

鄱陽安國寺在城内，有田去城昌百里【七】，名全保莊。始時，主僧惟直苦志戒行，爲道俗崇仰。嘗詣莊檢校，夢童子報言：「彭居士求見。」延之入坐。戴短簷帽，着青道服，後一虎自隨。既坐，視直曰：「吾久隱兹山，未嘗輕與世接。慕師名德之重，是以一來。顧室廬摧敝已甚，冀蒙師力一新之。」直許諾，覺而思之，曰：「此地實名彭岡，客所稱姓，與合契，得非山之神乎？」明日詢訪，則父老皆云：「不聞有彭居士者。獨古松下一小廟，相傳爲彭大郎，必其人也。」即訪之。茅茨蕭然，上漏下濕，香火亦缺不講。直爲之慨然。命工整葺，立成華宇。繪畫像貌，儀衛儼赫。由是彭岡神祠，遠近供事。它夕，夢來謝曰：「百年寥落，一旦頓獲新居，沾受血食，老稚安堵，皆禪師慈悲所致。恨無以報德，

【六】訶禁山川　涵芬樓本注，吕本作「訶禁風伯」。

【七】昌百里　中華本注，「昌」字疑誤。

有所獻【八】。」乃邀至高坡上，指示其下，曰：「此可以辟良田百畝，願寘力焉。」是夜，聞彼處履聲雜沓，如數萬兵經營鉏治。旦起視之，乃向荆榛沙礫，坦平如掌。自繫虎原西，盡爲膏腴。至今常住，實賴神力。廟中有黑漆連椅一座，初擬更塑神像，未暇致功。行者法堅以爲徒設弗用，且障蔽畫壁，取置長生庫中，掩爲己有。遽夢神詈責，亟負以還之。寺僧圖其形，并畫虎於坐右。每出化供，必奉之以行。將謁某家，未至，必先聞猛獸哮吼聲。相謂曰：「安國化主來矣。」已而果然。故無不樂施。若次旅店，則商賈增集，皆徯其來。距莊三十里，有小墟市，通江西路。多富民居，頗苦寇攘之患，惟全保晏然。蓋嘗有至者，皆值虎遮道，不敢進。其爲盜者，皆黥卒，間有敗獲，自言如是。此寺曾感五神顯迹，已載之丙志。彭岡祠室，正與之同。予舊傳其事，不詳審。周少陸得此於了祥長老，故備記之。

城隍廟探雀

饒州城隍廟，每歲春夏之交，多有雀巢於屋翼内，孕育雛卵。黥卒錦先、楊成、魏賓，皆從他郡配隸，已三十餘年。一爲憲臺司閽，一爲泉府庫典，一爲軍頭。所居與廟近。慶元三年四月，三家之子，各十五六歲，相率入其中，欲探取乳雀，而高不可升。乃踏神像夫人之肩，攀緣而上，得十數枚。像泥遭踐踏剥落地。至晚，三子同感疾，昏熱如炙【九】，不

【八】有所獻　涵芬樓本注，吕本作「輒有所獻」。

【九】昏熱如炙　「炙」原作「灸」，據周本改。

能出語。夜半劇，其母固莫知其事。有他兒，戲時亦在彼見之者，爲言所致。明日，攜香楮詣廟禱謝，不獲命。既而，三隸以次病卧，證狀全相似，醫療弗愈。才五日，皆不起。其子浸浸困篤，未必可生。觸犯大神，誠可譴，乃禍延厥父，豈其偶然邪？義方之訓，非所以責之也。

舒七不償酒

鄱陽每歲迎神之會，習俗已成，有加而無減，逐廟各一兵或一民主之。至於酒漿沃犒其徒，又自隨人致力，謂之心願。大抵心識不正，以是爲禍譴驚動者，間有之焉。紹熙三年春，縣前居民舒七者，開酒肆。其家與縣城隍祠相近，預欲以酒飲轎卒及一行諸人。既而負約，衆憤怨，往往出言詛之。至七月晦日暮，從外還舍，少頃就睡。逮三更醒寤轉側，覺卧處甚冷，伸手摸索，一物大如臂，粗澀且滑，駭而呼妻。妻熟睡弗應。擬下床，爲物纏身緊，痛不能作聲。猛奮擲大呼，母在鄰壁，云：「待我來。」持燈往照，乃一蛇，呀然張口，似欲吞噬。家人盡起，無敢造前。母忖知其故，急詣廟，招祝史，買黄錢置箱内，扶請蛇去。舒遂病悸不食，以八月四日死。是夜，見夢於母，言已入幽境，目今受罪，告速追償前願，庶得脱免。母如所囑。越數日，又夢云：「幸得從輕，母勿過悲。」拜訣而退。舒之過，不至死地，受罰亦酷矣。

廣祐王生辰

饒民以八月十五日爲威惠廣祐王生辰，致供三晝夜。及罷散之際，每處各備酒果飲福，伺人靜則集會。慶元元年，第三日事畢，將就坐，而排列果食多不見。是時，無閑雜小兒，皆疑其何以失。明日，再往收拾，聞殿上酒香，且有遺下殽核之屬。方怪之，見泥塑獻花童子，倒地如睡，酒氣自其口出。共扶起，立於元處。自後遇夜，巫祝或逢其游戲，相驅逐，久而乃定。廟祝洪興祖説。

許僕家豕怪

樂平廣衢人許光仲之僕，畜一牝豕。凡歷歲，每生豚，必以十數。滿三月，則出鬻，累積二百不啻，獲利已多。慶元初，忽産數異，一爲馬頭，一爲人首，一羊首，一雞首四足，各有他狀，僕絶以爲懼。既而曰：「是必造業年深，還債了足。欲就屠宰，以託化，故現此怪耳。」盡擊殺之，投於溪流，而貨其母於屠肆。自後不復豢養。

夷堅支癸卷第七 十事

蘇文定夢游仙

熙寧十年，蘇文定公在南京幕府。四月一日，以卧病方愈，忽忽不樂，因起，獨步於庭。天清日高，乃命僕暴書，閑取《山海經》，隱几而讀，不覺假寐。夢薄游一所，樓觀巍然，金朱晶熒，叢以奇花香草，雜以丹霞紫煙。入其門，登其堂。門之牓曰神府，堂之牓曰朝真。自堂趨殿，殿名篆體難識。旋臨一閣，閣名甚高，不可辨。左碧池，右雕欄，中有一亭，几案酒殽悉備。九人聚坐其間，所披鶴氅，或紫或白，其冠或鐵【一】或鹿皮。或熊經鳥伸，或彈琴對弈，懽笑談話。視蘇公自若。蘇頗嫌其簡傲，捨【二】而出。俄聞招呼之聲，回【三】顧之，一青鬟也。謂曰：「君何人而到此？奉靈君之命，有請。」引詣庭中。一人云：「邀至與坐。」蘇辭不獲，輒廁其傍。其一蒼髯白髮者，問曰：「子塵中人耶？」曰：「然。」曰：「何以至此？」曰：「信步而來。」其人笑曰：「非信步也，豈非心有所祈，意有所感而然歟？」蘇曰：「此爲何所？」曰：「金泉洞天也。」蘇曰：「孔孟之道，心有所祈；顏冉之學，意有所感。若夫神仙之事，了未嘗攖慮。而至於此者，真信步耳。」其

校勘記

【一】鐵　涵芬樓本注，葉本作「金」。

【二】捨　涵芬樓本注，自此至「有以招之」，凡四百四十字，原本佚去，今從葉本補。

【三】回　涵芬樓本注，明鈔本作「回首」。

人與之劇論儒老之同異，遂及長生。曰：「金丹之術百數，其要在神水華池；玉女之術百數，其要在還精采氣。馴致之久，則自能脱百骸，遺六腑，如蜩甲焉，蟬蜕焉。形貌有移，而神炁無改。若夫迷於煉石化金，惑於金籙玉檢，以求長生者，非吾所謂道也。」蘇曰：「世傳白日飛昇者，何邪？」曰：「其變靡常，其化無方。此又非所以語子也。」言畢，命酒同酌。有抵掌而歌者，曰：「紅塵紛處【四】兮人間世，白雲深處兮神仙地。仙家春色兮億萬年，蟠桃香煖兮雙鸞睡【五】。北看瀛洲兮咫尺間，西顧方壺兮三百里。逍遥無爲兮古洞天，洞天不老兮無人至。」酒酣，蘇求退。其人曰：「盍不少留，以竟揮塵之樂乎？」蘇曰：「有生則不能無形，有形則不能無累。故物色之際相仍【六】而不停，憂患之來有進【七】而無已。」其人曰：「子知有形，而不知所以有形。知有累，而不知所以有累。如影之隨形響之應聲者，皆有以招之【八】故也。」蘇謝曰：「謹受教！」良久，爲家人所驚，遂寤，乃作《夢仙記》【九】。或謂蘇公借夢以成文章，未必有實【一〇】。予竊愛其語而書之。

合龍山小道者

贛縣東北五十里，有合龍山，以遠近數十山，皆如龍形會聚，結蟠於此，用是得名。地荒寂，初無居人。有一僧不知從何來，乞錢儲粟，作草庵於下。農民姜氏生一男，出胞即

【四】紛處　涵芬樓本注，「紛」明鈔本、呂本作「深」。

【五】蟠桃香煖兮雙鸞睡　涵芬樓本注，「雙」明鈔本、呂本作「珪」。

【六】相仍　涵芬樓本注，明鈔本、呂本作「相刃」。

【七】進　涵芬樓本注，明鈔本、呂本作「迷」。

【八】皆有以招之　涵芬樓本注，以上四百四十字從葉本補。

【九】夢仙記　涵芬樓本注，葉本作「游仙記」。

【一〇】未必有實　涵芬樓本注，葉本作「未實有」。

重眉，下者如常兒，上者各垂長三尺。既加襁褓，不食母乳，日自長大，七歲猶不能言。父母怪爲非凡，施之此庵，俾出家，呼曰小道者。已而在處傳説其異。仁宗朝，令郡縣津致赴京師。召入宫，忽能語，奏對允愜，至尊歡喜。時年十二，詔落髪爲僧，御筆賜名行本。錫賚珍物，并后妃所賜金銀數，其直數千萬貫。放還鄉，以所得貨易，創爲大寺。經營之始，其師買木於虔化深谷中，距水百里，度非數船載輦不可到，方以爲憂。一夜，大雷雨，溪江皆盈。明旦，視庵外，凡合用梁棟枅栱榱桷了【一二】負，一切浮至前，正足其數。萬衆嗟嘆，呼老僧爲活佛，謂能役使鬼神，爭持助金帛。至於橋道階級，甃砌藻繪，以次成就。甫訖工，行本對佛合掌跏趺而逝，首尾纔五年。今寺中金龕羅漢及御書法名尚存。棟宇皆良材，雖厨溷亦櫑木。或有欲制作什器，將换以它木者，必遭蛇虎之害。其一鄉敬事之不衰。

王司户屋

饒州上卷街東，有王司户空屋，相傳有鬼物據其下，歷廿年，無敢輒居。淳熙初元夏，德興士人姜廣，挈孥從外邑至，不深知其故，爲牙儈所誘，賤直僦之。方數日，燈前讀書，夜艾油盡，出就簷間，月色正中。忽聞波浪洶湧之聲，地去江湖遠，又天清無風，殊以爲異。回環四顧，見一蛇，粗如椽，鱗甲雪白，紆徐伸縮，盤旋天井中，濺洒若雨，沾濕衣履。

【一二】了　原校：疑誤。

急閉户就寢，終夕波聲不息。翌旦視之，高下皆有水痕。天井雖深五尺許，元只乾燥，不悟水之所自來，蓋蛇所吐漦沫也。姜不能頃刻安，立徙它舍。後八年，張南仲待制之子曼修思永議買之。朋友勸止，張曰：「吾爲國家命臣，何畏於妖？」竟成約而定居。已又建高樓於後，外臨湖山。然每遇月夜，蛇仍爲怪，處者未嘗奠枕。呼醫召巫，略無虚日。十三年夏夜，張置酒樓上，招兩友生及子思順同席。星斗燦然，忽暴雨震霆，一柱自顛至末，爲雷斧析破。自是遂帖帖無虞，蓋爲厲者隕於斧矣。張以爲不祥，轉售於董氏。今已累歲，不復驚恐。

陳秀才游學

汀州陳秀才，紹熙中，游學抵餘干，入縣庠。賦性愿朴，而舉業又高。邑中二富氏子弟，皆勤苦篤志，慕其才謂，與之交游，遂延致書館。踰三四年，不言歸。名儒李彦聖，知其有父母，語之曰：「離鄉力學，此意固可尚。然遠捨庭闈，屢喚不還，何以副倚間之望？」陳但唯唯。終歲不暫出門，朋友邀之行樂，亦不肯從。或勉强陪隨，旋踵即反。人益證其謹飭，初不它疑。慶元三年二月，忽訪彦聖，求屏却諸生，拜而請，曰：「閩俗娶婦至難，况於寒士。某所以久於外者，非婚姻成遂，誓不南轅。聞吾主家有季女，欲擇對。仗先生一言立可得矣。」彦聖駭怪曰：「彼家元無將嫁女【一二】，君託身其舍館，不應萌此

【一二】女　涵芬樓本注，吕本作「笄女」。

念之【一三】。豈病狂耶？」陳毅然作色，曰：「我那敢妄其女？蓋常相窺覘，彼此屬意已久。」即探袖取衣巾帕篋數種，曰：「此其所與者也。」彦聖不得已，爲詣富氏，審訂虛實【一四】。陳掩面垂泣，富氏子弟度不復可留，命僕治疊行李，厚其資賮，遣之。出回視卧榻，若對婦人道離别，語哽塞，不忍去。才行，狂疾大作，叱送僕退，擲裝橐於市橋石欄干邊，危坐七晝夜，不飲不食，縱值風雨亦不動摇。衆士慮其死亡，且惡傷同類，列狀白邑宰葉初，使傳鋪遞押歸汀州。葉不聽，置之於齋中。迄今神采如癡。富氏之人言：「數年前，曾有一寵妾終於彼。」陳所遇者，蓋其鬼云。

光州兵馬蟲

光州經建炎之亂，被禍最酷，民死於刀兵者，百無一二得免。雖數十年幸安，然不爲善國。淳熙初，上饒鄭人傑爲郡守，邀樂平士人李子慶偕行。既至，見西廊一庫，扃鑰甚嚴，而塵埃堆積，問之。吏卒云：「舊甲仗庫，怪物居之，累政不曾啓。」鄭素貪，意其中必有伏寳，破鎖入視。凡械器弦刃，皆斷裂損蝕，無一堪用。惟梁上掛數十百捲，或麻或絹所爲。彼人言：「方離亂時，民逃匿無地，悉自經於兹室，此即縊索也。」風雨晦冥之夕，鬼哭不堪聽。非特如是，州治之内，掘土過尺，則枯骸枕籍其間。獨設廳無之。又有一種名曰兵馬蟲，才高寸許，而上爲人，下爲馬，縉束介胄，全如騎軍。各各有所執，好緣走牆

【一三】不應萌此念之　中華本注：「之」字疑衍。李按：「念之」疑應作「之念」。

【一四】審訂虛實　中華本按：此下疑有脱文。

壁，甚則登几案，隊伍行列，殊可觀。率四五十騎，必有一部押者，比羣輩稍高。值其爲怪，則入人寢卧處或飲食間，千百環繞，彌日不去。能用矢刃傷人，極痛楚。苟怒而殺之，立致奇禍。」李處書館半歲，本無所見。漫撤卧榻，令數卒治築地面。發土未及尺，白骨縱横，所謂兵馬蟲，稍稍出現。日復一日，其來益多。於是始懼，夜不得安寢。遂以妻疾爲解，辭鄭守而歸。

古田民得遺寶

福州古田村民，夏夜已寢，夢一異人來，謂曰：「汝暴得遺寶，便可致富。今現在門外，宜急起收取。稍遲，怕落他人手，可惜也。」民素貧甚，既覺，即趨出，果得一朱紅小合，正當行路。捧歸開視，有金數兩，銀二錠。未敢輒取，置於神堂桌上，自守宿其側。旦而驗之，皆真物也。不勝喜愜，率妻子拜而受賜。俄見巨蛇蟠於前十數匝，高與桌齊。民知爲畜蠱家移禍，然不可復卻。於是致禱，願盡心敬事，蛇遂隱。時時化爲他蟲，或吐涎沫。民固耳聞鄉井姻戚談説大概，乃貯藏之，施毒於人，積歲所殺不少，貲業日盛。後爲被毒者所告，官捕係勘鞫，家人皆當死。而值紹熙五年七月霈恩，一切末減，民身配海外，子配廣南。押過贛州，子病死於道店。贛丞張思順檢尸，防卒出示元犯由，具載本末。今不能憶其姓名也。右五事皆思順説。

趙彦珍妻

鄱陽宗子趙彦珍，居永寧寺。其妻某氏，乾道八年暮冬被疾，寖以困篤，時方二十許歲。明年正月十日，夢青衣童子兩人造其床前，語之曰：「汝到不得新春，才望見節氣，定死矣。」妻亦敏悟，既覺，告夫云：「命數前定，我病勢已惡，况於神言如是，其死何疑？今旦夕入鬼籙，何用邀唤巫醫，修治藥餌？家貧無力，空爲妄費耳。」遂屏去粥藥，略不向口。夫持杯泣請，亦不對。是月十四日未時立春，當日正午，又夢二童來，問曰：「汝是趙氏女邪？趙氏婦邪？」曰：「趙彦珍妻也。」童相顧曰：「幾乎錯了。」徑出。妻忽聞鄰家哭聲，驚寤。使詢誰人，乃寺外高縣尉之妻趙氏也。即時汗出如漿，遂爾安愈。又十餘年始亡。彦珍後改名彦典。

趙彦典夢

趙彦典，淳熙十五年冬，夢貴人金章紫綬，直造所止脩謁。謂其誤至，方擬引避，已下馬徑前，入坐書室。典束帶敬揖，未及問其何官，客遽云：「偶攜牓來，君欲觀否？」典謝曰：「幸甚。」即探袖取文書，揭壁間。視之，皆宗子名也，有彦珍者，在行間。客指曰：「是君否？」答曰：「彦典本名實爲彦珍，後以宗司檢案，他人相同之故，遂改今名。於此無所係【一五】。」客徐以筆圖圜之，徘徊少選，復捲置袖内而去。典覺而深念，將欲仍舊，則非申宗司不可，姑記於書策，頗用爲慮。次年覃恩赦下，許赴量試，而期日已逼，願改不能，但以「典」字【一六】。及揭牓，遭黜，果有彦珍預焉。又數歲，典年過四十，例始補承信郎。右二事彦典説。

胡廿二男

樂平何衝民胡廿二，慶元元年二月，在田間耕鉏，人報其妻生子，急釋耒而歸家。到見妻正悶絶於地，掖起灌以湯，少甦。乃視生子臀後出一牛尾，長幾尺許，繳繞掉動，左背牛毛皆滿。妻曰：「我恰來幾爲他驚殺。如此怪物，當即投之溪中。」胡又不忍，只斷其尾而留之。至今三歲，舊椿橛上復出小尾，然則前身爲牛可知也。

九座山杉蘭

興化軍仙遊縣九座山，僧寺據之，上有巨杉數百。淳照中，一杉之杪，忽生數花，全如幽蘭，芬馥絶甚。僧命工圖其狀，并折花獻於使君【一七】。其山甚高，峻嶺【一八】三十五里，至其巔，得平坦之地，五里寺當其要。九峯横前，中一峯瑩碧照耀，儼如立笠【一九】。初，五代王氏擅閩日，它境一野僧，布素梗朴，以一杖自隨，詣福州永福，營營若有求。或

【一五】於此無所係　涵芬樓本注，吕本多一「也」字。

【一六】但以典字　涵芬樓本注，吕本作「乃但以典字」。

【一七】使君　涵芬樓本注，吕本作「佛座」。

【一八】峻嶺　涵芬樓本注，吕本作「循嶺」。

【一九】立笠　涵芬樓本注，黄校：疑誤。吕本作「立筍」。

問何爲，曰：「吾欲擇高廣地，可安千僧者。」時方尚武，其人應之曰：「我久要尋踏着千兵處，未能入手，如何容得閑和尚？」僧乃去。永福與仙遊隣境，九座介其間。僧登山徘徊覽眺久，堅卧不動，叱之曰：「我豈不知此是道場邪？只恨溪水太逼，山勢不寬拓耳。」是夜，驚雷震激。遲明，溪移退二十丈。居民怪焉，已而知其故，因共挽勸，使立庵舍。遠近施財，不約而集，遂成禪林。當是時，囊山紗應師同出應世，雅相契合。此僧戲之云：「你所處臨通逵，只做得飯店。」妙應笑云：「豈不勝於乞兒乎？」閩人競傳其語，至今三百年。囊山常住極盛，歲收穀踰萬石。往來就食，不以多寡，雖官僚吏士，亦一粥一餐。而九座僅有田百畝，棄行化於福、泉、莆、劍四州【二〇】，至昇奉塑像，遍歷人門【二一】，藉以取給，皆符曩日之語。鄭景實説。

【二〇】棄行化於福泉莆劍四州　涵芬樓本按：「棄」字原本作「弃」，疑是「去」之譌。

【二一】人門　涵芬樓本注，吕本作「人間」。

夷堅支癸卷第八 十二事

黄德昭事太宗

淳熙十三年，福州科舉進士黄德昭，經營就牒，赴兩浙轉運司試。行次建寧，驟得疾，四體發熱，昏昏不知人。於醒夢間，見一長人，介胄當前，叱起之，曰：「汝當服事唐太宗，安得在此？宜速歸。」言之至再，遂不見。德昭私念：「今距唐朝五六百年，吾爲生人，如何能服事古帝？且業已至此，名爲避親【一】詎可却回，將何詞以告朋舊？」會薄晚小間，復登塗。宿於前店，疾益甚。又覩長人立於側，罵曰：「汝不信吾言，必死此地。」始大懼。明日，遽南轅。才行二三里，神思頓清。又明日，洒然如平常。既抵鄉里，旋投納試卷。向者以《毛氏詩》應舉，慮取人數窄，而素於詞賦留意，乃用賦求售。試日，出「太宗功被九歌」爲題，不勝踊躍，以爲神告者，此也。他人多只敷敘功業，惟德昭以太宗比大禹爲説。主司讀之激賞，謂爲冠場之作，列於高等。然次年下第，竟終於布衣。

校勘記

【一】避親　涵芬樓本注，黄校：疑誤。

游伯虎

福州城西居民游氏，家素貧，僅能啓小茶肆，食常不足，夫婦每相與愁嘆。淳熙甲辰歲，一道人行乞到門，就坐啜茶，適聞其語，笑而謂之曰：「不須過憂，已有好兒子，尚何足慮？只一件事理會不得，既做秀才，發解過省及第了，便着紫公服，繫金腰帶，却手中不把牙笏，此何理也哉？」俄見柱間倚一黑圓杖，指之曰：「此是其所執也。」游翁以所談無根蔕，不之答。只一子伯虎，能讀書作文，且習弓矢騎射，詞場荐不利，遂應武舉。慶元三年，中絶倫第三人，例賜塗金束帶，除沿海制置水軍計議官，正持杖以謁制帥，盡符前説。相去正一紀。初，伯虎入都待試，夢已化爲虎，與他虎鬬不勝，遭壓焉。及是牓唱名，永嘉周虎爲魁首，又與夢協。

雪峰宗一

雪峰長老宗一，以淳熙九年來住持。駐錫兩歲，於寺建毗盧閣，安貯藏經，規範雄偉。它所營立，皆稱是。而機緣行解，爲衲子依投，席下屢滿。屢欲謝退，輒不諧。紹熙五年，忽命擊鼓集衆，升座演法。既而言曰：「四方名山大刹，如雪峰者，能幾處？老僧作主五六院，多不過三兩載。今乃濫居此地，不覺十三年。無德無能，難以久占禪席，便當引去，以避賢路。」迨反室，其徒意爲打包潛竄，有欲束裝從行者。已乃奄然坐亡，時俗壽七十八矣。福府迎致長蘆元聰代之。至方丈數月，夢一公來謂曰：「茲我所處，汝那得擅據？」聰曰：「和尚何爲出此言也？世緣既竟，歸於大空，故吾得承乏。正是吾曹平生著意處，焉用問？」曰：「吾非常常戀著者，比知弟誘掖後輩，振揚宗風，故特來助喜。然弟於此山緣薄，行且之它。」遂告別。聰寤，攜香詣其塔祝謝。二年後，果膺敕命，徙徑山。右二事，偃孫説。

徐謙山人

永寧寺羅漢院，萃衆童，行本錢，啓質庫，儲其息，以買度牒，謂之長生庫。鄱陽并諸邑，無問禪律，悉爲之。院僧行政，擇其徒智禧主掌出入。慶元三年四月二十九日，將結月簿，點檢架物，失去一金釵，遍索厨櫃，不可得。禧窘甚。聞寺外徐謙山人者，占術頗驗，往卜之。卦成，曰：「物已傳出外，而盜身不動。元非他人，乃常所使小奴耳。急向北方察訪，尚可得。苟或稽緩，將化爲烏有。」禧因用其説，散行采緝，然無策能致敗露，坐不安席。再扣之，徐再消詳曰：「此去五日，定有信。」所謂小奴者，每至鄰家，與民婦狎，指頭上銀釵曰：「何不買金來打造？」婦笑曰：「汝真是不曉事，我如何有錢辦此？」奴曰：「我拾有一隻，若用得時，減價售與汝。」傍有彭氏子，竊聆其語。明日，戲之曰：

「如果欲貨金釵，我酬汝直。」奴諱曰：「已分付【二】吾兄了。」既涉歷兩三處，事遂大彰。僧即加執縛，且杖之十數，猶隱不言。鞭打益急，始服罪，立取釵至。于是痛撻而逐之。行政説。

楊道珍醫

饒州黥卒楊道珍，本係建康兵籍，以罪配隸，因徙家定居，且稱道人，素善醫，而尤工鍼灸。市民余百三，苦鼻衄沉篤，更十數醫弗效，最後招楊視之。知其家啓肆販繒帛，近年以來，資力頗贍，楊深有所邀需。余妻上官氏，許以三十千，方爲領略。令病者卧於門扇上，按兩肩井間，齊插兩鍼，才一呼吸罷，衄立止，舉體頓輕。余氏不勝喜，如所約以酬，又别致謝。王温州季先，於丁巳之春，亦感此疾，綿延歲月，親朋競致善方，莫能愈。或導楊往治，隨鍼即差。一官人寵妾懷妊八閲月，朝夕懨懨，困卧乏力，飲食不下咽，自不能言其痛撓處。楊爲診脈，而曰：「此非好孕，正恐是鬼胎耳。」其家皆譁怒不平，出語訶責。楊曰：「何必爾，他日當知之。吾今不敢用藥，但且如常時服安胎藥、壯脾圓散可也。」自此稍能餐粥。後兩月就蓐。其腹自受孕，即皤然與常異。及是，乃産一物，小如拳，狀類水蛙。始信爲鬼胎不疑。少陸説。

【二】分付　涵芬樓本注，吕本作「分與」。

趙十七總幹

唐宋令文有神力，以一手挾太學講堂柱，持同房生衣壓於下，須其重設，乃出之。又或夢吞水牯，不盡四足者。此事今亦時有。東武趙恬季和之子，十七總幹，壯歲夢吞一牛，自是膂力過人百倍。居福州城中，與一僧善，每從喚索酒饌，所啖肉非數斤，酒非斗許，不能醉飽。僧雖勉爲供設，久而頗厭。趙戲懷其袈裟，寘於廊廡間大柱下，已而捨去。僧窘愧經日，無由可揭取，亟治具延謝。乃談笑舉柱，就還之。嘗暫寓泊西禪寺，出外夜歸，閽僕拒不納。呼叫稍久，怒擊其扉者再，且排撞門頰。少焉，雙扉及櫳楔悉墮地，其聲如雷，寺人皆驚起。又赴調入都，自衢僦小舟，攜兩僕俱。舟人偶非良善，妄意篋中之藏，輒萌戕害計。到一村步，四無居人，謂趙曰：「少住片時，當買酒來。」蓋欲飲之至醉。趙覺其詐，思所以待之。望其去稍遠，見一席倚倉板上，纏絆甚緊，解視之，正貯一尖刀，鋒芒銛利。其人有一子，趙戒僕曰：「聽我高聲叫，則投之水中。」俄而提酒至，趙升岸迎就之，乃示以刃，曰：「汝欲用此殺我乎？」奮拳痛毆之數十，攀大竹一根，執縛於杪，而縱竹使起，去地已數尺。惡子既溺，趙乃令僕捨舟陸行。予與季和爲朋舊，識諸子於丱角時，未聞夢異，亦不記其姓名也。其弟謙說。

李大哥

饒州天慶觀後，居民李小一，以製造通草花朵爲業。慶元三年三月十七日病亡，經夕即埋瘞。至二十三日，術士徐謙盤卜於市，過土井巷西間十數步外，有人相呼，審聽，乃李也。既作揖，跣而奔趨。謙素與相善，雖瞽目冥行，認其已死，駭曰：「李大哥，汝下世多日了，何故在此，且又忽遽？」應曰：「我今雖非世人，偶有一事，急要幹當，不得已出來，鞋子也着不及。」輒問：「何事？」曰：「第二箇女兒得疾甚困，須着多方救之，不容少遲。」且行且語，遂不見。又四日，謙專詣李氏，告其長女，曰：「爾父壽終之後，我却曾撞着他，説道家有病者，果否？」女曰：「妹子實然。當二十二日正危之次，髣髴見父在床前，拊之曰：『二姐，你莫煩惱，我與你催促醫人下藥，管取安好。』妹久昏眩不醒，是夜頓蘇。今十成無事，但未敢出風耳。」其言與謙之説同。於是一家皆悲哭。幽明異路，猶拳拳於兒女間如此。徐謙説。

魯四公

饒州市販細民魯四公，煮猪羊血爲羹售人，以養妻子。日所得不能過二百錢，然安貧守分，未嘗與鄰里有一語致爭。慶元元年二月，正負擔於德化橋上，買者頗集。一村獠如師巫之狀，從其求金。魯曰：「方分羹冗坌，少須當與汝。」巫譆笑捨去。俄頃，釜中熱汁皆冷如堅冰，買者置箸不食而散。魯蓋素能作法，且又精至，深悟其所以然。對衆微嘆，即滅火而歸。旋搏泥十塊，寘於竈口，解衣就睡。巫它處丐索，滿志還旅邸。忽腹内若熾炭，跳擲忍痛，固知早來之非，以實告主人。主人曰：「魯公尊法，一城推重，安得輕犯之？」巫懼，倩小兒引往其門，設拜十數，自通姓第爲周三。魯不答，周痛益甚。觀者悉云：「且恕它得否？」魯頷首，反室，盡去竈下物，周立愈，沽酒謝罪。明日復攜隻雞斗酒來，願爲弟子，傳其學，魯不許。至今本業如故。

閣山排軍

饒民朱三者，市井惡少輩也。能庖治素臟，亦僅自給。臂股胸背，皆刺文繡。每歲郡人迎諸神，必攘袂於七聖祆隊中，爲上首。淳熙己酉歲，將往閣山糴油麻，其妻曰：「我聞彼處不清潔，況汝所習此般伎倆，如何去得？」朱曰：「我以法護身，自有措置，無奈我何。」所善多勸止之。又詢於卜者，其兆亦然，皆不聽，持千錢以行。過一淫祠，叱其像曰：「俟我回來，與汝理會。」及事畢，欲還城，復至祠前，便覺黑氣繳繞，急施法解戰，略無驗白。他人聞暗中怒聲言：「與汝非冤，何故駡我？」交鬭近暮，仆於棒下而死。明日，父母方知之。慮爲同輩譏笑，就行火尸。其夕託夢，訴其死本末，且又告母曰：「可多買草鞋焚化，今已拘充排軍了。自此無復敢歸。」嗚咽而訣，時方二十六歲。

麗池魚箔

鄱陽麗池村，無田疇，諸聶累世居之，采木於山，捕魚於湖，以爲生業。邑境多有淫巫，每游歷人門，謁覓錢穀酒肉，須隨其所匄，斟酌應之，不可但已，否則能爲害祟。其當得陂池利【三】者，乘秋冬之交，水淺源涸，必遍施棧箔，遮闌界内。俟歲杪，則四環網罟，率竭澤取之。紹熙二年，聶氏子弟百三郎者主其柄，不甚待外巫。巫乃密至陂所，步訣呪禁。迨舉網，空無一魚。聶子訪知所以然，屢邀它巫解釋，殊勿効，惋嘆莫測。一夕，月下聞巨魚跳擲，急視之，乃一雙頭小鯉，隨波舞涌，絶以爲怪。方擬擊之，俄復躍入。或言此蓋彼所投木符，幻變相戲弄，非真魚也。後數日，岸上人咸見異物，狀如蛟螭，衝棧箔盡破，徑望彭蠡而去。魚以萬計，接續從之出。雖漁者並肩而立，付之無可奈何而退。

李小五官人

李耆俊子壽，淳熙二年，爲兩浙轉運使主管官。其弟耆碩子大，自嵊縣解官，來館於公宇。送還小吏劉廣，立於司前橋上，遇一官人坐轎中，轎之制作極草草。兩卒負籠篋，先牌題云「李從事」。問廣曰：「那處是李主管廳？」廣指示之，且奔告子大。從事者，又

【三】利　涵芬樓本注，吕本作「利入」。

其弟耆壽也。喜而出迎，乃略無所覩。尋常諸李族人入都，多泊舟於河下沈氏客邸，及吴山上扁鵲堂。散遣訪審，皆不見。子大甚駭，率子壽諸郎，步往沙河塘，試加物色。俄一家僕，從會稽連夜疾行，喘汗而至，報言：「小五官人因醉飽而得病，昨日已殂。」所謂從事者也。廣蓋見其遺魂云。呂德卿説。

吴師顔

太史局令史吴師顔，在京師時，已世爲日官。及渡江，掌其職者猶二十年。居於臨安衆安橋下。紹興壬戌秋，以旬休不入局。或詣其家邀之出，就相近茶肆款話，若素所厚善者。從容久之，客先起，吴忽仆於地，衣裳有血汙濕。主人視之，死矣，一匕首插于腹間，走報其子澤。奔趨而至，遭傷處，洞貫腸胃，莫識刺客爲誰。但執主人告官，坐獄數月，鞫不成。府尹以爲，不應白晝於都市中敢行殺害，憐其無辜，久繫猶受杖，乃得釋。澤繼代父任，令【四】爲春官大夫、判太史局。予嘗質以此事，云殆是宿生寃業耳。

【四】令　中華本注，當爲「令」字。

夷堅支癸卷第九十事

沈大夫磨勘

朝請沈大夫，用年勞，詣銓曹求轉朝議，爲吏所扼。有弟官中都，呼其小吏，與之錢十千，使訪此吏端的姓名及居止處。吏喜甚。他日告曰：「已得之。」即導往官巷，伺於客邸。頃，其人自省歸，吏持刺迎白曰：「沈大夫拜謁。」逡巡不領略，曰：「吾身爲胥吏，豈得與官員亢禮？」謙揖往反，始延坐。須臾，沈啓言：「某當磨勘，而以憂制，歲月小不同受沮。正當限轉一階，視它秩不同，利害甚切，願垂護念。」袖出銀一笏授之，曰：「聊以奉筆札費。」愕然曰：「此爲何名？而非理賄我。」沈曰：「吾欲賑濟【一】名官，銀出我懷，而入君手，定無漏泄之慮。苟爲不納微誠，是君有心敗吾事耳。」吏沉吟，若不得已，乃受之。揖使少待，自造左畔一室。良久，持一紙示沈曰：「依此書寫，訴諸尚書。」讀之，大抵指考功主事陳仲夷吹毛求疵，擬邀厚賂。且引某人某人例，乞送棘寺或臨安鞫治，而寘于理，庶爲姦胥舞文之戒。沈謝曰：「詞意詳盡，皆吾心所欲剖露而不能者。敢問陳主事安在？」笑曰：「即我也。」沈曰：「既受教於君，何容相訴？」曰：「無傷也。」明日，尚

校勘記

【一】賑濟　涵芬樓本注，吕本作「整濟」。

書朝退入部，沈持狀自言。陳生在傍切，反目而視。尚書責問頗峻，陳詆沈以爲不可行，詞色頗悖。尚書叱使去，曰：「今日不書鈔，當送獄。」陳羞憤咄咄而退。至晚，文書遂成。沈後屢語人，以爲省部事無巨細，盡出此曹手。若挾貴臨之，愈生節目。吾所費至微，然能撼之者，蓋尋常士大夫行賕，經涉非一，及真入主吏家，不能十二。兹乃悉得之，故其應如響。予親聞之於沈云。

吴六競渡

慶元三年四月，鄱陽小民循故例競渡於鄱江，率皆亡賴惡子。又無衣裝結束，唯袒裼布褌，終日鳴金，喧譟下上。又有持酒賞犒，或以六七撥棹者，往往酣醉，才東西值遇，各叫呼相高，稍近則抛石互擊。甚者至射弩放彈，雖遭傷疾，亦不告官。五月二日，東湖一船與南岸一船鬭，薄暮不解，湖船遂沉，所載五十人盡溺，叫呼乞救。時已曛黑，莫能審其存亡。明旦檢勘，獨不見吴六。同舟之人，遍處尋覓，得其尸於二十里之外雙港津頭，左股已碎於魚腹矣。州學士人言：「吴生本陽步村民，長過五尺，滿身雕青，狠愎不遜。淳熙間，棄其父母而來城下，寄食於學前菜園家，受庸作。雅善操舟，專捕魚取給。且復健走。嘗爲齋僕，凡科舉及堂補試揭牓，必爲報捷先鋒。徧飫酒炙，仍分錢居多，衆不敢校。所積漸滋，因取婦。初，永年監兵方五死，孀妻獨居，營私釀酒。每用中夜雇漁艇運致，傳入街市酒店，隔數日始取其直，常使吴六輔行。前三年，方妻挾八歲兒俱出，掠十數千還寘舟内。到新橋，暴風起，兒驚懼，立不能安，遂墮水。母遽引手，援得之。吴利其貲，翻擠隕於中流，夜深人静，更無見者。吴但以兩千付方氏，云：「皆傾覆湖心，僅攬得此。」方只一子，既併命，鄰里共爲撈尸殮之。子母尚相持不捨。它園丁見吴乍有錢，稍知其故，以利害不關，亦弗問。今年春，吴與等輩張網，聞水中呼曰：「吴六，爾卻元來這裏！」如是者三。餘人怪之，吴瞿然怖汗，强自激昂，磨刀向之，曰：「落水鬼敢爾，才出來，便一刀兩段！」叱之至再，聲乃息。然自後眠食不自安。是日，正揮梃勃跳，頓足高視，傲睨之氣，旁若無人。俄而及於禍。吴最能泅，急湍中，有若平地，豈料竟死于拍浮。方氏寃厲之報，彰灼也。周少隂説。

衡州司户妻

衡州某司户之妻，盛年有姿色，與同官家往來，和柔待下，皆得其歡心。但每睡時，常開口伸舌，而舌表兩歧。夫積以驚異，密言於曹掾【二】。掾云：「吾聞蛇舌如是。今賢室亦然，何也？」因晝寢，乃使視之。妻似覺爲人所窺，至暮，泣語夫曰：「與君緣分止此，行當永訣。」明日而病，頃刻而【三】沉篤。遺言：「我死後，殯殮了，切莫開棺。方當暑天，恐形容易敗，空招憎惡耳。」再三申約，遂亡。翌旦就木。其家近在旁郡，走介報。越三

【二】曹掾　李按：「掾」原作「椽」，今改，下同。
【三】而　涵芬樓本注，吕本作「即」。

日，父母來，云：「初不聞有疾，何爲遽爾？」必欲觀其尸。夫以所戒告，母疑非善終，固啓之。則一蛇蟠曲於中，衣裳冠履如蜕。悲駭慟絶，亟舁出野寺焚之。趙彦遷儒林，時在衡，實所親見。

東塔寺莊風災

鄱陽城下東塔寺，與城北芝山禪院，皆有田在崇德鄉，疇壤相接，耕農散居。慶元三年五月一日，農人男女盡詣田插稻秧，惟數歲小兒乃陪老疾者守舍。當晝雨作，驚雷振天。東塔四僕家，皆遭狂風之暴，先捲屋上茅，翔舞狼藉。已則椽棧梁楹，窗户牀榻，一切掀蕩，若有人拆拽抛擲。其聲洶洶，不可復辨。老弱呼叫奔走，半日方定。凡築室處，坦爲平地。人幸而得免，雞犬不一存。近處桑木，連根拔起，投於數丈之外。四家生生之具掃空，被禍之酷，蓋去死無幾。後兩日，芝山甲首備其事告主僧，自慶其獨脱大厄。或謂此四僕者，好屠牛，以故獲譴。

鄒氏小兒

東湖薦福長老了爽住持，且亟歲【四】，俄病背疽，才小愈，復結腎癰，終以破腹而亡。紹熙三年五月，郡士鄒侃夢其捧瓊珠一顆，圓瑩可鑑，以畀之。侃引手承接，誤墜地，碎

【四】且亟歲　涵芬樓本按：此句似有誤。

矣。驚而覺，時奭亡已數年。明日，侃妻誕一男子，乃具所夢告於兄仁，曰：「婦得雄，固慰人意。但碎珠之兆，恐不能佳。」仁解之曰：「瓊珠碎却圓，以圓老名之可也。」兒在襁褓中，無病惱。及能食，啖以肉輒吐，與餅餌蔬筍則喜。稍能移步，望僧過則笑呼，捉其襟，追隨弗捨。母拊之曰：「送汝去寺院做行者，服事和尚。」即觀躍。問：「往玅果寺如何？」搖頭不應。遍舉諸刹皆然。至言東湖，便請行。乃從奭乞名，俾出家，而製小直掇與著。每日使僕抱詣方丈，所居在槐花巷裏，纔還，又索去。慶元二年，甫五歲矣，忽苦淋疾，旋瘡發臀下，顧母曰：「奭兄喚我歸來，將酸餡糖糕與我。」母深憂之。既而亦以暴下而夭，略與奭同。蓋十一月下旬之二日也。晉之姪與之最善，方其病時，戲之曰：「和尚異世肯來吾家乎？」曰：「官門纏繞人，未必許我出家耳。」其後夢如平生，招之入，不顧而去。然竟託身鄒氏，得非宿緣乎。

鯉魚玉印

淳熙中，明州士人往臨安赴省試。舟過曹娥江，漁叟持巨鯉，重七八斤來售，買以錢五百。魚撥刺不止，士人愛其腴鮮，擬明日斫膾延客。適天色微暖，慮其餒腐，使僕作鮓。既剖腹，於中得小玉印，温潤潔白，刻兩篆字，不能識。士人朴野，元不料爲奇物，漫收藏於笥。至都城旅舍，留頗久，資用不繼。值常買小商過門，出以誇示，然但須價五千。商酬五之三，士喜所獲數倍，即付與。此商亦非博雅者，只挂於擔上。經德壽宮門，提舉張去爲下直，車中覘望，取而諦視，命隨詣其宅，問所得處，且扣其價，亦僅求五千。如數與之，而佩於腰間。它日，光堯太上見之，曰：「汝何處得此？」具以奏。聖情憮然曰：「此我故物，京師玉册官鐫『德基』，字甚工。建炎己酉，避狄於海上，誤墜水中。今四五十年矣，不謂復落吾目。」詔賜去爲錢二千貫，而別以千貫，令訪授士人云。李大東説。

焦母大錢

鄱陽焦德一吉甫之母鄒氏，平昔向善，寡言語，不談人是非，唯篤志奉佛。只生一子，使肄習儒業。師友往來，家雖單貧，而供億不倦。紹興二十三年春，正在堂上，一物從空中墜於坐隅，躑躅不已，俯拾而觀之，乃崇寧當三大錢也。自喜曰：「吾昔日聞張氏獲飛鳩所銜銅鈎，即佩之，其後爲福累世。安知今日無是事乎？」遽縛於衣帶，串絆甚緊，未嘗須臾去身。淳熙十年冬，忽透出，躍几下。捫摸腰間，全類爲人解結取去，殊以疑駭。休咎之應，皆莫能測知。越一日，太上皇后慶壽赦書到郡，命官未升朝，而母年七十者，得加封。士人曾鄉貢者，亦然。鄒氏時年八十有二矣，德一以庚子歲預薦，遂沾此恩，受綸誥，爲孺人。始驗錢之躍出，似相報也。後二年中冬，不覺失之。窮人力搜索弗獲，極爲之不樂。是夕，情思頓不佳。遲明，命子婦速具湯沐，盥手濯足，合掌瞻敬四方。兒孫在傍，戒使勤學，趺坐湛然而逝。初，鄒氏壯歲常苦氣疾，遇發時頗劇。自佩錢至老，三十三年，故恙如洗。耳目聰明，步履强健，至於燈下穿針縫紉，或半夜乃就枕，後生所不能及。

蕪湖項氏子

蕪湖江公忠，以特恩入官。淳熙末，爲鄱陽西尉。言其姻家項國華，以紹興丁巳年生。八九歲時，惡瘡生於臂肘，更外科醫十輩，療之弗效。父母憐愛備至，嘗挾之出門，嬉翫徙倚，遇一道人，闊口多鬚，身長七尺。父訝其異，迎揖之。道人駐立凝目，視病子，曰：「何不教服四物湯？」前執兒手，嘘呵按熨。父將邀入飲之酒，固辭，翻然而去。父用所戒，即治此藥服之。踰三年，瘡如初，然藥不輟於口。方春日，户外楊柳枝方新成行，一鳥鳴於其上。兒望之甚喜，鋭欲取之，而高不可升。此念纔起，遽覺身輕乎羽，已在柳梢。自是益以趫捷，意之所如，無遠近立到。常騰超太空，其高無際，鸞鶴之飛，亦在其下。恐太高，則入杳冥，將不能反。又慮貽親憂，不敢放肆。而父母未知之也。會上元之夕，所親戲之曰：「我聞汝能飛空行游，今夜寧國府極好燈，何不去一看？」兒笑曰：「此固不難。」超然躡虚，疾如鳥翼。三鼓後，還家備説所見某事某事，它日驗之而信，瘡亦良愈。至十六歲娶妻，始不能飛。江尉之子，項壻也，故得其詳。今江爲江州司法，其母壽滿百，而步履若少年。嘗赴郡守王叔明宴集，坐終席不倦。石門鎮士人陳六奇，與江有雅契。慶元元年冬，赴省試，枉道訪之。因見國華，頎然而長，儀格近道，久當不凡也。右二事，焦吉甫説，此段聞之於六奇者。

東流道人

池州東流縣村墟，嘗有少年數輩，相聚於酒店賭博。各齎錢二三千，被酒戰酣。一道人顔狀獷武，策鐵柱杖，傲睨其傍，曰【五】：「添我一分，同戲得乎？」衆相視，雜言不可【六】，姑【七】應之，曰：「鄉民小小作劇，不足煩先生。」其人必欲預席，衆不得已，曰：「如此便請【八】入社。」既槃跚圍坐，乃笑曰：「忘記帶錢來。且劇賭，俟了後結算。若我輸却，當一一奉還。」滿坐同詞言【九】：「焉有是理？不將一錢隨身，如何賭得？」道人怒目曰：「汝曹任意喝五喝六，偏不著我？」勃然變色，揎腕索鬭。少年中，兩人最不堪，且又恃衆，交口肆罵，至云：「定是箇配軍賊。」道人奮起，毆兩人背，各一拳。登時氣絶，摇撼不醒。或走報隣甲【一〇】，或只遥望，懼其佚去，則必牽連入獄。稍近前，爲拘執之勢。道人提杖示之，曰：「來則【一一】就死。」洋洋而行【一二】。店人以竹沓【一三】遮兩尸，候里正及縣檢驗。至夜，尸忽作聲蹶起，守者大叫有鬼，奔而出。兩人曰：「我何曾死？且來聽説子細。」稍稍還就之。云：「日午正賭之次，被一道人邀我去喫酒，痛飲二十盞，不覺大醉，所以【一四】困卧於此。今已豁然。」衆猶疑不信，共坐到天明，果不死【一五】。道人

【五】曰　涵芬樓本注，葉本作「既而曰」。
【六】雜言不可　涵芬樓本注，葉本作「欲不許」。
【七】姑　涵芬樓本注，葉本作「漫」。
【八】曰如此便請　涵芬樓本注，葉本作「容之」。
【九】滿坐同詞言　涵芬樓本注，葉本無「詞」字。
【一〇】隣甲　涵芬樓本注，葉本作「鄰里」。
【一一】來則　涵芬樓本注，「則」葉本作「者」。
【一二】洋洋而行　涵芬樓本注，葉本多「旁若無人」。
【一三】竹沓　涵芬樓本注，葉本作「竹箪」。
【一四】所以　涵芬樓本注，葉本無「所以」二字。
【一五】果不死　涵芬樓本注，葉本作「而歸」。

莫知所之。

申先生

紹興初，江湖羣盜不靖。鄱陽城内，雖不罹兵戹，人煙亦蕭疎。淮客申先生者，售藥於市。東平雍友文，陰察其有道術，往拜之，願爲弟子。見其每出，齎一小釜，隨所至爲竈，滿貯水燒熱，而布青緑黄朱雜色於上。徐用牙篦撥開，便成長林絶島，烏鳥翔集。或作羣山夾江，漁艇煙雨。或士女春游，或詩人緩轡，日日不同，頗類所謂沙書者。友文乘間咨扣一二，笑云：「只爬剔頭垢，投一豆許，衆色自然凝結不散。乃信手指畫耳，無它奇也。」將退，則盡舉而棄之。留半年而去，友文竟不得其要領，於是學醫。右二事，皆雍友文說。

夷堅支癸卷第十 十二事

硬脚道人

慶元二年夏秋間，饒市一丐者，自稱硬脚道人。士大夫僧民頗談其異。予凡三遇之。其一，在判官廳門外街石臺上，置兩股酣睡，而上體虚無所著。其一，在慶善橋北石欄柱表，承日光端立，鋪一紙於地，曰緣化四十九錢。忽躍下，則已滿數，振衣而歸。其一，仍立石表上，而拳起一足，或至三時始下。今不知所終。

淳化殿榜

均州武當山道士鄧若拙，有道術，能出神，游天庭，或閲十數刻乃反。淳化二年癸巳冬，嘗至一洞府，見兩仙官對坐共談。其一曰：「來春進士牓，有三箇宰相。所限一人極低，將如之何？」其一曰：「高下已定，不可易也。獨科甲尚堪致力，不若以第二甲爲第一甲。」若拙既覺，與其徒言之，但不曉其何以致力。明年，大廷唱名，時宫禁適有誕彌之喜，天顔悦懌，顧侍臣曰：「第一甲可多放幾人，教止即止。」遂以次臚傳。上意亦忽忽忘之，過三百名，方悟，遽曰：「止。」是歲，孫何爲狀頭。凡放三百十三人，而居一甲者三百有二，餘皆爲第二甲。丁晉公謂爲第四人，王冀公欽若第十一。張鄧公士遜乃在二百六十，所謂極低者也。國朝以來，臨軒賜科第，未有鼎甲若是其多者。鄧公三入相，致仕後，常一還其鄉光化，因游武當。若拙弟子備道其事焉。永卿爲淅川令，聞之鄖鄉士人劉可云。

蔡確執政夢

蔡忠懷公確，少年日，夢當爲執政。仍有人告之，曰：「候汝父作狀元時，斯其證也。」覺而失笑，謂人曰：「鬼物乃相戲乎？吾父老矣，方致仕自佚，豈復有作狀元之理？」確以元豐二年五月自御史中丞拜參知政事，時其父久已没。五年三月，確侍殿上，聽唱進士舉人名，南劍州黄裳居首選，確不覺大驚，蓋父名黄裳也。黄裳本泉州人，清正恬退，仕至鎮安軍節度推官而告老，得右贊善大夫，遂徙居於陳。

古塔主

南康建昌縣雲居山，大禪刹也。所祀五通甚靈異，名爲安樂神，居於塔上。嘗出與監寺僧語言，無見其形，其聲全如五六歲兒。紹聖元年，忽謂僧云：「古塔主得知江州，今日出都門了。」時佛印師了元爲長老。明日，僧具以告。元笑曰：「説與那鬼子，莫要亂道。」僧回，以語神。神曰：「塔主昨已到泗州，遣急脚某人賫書來，與堂頭矣。」僧復往白之，師不答。後半月，又云：「日午書當至。」如期，果有黄衣卒以新知江州彭待制書至。方悟彭器資尚書，乃古塔主後身也。初，范文正公守鄱陽，以母忌，預請芝山寺僧誦《金剛經》。夜夢母云：「得古佛經半卷，已超升矣。」明日入山，有暫到僧曰古塔主，扣之，果如夢中語。戲云：「何不看畢？」曰：「好物不須多。」會薦福缺住持，即自草疏請古往。於是始出世。每禪子問話，輒應曰：「莫。」至於再三，今牓法堂曰「莫莫」，此故也。時彭公猶未生。彭治九江數月而卒，壽纔五十四，其爲人清修淡薄，真有自來。右三事，見馬永卿《嬾真子》。録古塔主，頗未盡，予以所聞止此也。

項彦吹笛

饒兵項彦，好吹笛。遇休暇無事，常獨往芝山，登五老峰，賞傲風月。當其得意，至於忘歸。紹興四年十月，約儔侣數輩同游。彦方二十二歲，最先行。已而諸人不至。笛聲正喧，忽聞左側【一】語音，起望之，一婦人也。青衣黄裙，以絹帛包新嫩芽茶四五葉在手。彦頗懼，欲下山。婦云：「哥哥且穩便，我自尋吴九。」問：「爲誰？」曰：「我家地客，遣就近處脩屋，慮其不謹，故來視之，更十餘日未得了。」與彦茶兩葉，食之甚美。臨去，又

【一】左側　涵芬樓本注，吕本作「在側」。

囑曰：「早晚得工夫時，更來吹笛。」彦曰：「諾。」遂歸。自是不問陰晴，持賂禱請於卒長，飯罷輒至。婦已先在彼，綢繆款接。其父深以爲疑，試隨於後，婦匿不肯出。彦回顧見父，愠曰：「知道壞我事，故障礙我。」遂如喪心，到家擊破物件什器，不容訶止。若出城遨蕩，則意態歡愜。今隸役鑄錢使者衙。每歲十月皆然，唯過中冬則稍妥帖，一笛不暫離腰間。父累邀行法人攝治，未睹厥効也。

王資道及第

天台王居敬，字簡卿。淳熙十三年，以布衣經過衢州，謁劉樞幹問命。劉元不知其名，即書云：「此命當貴。但名下一字係舊廟所諱，今雖已祧遷，終不可達天聽。」王大駭，既退，亟改爲居安，而字資道。再詣劉肆，劉喜而迎曰：「今名甚利，幾於魁天下，而居官乃在水邊，須待闕十年以上。」王默，嗤笑其妄，曰：「烏有在魁甲，而需久次之理？」來春省試，第二人奏名。未廷對間，在太學舊齋宿泊。鑷工季松詣之，再拜曰：「來賀狀元。」王謂相戲侮，咄之。松曰：「那敢爾，夜得一夢，亟審上舍必做第三名狀元。」王方詢扣其說。曰：「夢如常時入學，逢一老翁立門左，語曰：『今年太學出狀元。』松請姓名，翁遲遲不出口，久而言：『作殿試第三人者，即省試第二人。』以是知爲君不疑也。」迨唱名，果符所説。季松求賞，乃以爲期集所上名親事官。在局月餘，得餐錢數十千。王調徽州推官，已而連遭家難，留滯恰十年，始幹辨江東刑獄公事。盡合劉占書。

林秀才雞

福州城内士人林生，居於府倉側。淳熙己酉八月，將入舉場，令家人殺所育鬬雞以充饌。方呼僕執縛，雞奮飛出外，徑投大中寺法堂，屏伏禪坐下，距林氏蓋三百步而遠。長老偶在一室讀語録，聞其勃跳窘怖之聲，出視之。正見林秀才追逐而至，便擬摶取，曰：「是我家物也。」僧曰：「既已遁脱來此，豈非命未當盡？願施與兹寺，充長生報曉可乎？」林曰：「貴刹自有行者打鐘，供此職矣。何假此禽？」僧曰：「非是之謂也。」因爲演揚緣法相報復之義，勸警之。林即順聽，乃付之庫下。日飼以穀一升。後七年，當景辰之冬，予大兒攜家寓居，以俟解印，雞尚存，其高二尺餘，雄俊之狀，殊非它比。

劉自虛斬鬼

福州紫極宫道士劉自虛，以正法爲人治邪祟。雖頗有效驗，然賦性誕妄，留意財賄，且好大言，自衒鬻。每對客稱：「我前月中，在西門某家考治，手斬三鬼，血滿劍鍔。數日前，在東郭某家，亦斬其二，皆流血赫然。大率一月之内，無慮斬誅數十鬼也。」梁緄大仲夙，能行法，深嫉其欺妄，欲摧沮之。因訪所親款曲，偶及劉驅製妖魅之玅，咨嘆不已。

梁笑曰：「劉本無術，但架空嚇人耳。君可詐云家有祟，召使來，我當暴其姦以獻一笑。」即遣邀之。劉至，梁告之曰：「吾與是家雅故，目覩憂窘，合爲致力。然度非一人所可了，我請先，不克，則子繼之。」劉曰：「諾。」梁曰：「我本信步到此，不曾攜劍來，幸見借。」劉取付之。又曰：「吾法印却隨行，只在小僕處，今出外取入。」良久而還，執印誦呪訣，禹步數匝，置劍袖中，俄叱曰：「神將速擲之。」地流血津津。顧劉而笑曰：「幸不辱命。」劉俯首羞怍，不敢答，密遁去。所親之家，捧腹大噱。自是聲光日削，浸革故態。梁告人云：「此是戲術，須摘一草藥淬劍，却頓鞘內，纔見風，則赤如血，復點滴霑灑，全如刃傷。渠所用以欺世者，吾亦能之。聊發其宿愆，俾知省愧。」予二孫偃、傪，嘗聞之云【二】：「不應輒誦呪訣，媟瀆心靈。」曰：「那敢爾。但默念脩真秘要，不緊切處，姑以藉口副急。」偃後見道人林無無云：「此草名爲紫背天渠，與虎耳相類。其色上青下紫，更濟以他藥，可煅炒砒硫黄之屬。究其功用，非止血劍鋒而止也。」

【二】嘗聞之云　涵芬樓本按：「聞」似「問」之誤。

雷州病道士

雷州天慶觀道士，病心恙累歲。遇發作時，冥冥無所覺，雖赴蹈湯火，亦不自知。童奴困於防護，或小間，則兀如癡兒，不語笑，而胸腑掣痛，呻吟竟夕。淳熙間，一夜過三鼓，据几危坐。忽有客敲門。問：「何人？」厲聲應曰：「我。」似有怒意。道士曰：「夜漏甚深，觀門又閉，如何旋入得來？汝定是鬼。」曰：「若不啓户，我自有道理。」俄雙扉軋然，已在前立。鬢髯拂腰，身絶長大，全如禁衛。行間，且駡且笑，曰：「吾聞汝抱奇疾，特特相救。乃反行閉拒，仍以我爲異物邪？」道士懼其箠擊，拱手巽謝。客怒色少霽，顧童子，取水一盂。水至，起刮壁土，置地上，擦身中垢膩，併以水摶和，捏爲一小丸，授道士。道士嫌其不潔，未遽領。又怒曰：「喫了便安樂無事，而不吾信，是只要速死耳！」道士勉接取，以餘水吞之。即覺滿腹精液流轉，頓異常日，但痛處愈甚，不敢言。少頃，客揮手告去。明旦，同侶來問訊，訝其神采迥别，扣所以然。或回顧壁上，於刮土處畫一吕真人像，左手撚鬢，右手垂下，丰儀飄放，奕奕神仙之容，不可贊述。仍題七言絶句於傍。病者即健彊，若未嘗被疾。福州士人林士華，傳其事，獨忘其詩，及道士姓名。

相太學道人

紹興十二年，臨安始建太學於衆安橋北。基址已定，兩道人不知名，過門注視。其一與人言：「好一箇去處。將來士子雲集，必出大魁，卿佐貴人，比肩接踵。只恐不出宰相。」其一人笑曰：「汝眼力不見盡。若向東一處，却大勝此，狀元宰相皆有之。」語聞於朝，時營創且成，不容别改作，於是用所指者立貢院。興學以來，到今五十五年，自乙丑至丙辰，凡十八牓，英俊輩出，游庠序，擢第者，幾二千人。侍從執政不可勝數，而未有真相。

其膺此選者，悉由鄉舉策名，馴至極品，如福唐黃德潤洽、天台陳叔晉騤、莆田鄭惠叔僑，乃自學起家，皆位元樞。臨當大拜，而並出典藩。頗符道人之言，料它日必有破天荒者。

安國寺觀音

饒州安國寺方丈中，有觀音塑像一龕，民俗祈請，多有神應。慶元二年七月，寓士許泂妻孫氏，懷姙臨産，乳醫守視，自夜半至平旦，乃泰然如常。又兩月，復擬就蓐。將産之際，危痛萬狀。孫默禱觀音，乞垂哀護。令其子持淨油一盞，點照像前。家素貧，不能廣施願力。所居邇丈室，長老了祥，日夕聞其呻吟之聲，深爲不忍。因其油至，命童行滅宿燈，而然所施者。自爲焚香，啓白曰：「許泂妻孫氏，感孕以來，閱十三箇月，未得免身。彼家四壁空空，二膳不足，燈油微矣，而出於誠心，望菩薩慈悲，賜其子母團圓平善。亦使鄰近老僧，得以安寢。」祝罷，許子還。孫正困卧榻蹬上，恍惚如夢間，見白鬐婦人，往來其前，凡三返。矍然興念，是必觀音菩薩來救我也。最後抱一金色木龍，呼而與之。孫氏接受，驚寤。纔頃刻，生男，遂采夢兆名之曰龍孫。此兒蓋辰生，屬龍云。泂説。

温愷遇異人

乾道八年冬，司馬季思侍郎鎮廣州。下班祇應温愷，在帳下，本淮北人，謹畏純愨，盡領府治諸局，最蒙獎顧。淳熙元年，司馬召還。慥送之詣闕，緣道陪其諸子，談論多涉奇怪。自云嘗遇異人，而不肯言所以。他日，司馬到一郡，泊驛舍，呼喚語移時，大相契合，益以稱賞。後三年，將赴泉州。少駐會稽，慥來參謁。命館於書院，設榻延之。每就枕，撤去衾席，伸足指空而熟睡，鼻息鳴雷。迨告去，留頌爲別。自此間有聲問，雖外題爲狀申某官，及發視之，但書頌一首。或四句，或八句，皆意奥未易遽曉。然徐味其詞，往往如卦讖，觸事多驗。旋祇役江西，府帥張幾仲徙臨越，俾送還。時司馬奉祠里居，見之驩甚，復留憩累日。辭歸，汪然出涕，曰：「今日與侍郎別，勢無由再瞻望。」出户回首者再三。又七年，司馬卒，慥亦不知安往。司馬之子遡説。

夷堅三志己序

一話一首，入耳輒録，當如捧漏甕以沃焦釜，則纘詞記事，無所遺忘，此手之志然也，而固有因循寬緩而失之者。滕彦智守吾州，從容間，道其伯舅路當可得法，而幾爲方氏女所敗。一輔語曰：「更有兩事，它日當告君。」未及而云亡。黄雍父在之館時【一】，説東陽郭氏館客紫姑之異，不曾即下筆，後亦守吾州，又使治鑄，申摅舊聞。云已訪索姓字、歲月，殊粲然，只有小不合處。兹遣詢之矣，日復一日，亦蹈前悔，至今往來，襟抱不釋也。三志已編成，因遺書之，以渫餘恨，且念二君子之不可復作云。慶元四年四月一日序。

【一】黄雍父在之館時　涵芬樓本注，「之」字疑誤。李按：「在之」似當互乙。

夷堅三志己目録

校勘記

夷堅三志己卷第一 七事

石六山美女

寧越靈山縣外，六山相連，故名曰石六山。巖谷奇偉，山容秀絶。舊爲墟市，居民益廣，商旅交會，至於成邑。郡胥寧賞，主藏於驛中。嘗曉起盥櫛，俄一女子至，荷筠筒候門，徘徊羞怯，將汲井。賞凝睇久之，蓋美色也。所著布縗，淨白無垢汙，訝爲異物，執而訊之。對曰：「我只山下村家，喪夫半歲矣。姑舅嚴急，每天明，必使負水。少遲，則遭撻，不計其數，臀脊常流血，不如無生。」因汪汪泣下。賞已羨其色，又悦其語音儇利，欲加以非義，拒不肯。賞奮怒，令驛卒繫之柱間，殊不懾怖。至曉，始悲告求釋。賞再詰之，收淚而言曰：「碧嵓之前，緑水之濱，喬木之上，白雲之間，君幸勿相苛窘，他日當自知。」賞命解縛遣之。與俱出門，倏爾不見，惟筠筒在焉。賞料必靈山之精，邀朋輩好事者挈壺酒往遊，冀有值遇。略無所覩。日將暮，雲陰四合於林杪，一白獮猴引手垂足，且往且來，擲一木葉墮前，其大如扇，書二十字於上，墨猶未乾。其詞曰：「桃花洞口開，香蕊落莓苔。佳景雖堪翫，蕭郎尚未來。」衆傳觀驚嘆，即隨失之。賞慮其爲妖孽，亟率衆奔歸。

消息遂絶。後十年，縣市一少年，狂醉繼日。因過嵓畔，逢女子秀色奪目，留盼不能進步。女亦注視，含笑而迎曰：「慕君之能舊【一】矣，能過我乎？」少年喜甚，便握手相從。入石室，但見瓊樓瑶砌，碧玉階梯，中鋪寶帳，名香芬馥，奇葩仙卉，不可殫述。遂留飲同寢，各各愜適。居數日，女於席上歌曰：「洞府深沉春日長，山花無主自芬芳。憑欄寂寂看明月，欲種桃花待阮郎。」少年不思歸，女曰：「與君邂逅合歡，恨不得偕老。君之家人失君久，曉夕叫呼，尋訪於絶崦孤寂之墟，行且抵此，恐爲不便。君宜遽歸。」猶眷戀弗忍，不獲已而行。及家，已三更，妻孥言失之兩月矣。後亦無恙。

孝感寺石魚

廣陵陳生，往孝感寺謁僧。偪暮趨回山莊，遇樵人，謂之曰：「早上斫柴之樹，得石魚一枚，形狀可愛。我村野農夫，無用此物，以與君。」陳袖之而歸。是夕，月白風清，階前元置石盆，因納其中，掬水沃之爲戲，因取酒同妻孥飲。盆水忽汎溢，涓聲漸高，久而不止，一家爲之驚異。秉燭臨視，水已空竭，而魚身略無涓滴【二】。生嘆曰：「妖由人興，禍不自作。古賢之語，豈虛乎哉？設或留蓄，將必爲患。」遂持頑石就擊之，其鳴如雷，破成四片，腹内白蟻數百，飛走而出。莫能名爲何怪也。

【一】能舊　涵芬樓本注，呂本作「心舊」，疑均誤。李按：似應作「心久」。

【二】涓滴　「涓」原作「消」，據周本改。

秦忠印背

龍州人秦忠好獵，所殺鹿豕，前後以千數。嘗因醉射一豚，中其足，逐之入一㟁，行五十餘步，失蹤。徘徊至暮，無復得路。聞巖内人言：「此人久射神豚，何不報王？」又聞言：「奉山王指揮，令付獄償死。」俄二吏引至一殿，仰窺緋衣神正中坐。良久，送下黄紙一幅，云：「秦生罪與赦。」緑衣吏前讀案記，其四語曰：「福不可作，禍安敢爲？赦汝之罪，須用印之。」忠得免，甚喜，再拜而出。但不曉用印之義。徐送達於外，東方大明，冷汗浹背。回視昨㟁，已不見。是日到家，家人驚云：「汝去且一月，不知何往？」乃具道其事。自後惟覺背痛，令人視之，皮上有赤印四處，若世間篆文，經月始没。忠遂棲心道門，盡毁獵具。有一書名曰《説異》，自序云：「羅漢寺僧舍，歸虚子述。」凡兩卷，纔十事。以其不傳於世，擇取其三。

吴女盈盈

魏人王山能爲詩，標韻清卓。因省試下第，薄遊東海。值吴女盈盈者來，年才十六，善歌舞，尤工彈箏，容貌甚冶，詞翰情思，翹翹出羣。少年子爭登其門，不惜金帛。盈遴簡嘉耦，乃許一笑。府守田龍圖召使侍宴，山預賓列，相得於樽俎之間，從之驩處累月。山辭歸，盈垂泣悲，啼不能自止。明年寄《傷春曲》示山，其詞云：「芳菲時節，花壓枝折。蜂蝶撩亂，闌檻光發。一旦碎花魂，葬花骨，蜂兮蝶兮何不來？空使雕闌對寒月。」山作長歌答之，曰：「東風豔豔桃李鬆，花圍春入屠酥濃。龍腦透縷鮫綃紅，鴛鴦十二羅芙蓉。盈盈初見十五六，眉試青膏鬢垂緑。道字不正嬌滿懷，學得襄陽大隄曲。阿母偏憐掌上看，自此風流難管束。鶯啄含桃未嚥時，便會吟詩風動竹。日高一丈羅窗晚，啼鳥壓花新睡短。膩雲纖指攏還偏，半被可憐留翠暖。淡黄衫袖仙衣輕，紅玉闌干粧粉淺。酒痕落腮梅忍寒，春羞入眼横波豔。一縷未消山枕紅，斜睇整衣移步懶。才如韓壽潘安亞，擲果竊香心暗嫁。小花靜院酒闌珊，别有私言銀燭下。簾聲浪皺金泥額，六尺牙床羅帳窄。釵横啼笑兩不分，歷盡風期腰一搦。若教飛上九天歌，一聲自可傾人國。嬌多必是春工與，有能動人情幾許。前年按舞使君筵，睡起忍羞頭不舉。鳳凰簫冷曲成遲，凝醉桃花過風雨。阿盈阿盈聽我語，勸君休向陽臺住。一生縱得楚王憐，宋玉才多誰解賦。洛陽無限青樓女，袖攏紅牙金鳳縷。春衫粉面誰家郎，只把黄金買歌舞。就中薄倖五陵兒，皆金鐶。韋臯筆逸玳瑁落，張祐盞滑琉璃乾。壓倒念奴價百倍，興來奇怪生毫端。醉眸一日冷心玉如土【三】。雲零雨落止堪悲，空入他人夢來去。浣花溪上海棠灣，薛濤朱户覷紙聊一掃，落花飛雪聲漫漫。夢得見之爲改觀，樂天更敢尋常看。花間不肯下翠幕，竟日烜赫羅雕鞍。掃眉塗粉迨七十，老大始頂菖蒲冠【四】。至今愁人錦江口，秋蛩露草孤

【三】一日冷心玉如土　「冷心」涵芬樓本注，吕本作「憐新」。

【四】掃眉塗粉迨七十老大始頂菖蒲冠　原注：濤七十始頂菖蒲冠，學謝自然上升之術。

墳寒。盈盈大雅真可惜，爾身此後不可得。滿天風月獨倚闌，醉岸濃雲呼佚墨。久之不見予心憶，高城去天無幾尺。斜陽衡山【五】雲半紅，遠水無風天一碧。望眼空遥沉翠翼，銀河易闊天南北。瘦盡休文帶眼移，忍向小樓清淚滴。」又明年，山適淄川，遇王通判於邸舍，出盈盈簡，欲偕遊東山。紙尾一詞云：「枝上差差緑，林間簌簌紅。已嘆芳菲盡，安能樽俎空？君不見，銅駝茂草長安東，金玉鑣勒雪花驄。二十年前是俠少，纍纍昨日成衰翁。幾時滿飲流霞鍾，共君倒載夕陽中。」時方初夏，山以病不克赴其約。秋中再如山東，盈已死。王通判謂山曰：「子去後，盈若平居醉寢，夢紅裳美人手執一紙書，告曰：『玉女命汝掌奏牘。』及覺，泣以白母，云：『兒不復久居人間矣，異日當訪我於東山。』遂嗚咽流涕，其夕竟卒。」王命山作詩弔之，山立賦三章。其一云：「燭花紅死睡初醒，一枕孤懷病客情。海上有山應大夢，人間無路可長生。乾坤意入憑欄闊，風月人歸似舊情【六】。漢殿香銷春寂寂，夕陽無語下西城。」其二云：「絃絶秦箏鏡任【七】塵，細腰休舞鳳凰茵。一枝濃豔埋香土，萬顆珍珠溼袖巾。行雨不歸魂夢斷，落花難伴綺羅春。漢皇甲帳當年意，縱有芳魂不似真。」其三云：「小巷朱橋花又春，洞房何事不歸雲。二年前過曾攜手，今日重來忽見墳。香魄已飛天上去，鳳簫猶似月中聞。縱然却入襄王夢，會向陽臺憶使君。」後五年，山游奉符，與同志登岱岳，至絶頂玉女池。追思疇昔【八】盈盈之夢，徘徊池側，心憶神會，因題於石，曰：「浮世繁華一夢休，登臨因憶昔年遊。人歸依舊

【五】衡山　涵芬樓本按：「衡」字似「衛」字之誤。

【六】似舊情　涵芬樓本按：上三字疑誤。

【七】任　涵芬樓本按：「任」字疑誤。

【八】疇昔　中華本注，「疇」原作「儔」，今改。

野花笑，玉冷幾經墳樹秋。風月過情須感慨，江山多恨即遲留。如今縱擬誇才思，事往情多特地愁。」又曰：「柳條黄盡杏梢新，山翠無非昔日春。花色笑風春似醉，寂寥惟少賞花人。憶昔閑粧淡紵衣，一枝紅拂牡丹徽【九】。無端不入襄王夢，爲雨爲雲到處飛。」山歸就次，遂夢遊日觀峰北，見石上大字筆迹類盈書。一詩曰：「絳闕琳宫鎖亂霞，長生未曉棄繁華。斷無方朔人間信，遠阻麻姑洞裏家。歷刼易翻滄海水，濃春難謝碧桃花。紫臺樹穩瑶池闊，鳳懶龍嬌日又斜。」讀畢，忽寤。是夕，昏醉惘惘，有女奴來召，至一溪洞門。碧衣短鬟出迎，入宫殿，一女子玉冠黄帔，衣絳綃，長身晬容。山趍拜，女遽起止之，揖升階。少選，盈與一女偕至，微笑曰：「爲雨爲雲到處飛，何乃尤人如此也。」命進酒，各有賦詠。夜既深，二女曰：「盈盈雅故使【一〇】可就寢。」聞雞聲起，復置酒，珍重語別。山辭訣，怳然出洞。但蒼崖古木，非向所歷，感愴而反。山有《筆奩録》，詳記所遇。

長安李妹

李妹者，長安女倡也。家甚貧，年未笄，母以售於宗室四王宫，爲同州節度之妾，纔得錢十萬。王寵嬖專房。漸長，益美，善歌舞，能祇事王意。一日忤旨，命車載之戚里龍州刺史張侯別第。張嘗於宴席見其人，心動不能忍，乃私願得之，雖竭死無憚。既而獲焉，以爲籠中物，喜駭交抱，罄所蓄妓樂，張筵五六日不息。妹事之曲有禮節，大率如在王宫

【九】徽　涵芬樓本注，吕本作「徽」。

【一〇】使　涵芬樓本注，當作「便」。

時。然每至調謔誘狎，輒莊色斂衽。餌以奇玩珍異，却而弗顧。張固狂淫者，必欲力制之。乘其理髮簷下，直前擁致之。妹大呼啜泣，走取其佩刀，將自刎。婢媵奪救得止。由是浸不合張意。張恥且怒，披酒挺刃，突入室偪之。妹猶自若，謂之曰：「婦人以容德事人，職主中饋。妹不幸幼出賤汙，鬻身宫邸，委質妾御，不獲託久要於良家，罪實滋大。幸蒙同州憐愛，許侍巾履。同州性嚴忌，雖親子弟猶不得見妹之面。偶因微譴，暫託於君侯，則所以相待愈於愛子矣。不圖君侯乃欲持貸利見蠱，而又憑酒仗劍威脅以死，欺天罔人，暴媟女子，此誠烈誼丈夫所不忍聞。妹寧以頸血汙侯刀，願速斬妹頭，送同州，雖死不憾。」遂膝行而前，拱手就刃。張羞愧流汗，掖之使起，曰：「我安敢如是？而今而後，有何面目復見同州哉？」自是不復與戲言。妹竟縊死。它日，張晝寢，見妹披髮而立，曰：「爲妹報同州，已辨於地下矣。」張大懼，悒悶不食，數日而卒。初時，張嘗爲王山談其節，故山爲作傳。亦見《筆奩録》。

京師貧士相

王珩彦楚，自明州入京師，赴省試。揭榜前一日，獨在邸舍。時年方二十，以貧甚，不出游。俄有貧士前揖，謂爲丐者，略不顧視。士忽發問曰：「秀才待榜乎？」王曰：「然。君豈善相人耶？珩今舉可得否？」士曰：「秀才能從吾飲，當言之。」王曰：「我正乏旅費，囊無酒資。」士傾袖中錢數百，曰：「用此足矣。」王頗異焉。即相與詣旗亭。酌數杯罷，復叩之，曰：「明日榜出，幸爲決得失。」士曰：「後日方榜出，明日未也。」王曰：「恰已見宣押臺官入貢院拆封，何由留連信宿？」士曰：「我但知如是耳。秀才猝未登第，直到五十八歲乃可。」王曰：「倘如所言，前程當不能遠大。」曰：「却有些好處，才了當，便任京局。不三年，超遷卿監，連典大郡，作監司，壽登八十。」王意色不懌，捨之去。頃之，遇太學【一一】齋僕過門，問以放榜事。僕曰：「奏卷錯誤，展作後日。」王始驚嘆。已而不第，尋訪貧士，更無識之者。後悉如其說。王以大觀己丑成名，建炎初，爲京西轉運使。甲志嘗載其夢中詩云。

韓郡王薦士

紹興中，韓郡王既解樞柄，逍遥家居。常頂一字巾，跨駿騾，周游湖山之間，纔以私童吏五六人自隨。時李如晦晦叔自楚州幕官來改秩【一二】，而失一舉，將憂撓無計。當春日，同邸諸人相率往天竺，李辭以意緒無聊賴。皆曰：「正宜適野，散悶可也。」强挽之行。各假僦鞍馬，過九里松，值暴雨，衆悉迸避。李奔至冷泉亭，衣袖沾濕，愁坐長歎。遇韓王亦來，相顧揖。矜其憔悴可憐之狀，作秦音發問，曰：「官人有何事縈心，而悒怏若此？」李雖不識韓，但見姿貌魁異，頗起敬，乃告以實。韓曰：「所欠文字不是職司否？」

【一一】太學　「太」原作「大」，今改。

【一二】時李如晦晦叔自楚州幕官來改秩　「晦」字原不重，「州」原作「北」，據甲志卷一同條補正。

答曰：「常員也。」「韓世忠卻有得一紙，明日當相贈。」命小吏詳問姓名、階位，仍詢居止處。李遜謝感泣。明日，一吏持舉牘授之，曰：「郡王送來。」仍助以錢三百千。李遂升京秩，修牋詣韓府，欲展門生之禮，不復見。右二事，李子求説。

夷堅三志己卷第二 十二事

徐五秀才

鄱陽槐花巷，以大槐得名，其本虯枝老榦，由來久矣。慶元四年正月，浮梁人徐五秀才入城輸租，值積雨妨悶，縱遊廛市，經過巷中，到樹下，拊摩而嘆曰：「此木根本皆朽蠹，但存枯皮，而柯葉尚能蔚茂，不知閱歲幾何，得非世俗所謂老樹精之類乎？不然，何以若是之異？」復再三拊嘆而去。獨行歸邸，掩關明燭酌酒。至更闌，將就寢，聞剥啄叩户者，啓而視之，一青衣丫鬟，音韻楚楚。徐謂必倡家人，見我旅宿，故來相就。邀入坐，未欲遽媟狎，姑問之曰：「汝爲何人之女，乃中夜過我乎？」答曰：「妾乃槐花巷内大槐之精也。晝日間，辱郎君惠顧，惻然興憐，感恩義殊常，是用致謝。家有尊屬，不敢久留。離合有時，更俟它日。君善自珍愛！」斂袂而起，忽忽不見。徐懷想迨旦，目不交睫。爲友人言，不復再詣彼處。三志甲所書，方三遇女子，正此云。

東鄉僧園女

慶元三年，浮梁東鄉寺僧法淨，以暮冬草枯之際，令童行挈稻糠入茶園培壅根株。見林深處一美女，未及笄歲，長裙大髻，衣服光赫，兩丫鬟從於後，色貌妍麗，嘻怡含笑，斂袖前揖曰：「和尚萬福。」法淨應喏。既而思之，曰：「此間四向無居人，山前谷畔，縱有兩三家，其婦女皆農樵醜惡，豈得如是綽約華姿者？茲爲鬼魅何疑。不可領略，以招蠱媚。」遂袖手掐印，誦楞嚴咒，大聲咄叱以威之。女嗚嗚大笑，斥法淨名，曰：「和尚，你也好笑，縱然念得楞嚴神呪數百千遍，又且如何？我不是鬼，怕甚神呪。」淨曰：「汝是何妖孽？入吾園中，以容色作妖怪。我身爲僧，披如來三事之衣，日持佛書，齋戒修潔，雖鬼神魔幻，安可害我？汝速去！」女曰：「兒實良人家，因隨衆出郭，迷蹤到此。願和尚慈悲，指示歸路，兒之幸也。何事以鬼物相待？」淨使從左方出。女子謝【一】曰：「所謂誤入桃源，更容閑有時霎【二】。」乃穿踐叢薄中，不避荆棘。良久，三人俱化爲狐，嘷聲可怖。淨駭懼，執童行手，大呼而奔，徑還舍喘卧。心不寧者累日。

【一】女子謝　涵芬樓本注，呂本作「女又謝」。

【二】更容閑有時霎　涵芬樓本注，呂本作「更容閑看時霎」，周本同，但「時霎」作「霎時」。

姜七家猪

壽春民姜七，居於府市，邀接商旅，作牙儈。慶元三年七月，常聞後園有悲泣之聲，開戶審視，則無所覩。又兩月，五客負販南藥至。一姓陶，一姓祝，一姓何，一姓吴，一姓董，同宿房中。其夜，聞泣聲切切，於門隙窺之，乃圈中牝豬也。五客偕出，呼問之，曰：「爾已墮畜類，故應受業，何得示此變怪？」豬應答如人，言：「我是姜七之祖婆。緣在生之日，專養母豬，多育豚子，貿易【三】與人，一歲之間，動以百數。用此成立家計。遂受罰償填，追悔無及。」明日，衆以告姜，勸其如法飼養。姜怫然曰：「畜生之言，何足爲信？我已數月來知之矣。見怪不怪，其怪自壞。設若真个是祖母，又且如何？不可聽他，一任自在。」衆皆不復語。祝客者，建昌人，申戒尤力。姜發怒責之，纔兩日得疾，恨豬爲祟，唤王屠執縛去宰殺取錢。閲三日，姜手足盡生黑毛，化爲四脚，呻叫痛苦，若就刃時，到晚而絶。妻正懷孕，滿十月生女，頭面兩手是人形，惟兩豬足，而徧體黑毛，母抱弃于水中。

姜店女鬼

姜七家對面，有空屋一所，相傳鬼魅占處，無人敢居。姜賃爲客房，以停貯車乘器仗。常見一女子，曉夕循繞往來。客浸米在盆，則爲淘洗。炊火造飯，則爲置薪。飯畢，又爲滌器收拾。問其何人，不肯言，終日未嘗發聲。一客乘醉，悦其盛年白皙，欲擁抱之，微笑而不答。值夜，亦前後行遊，或推戶入客舍，及出，則掩之。未嘗與人作禍。程三客者，古田人，平昔食素，持穢跡呪有功。目覩其事，謂他人曰：「安有鬼物公然出現而得寧貼

【三】貿易　涵芬樓本注，呂本作「貨易」。

者？我當去之。」乃潛結法印誦呪。女斂袂侍立，聽至百遍，拊掌大咲而退。父老云：「此女祟出没今二三十年，屢經術士法師攝治，只是大咲暫隱，不過百日依然如初云。」

顔氏店鵝

慶元三年十月，姜七家五客起離榷場，到淮岸，候北界放客過淮。以十一月往顔氏店泊。顔語妻云：「明日宰雄鵝一隻待衆客。」是夜，皆聞栅中羣鵝如人悲泣哭，或相弔語。及旦，顔往取之。羣鵝競前啄其衣，遮繞不退。顔攜杖擊散，竟殺一雄。衆舉翅拍地自擲，一雌二雛即死。餘皆七日不飲水食穀。右三事祝客説。

程喜真非人

新淦人王生，雖爲閭閻庶人，而稍知書。最喜觀《靈怪集》、《青瑣高議》、《神異志》等書。紹熙二年三月，出郊游春，忽起妄念，謂：「往古以來，有多少奇怪靈異之事，我未之見也。今此處孤村迥野，豈得無之？誠願一覯。」正思慕間，一美女信步至前，斂容道萬福。王問其姓氏，答曰：「我是城中程虔婆家女，小名喜真。被媽媽嚴切，每日定要錢五千。如不及數，必遭箠打。喫受不過，不免將身逃竄。未有歸著，幸遇郎君，不知可能收留，歸宅作婢妾使唤否？」王生方二十六歲，雅愜所望。但以父母在堂，不敢帶入。語之曰：「吾欲權寄汝在守墳僕家數日，却營辦道路盤費，相攜去外方，穩便團聚，汝意如何？」女曰：「諾。」乃挾與偕行，置放所親張官人家舍。竊取父錢百千，買小舟，載女東下，而駐於豫章。隨宜商販，濟度時日，久而消折殆盡。女素善針指，自繡領茵之屬出售。至三年八月，在市店閑坐，有雲遊馬道人過，而顧之，謂王曰：「此女子非人，懼爲君不利。今君之身，妖氣充滿，禍至無日，不可不慮。吾能行五雷法，書符救人，當爲任此責。」即研朱作符一道付之，曰：「還邸時，爇與司命。」王奉其戒，納符於竈中，女色變股栗。俄雷火燁燁，從竈出徑入房室，霹靂一聲起，女大叫，王走視之，寂無人矣。鑄錢司押綱人劉信說。

璩小十家怪

南劍州尤溪縣人璩小十，於縣外十里啓酒坊，沽道頗振。只駐宿於彼，惟留妻李氏及四男女兩婢在市居。每經旬日，則一還舍，然逼暮必反。紹熙四年八月夜，且二更，璩擊户而入，攜酒一罇。李問之：「爾既歸來，何必衝夜？豈不防路次蛇虎不測乎？」璩曰：「我既薄醉思汝，又念家間乏人看覷，坊内僕使自足用，故抽身且來宿卧，不曉便行矣。」洎就枕歡洽，異於常時。自是，輒用此際來，門不關扃以待之。至十二月，李懷妊。明年三月，璩歸，訝妻腹大，謂之曰：「我經歲不曾共汝同衾枕，何由有孕？汝實與誰淫姦，速言之！」李曰：「從去年八月，汝夜夜將酒來共飲，兒女共慶奴各得一盞，酒盡然後登牀，天未明即去。有如不信，請逐一問之。」衆言並同。璩不能質究，呼坊僕王八使李詢夫行止。王云：「十郎未嘗離本坊。」李曰：「然則酒餅是誰將到？」王云：「今夜若復來，但留下餅，却俟來日審實。」已而又至，璩别命僕韓二同王八再驗之。適見主公與主母對酌，認其衣裳形貌言笑舉動，真無少異。二僕唱喏罷，急走詣酒坊。璩十正彷徨燈下，以須音耗。僕告之，璩曰：「一段精怪，我也理會不得。」即磨淬利刃，秉炬而趨。語二僕曰：「隨我去，如誤殺了人，我自承當，不以累爾。」及家時，已三更後。令王八先剥啄，李氏飲席猶未竟，隔扉問：「何爲？」曰：「十郎教我送牛肉來。」既得入，璩揮刃刺著男子殺之，化作白猿，凡重七十斤。李免身，生一小猱，搦死之，棄於荒野。

許家女郎

尤溪民濮六，亡賴狂蕩，數盜父母器皿衣物典質。父濮五遣詣市鋪，從財主爲役，亦復侵盜妄用。慶元三年二月，爲父所逐，又竊母一金釵，不敢歸。欲駐跡坊港，慮遭執縛，乃遁於蓁野間。困睡過中夜，月色正明，見好女郎獨坐大樹下，問之曰：「地敻夜深，人家小娘子安得來此？」女曰：「我非人，是鬼耳。」濮曰：「姐姐若是鬼，如何月下有影，且作人説話，聲音清亮？故來相戲也。」女曰：「與你方相見，何由嚇汝？我是縣市許七郎室女，因月經正行，爲隣里炒鬧隔住，遂成大病，以致身亡。葬於此地。緣生前未聘事【四】，兼是枉死，魂魄更無歸著，漫出閑遊。尋常但聞鬼詐爲人，迷惑生者，豈有肯自稱是鬼？兹可無疑。敢問哥哥姓第。」曰：「濮六。」女曰：「六哥速歸，這裏不是六哥來處。」濮曰：「爲不合使過父母錢物，趕逐在外，無可奈何。」女令少住，遽於十數步間，取尅絲、花綾、木錦各一匹與之。曰：「用此變轉，可以陪得。幸便回程。」濮捧接感謝，擬行挑狎，女忽不見。濮始懼，乘月還邑。明日，擕三縑出。適逢許七者，評價欲買，而認爲女棺内所將，即拉鄰里收執，謂其刼墓。濮述昨夕事，衆皆弗信。呼集都保，詣彼實驗，略無損動之跡。破柩視之，尸已不存，殮時十縑，其七仍在，許哀慟而反。右二事，尤溪坑户吴太說。

余觀音

泉州商客七人，曰陳、曰劉、曰吴、曰張、曰李、曰余、曰蔡，紹熙元年六月，同乘一舟浮海。余客者，常時持誦救苦觀音菩薩，飲食坐卧，聲不絶口，人稱爲余觀音。然是行也，才離岸三日，而得疾，旋即困忌【五】。海船中最忌有病死者，衆就山岸縛茅舍一間，置米菜燈燭并藥餌，扶余入處，相與訣別，曰：「苟得平安，船回至此，不妨同載。」余悲泣無奈，遥望普陀山，連聲念菩薩不已。衆盡聞菩薩於空中説法，漸覺在近。見一僧左手持錫杖，

【四】未聘事　涵芬樓本注，吕本無「事」字。

【五】困忌　涵芬樓本按：「忌」字疑誤。

右手執淨瓶，徑到茆舍，以瓶内水付余飲之，病豁然脱體，遂復還舟。

福僧法信

僧法信，福州人。方在胎時，父母皆夢西隱寺長老壽正來，云欲託化，已而法信生。孩抱即不嗅葷味，十五歲出家落髮，每歲必一往明州阿育山寺禮塔。至紹熙五年十月，詣泉州海岸禮觀世音。正瞻拜次，忽收足坐逝，時年四十七矣。三日荼毗，五色舍利飛布，四遠大至。頃間，衆僧見白光從中起，穿入雲霞，儼成一僧，望西方而去。

周世亨寫經

鄱陽主吏周世亨謝役之後，奉事觀世音甚謹。慶元初，發願手寫經二百卷，施于人持誦。因循過期，遂感疾。乃禱菩薩，祈救護。既小安，即以錢二千【六】米一石付造紙江匠，使抄經紙。江用所得別作紙，入肆販鬻，周見而責之。江以貧告，復增畀其直。及售紙於肆，每幅皆斷爲六七，懼而急還家，悉力緝製，納於周。周請一僧，摺成册，齋戒繕寫。方及三十卷，正書握筆，羣鴉數千，鳴噪屋上，逐之不退，起禱于像前。迨出視，蓋一鴉中箭流血，衆鴉爲拔之，不能得，故至悲鬨。周連誦寶勝如來、救苦觀世音二佛，以筆指之，箭脱然自拔，鴉飛入空中。周贊嘆之際，箭從天井内擲落於佛龕側，靈感如此。

【六】錢二千　李按：「二」，甲志卷七同條作「三」。

天慶黃籙

慶元四年二月十六日，饒州天慶觀設黃籙大醮，募人薦亡。每一位爲錢千二百，預會者千人。將畢事，市儈傅三見近所亡母，著生前衣服，上下皆濕，自遠而來，入供筵中。傅瞻視悲痛不堪處，垂泣遽還，母冉冉隨至家。語話問訊，一如常時。且云：「荷汝追脩之力。」聲音全與生前不異。傅欲審叩其所以然，奄忽而没。眼醫魏生之女，嫁周四，以正月產乳而殂，亦預斯席。及法衆攝召之際，周覩其在茫昧中，通身白衣，跳行水內，闖戶水聲。迨至前，兩足猶濕。周惕然起怖念，急捨歸，妻亦疾步相逐。周登廁，妻入廚。周視其顏貌如生，益懼，奔赴房，趣解衣寢，妻卧於其側，比曉始去。此卷皆徐謙說。

夷堅三志己卷第三 十一事

睢佑卿妻

睢佑卿，海州鉅平人。父祖以農桑爲業，至佑卿獨親於學，作文賦詩，爲鄉里稱道。年甫二十，娶同里房秀才女，甚美而慧。紹興辛未，染時疫而卒，葬鬱州東山之阿。睢素所憐愛，殊不能堪。月夕花朝，未嘗不興念。是歲冬，與一僕往蒼山省親。逼暮疲困，到道傍莊舍，遣僕僦宿。即解鞍而入，門扉半掩，寂無人聲。進抵中堂，不聞烟火氣，惟小童汲水於井。坐久餒甚，無由可辦食。從童求之，童入報。俄酒殽畢集，一少婦裝飾華美，斂容前拜，與對席。睢愕然，細視之，乃故妻也。然不敢發問。酒數行，婦曰：「與吾夫相別累月，痛念不曾忘。」睢方棲遑客間，喜於延納，恍如醉夢中，弗記其死，歡媟如平生。飲訖就寢，繾綣情通，當晝亦迷戀，遂一住十日不言去。婦忽然慘顏言：「我已別嫁良人了，君不宜處此。」睢始大悟，猶與之倦倦共被熟睡。既覺，則身與僕皆卧於嵌巖之中，槲櫢之下。嗟惋還鄉，爲之修設水陸齋，以資冥路。竟悒怏成疾以死。

校勘記

大伊山神

葛萬者，淮陽宿預人，後徙楚州。紹興辛巳歲，胡塵不靖，倡率鄉人子弟，立忠義軍，自稱統領。時魏勝據海州，楚守遣萬往游説，語言不相投，遂爲怨偶，欲致之死地。萬窘而南竄，獨行於野。遇一大人騎馬來，皂韡青袍，從者且十輩。魏已移檄遠近，稱萬謀叛，揭賞求之。萬疑爲捕己，匍匐草莽，不敢喘。青袍呼曰：「葛萬可出。」萬雖甚恐，不得已，出應，拜於道左。青袍曰：「魏勝捕汝急乎？」曰：「然。」曰：「然則從吾行。」乃徒步隨數十里。賴馬行不騁，容其追逐，但飢渴交攻。其人指地，則飯茹陳列，食之至飽。乃告之曰：「吾爲大伊山神，汝三年之後，當建功于國家矣。」使閉目勿開。萬如所教，覺若有人扶掖登舟，耳畔風水之聲洶洶。移時足履地，方敢開目，已達淮北岸久矣【一】，復南歸。又三年，因獲反者蕭榮，補閤門祇候，充沿淮都巡檢，死於官。妻子今猶居山陽之高師。

【一】久矣　涵芬樓本注，吕本作「久之」。

倪彦忠馬

池州青陽賈人倪彦忠，性好飲。紹熙五年六月，與數客痛飲於所居三里間酒壚，遂大醉。客皆先去，倪以天時急熱，覺心膈煩躁，見水輒喜。其外有池，甚清泚。走向池畔，欲取水漱口。因岸滑失脚，墜於深處，昏醉不能上。傍又無人，所畜一馬在厩中，奔馳而至，徑赴水濱，垂韁而下。倪挽之自救，馬盡力拽出之，倪得不溺死。歸告其妻曰：「我今日乃得馬活性命。」妻未及問，馬亦還，向前吐一骨，作人語云：「倪廿二郎是我前世之父，我頑狠不孝，多毀駡父母，作畜生，故受罰爲異類，且只在爾家。恰因垂韁救父，已償宿債，用此一善，當復居人間矣。」言終，立仆地而死。倪爲掩葬，而修齋供以報之。

劉師道醫

漣水軍醫者劉師道，家在金城，徙居邑市，再世業醫，至其身，聲價始振，起爲軍助教，醇謹修飭。紹興十八年冬，非浦人【二】王彦禮病，遣僕馬邀迎。回次中塗，逢婦人跨驢，一僕從後。婦先舉鞭招揖，呼其字曰：「顯道，别來安樂？」劉思向來不曾與接識，駐馬問之。答曰：「我是魏師誠之妻，相與爲姻戚。緣丈夫久伏枕，遣我詣君，欲扳屈至敝廬診視。適爾值遇，真非偶然也。」劉意不願行，婦强之甚力，不得已而隨往。並馳三十里，膂力疲倦，而婦無怠色。渡獨木橋，經烟村院落，到一宅，請下馬升堂，啜茗會食。遂入宅見魏，元無半面之雅，伸手求脈，覺骨節硬如木石，全無暖氣，心怪之。投以湯劑，且施鍼。婦在傍，忽鼓掌笑曰：「劉郎中細審，此病不可醫也。」劉曰：「娘子拉我來，何得却如此？」婦曰：「郎中試看。」轉盼間，俄化爲狐狸，奔而出。劉與僕怖叫，室宇俱不見，正坐

【二】非浦人　涵芬樓本注，吕本作「大非浦人」。

古塚上，所鍼者一朽骸耳。即疾驅而歸。及家，則婦已在門内，曰：「説道醫不得，郎中不信，奈何！」劉大怒，取長矛將刺之，復化爲狐，躍出户，登屋嗚嘷。劉喚集弓矢叢射之，遽失所向。劉由是得心疾，累歲始愈。

鍾離丞

東平府東阿關山鍾離修，仕僞齊，爲萊蕪丞，單車到官。歲餘，聞父在鄉里病篤，欲歸未遂。一夕，夢父告之，曰：「我於某日亡。」及寤而痛切泣下。時家人報訃猶未至，因憂念成疾，昏不知人，伏枕冥冥，殆類已死者。其家卜日將葳厝父柩，修忽奔馳而來，哭踊哀極。妻問之曰：「爾作一邑宰，何得無僕馬及一吏卒使令？」曰：「吾告假不得，又不許奔喪，不免託疾潛歸，縣人皆不知也。」及葬日，披麻徒跣至窆所。事畢，迎魂輿還舍，修行於前，步武輕駛，它人莫能追躡。迨到家，倏失所在。舉族罔測，急走健僕兼程審訊，正困卧綿劣，久乃漸愈。蓋向者愁思之劇，離魂會喪，孝心精誠純至所格耳。後歸家持服，方叙前事，一一無所遺忘，與其身親至無異也。

宗立本小兒

宗立本，登州黄縣人，世世爲行商。年長，未有子。紹興戊寅盛夏，與妻販縑帛抵濰州。將往昌樂，遇夜駕車於外，就宿一古廟，數僕擊柝持仗守衛。明旦，蓐食訖登塗，值小兒，可六七歲，遮拜于前【三】，語言猥利可喜。問其誰家人，自那處來，對曰：「我昌邑縣公吏之子也，亡父姓名是王忠彦，與母氏俱化去。鞠養於它人，將帶到此，潛舍我而去，茲無所歸，必死於虎狼魑魅矣。」立本拊之曰：「肯從我乎？」又再拜感泣。遂收而育之，命名曰神授。兒性質警敏，每覽讀文書，一過輒憶。又能把巨筆，作一丈闊字，篆隸草不學而成，見名賢書帖墨蹟，稍加摹臨，必曲盡其妙。立本蓋市井之小民耳，遽棄舊業，而攜此兒行游，使習路歧賤態，藉以自給。後二年之春，至濟南章丘，逢一胡僧，神貌偉傑，指兒謂立本曰：「爾在何處拾得來？」立本乃曰：「吾妻實生之，奚乃輕妄發問？」僧咲曰：「是吾五臺山五百小龍之一也，失之三歲矣，方尋訪見之。爾久留他，定招大禍。吾已密施法禁，彼亦無所復肆其虐。」於是索水噴噀，立化爲小朱蛇，盤旋於地。僧執淨瓶，呼神授名，蛇即躍入其中。僧頂笠不告而去。立本夫婦思念久而不忘。淮東鈐轄王易之親覩厥異。

支友璋鬼狂

漣水民支氏，啓客邸於沙家堰側，夫婦自主之。遇商賈持貨物來，則使其子友璋作牙儈。璋性慧口辯，詭譎百出，左彌右縫，人多墮其狡計，且好尚怪奇。乾道八年春，士人共

【三】遮拜于前　「于」原作「上」，據甲志卷二同條及吕本改。

議建立東嶽行宫，未有任責者，求索頗久。璋忽發語狂易，全如喪心。每逢人，則直指姓名，道心腹秘隱，及其意間所營畫，無纖微不呈露。衆畏之如鬼。或賫錢帛，密貽【四】之，輒受不卻，而悉以付祠下，收市木石瓦甓，募倩工匠。一邑無不加敬，尊爲翁。人有疾病久弗愈者，詣之請聖藥，或掬灰一二盈撮，或傾瀉瓶水，俾服之，一切效驗。至於牛馬不食水艸，羣立道上，人往禱祈，璋到其處，一叱隨即復常。已而數十處同日同時皆見之者。郡縣知爲怪神，亦不能禁。經歲餘，欻然若有所失，搏膺大笑，隕仆於野，越夕乃蘇。向之恍惚冥冥，略不記省，殆如鬼孽附麗以然。

解忠報應

解忠者，沂州人，本名沂。上世耕農爲業，忠獨好武事。紹興辛巳，從山東開趙歸化【五】，得一官，馴致殿前司副將。天資貪狠，暴戾不仁。因登御舟盜物，事發當誅。朝廷念其效順，但編置湖湘。後竄身淮上，與不逞子陳二，劫臨澤布商，捕送高郵獄。祈【六】獄吏言：「我積金五百兩，埋於州西之土山。若能出我，當取而中分之。」吏不虞其誘，道之越獄。仍踰城至土山，掘地三尺爲坎，陽若訪金者，即殺吏，投尸於中。成閏鎮京口，往謁，使隸麾下，始改今名，而居察邏之職。糾説兵籍八健卒，行劫八角樓居民害貨【七】，推他人爲首，分其物而密告官，八人皆受戮。又約結王展世、宋國寶、司澤、曲端，

【四】貽　涵芬樓本注，吕本作「賂」。

【五】從山東開趙歸化　「開趙」，李按：疑應作「趙開」。

【六】祈　涵芬樓本按：「祈」字疑誤。

【七】害貨　涵芬樓本按：「害」字疑誤。

皆蜀將者之徒，起忠義軍，以書尺往復，裒集不根之語，告于都帥李川。川悉加鍛鍊，誣伏流諸嶺外。遂以功補右列，歷夔、蘇兩州指揮使。慶元元年，每日暮之時，輒見諸寃魂環繞左右，出没憧憧。二年之春，正晝在寢，爲鬼祟鞭撻，痛苦無量。正年夏【八】，有壯士十輩，類行伍中人，直詣其舍，詰之曰：「汝殘酷好利過豺狼，我曹並以無辜死於汝手，使我厄滯泉下，而汝服衣冠，享爵禄，於心安乎？今已上訴九天，下訴九地，必要汝去，不得稽留。汝之子孫，後日將無噍類。」一家盡睢【九】其言。遂同施箠楚，七竅流血，聲如牛吼，累日乃亡。及葬之中野，喪柩破裂，暴體不掩，豬狗齧食肉盡，銜骨棄之。雖三子尚存，當不得永遠承祭祀也。

海州虎冢

紹興十年春，有野豕入海州，居人共刺殺之。是時，州陷虜地，其夏鎮江軍師魏勝攻取之。明年南北講和，以地與虜，悉空其民渡江。三十年，一巨虎晝入城，伏於西市紀三家後稻囷之側。紀妻呼其女曰：「誰家黄牛在此？速將棒打去。」女曰：「恐是知州拽車者，不可打。」乃止。俄聞路人大叫曰：「爾舍内有虎！」妻急挈兒女走出。郡守王添章驃騎，率兵圍捕，虎奔至市，登人屋，衆射之而斃。添章因與僚佐出郊蒐獵。有捺合主簿者，女真人，先夕夢爲白兔，齧足損心，疑有他事，獨託故不赴。日將暮，或言師姑寺前

【八】正年夏　李按：承上文慶元元年、二年之述，疑此當作「五年夏」。

【九】睢　涵芬樓本按：「睢」字疑誤。

有虎。捺合素膽勇，頓忘昨夢，遽馳騎赴之，射中其額。虎怒，舉爪搦其鞍，攀搏左足，骨肉皆碎。明年，魏勝舉州歸國，竟亦徙民如曩時。乃知野獸輒入郛，非吉利也。

潁昌趙參政店

焦務本，陳州人【一〇】，名田足穀，而於閭里間放博取利，積之滋多，漁奪人子女，或遭苦脅至死，皆怨之刻骨。乾道初，帥僕隸貨金帛於潁昌，道由萬壽。日將暮，欲訪佳邸店寓止。得一新旅舍，問其人曰：「我屢經過，未有此店，今是誰家產業？」曰：「潁昌趙參政府所建，方月餘爾。」焦喜而就宿。主人置饌，又置酒，爲禮勤篤。至秉燭，復出，男女婢僕，數十人列於前。焦舉目顧盼，大抵相識。俄合詞譟罵曰：「汝尋常在鄉里賒貸，以米粟麻麥重紐價錢，用勢凌偪，使我輩擠陷死地，寃痛莫伸，投訴泉下，聚集於斯，以伺汝。緣汝壽限尚有一年，直俟命終，追赴陰府。今日聊紓憤懷。」於是羣行毆擊，手足傷折，不能起，諸僕亦遭箠打。所載之物，蕩無孑遺。向之屋室，俱不見，但丘墟莽莽而已。呻吟徹曉，路人爲雇牛車載以歸。明歲果卒。

【一〇】陳州人　「人」字原無，據周本補。

張充家怪

張充者，宿豫角城人。徙居山陽北神堰，大啓酒肆，家亦贍足。而其爲人輕率，不知所在拘忌。或談鬼神之事，必詆爲無有而蔑視之。紹興辛巳之秋，淮海受兵，人情物態，所在儆擾。充只一子曰詢，得病危殆。白晝鬼游其室。器皿几案，悉憑虚而行。互相值遇，則鏗然作聲。猫犬雞豕，舉皆是怪。屢招天心術士，據正法以治之，愈甚無益。充始知悔咎，方議訪邀山林高道，悉力毆禳，未覩其效。忽一偉人自外至，掀解簡倨，乃謂充曰：「吾與君雖無雅素，但區區寸心，每欲代天行化，爲人致祥。足下其廣備科儀，無靳資費，當相爲止絶。」「令郎病不可【一一】，蓋爲衆妖扇黨，將肆其虐。今沴氣蟠結，充塞不解。充喜不自勝，清肅庭除，鋪陳汎埽。及初【一二】，其人按劍禹步，斥羣鬼之名，即有使者擁一鬼來，立命斬之，則鼠也。如是者源源不已，或雞，或鵝，或鳥，或梟，其類不一。充家竊以爲賀。其人遽擲劍奮怒，化爲白狼，突户而出。内外觀者駭散，稍定復桀【一三】，殊無所覩，變怪儼如前時。訖于詢死，乃息。此卷皆得之朱從龍。

【一一】令郎病不可　涵芬樓本按：此下似有脱誤。

【一二】及初　涵芬樓本按：此句似有脱誤。

【一三】稍定復桀　涵芬樓本按：「桀」字似「集」字之誤。

夷堅三志己卷第四 十三事

張馬姐

虜大定八年，蓋中國乾道戊子歲也。海州守曰牙哥，信用忠義人侍其旺，使出入門下，面前張馬姐，亦胡人。面前者，客將也。言旺必叛，不可留，牙不信。未幾，旺果結楚州朱其謀南歸。中夜，斬關入城，欲殺牙。牙走登高樓，以避其鋭。張在傍，呼曰：「不聽鄙言，致有今日。」比曉，旺以衆少引去。其麾下張雄飛，墜樓傷足，爲馬姐所擒，至於牙前。雄飛心怨焉，妄云：「張馬姐實招我。」牙已悔向者不采張言，畏或漏露，己必獲罪，陰謀欲害之。聞此語，正投機會，遂并斬兩人。事定，牙晝坐於郡齋，聞有擊窗户者，疑其鬼物，叱之曰：「是何鬼祟而敢來此？」空中應曰：「我是故面前張馬姐。昔日屢獻忠言，不見納。後來事應，當受重賞，而反以爲戮。既訴諸陰府矣。」牙曰：「我命正旺，可若何？」自是張形見于屏後，二鬼隨之，曰：「使君雖禄位尚旺，我亦不離左右，姑少待也。」牙頗懼，屢醮謝之，不退。至于死，乃隱。相去三年。

暨彦潁女子

章丘暨彦潁，以乾道庚寅秋虜大定十年省親臨濟回，天色未晡，而陰昧冥晦，謂爲日暮，求託宿之所，得一郎店而居。方倦憩房内，一女子推户欲入。問爲誰，摇手不答，且揜其口。暨在羈旅，深悦慕其貌。又密問之，對曰：「我即南隣京氏處女也，知爾至此，故竊相就。」暨大喜，留與共宿。未曉，促啓程，因隨歸里。情好轉篤，目之曰京娘。經歲餘，同一家出游野外，見墓祭者擘裂紙錢，忽大慟曰：「未知我父母曾爲我添墳上土否？」衆駭而扣之，不肯言。晚歸舍，亦默。中宵長嘆，執暨手曰：「我實非人，死去已久。但精識不泯，得以周旋世間。與君有夙契，得諧伉儷之歡。兹暫請别，明年今日當再會面於郊矣。」遂趨出不見。及期，果遇之，泣敘暌闊。暨挽與歸，辭不可，曰：「會合有時，非由我也。我便去，只遣一僕相從，君不宜往。」乃如之。僕躡步可三里，抵茂林，女入其中。有數侶伴出迎，載以驢而逝。暨憶念成疾，竟致淪喪。臨終猶眷眷，稱京娘不已。

蕭縣陶匠

鄒氏世爲兖人，至於師孟，徙居徐州蕭縣之北白土鎮，爲白器窑户總首。凡三十餘窑，陶匠數百。一匠曰阮十六，禀性靈巧，每制作規範過絶於人，來買其器者，價值加倍。又祇事廉且謹，師孟益愛之，遂妻以幼女。歷數歲，生男女三人，既皆長大，而阮之年貌儼不少衰。衆頗疑其異，謂非人類，雖師孟亦惑焉。唯妻溺于愛，無所覺。阮或出外，不持寸鐵，登山陟巘，渡水穿林，未嘗恐怖蛇虎。蕭、沛土俗，多以上巳節羣集郊野，傾油於溪水不流之處，用占一歲休咎，目曰油花卜。阮嘗同家人此日出游，抵張不來山【一】，見鹿鳴呦呦，意氣踴躍。及暮還舍，語妻曰：「我欲歸鄉省父母，暫與汝别。如要見我時，只來州城下寶寧寺羅漢洞伏虎禪師邊求我。」妻固留之，翩然而去。後二年，師孟攜家詣寶寧，設水陸齋。幼女憶阮，同母入洞，瞻伏虎像傍一土偶，以手加虎額，容色體態，悉阮生也。始知其前時幻變云。

于允升寃鬼

于允升者，楚州山陽人，居郡南鶴河之側。乾道五年，從徐之寅奉使，爲屯田總轄官，涖屯于二十里外畢溝東寨。有惡子傅乙，雖出官門，而自少不學，流落淮浙，專持人短長。屢訐允升之過，升恨之而未有以報也。乾道九年六月，傅詣屯莊修謁，升待之厚，而竊甘心焉。飲以未熟之酒，啖以半生之麪，洞泄連夕，求醫於升。升生納諸松棺，舁至西寨三叉口，當道瘞之。朱從龍都轄力田，知其事，未暇治舉。自是，升常見傅子在前，相歡語如

【一】抵張不來山　涵芬樓本注，呂本作「沿水往來」。

平日，志所欲成，必陰爲啓導，升私喜，以爲得鬼神之助。明年春，從龍坐事去，升於恍惚之間，若有人告之嘉謀者，意功名可立致【二】，遂糾集徒侣，度淮攻宿豫，掠臨沂王家金珠。楚守畏邊隙，遣劉光遠以閤門祇候【三】誘之，升猶持疑。夢中聞人言云：「歸必大貴。」乃南還。提點刑獄以狀奏陳，詔斬於盱眙水濱。臨刑猶見傅守左右。右四事，亦朱從龍傳。

齊宜哥救母

江陰齊三妻歐氏，産乳多艱，幾於死，乃得免。一子宜哥，年六歲，警悟解事，不忍母困苦，咨於老人，問何術可脱此厄。老人云：「唯道家《九天生神章》、釋教《佛頂心陀羅尼》爲上。」即求二經，從一史道者學，持誦三日，悉能暗憶。於是每以清旦各誦十遍，仰天焚香，輸寫誠懇，凡越兩歲。紹興元年，歐有孕，更無疾惱。至十月，將就蓐，宜哥焚誦之次，見神人十輩，立侍于傍，異光照室。少焉，生一男，其患遂絶。

俞一郎放生

俞一郎者，荆南人。雖爲市井小民，而專好放生，及裝塑神佛像。紹熙三年五月，被病困危，爲二鬼卒拽出，行荒野間，遂至一河。見來者甚衆，皆涉水以渡，獨得從橋到彼

【二】立致　「立」原作「致」，今改。

【三】閤門祇候　李按：「閤」原作「閣」，據《宋史》卷一六六《職官六·東西上閤門》改。

岸。別有鬼使，引飛禽走獸萬計，盡來迎接。稍抵前路，又遇千餘僧。及一門樓，使者導入，望殿上十人列坐，著王者之服，問爲何所，曰：「地府十王也。」判官兩人，持文簿侍側。俄押往殿下，檢生前所爲。王者問：「有何善業，可以放還？」判官云：「此人天年尚餘一紀，并有贖放物命，已受生人身者二十餘【四】，合增壽二紀。」王遂判：「俞一本壽只六十三歲，今來既增二紀，目下差童子押回。」俄兩青衣童子引行青草路，至一缺牆，推其背使過，不覺復活。左手掌内有朱字數行，不可認，蓋批判語也。

沈六寄書

桐廬民沈六，家富，招接四方客旅，而嗜酒好博。淳熙末，因敗數百千，酒後狂躁，自刃死，其弟殮而葬之。至慶元元年三月，隔七歲矣。福州吴客者，往蔡州榷場，遇之於路。向時固與之相善，延詣酒肆，飲數盃，問以前事。沈曰：「莫聽人妄説，我實曾自傷，當時值良醫封合瘡口，未及【五】即安。若不逢他，也是費力。緣此羞見諸親，且將些錢，遠出作商，粗可度日。此去我鄉里難得好便，今日逢故人，殆是天幸。上客如歸鄉，望爲帶一信，與弟七哥。」即約明日復會，遂各分手。明日，吴再往，沈果來。却邀吴飲酒，出家書，寄番羅、白綾各一疋，人參二斤，託以付妻。揖別而去。及八月，吴還過桐廬，出書信授沈七。驚曰：「家兄死于非命，故冬方焚化。嫂已別嫁人了，只在近處。」乃偕往訪之，所書

【四】二十餘　涵芬樓本注，吕本作「三千餘」。

【五】未及　李按：「及」疑爲「幾」之誤。

真其兄字畫。又一小封與妻，寄以綾羅，而人參寄弟，凡敍説生前細瑣，一一皆然。妻改嫁，後夫姓名并日月無不知者。書云：「我本欲一二年後歸，汝既不守志，不復南矣。」妻捧讀，悲恨之極，無由再達音耗，但修佛果薦之。

傅九林小姐

傅七郎者，蘄春人。其第二子曰傅九，年二十九歲，好狎遊，常爲倡家營辦生業，遂與散樂林小姐綢繆，約竊負而逃，林母防其女嚴緊，志不能遂。淳熙十六年九月，因夜宿，用幔帶兩條接連，共縊於室内。明日，母告官，驗實收葬。紹興三年春，吉州蘇客，逢兩人於泰州酒肆，爲主家李氏當壚供役。蘇頃嘗識傅，問其去鄉之因，笑而不答。蘇買酒飲散。明日，再往尋之，主人言：「傅九郎夫妻，在此相伴兩載，甚是諧和。昨晚偶一客來，似説其宿過，羞愧不食。到夜，同竄去。今不復可詢所在也。」

楊五郎鬼

鄱陽和風鄉民楊五郎家，自慶元二年十月以後，每到夜分，必有扣户不已者。及令僕妾出應，則無人焉。凡經數月許。三年二月，楊習慣其聲，不甚畏，窺之於門隙，乃一物著布衫，長五尺餘，即率僕衆攜柴杖，啓關叫逐，物急走如飛。明夕復然。又明夕，楊先伏壯丁十輩於門外籬下，遮以葦席，又寘人於中，伺之不懈。如期而來，衆人合力夾擊，遂執之。物騰躍作勢，身長一丈，黑毛徧體，兩臂之大如股。併投刃殺之，全無血汁。及剖其腹，亦無腸胃。視面上，鼎生三眼。守之至旦，沸油煎其肉，化爲黑水流去。

燕僕曹一

舒州民燕五，在市煎貨糍餌。淳熙十六年四月，一男子自通爲曹一，求備舂粉使令之役，衣飯外，不請工錢。燕留之爲僕。小心祇恪，頤指如意。雖令幹置它事，悉皆盡力。凡四年，曉夕如一。郡人皆以爲，未嘗見店鋪衆僕廝若是其謹者。一夜已寢，外有十數人敲門，稱：「來就曹一索命。」曹當時顫懼，亟告主人云：「其實府差，罪過不敢有隱。我輩根尋他四年于此矣，今日須將命還我。」昨經過連州，見有十二商客，所齎頗厚，因詐作提茶人，就山岡上傾茶與喫，而和藥於中，皆困倒不醒，即殺之，而揀取金銀北還。今埋在本州宿松石橋下。若蒙相救，當盡以答謝。」燕五大駭，曰：「十二人同行，尚被汝壞了。何況我家只六口，又多幼小。早知汝行止如此，那敢相留。既寃債臨門，豈能奉救。」俄聞門外言：「燕五哥此說極是。」已而門自開，衆鬼捽曹一去。

寧氏求子

湖口人詹林，以妻寧氏無子，夫婦常焚夜香，禱北斗求嗣，經十餘年不驗。紹熙之初，忽起怨心，至啓告云：「詹林自省，平昔不曾作惡事，今年四十四歲，妻四十二歲，焚禱十年，並無感應。不知有天地上真否？」方咨白未了，見一老人咄之曰：「詹林專好食魚子，及淹藏雞鴨卵，不令生抱，故造物磨折，永無後嗣。汝不思己過，反敢怨天，豈得爲便？」言訖而没。林悚然追悔，齋潔謝愆。乞自今以後，不復更食魚子及藏雞鴨卵。於是每遇春時，買魚苗及子放生，而奉斗益謹。慶元元年遂生男。右七事，皆徐謙言。

周十翁墓

弋陽周尚書，高祖十翁居邑之杉山。因妻亡，招術士訪葬地，未獲。夢妻告云：「地不須他求，但用明日去茅岡上，亂揮竹杖驚趕，若遇野雞飛起處，便是穴。」覺而如其言，往反且十里，無所得，以爲不足憑信。令術士别卜。又夢其妻云：「我夜來所説，非虚語。只在屋前後數里内，仍須絶早起。於日未出時，著意尋討。如更遲兩日，雞不復在故處，則失之矣。其地非尋常比，興旺甚速。或得之治窆，切不可深。他日定出狀元、宰相，富貴綿遠。倘下穴過深，其發必遲，種種不及矣。」翁念兩夢之異，遂率子弟宗黨，協力營求。才行數里，果一雉從茅中高翔而逸，急立標志之。土氣温煖，迥與岡上他土不同，乃治爲雙墓。術士自知無功，酬謝必薄，妄以禍福開曉，竟鑿過一丈。翁没後，子孫皆爲民。至百餘年，曾孫庭俊始生子表卿，登科第二人，位至吏部尚書。十翁葬處，左右前後，唯産茅茨，獨對穴有古松一株，指爲案山。而松稍向東者，極孤側【六】不正，故尚書頭稍偏，諸子諸孫亦多如此。

葉通判録囚

淳熙初，衡州有公吏三人，坐枉法罪至死。憲司檄衡山丞貴溪葉璟録問，皆承伏，遂受誅。葉回縣，便得心疾，遂以尋醫，解官歸鄉。自是朝夕呫囁，若與人辨對狀。遇飲食，杯酒必令家人辨具四分。迨宿卧，亦設四榻。否則被箠擊索命債。葉或稍醒，則責之曰：「汝輩既稱寃枉，當我録問時，何不翻異？況自有勘官，何預我事。」雖不能答，然終不捨去。如是二年，一家不勝愁苦。一日頓蘇，呼妻子告之曰：「三囚已尋著原勘官，知道無預我事，要辭去。只覔盤纏三十貫，可使燒之。」妻子即如戒，仍備酒肉發遣。葉豁然無恙。後參選，改京秩，知清江縣，繼通判郢州。紹熙二年初故。右二事，張思順説。

【六】孤側　涵芬樓本注，吕本作「偏側」。

校勘記

夷堅三志己卷第五十三事

泰寧獄囚

陳茂英，福州長樂人，爲泰寧知縣。前政在任日，有民鄧關五，歐殺一桶匠，投尸於大江中。事覺，受捕而入獄，以尸不存之故，不肯承伏，遂經年未竟。陳視事三日，窮治此凶，并證佐株連者，分處鞫問，既得要領，方議具案牘。次日晡後，將退廳，聞獄中喊噪聲甚厲，即往視之。鄧囚已脱鎖械，但帶枷在頸，連聲苦苦，獄卒莫能制。陳知必有物憑附者，叱曰：「汝是何神道？我自有官法，我先出去。汝是何神道？亦宜出去。」囚遂熟睡。陳戒獄卒嚴守護，候其醒則問之。迨夜半，始甦，一身自背及脛，皆青黑色。扣所見，云：「初時，一大人著紫衫者，隨從兵衛數十輩，用棒打我。我忍痛不得，叫噉跳出。又一紫衫官人來，喝云：『汝是何神道？我自有官法。』大人者回顧吏卒言：『也是，也是。各請方便。』後來官人先出，於是盡退。」陳徐究所以，乃桶匠之家父母兄弟，痛寃恨又不得伸，專詣光澤，致禱於廣祐王故也。鄧因是方伏辜。

泰寧牛夢

陳知縣在泰寧日，夢到一處，遇三牛當道，急側身避之。其牛作人立而言曰：「告你，教人莫殺我。」醒而告妻子曰：「今日詢狀，須有來判憑者。」以此縣故例，凡遇開剥病牛者，必投狀給公憑，乃許之，蓋欲防私宰殺也。明日治事，第一狀曰：「家有一耕牛，染瘴病死。乞行開剥。」陳怒叱之曰：「汝有牛三頭，如何但説爲一？」其人駭愕，不能對。即遣一吏隨往驗視，果見三牛。其一已就屠，舁致庭下。陳親引手按摸，尚有煖氣。方未死時，元無疾，乃依法寘于罪。次年，又夢與一客在野路交語，一牛齧草在傍。良久，客去，牛亦作人言曰：「謝使者【一】。」驚而覺。明日，衆手力具陳狀云：「歲例用牛賽神。適有黄牛病瘴，已合錢買得，願賜判許。」陳命牽至，則壯腯無所苦。立撻詞首，而捨牛付道士觀，令耕墾場圃。數月，産一犢。陳以兩夢靈異，念牛有功於民，遂申嚴法禁，約束諭曉，自是此風爲戢。

王東卿鬼

陳茂英在太學，以乾道己丑登第，爲長興尉。淳熙乙未，方赴官涖事未及月，夢同舍長溪王寅東卿來訪。陳曰：「三哥何由到此？」答曰：「寅流落已久，不能歸，可爲作一

【一】使者　原註：使者，吏民呼邑官之稱。又，「者」字原無，據周本補。

方便使達故鄉。」陳曰：「於義固所當然。但弛擔才兩旬，猶未受俸，豈能少効助力。」曰：「非此之謂也。」揖起即去。陳寤而思之，不相問七八年矣，豈非死於此乎？明日，博詢邑吏。一小胥云：「頃歲有福州王上舍，曾來謁顏知縣、徐縣尉，送往大雄寺安泊。偶得病死，縣官爲旅殯寺後。仍報其家，其親戚來，火化尸柩，收骨歸矣。」陳謂：「東卿已歸骨，而魂魄尚留滯，殆是城社之神拘録之爾。」於是具酒敬詣【二】元窆所祭酬，而用尉司公牒，牒城隍、社廟、關津河渡主者，令不得阻截王上舍神魂，俾得善還福州長溪祖先墳墓。焚牒後三夕，夢王告辭曰：「得君移文，乃遂歸計。」泣謝而没云。右二事，皆陳知縣説。

黄氏病僕

平江士人黄氏，一僕得疾，莫能名其何恙，但瞑目昏卧，不語言，不飲食，凡四十餘日。忽蹶然而興，告其妻以所見，仍走白主人云：「自初病時，便被人引去，到大屋下，使參拜大王，次參【三】同伴約有三四十輩，即隨遂以行。沿路徒衆，倀倀馳走，遍城内外，周匝往來，未嘗頃刻休息。或有報者曰：『某處某人家集會。』亟奔以往。及至，果見杯盤酒牲，羅列豐滿，相與餔啜。畢，又奔赴他處。遇市曹刑殺罪人，則左右環坐於屋簷上觀看。才命斷，被刑者升屋，盡拜諸人，又倉忙狂走。城郭牆壁，並無隔礙，亦不曾有神道闌問。唯值知府出，則避伏橋下。黄昏鼓角發嚴，亦掩耳而避。畢，復如故。嘗在道堂巷，遇運使

【二】具酒敬詣　涵芬樓本注，「敬」吕本作「殻」。

【三】次參　涵芬樓本按：此下似有脱誤。

儀從經過其間，有欲避者。其一曰：『不須得。』交肩而趨。一日，抵城外陽山，遠望一秀才閑步，皆下路蹲閃。我問：『此爲何者？』合詞言：『是宰相也。』每過本宅門前，要入唱喏，輒不許。今日早辰，一鬼問我云：『汝來此幾日？』我答之曰：『不記仔細，料想已四五十日。』其人爲白主者，欲放歸，主者未聽。別有一人，似判官形狀，力言恐不便，乃得還。既醒之後，省憶羣鬼，皆向來伏法之人。」運使不終任責罷而卒。僕雖復生，然精神昧昧，常如癡醉，不半歲竟死。

北虜鎮國物

劉通判云，曩在江陵，見淮甸一客，因話世間異物。言：「紹興辛巳之冬，盧亮戕滅，隨行帑藏舟車，多爲王師所掠。吾亦從而奮獲一生首，將揮之以劍，其人哀鳴乞命曰：『舟中有寶，當取獻以自贖。』乃釋其縛，遣二卒隨之以往。少頃，攜一匣來。啓視，又一匣，兩重皆金玉裝飾。第三匣内，一石三稜，上尖而下大，色微黃，石之腰有玉龍旋繞，仰首，左爪揆一玉珠，爪牙鱗鬣獰雄，熟視如生，不與世間繪畫者類。其人云：『虜主以此寶爲鎮國。尋常欲觀其變化，則用淨盆貯水，候夜半，置於水中。須臾間，黑雲蒙覆其上，必急收之。稍緩，恐或昇去。』某如所言試之，果然爾。遂珍藏到今。」劉曰：「物今在此否？」曰：「常以隨行。」因從借觀。明日，出示，留之。至夜，亦一試之，悉然。又明日，復歸之。不知其後存與亡也。右二事，常德劉通判説。

衛靈公本

范元卿【四】與同舍一士，因休假游孤山竹閣。有市民持冠珥爲市，范評買一冠，民需價三千，范以《論語》次第爲隱詞，曰：「與顔淵如何？」同舍言：「未可，且只鄉黨。」民嘻笑不語，徑出。范追告之，曰：「我猶未曾還直，何故遽行？」民曰：「聽得所説，無緣可成。自當衛靈公本了。」二士大慚，不復更酬答。退而謂人曰：「使竹閣有板縫可入，亦當掩面遮愧。」蓋此民乃市井薄徒，剽聞士子常談已熟，故反遭其哂也。

李持司法

德興李持司法，平昔好飲，每醉必使酒，御僕妾甚酷，捶楚未嘗一日弛於家。淳熙初，赴官荆門，妻孥不願行，但攜鄉僕姜成、李勝以往。到任之後，更迭受撻，甚則縛之庭下，而自就寢。廳吏畏遷怒，不敢爲解。率至明旦乃得釋，不勝怨憤。念受痛苦無已時，非隕厥命不可。一夕乘其爛醉，共厄陰隱而斃之，而以醉死爲言，内外莫能察。軍守胡儔元壽，遣健卒報，其子來護柩南歸。二僕隨去，才上道三日，復捨之而反。投寄居趙武翼不忮，爲料理身役，姜得掌經總制庫【五】，李掌常平庫。會胡守招僉判許慈明寶臣宴於蒙

【四】范元卿　涵芬樓本注，吕本多「在太學」三字。

【五】經總制庫　「庫」原作「軍」，李按：宋有經總制庫，據改。

泉，夜半席散，回抵鼓樓前，隱隱見一緑袍者，悲揖曰：「告知府、僉判，爲我正性命。」胡呼客將，問：「汝見此官人否？其人爲誰？」皆云：「故李司法也。」意殊惻然。明旦，究其事，或以二僕告。立命擒捕送獄，録事參軍趙彦中大本推鞫，一訊即招伏。案成，當奏讞，寶臣白胡曰：「李君死已久，吾曹向來失於覺察，今若盡法斷治，須追取亡者尸柩至此發驗之，乃可結款。如是，恐致多事，不若斃之於囹圄。」羣僚以爲然。密諭獄吏，僕遂死。已而胡、許於數月内相繼而亡，或謂不明正典刑之故。使二僕不復來彼處，未必遽敗獲。凶人不終，理難漏網也。

邢監酒刃妻

右從政郎求某，以恩科入官，爲真州六合令，踰歲而亡，時淳熙元年也。無妻無男子，生涯窮薄，惟有一笄女，無以爲歸。郡守趙善理爲屬新令汪文林，俾訪擇厥配，自捐家貲，辦奩具，得本邑邢監酒者以嫁之。居數月，邢酒罷，忽語妻曰：「吾聞汝於父身後，與小吏淫通。今我作酒官，出入縣門，使人羞見吏士。」妻怒持刀自誓，曰：「我無此事，是誰撰造謗言？盍明以告我，誼不與之俱存。」邢云：「不消爾殺人，我自斬爾。」妻愈怒，授以刀，瞋目【六】叱云：「何不便下手！」邢已昏醉，即刃之，束手就斃。及上府，趙守欲脱其罪，摘問之曰：「邢監酒却何故病心風，殺却妻室？」意欲啓導，使變情詞。邢對曰：

【六】瞋目　「瞋」原作「瞑」，據呂本改。

「元不病心風，乞申明朝省。」郡差天長主簿程伯固蒞獄，邢竟論死。求氏藁殯於六合廣福寺，每出爲厲以惑人。

朱妾眄眄

撫州司法朱擩，縉雲人也。有愛妾眄眄【七】，妻趙氏嫉妬悍厲，不能容，箠楚無度，竟致於死。擩時在官所，追憶悲恨，至廢寢食。未久，趙亦殂，奉喪殯於僧寺。人皆見一美女，披髮跣足，隨柩以行，知其爲眄眄之鬼也。洎擩終任還家，舁趙柩入門，亡妾躡其後。擩瀝酒祝之，曰：「汝死誠爲寃痛，吾念汝不已【八】，但娘子既已下世，尚何所云？業債相償，自應託化。」乃呼道流建醮，爲趙答謝懺釋，并以薦妾往生，自是不復出。

趙不刊妾

荆門僉判趙不刊，一妾曰憐憐，以産子死於官舍，而精魄罔罔，常若在家。每五更，必出堂門屏外，呼唤吏卒，云：「安排官人轎子。」皆以爲宅中他婢，但嫌其太早，悉起伺候，淹久困歇，則又復爾。訖於趙之去。代者許鼎臣至，鬼亦常出没。乃擇行法道士書符焚於所斃之室，以禁制之，然後稍息，竟不能絶也。許未終更而卒，故鬼得而撓之云。右四事，皆許賓臣之子洄説。

【七】有愛妾眄眄　「愛妾」原作「妾愛」，據周本乙正。

【八】不已　涵芬樓本注，吕本作「不忘」。

吴遠澤夢

鄉士吴雩遠澤，紹興己卯秋，赴鄉舉，夢往譙樓下觀榜。至則萬衆雜沓，不可容步。但聞在前者共語云：「垂某作魁。」而莫知己之得失。於是排搒勇進，而榜揭愈高，隱隱望魁選者果姓垂，名字不可辨。歷視行間，方大書己姓名，粲然可觀，喜不自勝，連叫曰：「雩了，雩了【九】。」俄而覺，亟炷燈志於策，且以告朋儕。皆言：「世間元無垂姓者，恐未必爾也。」後數日，貢闈拆封，吴恃有佳夢，自往候之，乃占第二十六。來賀者，謂解元胡飛英【一〇】，與夢不同。已乃聞之，胡本習《禮記》，是年詩賦兼經，以「天子與日月並明」爲賦題，其首句曰：「聖德高拱，天光下垂。」所謂垂某者，此也。其語已見支戊第二卷胡仲徽兩薦中。所言士子之夢，蓋吴云。

潘三十四

鄱陽石門士人潘良顯，爲舉業，極俊敏。紹興庚午，詣鄉舉，年才十九歲。赴春闈未歸，父夢數黄衣報省榜於其家，取看榜尾，有「潘三十四正過」六字，而書於後曰「知貢舉教授侯正道」。雖無良顯名，而三十四者，乃其行第。侯君者，已登科，與之姻連，用是深喜，謂厥子必高選。然是榜乃不利。自後凡五試有司，及三十四歲而卒，侯君亦亡。則知

【九】雩了雩了　涵芬樓本注，呂本作「雩得了」。

【一〇】謂解元胡飛英　涵芬樓本注，呂本作「謂解元爲胡飛英」。

無名者，蓋示不第之兆，如劉若虚之義等也。

程采夢改名

樂平程覺，元名采，專習詞賦。紹興辛巳歲，夢入官府，見紫袍者據案書判。一吏宣讀云：「治《周易》程覺，明年當作解元。」遂改今名，且將以《易經》應舉，而未能深究旨趣。及試期漸逼，預詣郡城，訪求《易》師。扣謁老儒張師韓，便執弟子禮，仍盡述夢兆。張與之昧平生，適有他故，不赴場屋。矜其誠至，乃語之曰：「新天子方踐寶位，如『同聲相應同氣相求』，『水流濕，火就燥』『雲從龍，風從虎』，『聖人作而萬物覩』，正是趨時好題，自【一一】宜爲之備。」於是教以破題及主意大槩。程欣然而退。才歸邸，即全用所戒，綴成一篇。迨首場引試，適出此題。第二篇又曾立藁，日亭午，所對已畢，殊爲愜快。三日竟，留邸俟牓。復夢神人告曰：「汝本當占都魁【一二】，緣與張大用漏泄之故，降下七名，然終不失一魁也。」洎揭榜果居第八，實爲本經魁。右三事，張師韓説。

【一一】自　涵芬樓本注，吕本作「目」。

【一二】牓復夢神人告曰汝本當占都魁　涵芬樓本注，原本闕，據吕本補。

校勘記

夷堅三志己卷第六 十一事

上請堯舜

《東齋記事》載楊文公知舉日，於簾下大笑。既開院，上殿，真宗怪問：「貢舉中何得多笑？」對曰：「舉人有上請堯舜是幾時事。臣對以有疑事不要使，以故同官俱笑。」此語久矣。近有士大夫投予啓謝，論薦者云：「指諸事業，皆仲尼之皇皇；發爲文章，合唐虞之渾渾。」以唐虞與仲尼爲對，殆是欲與向時舉人分謗耳。聊記之，以獻觀者一笑。

摩耶夫人

王仲言有女，爲父母憐愛，而所以惱其父者非一，因戲目之曰「摩耶夫人」。淳熙中，爲滁州來安令。一少年悖慢其兄，兄毆致傷，訴于縣。仲言正訪詰其故，忽拊案大笑，吏卒在庭，皆莫能測。至久乃云：「吾三十年尋一對，今日始得之。」呼兄前語之，曰：「汝可謂『豈弟君子』，且與『摩耶夫人』作對。兄打弟，於法收罪亦輕。自今不得復爾。」即遣出。豈字音愷，北俗稱毆打爲愷云。

王元懋巨惡

泉州人王元懋，少時祇役僧寺，其師教以南番諸國書，盡能曉習。嘗隨海船詣占城，國王嘉其兼通番漢書，延爲館客，仍嫁以女。留十年而歸，所蓄奩具百萬緡，而貪利之心愈熾，遂主舶船貿易，其富不貲。留丞相、諸葛侍郎皆與其【一】爲姻家。淳熙五年，使行錢吴大作綱首，凡火長之屬一圖帳者三十八人，同舟泛洋。一去十載。以十五年七月還，次惠州羅浮山南，獲息數十倍。其徒林五、王兒者，遽興悖心，戕吴大以下二十一人，唯宋六者常誦《金剛經》，肩背中刀墜水，踊身把柁尾，哀鳴求生。王兒持刀斷其指，復墜水。如有物承其足，冥冥不知晝夜，如此七日，抵潮陽界，上岸求乞。凶徒易以小船回泉州，至水陝泊岸。元懋夢吴大等訴冤，明日，人報所乘船遭水，人貨俱失其半。懋疑而往迎，置酒法石寺。酒半，謂二凶曰：「船若遭水，則毫髮無餘。何故得存一半？」凶實告其過，且曰：「今貨物沉香、真珠、腦麝，價直數十萬。倘或發露，盡當没官，却爲可惜。」懋沉吟良久，亦利其物，乃言：「提舉張遜新到任，未諳職事，但計囑都吏吴敏輩可也。」懋即以家資厚賂之，白張君，用分數抽解外，而中分其贏。九月初夜，宋六叩其家門，其父臻嘆唾駡之，曰：「汝不幸死於非命，無可奈何，勿用惱我。」對曰：「兒不曾死。」於是啓扉，泣道

【一】其　涵芬樓本注，吕本無「其」字。

變故。臻曰：「未可使人知。」迨旦，走詣王兒處，問我子何故溺水？王兒怒曰：「各自爭性命，我豈得知？」遂密報林五，與同惡四人潛竄。臻父子投狀于張，下之南安縣。縣宰施宣教，爲推吏所紿，以船漏損人，謂非篙梢之過，既已逃亡，在法亡者爲首，將寢不治，但申諸司。安撫使馬會叔判云：「王元懋知情殺人，包贓入己，改送晉江縣鞫勘。」當日，移囚。二推吏皆見吳大徒侶十餘鬼，憤色上衝，擁之入水中，即死。縣宰趙師碩躬閱案牘，悉力審聽，捕懋下獄。緣王兒諸凶佚去，未能竟。而諸凶到九座山，值寃魂，執縛於林中。仙遊弓手獲之，得以結正。奏請於朝，舶使、南安宰皆罷，吳敏等黥配，王兒、林五剮從市，他皆極法。元懋時爲從義郎，隸重華宫祗應，坐停官羈管興化軍。居數月放還，欲兼程亟歸，至上田嶺，見吳大領衆寃遮路，曰：「先告於汝，汝不主張，今冥司須要汝來。」懋叩首哀懇，吳引手觸其心，轎夫悉聆其言。至家一夕，嘔血而死。

趙氏馨奴

潭州益陽趙知縣女，嫁泉州滕迪功而寡，生男女五人，男已娶婦，而趙性慘酷，自專家政。門户遇夜扃鎖，皆身自臨之，非侵晨弗啓。待妾婢尤嚴，或有獲罪，輒留伴宿，然後囚縛鞭撻，以數百計，氣幾絶，始命曳出。淳熙十六年冬，妾陳馨奴者，掇怨頗甚，手殺之，斷其頭及手足爲五，貯於糠籠，而誑老僕曰：「吾藏金銀，不欲令他人知。爲我窖於廁傍，當厚犒汝。」僕喜而從之。紹熙元年正月十九日辰巳間，宅門未開，鄰里呼問之。其男曰：「鄰舍素諳我家事，須媽媽起來則可。」遂詣母房外，集衆共叫，移時不應。鄰以告廂官，排闥而入，諸人盡至，獨趙氏之室悄然。又破壁揭帳，但流血滂沱，支體橫卧，而失首級。具事狀申郡，郡守顔師魯尚書，捕一家鞫治，踰旬不成。及三月晦日，石笥橋南，有一婦人，左手持刀，右挈女子首，戴花滿髻，歌笑而來。邏卒執問爲誰，曰：「我乃殺滕迪功妻趙氏者。」即係之入府。顔公極驚異，詰其故。對曰：「妾非人，蓋鬼也。本爲滕公妾，名曰馨奴。趙氏刳斮我，埋於廁下，投訴岳帝，得以報讎。恐干連無辜，枉害人命，所以冒禁明之。」顔不之信，械項送司理獄。鬼初微笑不止，及獄吏用大辟法，加杻銷綳訊，亦大笑。理掾以白顔。掘地得尸，雖經百許日，全不壞。爲辦醮席，付天慶道士鄭紹勳行持。方拜章之次，鬼於枷上笑曰：「我去矣。」奄爾不見。滕氏囚者盡得釋。

養皮袋

婺州有野叟，如散浪道人之狀，自稱「養皮袋」，不知其姓名鄉里。居彼累歲，晝夜未嘗寢息。當塗張先生見之，曰：「師行周天大運【二】乎？」以首肯之。淳熙末，潘景珪叔玠家，元種紫木樨一株，盛夏將槁。此叟謂曰：「俟六月六夜三更，爲爾移此花。花若再活，必遷侍從。」已而花鮮澤如初，潘遂由浙漕、京尹擢工部侍郎。叟性憎惡它道人，惟與

【二】大運　涵芬樓本注，「大」呂本作「火」。

汀州管生善，招之共處。紹熙三年正旦日，天未曉，管生爲取溺器滌。叟大叫，言：「汝刼我寨。」至齋時，傾飯於器中而攫食。梅花門邊一民家，啓飯店，素敬信之。一日正寒，詣其店乞火。其人付以一束薪，因燎衣之次，搓草爲索，索成滅火，以縛燎柴枝授之曰：「先燒了「事已了，千萬莫動著。」數日間，巷内遺火，至店壁下而止。叟明日過而笑曰：「先燒了好麽。」郡牙兵司劉澤，亦待之盡禮。忽遺以布裩，曰：「著取遮臀。」劉嫌其不潔，只以掛於浴堂前。是日晚，忤太守葉叔羽尚書，受杖十五。斷訖，出府門，叟笑曰：「教汝遮了臀，汝不聽，打得也好。」有劉、韓二酒家，劉氏頗平直，韓氏狥利，酒更多酸【三】。叟攜竹竿倚於劉肆樓，曰：「救汝救汝，動著時喫鐵棒。」次日，一惡少爲推吏所苦，挺刃致怒。吏走上樓，惡少隨至，吏緣竿墜地，皆獲免。又旬日，詣韓氏，取一杓小便，出門首飲之，不留涓滴。觀者堵立。叟曰：「喫此尿，勝似喫渠家酒。」自是無人往沽。金華門外徐氏，開藥寮。叟抱沙糖空甕與之，曰：「收取殺㶸炭。」後五日，一火焚盡。建寧人葉森，漂泊到婺。叟遺之一大錢，曰：「自此有矣。」仍戒使勿失。次年甲寅，際遇趙子和，厚有所入，積錢過千緡。踰歲後，不覺失之，值其妻死，橐中爲之一空。凡言人禍福，如指諸掌。民俗詣之致敬，或從求錢，得其答禮者，是日隨所營，必遂意。否則，持杖毆逐之，雖士大夫不問也。慶元元年春，坐於一甕中而逝。

【三】酒更多酸　涵芬樓本注，吕本作「酒中多酸灰」。

張四殺倡

慶元二年春，崇安人張四，因遊一猥倡家，語言爭忿，持刀殺之。縣結案上府，坐獄掠治承伏。以在法無證奏裁，報旨未下，而抱病死。趙監押檢尸竟，獄吏慮其無人守調，爲鼠所侵，例用藁薦捲束，懸於梁上。明日，覆檢官鄭監税至，則已復生，便能動作，略無病態。鄭問所見，對曰：「被一承局唤出平政門，方到橋頭，又有承局奔來，語先至者言：『何故不教張四插花帶索？』遂將我推墮橋下。忽如夢覺，不知身已死也。」一府共異其事，疑或有冤。明日斷勅下，處絞刑。臨赴法時，吏爲戴花。既受戮，不解項下索，而陳於市，蓋幽冥之中欲正典憲耳。右四事，葉森説。

李克己井夢

樂平梅林李克己，自少攻苦爲學，鋭心進取，然未嘗登名。慶元乙卯，當科詔之下，祈夢于五顯祠，連夕無所感。偶保頭以家狀錯誤，退回换易，遂夢至一處。朱門紫府，門外一方井，琢石爲闌，水清冷【四】可愛。徘徊俯視，見天在水中，星月粲燭。引手就滌，不覺失足而墜。既寤，流汗浹背。乃用井中清水之義，更名曰囦，其音與淵同。及八月赴試，乃中選。景辰省場不利，丁巳中春選，以微疾卒。士友謂：「墮井者，蓋示墜落泉塗之

【四】水清冷　涵芬樓本按：「冷」字似「泠」字之誤。

兆，固非吉云。」

二姜夢更名

樂平南衡姜氏，家世儒冠，至景淳兄弟，尤爲秀爽。淳熙己酉，當秋舉，以春月禱夢於神，夢到一好處。樓觀崢嶸，金璧光炫，門首揭大牌，曰「大洞真人之殿」。朱衣吏引造廷下，其上三人，皆王者之服，而金紫侍立者甚衆。小童傳旨，賜以文書，捧謝而出。及門外，啓視，但有一「强」字徑尺。於是更名夢强，以應詔，遂得中選籍。其弟景和，紹熙壬子歲，肄業邑中道觀。同舍陳仲禮，夢其爲金甲數人所執，束以稾薦，兩頭然火焚之。覺以告姜，乃采兩火之義，名曰夢炎。及秋闈，亦預薦，而皆未登第。或謂由夢得名者，不大顯。予以爲不然，此神祇先以告人，使之知敬耳。

半山兩道人

樂平胡大本者，梅浦巨室也。少壯之時，嗜欲不關心，鋭意學道。紹熙初，嘗因幹到半山，其地數里間無民居，幽寂多鬼，村衆立佛王堂以鎮之。胡入堂駐足，日正午，見兩道人坐地上，一衣青衣，佩青銅鏡，一衣黄衣，項繫籐捲數【五】。胡即就揖，兩人招使同坐。胡問：「籐捲何用？」曰：「此名因緣子，與道有緣者入焉。」又問：「鏡何用？」曰：「此

【五】項繫籐捲數　涵芬樓本注，「捲」周本作「棬」，下同。又「數」下，吕本、周本多一「十」字。

名業鏡，持以照人，可知終身貴賤壽夭。」胡遂求一照。青衣者嘘氣呵之，半明半暗。語之曰：「汝生來篤孝，崇奉三寶。本只有二紀壽，今增其一。」胡時二十九歲，念來日無多，雖不形言，而心頗憂之。其人曰：「汝但信道不回，壽紀有增無減。且閉目，吾爲汝相。」旋開目，已非佛王堂，乃在林松石上。驗其異人，益加敬。從容甚久，遂約聯詩句，要疊字三個，而續以七言一句。黄衣曰：「覺覺覺，三箇胡蘆一個藥。」青衣曰：「喜喜喜，一團秋水清無底。」胡曰：「悦悦悦，日月星辰無間别。」因更迭酬詠不止。兩人欲去，而慮胡隨之，謂曰：「我茅山人，山中有梁邦俊修行造妙，宜往師之。汝有三分骨，而未免俗氣。半月後，復來此覓我。」俄化赤光一道，從空起，胡回首視之，兩人俱不見。時夜已五更，又失向來聚話處。亂山叢木，僅有小徑通行，遇樵夫，其家僕蔡二引之歸。是夜，風雨大作，胡衣服略不沾濡，家人驚問之，秘不告。亟解髪仰卧，經幾日【六】不食。妻力扣所值，始肯言。因口占曰：「好个因緣，且恁高眠。若還得起，振動坤乾。」遂遣其妻還宗，將詣茅山。族人苦挽留，至今不出。右三事，余模説。

司空見慣

蔡京爲左僕射日，官守司空，坐彗星竟天去位。太學諸生用坡公《滿庭芳》詞嘲之。今記其數語云：「光芒長萬丈，司空見慣，應謂尋常。」末句云：「仍傳儋崖父老，祇候蔡

【六】幾日　涵芬樓本注，吕本作「七日」。

元長。」蔡命字正取「元者，善之長也。」長音丁丈反，而其解《易》以爲長短之長，故因以爲戲。及再當國，密諭學官，訪首唱者，斥逐之。閩人茂德説。

黄裳梅花

慶元四年初春，鄱陽圃人折紅梅花兩枝，高尺許，以遺外醫黄裳。裳少嘗入道，用磁瓶盛貯於吕仙翁前。經旬花落，將棄之，見花蕚上各已結佳實。先一夕，裳妻汪氏夢人告云：「爾門内生梅花兩樹。」至是始訝其異。聞而來觀者盈室。裳持以相示，各有實二十餘，其大如豆。予亦異焉。因加以尊酒，裳酌獻仙翁訖，然後拜而飲之。梅子既成，皆如彈，纍纍滿枝，甚可觀也。

校勘記

夷堅三志己卷第七十二事

善謔詩詞

滑稽取笑，加釀嘲辭，合於《詩》所謂「善戲謔不爲虐」之義。陳曄日華編集成帙，以示予。因采其可書，并舊聞可傳者，併紀於此。王季明給事舉饞客席上粉詞云：「妙手庖人，搓得細如麻綫。面皃白，心下黑，身長行短，驀地下來後，嚇出一身冷汗。這一場歡會，早危如累卵。便做羊肉燥子，勃推飣椀，終不似引盤美滿。舞萬遍，無心看，愁聽絃管。收盤盞，寸腸暗斷。」以俗稱粉爲斷腸羹，故用爲尾句。水飯詞云：「水飯惡冤家，些小薑瓜，尊前正欲飲流霞。却被伊來剛打住，好悶人那。不免着匙爬，一似吞沙。主人若也要人誇，莫惜更攙三五盞，錦上添花。」張才甫太尉居烏戍，効遠公蓮社，與僧俗爲念佛會。御史論其白衣吃菜，遂賦《鵲橋仙》詞云：「遠公蓮社，流傳圖畫，千古聲名猶在。後人多少繼遺蹤，到我便失驚打怪。西方未到，官方先到，寃我白衣喫菜。龍華三會願相逢，怎敢學他家二會。」京師段油亦作嘲戲詩，嘗當冬日，大風猛雨，雪雹雷電交作，或請咏之。即云：「劈面同雲布，雨共雪無數。雷又似打鼓，風又似拽鋸。雹子遍四郊，電光照四處。晚了定似【一】晴。」駐筆久之，人問：「如何見得晚晴？」徐書云：「天也撰不去。」有題筆而名軾者，或書絶句云：「馬相如慕藺相如，兩个才名總不殊。試問此間名軾者，不知曾識子瞻無？」吉州舉子赴省，書先牌曰：「廬陵魁選，歐陽伯樂。」或譏之曰：「有客南【二】來自吉州，姓名挑在擔竿頭。雖知汝是歐陽後，畢竟從初不識羞【三】。」明椿都統立生祠於玉泉關王廟側，士人題云：「昔日【四】英雄關大王，明公右手立祠堂。大家飛上梧桐樹，自有傍人説短長。」都城富春坊，皆諸倡之居。一夕遭火，黎明燒盡。有詩云：「火星飛入富春坊，莫道天公不四行。只恐夜深花睡去，高燒銀燭照紅妝。」秦伯陽春室案上芝草一本，裝飾甚華。一客蒙其延遇，見而言曰：「鄉里此物極多，謂之鐵脚菰。記得往日曾有一詩云：『元是山中鐵脚菰，移來顔色已焦枯。如今毁譽元無主，草木因人也適呼。』」秦默然不樂，不復容其登門。小官在任俸給鮮薄，答攫士詩云：「滿目生涯齒一篦，無端賓客自相磨。欲抽己俸憂家累，待掠民錢奈法何？一飯與君愁裏飽，三杯聽我苦中歌。更陪一具窮鎗劍，唾罵慊憎總任他。」董參政舉場不利，作柳梢青云：「滿腹文章，滿頭霜雪，滿面埃塵，直至如今。别無收拾，只有清貧。功名已是因循，最懊恨，張巡、李巡。幾箇明年，幾番好運，只是瞞人。」政和改僧爲德士，以皂帛裹頭項冠于上。無名子作兩詞，《夜遊宫》云：「因被吾皇手詔，把天下寺來改了，大覺金仙也不小。德士道却：『我甚頭腦，道袍須索要，冠兒戴，恁且休笑。最是一種祥瑞好，古來少，

【一】似　涵芬樓本注，吕本作「是」。

【二】南　「南」原脱，據吕本補。

【三】畢竟從初不識羞　涵芬樓本注，吕本作「畢竟從來不識倩」。

【四】昔日　涵芬樓本注，吕本作「共説」。

胡蘆上面生芝草。』」《西江月》云：「早歲輕衫短帽，中間圓頂方袍。忽然天賜降宸毫，接引私心入道。可謂一身三教，如今且得逍遥。擎拳稽首拜雲霄，有分長生不老。」後章蓋初爲秀才，乃削髮，卒爲德士也。詠舉子赴省，有《青玉案》云：「釘鞋踏破祥符路，似白鷺，紛紛去。試盝幞頭誰與度？八廂兒事，兩員直殿，懷挾無藏處。時辰報盡天將暮，把筆胡填備員句。試問閑愁知幾許？兩條脂燭，半盂餿飯，一陣黄昏雨。」皆可助尊俎間掀髯捧腹也。

范元卿題扇

魏南夫與范元卿充殿試官，同一幕。范好書大字，於是内諸司祗應者，皆以扇乞題詩。范各爲采杜公兩句，或行或草，隨其職分付之，仍爲解釋其旨，無不歡喜而退。儀鸞司云：「曉隨天仗入，暮惹御香歸。」翰林司云：「春酒杯濃琥珀薄，冰漿盌碧碼磁寒。」御龍直云：「竹批雙耳駿，風入四蹄輕。」衛士云：「雨抛金鎖甲，苔卧緑沉鎗。」鈞容部云：「銀甲彈箏用，金魚换酒來。」御厨云：「紫駞之峯出翠釜，水晶之盤行素鱗。」惟司圊者別日亦致，仍致請【五】。魏公曰：「正恐杜詩無此句。」范執筆沉吟久之，云：「端臣思得之矣。」遂書：「雨洗娟娟淨，風吹細細香。」相與一咲。内侍傳觀，亦皆啓齒。

【五】惟司圊者別日亦致仍致請　涵芬樓本注，上一「致」，周本無。按：似「至」字之誤。

瘍醫手法

人病疽瘍及傷折者，多畏醫施用鍼灸之屬。紹興初，江東提刑左股發癰，日以腫焮，其高至尺許。每醫傅藥，亦不容輒近。一醫言：「此非刺破不可。」客將聞之以告憲。憲令裸跣而入，但許以束衣束於腰間，分其髮爲四小髻，不裹巾。此人傍立拱手曰：「腫已成熟，到晚必自潰。不暇鍼砭之力也。」憲喜，偶回顧侍妾，忽大聲掣叫，則癰已穿決，出濃血斗餘，痛即止，能起立。蓋醫磨半破小錢，使極快，置之舌下，伺隙用之，故立見效。淳熙末，趙從善爲治鑄使者，亦有此撓。醫黃裳預藏小刀，長二寸者，於其席下。是日晚，方從容笑談間，密取出，如前所云，遂去矣。兩者皆得厚謝。

朱先覺九梁

嚴陵朱大知先覺，以所居堂屋摧壞，將撤新之。陰陽家謂：「九梁星今年在堂，不宜動作，懼于主人不利。」朱負氣決烈，不肯避忌，聚材施工固自若也。俄兩匠因削木忿爭，運斤自斷一指，流血痛呼，爲命醫治療，未甚全愈。而朱入室澡浴畢，以手捺桶欲起，足滑而跌，閃肋，傷右虎口，痕廣寸餘，痛楚不堪忍。少定，假寐，夢一神人責怒曰：「吾之所居，故意觸犯如是。本不相捨，念汝平日爲善可嘉，姑赦汝。盍於西南方精潔致祭，仍設白粥七碗，果實七楪，副以茶酒香紙，庶可禳謝。不然，無他策也。」朱覺而悔之，亟如其戒。少日平復。其子仲河教授説。

節性俞齋長

紹熙四年【六】，太學節性齋長俞森德茂正，據案綴文，心痛暴作，疾證危殆，昏迷不省人事。同舍守視環立，忽恍然而寤，所苦即平。謂人曰：「適夢黄衣卒持楪來，負一凶器在後。以楪相示，其前書云：『風州楪俞齋長。』未及讀下語，黄衣倉卒復掣去，連稱：『差了也。』凶器即欻仄，若傾倒之狀。森幾有赴冥司之役，豈不危哉！」明日，前廊【七】學諭俞梁，字季梁，暴得疾，立殂。蓋季梁本爲節性齋長，既就職，而德茂實代之，且又同姓俞，故致此誤。朱仲河時在齋中，正覩其異。

潘夢旂母夢

平江士人潘夢旂，本名某。紹熙壬子秋，母夢神人立黄旗於門，旗上有「潘」字，下有「易」字，偏而小。覺以語其子，子曰：「夢想何足據？」明夕，母夢如昔，猶不謂然。連夕至三，母明悟人也，曰：「得非示汝改名爲易之兆乎？」潘曰：「其字既偏且小，不可用。諒使之改經爾。」潘素習詩賦，因是旋買《易解》講義諸書，從師肄業，久而益勤，較藝郡

【六】紹熙四年　涵芬樓本注，吕本多一「秋」字。
【七】前廊　「廊」原作「廓」，據周本改。

庠，多中選，稍以自信。至慶元乙卯秋舉，尚慮經義難合有司程度，復以賦自列。已投試卷，竟又夢向者神人告曰：「曩歲立旗，蓋是汝名。《易》者，汝本經也。」寤而改名旗，仍用《易》應試。夜又夢神人曰：「當用『交龍爲旂』之旂字，從斤乃可。」潘始大驚異，從所言而加夢字，爲夢旂。是歲薦，一舉登科。右三事，皆朱教授說。

邊換師

路歧散倡邊換師，游涉嘉興，就邸於闤闠中。一日黄昏時，有少年子登門，持錢置酒，雖風貌侏儒，然詼諧俊敏，深可人意。數童隨行使令，悉衣黑褐。因留寢宿。但其人滿面多瘡，貼以翠靨，方款會之間，不容邊捫其首。天未曉，托故而去。自是往來如常，一家初未嘗見之，邊亦不覺爲異，遂謝絶他客。其母責誚之曰：「汝執性若此，何以供衣食之資？」邊曰：「每夕少年郎至，必有所攜，豈得云無獲？」母驚問其詳，始知之，舉家駭悸，乃邀行天心正法吴道士，使之驅治。吴戒邊曰：「須今夜來時，試以紅線逢其裙，庶可辨驗。」明夕客至，怒而駡曰：「相處許久，那得見疑？」邊用好語解釋，仍延同寢。伺其熟寐，竟施前説。及旦，於所居之側溝渠間，有紅線垂出，即而尋掘。得一蚵蚾甚大，線綴于背，其傍小者數枚，皆帖伏不動，杵殺之，乃絶。

華亭雨雹

紹熙五年十月八日晚，華亭縣西北隅，濃雲如潑墨。及四更後，暴風震響，從雲翳處來，雷電雨雹交作，横斜激射，疾於箭彈，穿窗透隙，大如荔枝，雖林木蔽陰之所，亦不免害。藩籬塌摧，無復限隔。舟船篷席，漂蕩殆盡。四遠呼叫之聲相聞，震動一邑。黎明少定，雲色開霽。其所傷壞，比屋皆然。惟去縣近境如此，十里之外，但猋風急雨而已。人疑爲龍物經過云。

周麩麵

平江城北民周氏，本以貨麩麵爲生業，因置買沮洳陂澤，圍裹成良田，遂致富贍。其子納貲售爵，得將仕郎。未嘗事佛，偶於家設醮，與其妻同拈香。謂妻曰：「外間誰唤汝？」妻纔出，則扃户自刎矣。父痛子不得其死，舉尸火化。送者見灰爐中，光彩焯發，如球琲，就而視之，皆舍利也。父愈悲悽，爲治陽山祖塋之側，創一大刹，徙尊相寺故額，倣城中萬壽寺之制，規模宏偉，仍度數僧居之，凡費錢十餘萬緡。乃窆亡骨於東廡，如僧式立塔，而繪其像，以冠裳爲飾。然神采顧盼，儼一凶人也。

吉州樟木

吉州軍資庫前，樟木一株，徑闊丈餘，其四圍幾丈，蔽陰庭下，不見天日。其中空洞深窅，傍枝大者，猶可充梁棟。邦人相傳，謂三二百年物也。乾道二年六月，因暴雨雷震，擊碎一枝，皆意龍所藏匿，或妖蛇穴處。迨雨霽，竅中煙氣蓬勃，至暮不止。沃之以水，則烟焰益熾，將延及庫屋。郡守葛立象見之，亟命徙錢於他處，而萃兵匠數十人，併力砍伐，擾擾終夕，木盡乃已。或云：「側生一枝者，於風水占候，利宜春之巨室，其家每歲必越境致祭其下。比三歲不來，袁人言家已淩替。」然則此木遭厄，固有定數，亦云異矣。

卜氏義僕

從事郎卜吉卿，居於湖州之樊澤。雇村僕顏勝，椎鈍無能，主人待之如常，初未嘗蒙私恩惠也。卜調監台州鹽倉，久病羸瘠，浸成勞瘵。自念無可生之理。紹熙辛亥之夏，勝忽發願，欲救之。徹夜禮拜北斗，哀祈迫切。迨天明，揮刀剖胸間，肝即突出，割取四兩許，煮熟，進於卜。卜母知所來歷，食之，心致噦惡，令只嘗一片而止。勝不樂曰：「是我發心未淨，致主母如此。」又再剖割，覺其心自然涌出，復取一持往卜兄縣尉家。庖飪以薦，卜啖之甚美，病若頓減六七分，日以安愈，至於復常。初，勝再施刀時，殊不知痛，稍定，困頓呻呼，其勢危甚。卜招良醫爲縫合瘡口，極力救療，踰兩月乃平。自是逐月給之三十千，以報其德。可謂義僕矣。

真如院塔

嘉興城南真如院塔，起於嘉祐七年壬寅。南法師者，募緣興建，燒造五色琉璃瓦，以爲莊嚴。宣和三年辛丑，遭方臘之亂，焚於烈焰，僅存故址。五年癸卯，寺僧整葺，掘鑿其下，於地窖中得銀塔一座，凡七層，高五尺，重千兩。相輪欄楯，無不周備。刻畫佛像，極爲精巧，而無所鐫記。至淳熙十年癸卯正月三日夜，主者智炬夢一僧，紫衣煖帽，宛若大聖之像，指示塔基曰：「此地久廢，可爲興復。」既寤，啓心募化。至慶元三年丁巳，歷十五歲而成。制範悉倣銀塔，不少異。冬十月，相輪合尖，以佛牙銀佛藏於地中爲鎮。傍有一塚，乃宗室子恭之祖塋也。陰陽家言：「此塔成就，其後子孫必昌。」子恭果由揚州都監得除觀察使，襲封安定郡王。此朱教授所説。凡九事，皆錢仲本傳。

校勘記

夷堅三志己卷第八 十七事

漢張耳碑

越士焦惟和家，因治居室，買得一斷石，疑爲古碑，而字畫漫滅，全不可識，將以甃階戺。偶鄰人值祟物所憑，昏悴幾絶。俄而復甦，亟詣問曰：「碑石曾用否？」曰：「未用。」鄰人曰：「宜速埋之。向吾恍惚之際，見石上一丈夫，露其半身，狀極雄異。曰：『吾乃漢趙王張耳也。汝爲語焦氏，無壞吾碑，便當瘞於土中。不然必有奇禍，悔之無及矣。』」焦懼，即如其説。

道士竹冠

陳之柔，滑稽之士也。政和間，攝京西路一尉，逢馬使者，與一道士同見。道士官金壇郎，恃聲勢方張，傲睨特甚，即擬居上坐。陳不能平，訶之曰：「僧道不應壓俗人，况是邑佐，請就下。」雖勉强從之，意實不樂。使者降意牢籠，以言慰藉。指其所戴竹冠，曰：「樣製甚工新，不知名爲何？」未及對，陳遽曰：「此有兩名，曰笑冠，曰篤冠。」使者問：

「有何所證？」曰：「犬上加竹爲笑，故名笑冠。馬上加竹爲篤，故名篤冠。真犬馬所戴也。」使者大笑，道士慚沮而退。

呼延射虎

韓蘄王督兵淮楚，領背嵬軍獵於郊。道逢羣虎下山，下令打圍。甲士環合，各以神臂克敵弓射之，凡斃三十餘。其一最雄鷙，目光如鏡，毛茸皆紫色，鋭頭豐下，爪距異常，羽鏃不能入，跳勃咆哮，萬衆辟易。大將呼延通，奮怒馳馬與相當，誓必取之。伺其張口，發大羽箭，正中舌上。虎雷吼山立，宛轉而死。命從騎四輩舁歸，剥皮爲鞍韉。一軍壯其勇。

楊立之喉癰

楊立之自廣府通判歸楚州，喉間生癰，既腫潰，而膿血流注，曉夕不止，寢食俱廢，醫者爲之束手。適楊吉老來赴郡守招，立之兩子走往邀之。至，熟視良久，曰：「不須看脈，已得之矣。此疾甚異，須先啗生薑片一斤，乃可投藥，否則無法治也。」語畢即去。子有難色，曰：「喉中潰膿痛楚，豈宜食薑？」立之曰：「吉老醫術通神，其言必不妄。試以一二片啗我，如不能進，則屏去，無害。」遂食之。初時殊爲甘香，稍復加益，至半斤許，痛處已寬。滿一斤，始覺味辛辣，膿血頓盡，粥餌入口無滯礙。明日，招吉老，謝而問之。對曰：「君官南方，必多食鷓鴣。此禽好啗半夏，久而毒發，故以薑制之。今病源已清，無用服他藥也。」予記唐小説，載崔魏公暴亡。醫梁新診之曰：「中食毒。」僕曰：「常好食竹雞。」梁曰：「竹雞多食半夏苗，蓋其毒也。」命捩生薑汁，折齒而灌之，遂復活。甚與此相類。

南京張通判子

南京張通判之次子，患瘵疾累年，危困已極。巫卜者多云有祟。會路當可與數客經過至京，張聞其行法有功，捧刺往謁。仍持狀投訴本末，乞垂拯救。時路君名未大振，同侶亦哂爲誕妄。至是，攝衣正坐，而語衆曰：「吾爲張氏治祟，欲共見之否？」衆歡躍。乃各於其手心書一符，令侍立於後。俄見一鬼吏若執符者，攜狀去。未食頃，一金紫偉人當前致禮，罄折廷下。路詰之曰：「爾爲城隍神，知張氏有鬼祟，何不擒捉？」對曰：「見擒在此。」衆不覺肅然。吏卒擁一少年，滿身被血，以手障面及心腹間，慟哭久之。問曰：「汝爲誰？」曰：「我是張家長子【一】，生前因不肖，貽怒大人，遂與舍弟同謀見殺，利刃刺心腹，痛毒到今。若父怒其子，分所甘受。至於弟殺兄，且席捲所有，在理難堪。此某之所以作祟也。」路委曲開諭之，云：「汝若取弟，則乃翁無嗣。寃債愈深，何有終畢？

【一】我是張家長子　涵芬樓本注，「我」呂本作「身」。

又何益於事？吾令汝父建黄籙大醮，薦拔汝升天，似爲上策。汝意如何？」語言往復，然後從命，倏忽俱不見。張族聞之，悉悲泣曰：「信有之。」路戒使速償醮願，病者漸安，已而無恙。而張氏憚費，頓忘所約。此子因乘馬行河岸，墜地折脅而死。

陳州雨龍

陳州以六月不雨，徧禱莫應。父老詣郡守言：「旱既太甚，非路通判不能以致雨。」守素謂路爲妄人，殊不信，勉從之。路欲就設廳作法，亦唯唯。乃命施青布帟幕圍障四傍，中一巨盆【二】，汲水半之。焚香步印，叱咤良久。語守曰：「已請到龍矣。」守偕僚佐往視盆中，隱隱見一物如羊豖而小，蟠伏不動，腥氣遠聞，懍然覺寒色，始加異焉。嚴奉至三日，又語守曰：「今日龍行雨，勢必小異而去，幸勿驚懼也。」日亭午，白氣如棼絲，自盆出於幕外。俄頃，陰翳晦昧，飛電震霆，穿揭屋脊。一府吏士僵卧相屬，大雨翻傾。迨暮，甘霔盈尺許，遠近沾足，遂成豐年。

東海紫金竹

宣和間，海州東海縣治内叢竹生筍，有紫金蛇，一條蟠繞一筍根，凝然不動，光彩射人。至於解籜，乃不見。竹竿從本至末，如紫金線界道百許行，極可愛。縣宰劉逢作詩表

【二】中一巨盆　涵芬樓本注，吕本作「中置一巨盆」。

出之，其一聯云：「已疑引鳳來何晚，却恐爲龍去莫尋。」後不復有此種也。

台嶺錢王廟

温州之境與福州相接，道中地名台嶺，有小叢祠，揭曰錢王廟。不載祀典，亦不知起於何年，及錢氏何王廟也。土俗往來，咸加敬事。細民貧窶，不給旦暮者，過之有禱，乃以竹根棖撥地中，必得一二百錢，多或至五百。度其心中所冀，弗過與也。越人虞叔曹，姓滑稽，經由祠下，焚香再拜，乞賜黄金十兩，搰搰終日，無所獲而去。

胡園荔枝殼

吴人胡百能，爲李平叔言：「其族居姑蘇，有名園，當春時，縱人遊賞。至三月將暮，芍藥盛開，天氣清和，士女羣集。叔偶獨行散步，至園角小亭，最居幽夐處。遥聞其上笑語懽洽，就視之。見供帳甚濟，數黄衣少年共飲，侍妾六七人，顔色媚豔，亟趨避之。既去百步，竊意黄衣非士庶所服，復回望之，已無所覩。但得荔枝殼十餘枚，其大如鵝卵，芳香觸鼻，袖之以歸。」百能云：「曾見之，非世間物也。」

鏡湖大鏡

會稽鏡湖，在唐日，廣袤三百里，後來貧民盜占爲田，今之視昔，不及十分之一也。崇寧間，漁人夜引網罟，覺甚重，强加挽拽，竟不能舉。乃召集同輩合力，久而方升。一大古鏡，方五六尺，厚五寸，形模奇怪。或持以鑑，形於昏暗中，腸胃肝鬲皆洞見之。置之舟内，欲明日賫詣越府，貨于市。忽鏗然有聲，光彩眩晃，湖水如晝。俄頃，復躍於波心，風激浪湧，移時始定。湖濵父老，今尚有及見者。

五通祠醉人

會稽城内有五通祠，極寬大，雖不預春秋祭典，而民俗甚敬畏。紹興甲子歲，一男子醉入祠中，卧東廡下。時當盛暑，大雨暴作，男子睡夢酣熟間，叱起者三，膽氣方張，恬不介意。忽震霆擊柱，烟焰蓬勃，遂爲雷火所灼，半體焦赤，鬚眉俱盡，呻痛而出。人皆笑之。經月後乃漸平復。李子永親見之。

長垣婦人

宣和中，開封長垣縣兩弓手，適村野巡逴。遇婦人攜一猪蹄獨行，爲三狼所逐，叫呼求救，即杖矛爲逐去之，而留道之左午飯。婦人先行，復爲狼所窘，勢危甚。弓手亦至，又逐之。彼處距婦家百餘步，因偕至其居。婦謝曰：「兩節級不救，我已死了。本以老母病，買猪蹄擬供饌。今輒【三】以爲報。」既煮熟，暫出沽酒，久而不歸。其子訝之，沿途尋訪，則仆於地下，狼咋其喉死矣。略不啖食，委之而去。是日，三與狼遇，竟不免，豈其宿命有負乎？

浴肆角篦

京師浴肆，給使之隸，夜後收拾器具，獲一客所遺黑角篦，僅如指大。啓之，其中有藥，如面膏，意必治眼者所用。其母久苦目，生青翳障，礙結已十年，全不能見物。漫以點注睛上，母呼叫徹曉，云極痛楚。子視之，兩翳若刀裂開，即明潔如昔。謂爲神賜，秘藏其餘。數月後，妻病赤目，仍以藥點之，其痛與母等，且不堪忍。迨曉，雙睛皆枯。又一年，浴客復至，云：「去歲遺下小藥篦，不知落何許？」給使者具陳本末。客駭曰：「此藥能滅去黥墨，爲性至毒，詎可施諸眼中耶？」盧仲禮時在都城，正聞此説。

唐革廉訪

京都之俗，士夫家殯葬，經由之處，巡檢司例以十數卒持采旗導前，不待告約。到墓

【三】輒　涵芬樓本注，吕本作「輙」。

次，但量犒酒炙而已。宣和間，保義郎唐革爲城北壁巡檢。有貴璫葬其父，革率衆迎引，頗盛於常時。璫大喜，邀之相見，極口言謝。問：「目今是何官資？」曰：「保義郎。」又問：「做得恁差遣？」曰：「不過兵馬監押耳。」曰：「可作廉訪乎？」革知其不曉外間官秩高下，乃曰：「此在朝廷擢用，革豈敢望耶？」留飲而去。至【四】十日，中批：「唐革職事修舉，特與轉修武郎。」繼除河北路廉訪使者。革駭不敢承，詣璫門求見，守候連日，始唤入，亦不接坐。方欲致詞敍謝，璫抗聲曰：「朝廷用人，何豫我事？」叱之使出。後宛轉再三懇辭，猶改知霸州。任滿，竟申前命。璫不招恩歸己，一時流輩中，爲可嘉也。

富池廟詩詞

大江富池口，隸興國軍。有甘寧將軍廟，殿宇雄嚴【五】，行舟過之者，必具牲醴祇謁。紹興初，劇賊李成數萬衆，欲攻軍城，禱祠【六】下求吉卜，神不與。成怒，大言嫚侮，擲杯珓於地。珓忽起，帖於柱上。陰雲陡合，雷電交至。成震怖，率醜類亟拜祈哀，方止。果爲官兵所敗。即丁志中所書，以爲馬進者也。李子永嘗自西下，舟次散花洲。有神鴉飛立檣竿，久之東去，即遇便風。晡時抵岸步，青蛇激箭而來，至舟尾不見。是夕艤泊，明日賽神【七】。其前大樓七間，尤偉壯。郡守周少隱，采東坡詞語，扁爲「卷雪」。每潮漲時，石柱半插入水。方三伏中，登望，江面萬頃，羣山環合，清風不斷。子永作詩曰：「卷雪

【四】至　涵芬樓本注，吕本作「不」。

【五】雄嚴　涵芬樓本注，「嚴」吕本作「偉」。

【六】禱祠　「祠」原作「祀」，據周本改。

【七】賽神　涵芬樓本注，「賽」原作「寨」，據吕本改。

樓前萬里江，亂峰卓列森旗槍。上有甘公古祠宇，節制洪流掌風雨。甘公一去踰千年，至今忠義猶凛然。我來再拜攬塵跡，斜陽白鳥横蒼烟。」初題梁間時，本云「英威凛然」，如有人掣其肘者，乃改爲「忠義」。又賦《望月·水調歌》云：「危樓雲雨上，其下水扶天。羣山四合飛動，寒翠落簷前。盡是秋清闌檻，一笑波翻濤怒。雪陣卷蒼煙。炎暑去無迹，清駛久翩翩。夜將闌，人欲静，月初圓。素娥弄影光射，空際緑嬋娟。不用濯纓垂釣，唤取龍公仙駕，耕此萬瓊田。横笛望中啓，吾意已超然。」及旦移舟，神鵶、青蛇，俱送至長風沙乃止【八】。

任天用夢

紹興辛巳冬，江上用兵。任天用守官南康，攝星子縣事，治山寨于黄石嵓，作草舍五百間，日役五百人，設三隘口，甚險固。將奏功，夜夢人著黄道服擕杖來謁，語之曰：「重役良苦，然終亦無用，空擾民耳。」天用意【九】殊不平。數日間，報虜亮自焚。果如神告。

浪花詩

曹道冲售詩于京都，隨所命題即就。羣不逞欲苦之，乃求《浪花詩》絶句，仍以紅字爲韻。曹謝曰：「非吾所能爲，唯南薰門外菊坡王輔導學士能之耳，他人俱不可也。」不

【八】俱送至長風沙乃止　李按：「風沙」原作「沙風」，檢《元豐九域志》卷五，舒州懷寧縣有長風沙鎮，據以乙正。

【九】天用意　「意」原作「竟」，據周本改。

逞曰：「我固知其名久矣。但彼在館閣，吾儕小人耳，豈容輒詣？」曹曰：「試賫佳紙筆往拜而求之，必可得。」於是相率修謁，下拜有請。王欣然捉筆，一揮而成。其語曰：「一江秋水浸寒空，漁笛無端弄晚風。萬里波心誰折得，夕陽影裏碎殘紅。」讀者無不嗟伏。

亡友李子永所作《蘭澤野語》已未用之其前志矣。子永下世十年，予念之不釋，故復掇其可書者十七事，稍加潤飾，以爲此卷。

校勘記

夷堅三志己卷第九 十四事

會稽富翁

會稽富家翁，積以不仁豐屋。晚歲，忽令匠者造小耕犁一具，長廣才三尺，匠不曉其何所用，如戒爲之。翁捧視甚喜，即據地作牛狀，以背挽負，徧耕屋下，至於摩膚流血，不能自已。家人勸止之，且收藏其具，則垂泣不食。居舍之内，地皆穿陷。凡十餘日，竟詣廁，食不潔而死。

陳瑩中夢作頌

宣和壬寅，陳瑩中自南康謫所徙楚州，李景淵爲天台守，遣信致書，慰問安否。未至前一夕，夢作六言頌，云：「静坐一川微雨，未辨雷音起處。夜深風作輕寒，清曉月明歸去。」及答李書，因以寄之。是年寒食，陳下世。秋八月，李亦捐館，終於朝奉大夫、直秘閣。

泗州普照像

林靈素既主張道教而廢釋氏，政和中，詔每州置神霄宫，就以道觀爲之，或改所在名刹，揭立扁牓。泗州用普照寺，正僧伽大聖道場也。黄冠環睨，大像雄麗嚴尊。雖已入據室宇，而未敢毁撤。乃出金帛，募人先登。有趙氏不肖子，本以宦族漂泊失圖，來爲宫衆服役。利於激犒，奮臂揮斧，首擊像身，餘輩噪而從之，百尺華裝，頃刻糜碎。觀者嗟愴掩泣。不旬日，趙子兩手潰爛，浸淫肩臂，迨於全體，膚肉解剥，若被剮剔者，呼叫不絶聲，閲百日乃死。

婺州王石穴

婺州金華民，鑿山取石。望一穴中空空然，就之，正黑，凝睇良久，微若有光。因燭火照之，則左右粲爛皆玉石也。或小或大，形範不一，如佛菩薩像、僧道士像、人物鬼神、禽畜魚果，雖不必全類，而至巧天成，非世上【一】琱刻之所能及。擕出至外審視，鮮明潔白，愈於良玉，但差脆耳。郡人爭賣負售販，所獲甚厚。穴入坎愈深，莫測源極，其物益佳。有健夫數輩，秉炬窮探，轉行地底，仰空側睇，玉色如犬牙【二】。至積水垠，對岸多玉几，長丈餘，陳列器皿，琴笙鐘磬，男女拱坐，或作老人偃伏【三】。環繞上下，品數千百，製作

【一】世上　涵芬樓本注，吕本作「世工」。
【二】玉色如犬牙　涵芬樓本注，黄校：「犬」字疑誤。
【三】偃伏　涵芬樓本注，吕本作「傴伏」。

之紗，又非前比。方欲褰裳涉水，水深難厲。一白龍突然而興，怒目烱射，爲搏噬之勢。衆驚奔而出，一無所將。是夕，大風雨，穴復合無隙。其後莫敢發掘。今婺人猶有收藏器物者。

婆律山美女

政和中，南番舶來泉州，客與所善者言：「占城及真臘兩國交界，有大山，名曰婆律。比歲，一夜風雨震電，變怪百端，至天明乃止。石壁中裂，美女二人姍姍而出，其貌傾城。占城人得之，以獻於王。真臘聞之，遣使求一。不遂所請，滋不平，至於興兵爭鬭，殺傷甚衆，經年未已。」

甜水巷蛤蜊

李士美丞相、劉行簡給事，因入京師，同僦甜水巷客邸。傍一富家相近，李與之姻舊，常相游從。某術士寓巷内，新有談命聲，稱其能者藉藉。富子邀二公詣之，各攜百錢。既至，環坐滿席。李欲親試之，乃交互其年月，先下二百錢，議富子命，不能中。劉忍笑胡蘆，不復再扣而出。時天寒欲雪，富子約二公曰：「家有新釀，擬奉一醉。」遇市人撲蛤蜊者，都城所鮮見。劉以所餘百錢命僕持奉【四】，隨往富家飲。兩杯竟，而蛤殼來示【五】，皆

【四】劉以所餘百錢命僕持奉　涵芬樓本注，原本「錢」下有「獲勝」二字，呂本同，黄校删去。

【五】而蛤殼來示　中華本注，此句下有脱誤。

渠泥也。右六事，亦得之李子永【六】。

興國大乘佛

贛州興國縣大乘寺，朱梁時所建。歲久頹折，惟有古殿存。其後僧徒稍隨力營立，邑宰曾君又取其西北隅屋數間爲義學。慶元三年十月十四日夜，火作，盡焚師生所據之廬，烟焰蔽天。主簿官舍在傍，遠望者謂必爲煨燼之區，且及縣治矣。寺後豫章大木，枝幹拂簷，與藏殿相連，下接義學，皆無纖毫燎損，固以爲異。又石佛一軀，亦二百年前故跡。形相端嚴，精神溢出，巧於鏤木。塑畫者覩之敬嘆，皆自以爲不可及，亦在齋舍之側。附近既爲飛埃，佛坐之頂，僅留數椽，而左右前後悉無煤污，觀者贊仰焉。主簿余鏞勸主僧正宗重修法堂，易其扁榜曰「無量壽石佛殿」，大書金字，表而出之。或謂佛示現神通，欲大其居，而正其位，故出火以警之。縣自有學校，不應別又建學，蓋與潭、衡、南康書院之制，固可謂贅也。金仲庸説。

乾紅猫

臨安内北門外，西邊小巷，民孫三者居之。一夫一妻，無男女。每旦攜熟肉出售，常戒其妻曰：「照管貓兒，都城並無此種，莫要教外間見。若放出，必被人偷去。我老無

【六】右六事亦得之李子永　「得」字原闕，中華本逕補。今從之。

子，撫惜他便與親生孩兒一般。切須挂意。」日日申言不已。鄰里未嘗相往還，但數聞其語，或云：「想只是虎斑，舊時罕有，如今亦不足貴。此翁切切護守，爲可笑也。」一日，忽拽索出，到門，妻急抱回。見者皆駭，貓乾紅深色，尾足毛須盡然，無不嘆羨。孫三歸，痛箠厥妻。已而浸浸達於内侍之耳，即遣人以厚直評買，而孫拒之，曰：「我孤貧一世，有飯喫便了，無用錢處。愛此貓，如性命，豈能割捨？」内侍求之甚力，竟以錢三百千取之。孫垂泣分付，復箠妻，仍終夕嗟悵。内侍得貓，不勝喜，欲調馴安帖，乃以進入。已而色澤漸淡，才及半月，全成白貓，走訪孫氏，既徙居矣。蓋用染馬纓紼之法，積日爲僞。前之告戒箠怒，悉姦計也。馬相孟章説，蓋親見之。

傅夢泉

傅夢泉子淵，建昌人，從陸九淵子靜爲學，故持論處己，或近於異。爲衡州教授，令士人勿作時文。至秋試，皆不中選。晝坐值舍，其家遣僕報女病篤，或勸使歸視。答之，曰：「病者自病，於我何預焉？」續報其死，亦漠然不顧。通判王恭之一子，年已長大，慕其名，命入學受業。陸【七】治一室處之，不許以書筆策硯自隨，曰：「學道當從静默始。」王生本無見趣，矻矻半年，幾成癡疾。父乃呼之歸。衡陽有向氏花圃，海棠甚盛。方花時，陸折簡邀諸生六十人往賞之。人自攜一杯一甌一椀并匕箸，既畢集，布席花間列坐，

【七】陸　中華本注「陸」當作「傅」，下同。

以大甕貯酒，大桶盛飯羹，齋僕舁至前，隨意酌取。賦古風一篇示之，其句有云：「吾非愛海棠，吾愛與吾惡，海棠自海棠。」諸人略無和者。慶元二年改秩去。陳鼎説。

建德茅屋女

筠州城民蔡五，善刺繡五色及畫梅竹。早孤，與兄弟同居。久而不睦，獨身出他郡行遊。淳熙十六年，年三十有六矣，到池州建德市求趁。縣人李二郎，喜其技藝精巧，使孫嫗爲媒，欲以女嫁之。是歲十月就舍，方禮席入帳，驚呼而出，稱李家詐裝男作女，欺脅我。孫嫗解之，曰：「李只有一女，色貌不凡，安得如汝所説？得非眼花心亂，致生此見？」嫗揭帳視女，乃知果具二形，强蔡使成婚。其女面闊幾一尺，而額才寸半，頦尖若錐。蔡謂嫗云：「我曾有小詞，正是詠一姐。」問其云何，曰：「吾意間不愜，但記一句。曰：『瘦得臉兒兩指大。』」嫗知其不樂，勸之流連。紹熙元年二月，竟不告而去。甫出郊五里，遇茅屋内一女子，倚門斜立，前揖之，女斂手笑答，各詢姓氏。女曰：「我姓楊，第二，自建康府隨丈夫爲商，中道相失，抛我在此受苦。」蔡亦以棄妻告，兩意訢合。蔡潛歸李氏，取衣衾錢物至，邀女而西，駐于江州累月。李遣僕訪求得之，即遁往興國軍。二年四月，有僧頂笠過門，見女，指爲鬼怪。蔡怒，以爲僧必解妖術，欲誘化吾婦，叱駡而去。女曰：「秃賊不可耐。我與爾作夫婦歲餘，今已懷妊。白地撰此惡語。」已而生一子，名曰興哥。又詣徙鄂渚，安居自適。四年九月，始北往荆南。將渡江，與女偕。有術士劉三郎者，能静識異物，俗稱爲活神道。偶同舟，密告蔡曰：「知汝本妻在建德。斯人是建康楊家小倡女，死已八年，如何可相處？虚静張真人尋他多時，不知却在此處。」蔡猶不信。五年四月，於荆南客店繡衣領，女理葺在側，忽一道士戴鐵冠，左手持水盂，右手杖劍，直入店，吸水噀女。女大叫一聲，即不見。道士語蔡曰：「幾壞汝性命。此婦人是建康女娼楊小姐，若不去之，將更爲人害。」蔡起拜謝，失之矣。

石牌古廟

浮梁縣外石牌村民胡三，妻董氏，以紹興四年六月暴死。慶元元年二月，黄昏時，胡三在房内坐，忽困怠如睡，見董來，驚問之，曰：「汝不幸下世，將及兩年，何故又到此？」董泣言：「好教你知。舊日有何師者，得一獮猴，縛之高木上，餓數日了，乃煉製熟泥塑于案上，送入山後古廟，祭以爲神，後來成精怪發靈，我遂被他取去。」言訖辭别，胡豁然醒。明日咨訪父老，果得廟，有神像，正所謂獮猴者。即用刃揮擊之，血流滿地，遂毁其室宇。

曹三妻

饒州安仁縣崇德鄉民曹三妻黄氏，有二男一女，慶元三年二月死。既葬之後，至十月一日，其女一娘，從夫家歸，設供。正哭泣間，聞靈座内嬰孩之聲，漸高漸近。忽一光頭小兒，自靈幄走出，俄然長大，如黄氏生前。拽女衣而問曰：「我在生之日，辛苦看蠶緝麻苧，三年艱辛，織得紬絹三十疋、布十五疋，寄頓汝家，正要防身。汝是我親生之女，如何欺死瞞生，便不將出？宜盡數還我，教父兄貨鬻，充修營費。」女悚懼曰：「告娘少待容，只今取來。」其夫家甚近，頃刻而至。黄與曹説往事，無一差誤。誦經卷了畢，稍復縮小，再入幄坐而没。

葉七爲盜

景德鎮貧民朱四，其妻張七姐，慶元三年五月初，夜如廁，聞有呼之者。張應曰：「誰人唤我？」曰：「葉七也。」張問：「是何處人？」曰：「只在近鄰舍，何故不相識？」張曰：「夜已向深，似不當到此。」葉曰：「見爾家窮乏，有見錢一貫，特用相助。」張喜，接錢還室，葉亦去。明夜，又來扣門，復致錢五百。自後夕夕如是，積所得幾十千。經半月，遂通衽席之好。及六月，又以衣服冠梳及銀釵與之。巷内程百二妻，因過朱氏，認得張頭上叙及所著冠衣，皆其物也。謂爲盜，擬執搦告官，報集里舍皆至。張云：「係是葉七哥日前送來與我者，了不知其故。」程妻亦念張七姐不曾來我家，難以疑他作賊。且詢葉七來歷形狀，張悉從實備告之。衆皆愕然。有鄰老張二云：「其人已死二十餘年，葬在宋家東司【八】籬外。吾聞此鬼在外迷惑人，前後非一。今子孫久絶，試共發壙驗之。」衆曰：「喏。」既舉板已朽爛，而僵尸不損。凡諸家先所失物，多有在其側者。乃焚其棺，而投諸水中。右四事，徐謙說。

衛勳傷足

鄱陽王大辯助教之後妻姜氏，躭酒喜鬧。嘗因爭怒發忿，獨往寄食於妹壻衛勳之舍。妹教之曰：「王老前室有子婦，當著意關防，不宜假借顏色，以招悔侮。」經兩月，勳送之歸。大辯聞前言，頗加責誚。勳深抵諱，曰：「吾妻無是語。苟如此，昭昭在上，吾當只以今日遭不吉之報。」大辯謝，留與飲而去。初，勳將出門時，若有自後呼之，曰：「秀才莫出則好。」即而視之，無人焉。以爲耳妄聞，不顧而行。及還抵所居巷口，賣漿民黄二家一白狗，從足跟緊銜其鞋，叱之不退，急擺脱之。狗亦抛擲弗齧。路人怪其獰惡，共持棒擊逐。勳再著鞋了，回頭觀之，不覺跌仆于地。元非有物絆礙也。痛極不能起，見者報其妻子來，左股脛骨已斷。狗已竄佚，不知所在矣。自慶元二年秋治療，至四年之春，始

【八】東司　涵芬樓本注，黄校：「司」字疑誤。

覺愈，然須策拐乃可移步。勳聚徒爲小學，謹飭安分，被傷時，年六十有五，可謂奇禍云。大辯說。

夷堅三志己卷第十十五事【一】

石門珠巖

鄱陽石門鎮外二十里，一山阜高峻深杳，名曰珠巖。土人七八十歲者，能言承平時，曾有波斯客經過，徘徊凝望，留連再宿。語逆旅主人云：「茲氣象奇秀，當孕珍寶。其兆已露，見特里俗不能別識耳。我須復來營之。」遂去。後二年復至，以所攜破山刀，剖嶺骨成蹊，得大珠數十顆，藉以毯蓐，置之笥中。其圓多徑寸，小者猶如櫻桃。野山無主，但略犒傍近居民而行。今取珠之穴尚存，當剖開處，兩下各有迹，至或四五十栲栳者【二】。天產至寶於是，果何爲哉？

應天山玉樹

貴溪應天山，當龍虎福地之右，雲氣鴻濛，上與天接，仰不見頂，穹窿崮崒，拱挹于下，若培塿然。唐時爲馬祖道場，原有小寺，良田數百畝，皆在其顛，無旱乾水溢之虞，歲收甚富。淳熙中，臨川陸九淵子靜到彼游觀，喜其山水佳勝，寺無一僧，遂據以爲書院，聚徒幾

校勘記

【一】夷堅三志己卷第十　此卷原本全闕。今從呂本補十二條，尚闕三條。

【二】至或四五十栲栳者　涵芬樓本按：此句似有脱誤。

三百人。凡佛像仙翁，創新堂宇，專以伊洛道學垂訓。嘗與高弟彭世昌輩縱步登覽，至深谷，見小樹數株，方結花，扶疎光曜，色雪白可愛，微清香，根莖上下如玉，絶無塵垢。詢之鄉老，皆莫能識。陸曰：「是所謂玉樹也。」悉從種於書齋前。高者可六七尺，低者三四尺。經年後，遂稍憔悴，而葉全不落。陸移書所善，夸美其事。居山歷歲久，生員亦多所成就。張南仲侍郎故宅正在山下，族子從陸先生遊者甚衆。侍郎之孫思順，屢聞所云，欲求一本，助野處實玩，未得也。今寺屋及田，盡爲彭氏之掩取有也【三】。

蚵蚾蜕化

饒醫黄裳，以淳熙己亥歲九月，訪推官黄焯。見一蚵蚾跳入瓦堆中，坐客臧主簿曰：「是變且化。」俄瓦堆爲物頂起，有鶻鶉飛出，直從屋檐翔空而去。三人同就其處觀之，但蚵蚾蜕皮存，其薄如紙。臧因言：「頃日嘗觀此異。」然則萬物化形，固常理也。

周沅州神藥

德興五顯廟，本其神發跡處，故赫靈示化，異於他方。淳熙三年，弋陽周關須沅州郡守闕，未赴，卧病困篤。適上饒人汪保躬自負香案，將至其所居衫山，抄題供施。庵蹇僧、役吴行成，欲爲請藥於神而未果。其夜，夢黄衣人來謂，曰：「知汝欲請藥。今大郎、四

【三】盡爲彭氏之掩取有也　中華本注，此句疑有脱誤。

郎在此，何不遂行？」吴郎隨往一所，登重樓之上，見衣冠者一人，雲巾鶴氅者一人，並坐。二童傍立治藥，侍衛甚盛，肅整無譁。吴再拜致詞，衣冠者曰：「何不早來？」顧鶴氅者曰：「四哥可給藥與之。」吴謝而寤。於是用翌日詣謁，且以夢禱。才擲一珓，即得藥，如香灰中棗，歸告于周。于是八月朔日，遣介迎像至萬居【四】，將建佛事爲報。神又賜以藥，是日便能加飡飯。凡里社賴以愈疾者，數百人。周一妾，絶食八十日，族人子病驚風，皆獲安。方氏女因痘疹，壞目，失明數歲復見物。俗言第四位神顯靈昭濟廣順公，素好道齋戒，專務施藥，以積陰功，故效驗章章如此。周自作記，述其事。

林劉舉登科夢

福州長溪人林劉舉，在國學，淳熙四年，將赴解省，禱于錢塘門外九西五聖行祠。夢成大殿，見五人正坐，著王者服，贊科如禮。聞殿上唱云：「五飛雲翔，坐吸湖光。子今變化，因遡吾鄉。」覺而不能曉。是秋獲薦，來春于姚穎榜登科，黄甲注德興尉。既交印，奠謁五顯廟，知爲祖祠，始驗夢中之語。

廟神出遊

【原闕】

【四】遣介迎像至萬居　中華本注，此句疑有脱誤。

神作上梁文

【原闕】

雲居聖父

【原闕】

吴呈俊

德興以五顯公事狀申江東運司，在法須遣他州官覈實，然後剡奏。上饒丞、儒林郎吴呈俊奉檄而至，甫謁廟下，怳然有省。因憶少年時，夢入大祠，見神王五位，皆冕服正坐，光焰烜赫。良久，一吏宣詞，若有所告。既寤，能紀髣髴，久而忘之矣。及是，儼如夢境所覩，乃詳其感異本末，復于漕臺。且留一詩，備紀其事。其詞有：「檄來此日言明載，夢裏當年事已通。」之句。於是五神得加封。吴君，縉雲人也。

余氏夢松竹

鄱陽任大亨，娶德興余氏女。慶元三年，余得疾，既夢與夫行到一處，四松植列於前，其傍皆茂竹，境趣靜雅。駐立諦觀，而夫去不顧。覺以語其子之奇，云：「我夢如是，恐非佳祥。」之奇對曰：「吾母久病，兹以獲愈。松竹青青，乃壽考無疆之兆。真可喜也。」余氏終疑不釋。次年病，竟以正月八日不起，享年五十五。其家葬之於城西二十里外曰青山，與舅姑塋相近。墓下松竹，宛如所云。乃知死生分定，非所能免也。

葉氏七狐

德興縣外五里一邨落，名朱家閧，葉氏聚居之。曰子長者已長，以恩科仕至縣令而終。其第四子七七秀才，當慶元三年正月正晝，方讀書次，有七狐爲羣，相御而入【五】，穿繞堂户，急呼婢僕擊逐。而發於倉卒，旋索尋器仗，及得之，皆已奔佚。復過比隣朝奉宅，此家素畜數獵狗，甚獰惡，見狐至迎搏其二殺之，餘者皆竄不知所入。七七秀才收貯雞卵二個，欲令孥抱。一小妾偷之，煮於釜，未暇食，爲主人所覺，逼使引手入湯内取之，即時肉爛，至暮而死。里正告於官，檢尸驗實，不曾加箠，無他痕傷，得免於罪。但已費蕩百餘千，蓋禍也。

李氏宅金龜

真州昔時有李氏宅，高門壯屋，相傳甚凶。草木擁蔽前後，氣象幽密無倫，處之稍久，

【五】相御而入　李按：「御」當爲「銜」之誤。

必暴病至死，以故無人敢居。十五年，有鄭端者，素負膽勇，視鬼神蔑如，徑挈家衆，不擇日而入，即據正堂。所親或勸曰：「古語有云：『如何萬金子，而與惡物爭？』一郡宅第多矣，何必此？」端然而不答。住止愈適，寂無所覩，自以爲己力足用取勝。忽廊下見一龜，徧體金色，不以爲異，遣童送於十里外野塘中。是夜就寢，聞牀下有聲，但稱「八八」，莫知何物。曉而視之，又前龜也，始怪焉。掇之以足，遽然不見。至晚，一瘡生左足上，漸似龜形，浸覺痛苦，招外科醫士輩砭治。凡藥方可用者，悉歷試之，略不効驗。家人因議遷寓僧坊，沉固不蘇，越六十四日而卒。正合八八之數。

桐江二貓

桐江民豢二貓，愛之甚，坐卧自隨，但日觀其食飢飽，暮夜必藉而寢，或持置懷抱間，摩手拊惜，出則戒婢謹視之。一日，鼠竊瓮中粟，隨【六】不能出。婢走告主人，主人喜，攜一貓，投於瓮。鼠跳躑上下，呼聲甚厲。貓熟視不動，意伺其便也。久之，乃躍而出。主人笑，又取其次，方投瓮，亦躍而出。庭有雛雞方戲，反遭搏而死。婢怒言：「吾待二貓甚力，今見鼠不捕，顧殘我雞，復何用？」主人慚不答，而使借隣室。貓至，窺瓮，爪婢衣，不肯下，至破袖傷臂。鼠揚揚在中，飽食粟，不避人。至于明日，婢不勝憤，將梃就擊。梃才入，鼠即緣之而上。婢驚棄梃，遂脫。以三貓一婢，而不能取一鼠，俾之得志而去，亦可

【六】隨　涵芬樓本按：「隨」字似「墮」之誤。

謂黠矣。

桐廬犢求母

桐廬人畜兩牛，一牸一犢，同日鬻之。農者取其犢，而屠□□□其牸，並驅出門。屠引牸度溪，入于家。犢立溪外，引首長鳴，農鞭之不動。逼使行，每數步必回顧。越複嶺穿支徑，至田間，農寘之閤中。屠夜具湯鑊，且將烹牸，聞户外牛鳴甚急，牸應之亦急。屠私自念：「夜已三更，天黑，四傍無人居，安得有牛到此？」促點火視，則彼農向所買犢，也排户而入，跳躑母傍，牸亦連舐其頸。屠雖悍忍，惕然動心，反湯滅火而寢。農失犢，所在求之，數日遇屠，具言其事，相與嘆息，并以元直贖其牸而去，遂爲母子如初。農家至屠舍，十五里，道屈曲，非尋常往來處，犢固未嘗至，乃能知之，異類天性如此，蓋必有神物爲之助。人之不孝于親者，殆非此犢比也。屠能臨利向善，亦可嘉矣。

界田義學

李仲永侍郎，居浮梁之界田。晚年退閑，於所居之東三里間，自立義學，且建孔子廟，塑像嚴事，工製精華，至用沉香爲舌。以春秋致祀，招延師儒，召聚宗黨，凡預受業者，踰三十人。捐良田二百畝，以贍其用。每日暇時，躬往講説《周易》。族中子弟，有荒于嬉者，翻以習誦縈絆爲苦，乘其夜歸，故撑拄所過野橋板，使之顛墜，李不爲止。紹興庚辰下世，子孫益微，不能紹先志，學漸蓁蕪。師生掃軌，或拆其屋盧，或取其木石，或據其地爲居舍，沉香亦遭竊貨。曾孫有烈，遂築室於其基。慶元丁巳，暴得熱疾，醫療禳禱，逾月弗息，一切無效。有道士能考照祟禍，呼視之。命小童立卓上，遥望之次，見一戴冕旒人，容貌高古，又十輩供從于後，云：「吾乃文宣王，從我者十哲也。」道士問：「何以至此？」曰：「吾受李氏香火，極爲勤潔。自侍郎身没，諸孫不復關心。既毁我廟，又仆我像，今四十年間，蕩然無纖毫之迹。吾將稱顯威靈，以爲之戒。」顧一人，使召李侍郎，卻責其不能訓後。俄頃還，白云：「見爲鄂州城隍。今日有職冗，不及從命。」乃謂家衆曰：「便再復舊貫，吾當福汝。」衆曰：「敬諾。」童即醒。有烈之疾頓瘳，然不暇如約。予謂神祇廟室所在，固有神靈爲主。若此段者，其怪誕尤可見，一何侮瀆吾先聖也！輒志於三己之末，庸警惑者云。

夷堅三志辛序

予固嘗立説，謂古今神奇之事，莫有同者。豈無頗相類？要其歸趣則殊。今乃悟爲不廣。前志書蜀士孫斯文，因謁靈顯王廟，慕悦夫人塑像，夢人持鋸截其頭，别以一頭綴頸上，覺而大駭，呼妻燭視，妻驚怖即死。予嘗識其面於臨安。比讀《太平御覽》所編《幽明録》云，河東賈弼，小名醫兒，爲瑯琊府參軍。夜夢一人，面齇皰甚多，大鼻瞷目，請之曰：「愛君之貌，願易頭可乎？」夢中許易之。明朝起，自不覺，而人悉驚走。琅邪王呼視，遥見，起還内。弼取鏡自照，方知怪異。因還家，婦女走藏。弼坐，自陳説。良久，遣人至府檢問，方信。後能半面啼半面笑，兩手各捉一筆俱書。然則此兩事，豈不甚同？謂之古所無，則不可也。《幽明録》今無傳於世，故用以序志辛云。

慶元四年六月八日序。

夷堅三志辛目録

卷第九 十事

卷第十 十四事

夷堅三志辛卷第一 十事

祁酥兒

祁酥兒者，亳州人。父爲秘書省校書郎。酥兒性警慧，孝愛異常。誦詩書，理音樂，皆不緣指教而自能【一】。母久病，步立艱難【二】。方七八歲時，已代管家務，事無巨細，悉幹之合宜。年十五歲，其冬，母病忽加劇。酥憂急不知所爲，潛持一錢詣佛堂供像前，拜而祝曰：「吾母病甚，吾將割股肉以療。敢擲此錢以卜。即可，願錢文上嚮。否則反之。」擲已，驗之，文果上嚮。心獨喜快，謂佛真許我，遂持刀以割左股，不暇遮傅，自燔之於火。屑而圓，類真藥粒之狀。與母言：「醫別換藥來，戒曰：『盡服此，可愈。』」母接服之，經宿有瘳。酥謂符所願，益喜。家人見其坐稍偏，怪問其故，猶閉匿不肯説。迫之再三，乃具以實告。皆大驚，亟求善藥護其創。創已先中風，浸浸傍攻四體，萬方調治竟不瘥。危困之際，語家人云：「吾取吾肉以救母，固已不愛吾身。母幸緣此以安，死亦何恨？但父母年俱高，不得終養，用此有遺恨耳！」泣數行下，遂絶。南城王補之爲作傳曰：「酥兒之心，尤可悲也。方其奮然舉刃之時，豈不知肌肉之裂，有不可忍之痛？爲

校勘記

【一】自能 涵芬樓本注，呂本作「自曉」。

【二】步立艱難 涵芬樓本注，「立」呂本作「履」。

至難也。以謂吾不如是，不能盡其孝。故以始笄之年，最弱之身，怡然甘之，而忘其所以難。其可悲至矣！」予讀之，惜其無傳於世，爲載之三辛第一章。

諸暨山道人

復州教授長樂陳方，在太學時，一齋生【三】嗜酒，酣醉無度，不深【四】留意燈窗事。適諸暨縣人招作門館，其家僕開酒坊，陳賀之曰：「此正是君從游處。適我願兮，宜勿辭也。」於是浮江而東。當淳熙十三年秋解試，望之，不參假，疑其已死。或傳似有所遇，不飲不食，夜不就榻，唯在書室中講授如故。同舍生不以爲然。及春，忽參學，衆以所聞質之。答曰：「我坐平日酒多爲累，故止不向口。若臨飯食，輒自覺飽。入夜全不思睡，亦不自知其然。」同舍私相約，更迭陪之一宵，驗其是否。已而果如人言，扣之，不肯說。久之，始謂陳曰：「彼家酒坊，距其居，只半里。吾早間點校生徒罷，則徑造之，連沃數觥。及晚，亦如之。一日，醉甚，望坊外三四里有一山，奇崛幽邃可愛。信步往遊，見一人卧松下。作而言曰：『汝無時無節不躭酒，豈不防損害性命？大可慮邪？』其人著青布寬袍，長六七尺，昂昂一道人也。不覺敬異，宿酒【五】頓醒。道人呼使前，授我隱訣數語，翩然而去。自是日不復近酒饌，雖偃息枕上，亦不交睫。」它無所云也。後收拾書策告别，不知所終。

【三】一齋生　原注：忘鄉里及姓名。

【四】不深　涵芬樓本注，吕本作「未嘗」。

【五】宿酒　涵芬樓本注，吕本作「宿酲」。

范端智棋戰

范元卿以棋品著聲於士大夫間，且歷處庠序，踐館閣，故無不知名。其弟端智，亦優於此技，與兄相埒，而碌碌布衣，獨客於楊太傅府。楊每引至後堂，使諸小姬善奕者賭物，然所約不過數千錢之直。范常常得之。楊一日謂曰：「聞君家苦貧，小小有獲，無濟於事。吾欲捐金幣三千緡，用明日爲某妾一局之資，君能取勝，立可小康。」范喜謝，歸邸，寢不能旦。同寓之士竊言：「范骨相甚薄，恐無由能致横財如是。」及對局，既有勝矣，思行太過，失應一著，遂變捷爲敗，索手而出。乃知非分財物，不容妄享。好利忘義之徒，可以内省也。范子由說。

吴琦事許真君

饒州吏人吴琦，習熟刀筆，年二十三歲，即遷補職級。淳熙十四年五月八日，徙居於下西闕，整頓神佛堂，鋪設位像，以所蓄壽星一軸，挂左壁。右方闕焉，每用興念。旋命畫工劉生，繪九州都仙太史高明大使像以補之。所謂許真君也。至七月十四日，琦正午假寐，夢神人頎而長，戴方巾，反搭其半覆面，手繙簿書，披閲竟，呼黄彦發姓名。黄者，都孔目官也。琦前跪曰：「都吏賤役，亦注籍耶？」神乃指示之曰：「既是都吏，烏得無名？」

琦又白曰：「如琦微下，不審它日到得此地位否？」曰：「亦可，但恐等候不及。」復請曰：「琦終身不至遭刑譴否？」曰：「無之。」續問壽命妻孥，神檢簿，使觀之。其簿式樣，全如四縫笠之摺角，排列金星，歷歷粲耀。乃爲言：「汝分【六】只合一男一女，後來儘得，兼汝壽不長，不出四十，仍主暴夭。」琦所以咨扣，凡數端，悟其爲神，欲加奉事，恨未得稱呼。乘其去，挽裾而問之。應曰：「汝不識我乎？我即第一蔣真君也。」又以未曉所言爲請，傍一人若馭馬卒，云：「便是汝家神堂右壁所事者。」遂上馬而去矣。琦夢覺，悉書於册。後九年，一旦嘔血死。妻子曲折，皆如言不差。少陸說。

林氏館客全璧附

平江林氏兄弟，鄰居東西兩宅，各邀士人處書館。居東者建安陳希黯，賦性誠直，兄雖加敬禮，而待之與常時客無異。弟所招閩中黄生，巧逢迎，脅肩諂笑，能得主人歡心，故相得極厚。束修之外，遇有干求，亦應之不靳。陳君每歎羡，謂己不如。黄忽抱病，浸浸困劇，弟過意拯療，不能愈。髮如蓬葆，而不可運櫛。主人使僕爲梳理，數拒却之，遂至死。主悼惜無已，躬爲治喪。方洗沐之次，見髻中有短紙一小卷，漫取視，蓋其抄録主家事狀，及言語疵瑕，巨細不遺，仍謹誌月日，以備或失歡時，爲訐訴具也。主大怒，亟令舁其尸，置於空室，但置松棺殮葬。湯居實談其事，予因憶在婺州日，義烏縣下巡檢館客曰

【六】汝分　涵芬樓本注，吕本作「汝命分」。

全璧，以學課不如期，陳狀并告其它過。時淳熙十三年四月，問其授館以何時。曰：「去歲五月二日入學，及冬，則不肯償月給。憤其無禮，故具所聞見達于使君。」予視其條目，二十餘項，本末歷歷。語之曰：「所言果實乎？」曰：「不敢一事相罔。」乃出一横册呈示。則是去歲五月四日命寨兵伐木作胡床，及五日擅用音樂【七】等事。予曰：「汝方以初二日就館舍，兩日之間，便密疏其不法，何也？」使詣曹供對，杖之二十，而荷項令衆於寨門。郡人皆傳笑，謂全璧遂成碎璧。全生之過，受罰於生前。而黄生之慝，乃暴於身後。皆非佳士，不滿賢者一笑云。

李彦勝夢賦

餘干李彦勝興宗，習舉子業，詞賦甚有可稱。淳熙甲午，請鄉薦。至紹熙壬子，當免舉。夢就試省闈，遇紫袍神人持金榜揭示之曰：「此題目也。」且謂子細，言之至再。李熟視之，乃「人主天下之儀表賦」，并韻脚及出處，上下文歷歷明白。即濡墨引筆，一揮八韻，略無停思，殊以驩躍。既寤，遂綴緝一篇，髣髴猶憶夢中隔聯佳處，朝夕潛自諷味，雖從學者在席下，亦不與之言。時邑貴趙子直爲吏部尚書，度必知貢舉。李嘗作館客，在法合回避。趙念别院取數少，預詒書止其行。李曰：「倘吾命分當得，何論大小難易！固已格夢兆，夫復奚疑？」遂決計負笈而西。癸丑正月，到都城，趙果司文柄。李牒赴别

【七】音樂　涵芬樓本注，「音」原本作「審」，原校改「音」。吕本作「番」。

試，所賦題乃「帝王以納諫爲聖」。而貢院出題，并韻脚，悉與夢合。始以事告人，知無復科級之望，且歎曰：「造物小兒相戲，可謂惡劇！」竟下第而歸。少陸說。

二屠鼎烹

德清民鄭八，酷於屠牛，每行刃時，先刺其頸，血從中傾注數斗，目尚開闔。覩者念痛苦之狀，或稱救苦天尊，或誦解脱真言，助之冥果。鄭恬然弗之恤。母在越，嘗渡江省之。到中途，日暮值雨，急進路傍古祠中。半夜後，聞堂上軒訇有聲，畫燈前導，一神據案坐，吏押老人至。首問曰：「汝在生之日，何得於佛殿上殺牛？」命赴湯鑊獄。次捽鄭出，鄭知其不佳，拜而乞命。神怒曰：「汝所屠不可勝計，尚敢然？」亦命提趨湯，是時猶未墮鼎鑊。明日，倩人告其母，備述境象，因使報人知戒。語畢，蹶而死。母忽夢其求功德，莫測所以，少頃訃音至。

張淵侍妾

觀察使張淵，紹興中，爲江東副總管，居建康。每以高價往都城買佳妾，列屋二十人，而御之甚嚴，小過必撻。嘗盛具延客，皆環侍執樂，歌舞精妙，一坐盡傾。妾兢兢自持，不敢游目窺視，無論言談也。中席，淵起更衣。坐客葉晦叔之側，一姝最麗，乘間語之曰：

「恭人在太尉左右，想大有樂處？」姝慘容不答，但舉手指筵上燭云：「絳燭分明會得。」晦叔後與予言，猶憶其風流慧悟也。招北士馮伯起爲館賓，待之特異。仍治宅西一室，使挈妻子入處之。元宵三節，爲張燈百盞。淵赴府宴，長姬領衆妾訪其妻，小鬟見床褥華雅，戲卧其上。馮竊至，遂與之合。既罷，長姬知之，歸以白淵。淵隱而弗問。經旬日，約馮共飯。飯畢，設茶於它軒，望砌下横一劍，一竹篦，一小缸置糞。馮掩鼻，謂守兵不謹，將使屏之。淵笑曰：「此正爲先生設。元宵之事，豈忘之邪？」先呼長姬及小鬟，杖之三十。然後云：「先生須均受此辱，已乃伏劍。」馮趣下受杖，泣而乞命。淵曰：「然則只以不潔代之可也。」馮度不得免，拱手言：「願賜清汁少許，行破文書。」淵逼使滿杓而食，乃遂之【八】。後十年，葉樞密督視軍馬，駐建康，投書陳禦戎方略。彼人云：「此正是喫屎秀才耳。」傳以爲笑。淵暮歲徙家臨安，過八十而終。

山門寺僧

德興去縣十五里，有山門寺。其僧了詮者，年四十歲時，遇一善術士，戒之曰：「大師命運衡犯【九】凶煞，五月内當主災殃，須百事謹畏關防。不然，恐不能免。」詮聞言憂怖。是月，自朔日屏跡不出，惟端坐誦經，度日如年，常若禍至。及晦日，闔寺僧相慰拊，曰：「師兄可出矣。」詮曰：「猶有半日之期未竟，不知獲脱免否？」到昏暮，寂無它虞，詮

【八】乃遂之　涵芬樓本注，「遂」黄校：疑作「逐」。

【九】衡犯　李按「衡」當爲「衝」之誤。

亦自喜。少頃，提燈籠如廁，過山坎下，適巨蛇蟠居石上，見燈光躍而赴之，正齧詮足，大叫仆地。其徒奔救以還，所傷處血肉潰腐，遂連脛骨如截。歷歲乃愈，然不【一〇】能行步。春秋幾八十，慶元三年秋始死。

朱安恬獄

浮梁安東鄉民朱安恬，與兄仲有者異居。仲以貧悴，立所居室契就恬售錢，而挈一女來寄食。其男細四，仲所以求索於恬者非一。恬復以屋契畀其男，令自爲主，仍往婦家贅處。慶元二年，兄弟爭小故，仲自拈磚搕腦，欲以撓。恬因去，從女壻宿食。至五月，復訪恬處，又舉首頓地，微損。恬扶，勸使歸。旋得痢疾，越八日而死。細四覓棺於恬不得，隣保懷夙憾，諷之詣縣，訐父爲叔用杖毆殺。縣令鄭伯膺以箠楚成獄，上於州。下司理院，不移元勘，以殺時無證奏裁，得旨處死。星子趙主簿審問，恬稱冤。貴溪縣丞同祖再鞫，如初款。及勑下，弋陽嚴縣丞審問，恬更不復有詞，即供責狀辨，擇日行刑，時四年二月也。臨引赴市，適風雨晦冥，法當停決。如是者凡四，申展輒當陰霖。郡守林宇長大夫㮣疑焉。密采外議，果云不平，遂躬詣囚所閲實。徙禁鄱陽獄。同斷死兩囚徑赴法，天晴無片雲。及物色廉究，盡得本末。提點刑獄范子由秘監，選委婺源丞葉南夫就鄱獄質勘。聞恬誦《金剛經》不舍晝夜，以問推吏，吏以爲歌唱。先是，鄱陽主簿江寧何公極，夢游城

【一〇】不　涵芬樓本注，吕本「不」下多一「復」字。

外東岳廟，見棟宇宏壯如宮闕，視平時不類，心固異之。洎到廊廡間，遇亡父朝奉大夫偉，泣而進拜，問曰：「大夫今在何地？何自來此？」父云：「身隸北岳下，奉差來作直推使者。」又問：「北岳安在？」曰：「在定州。」公極顧一室，門上揭牓，以金填四字曰「朱安恬獄」。父揮使去，曰：「此非汝久留處。」驚而寤，汗出如洗。明日爲同官言之。是時，恬之寃未白，而公極於獄事略無干涉也。范憲具奏詔，安恬特與釋放，其元勘覺舉官吏並免收坐。以五月八日恬被命且死而得生，林使君之明也。既而御史【一一】肖翁察舉論奏，凡本縣及州獄與審勘官吏，皆罷黜云。

【一一】御史　涵芬樓本注，吕本多「張巖」二字。

夷堅三志辛卷第二 十二事

洞天真人殿

鄞縣人連生，嗜酒不檢束，每飲酒，必插花滿頭，繞街狂歌。明人多惡之，因目爲蓮花子。嘗過近村人家，其側有古屋一區，敗壁欹危，相傳以爲藏怪，莫敢居。連生詣其中，見小道人踞地坐，與之揖，遂共談神僊飛昇事。道人笑之【一】，指壁間，欻然豁開，乃大殿一所，樓閣參差，殆非凡世可比。引之入視，碧瓦參差，玉階鱗甃，層樓對峙，清池澄澈。寶殿正中，出金書牌，標曰「洞天真人之殿」。兩傍四殿，皆立小牌，曰北極真人，曰西天真人，曰東界神君，曰南洞神君。一人著王者服，坐其上。金紫侍立，玉女對舞霓裳羽衣曲，僊袂飄飄，衆樂競奏，響透雲表。連欲攝級而登，道人不許。出至門外，回望來處，敗屋如初。道人謂曰：「汝明日可再來，當奏之真人。」言畢，跳入壁中不見。明日復往，則一切類前所覩。又有張高蓋，乘大馬，傳呼而至，前後旌幢簇列。細窺之，似史太師。道人云：「此紫府真官來見真人也。」與一小青瓜使食，瓜已朽爛，不得已接食，味甚甘香。道人旋導之出，約更五日相會。自是率以爲常。時紹興末年也。慶元戊午，連已六十餘歲，

校勘記

【一】笑之　涵芬樓本注，呂本無「之」字。

絶烟火，顔色如嬰兒，能言人禍福，其應如響。

古步仙童

餘干古步民陳青，爲里中王氏童奴。一日晨起，至門，逢一女子當前立，容貌娟秀，風儀華楚。陳雖處身僕隸，覺其非常人，問爲誰。曰：「我乃汝前生妻室，夙緣未斷，故特來相問。」陳未及再發語，已隱不見。至夜繼來，扣其寢所，與通衽席之好，達旦始去。次夕復然。經月餘日，女謂陳曰：「汝可以用仙童術游行鄉閭，我當纖悉報汝。」陳遂捨主家，自稱仙童。凡遇人邀請致祝，香烟才起，輒降言於梁上，吉凶應驗，盡如親履其間。及就寢，女陪侍自若。旬日後，陳堅坐不出，而四遠傳聞，疊迹踵至，皆適其所禱而退。俄一旦招之不應，迨夜，問之曰：「今日遇入地府，理對一事甚急，故不獲來，以是誤汝。」期年，女懷孕誕子，僅如瓜大，體冰若冷雪，至夏月亦爾，未晬而夭。凡往來通歲【二】，忽盛飾，攜一妾，置酒饌，從容言：「我以生前曾誦佛母咒百萬遍，上帝命往生西方。兹來敍別。」詢吴【三】託生何地，不肯説，曰：「天機秘密，輕泄之，且受災譴。」乃盡醉竟夕，泣別而去。雖夜寢絶跡，而副仙童之約如初。陳緣此多受賄賂謝富，到今尚存【四】。紹熙初，赴同村李氏請。李素持天蓬咒，默誦於室中。陳焚香啓白，久而不降。李爲輒誦【五】，始唧唧形言曰：「我聞呼即至，而此家有甲兵無數，蔽空環繞，金剛大神，長十餘丈，執斧而

【二】通歲　涵芬樓本注，吕本作「兩歲」。

【三】吴　涵芬樓本按：「吴」字似「其」字之誤。

【四】陳緣此多受賄賂謝富到今尚存　涵芬樓本注，吕本作「陳緣此多受賂謝致富，到今尚存」。

【五】輒誦　涵芬樓本注，「輒」吕本作「綴」。按：似「輟」字之誤。

立，無路可進。伺其稍退，方得前耳。」它所嚮答甚多。仙童之爲術最名幻妄，獨是事彰灼如此。

張八道人犬

樂平八間橋，農民張八公，壯年亡賴，不事生理。一日，忽自悔悟，積善存心，自稱道人。唯賒放米穀，取其贏息以贍家。每歲置一簿，遇貸則書之，已償則勾去。近村程七借大麥二斗五升，爲錢五百。秋成不曾償，至於累歲，張亦不復索。程死後，張育一犬甚俊，歷九年，老而不食。程七之子百三爲屠，過其門，張以鬻犬爲言，需值五百。程曰：「此犬老瘦，能有肉幾何？」只還其半，張令牽去。而將至橋，犬盤旋不肯行，遂作人語，呼百三，曰：「來，我是汝爺。以紹興二年二月某日，賒了張小八公大麥，失於還錢，今責罰作犬，陪填宿債。雖在它家有吠守之勞，然日食糟糠之費，積之不少。汝當盡還元錢，使我託化。」子且信且疑，繫之橋柱，反詢張公，乞假紹興故簿檢視，果如所言。遽奉上半直，以犬歸。餵飼加謹，未幾而斃。子殮以棺衾，埋諸野，仍爲設僧，供資度之。

許寶文女

樂平湖口許與權寶文宅，前臨大溪，築樓創圃，家人以春日游宴，盡暮而歸。幼女忽得疾，全如癡迷，但時自歌笑。許知爲祟所惑，羣巫不能治，聞相近白石村僧董侁師，持三壇法著驗，亟召之。侁曰：「此爲水怪，易治也。但俗人屋舍不清潔，須當宅畔一寺加持乃可。」於是就助國院齋戒，設壇誦呪，呼三童子考照，然後置供席迎神。童隨卧地，頃之乃起，趨入坐廳上，曰：「還有器刃否？如有之，宜以借我。」許宅固有防盜之具，畏其傷物，詭曰：「無。」即徑造一室，扃鐍自開，各執一刀出，躍投溪中。侁竭誠臨水，呪禁不息，經兩夕寂然。三童父母訴于許侁，曰：「此神將憑藉耳，固無害。」別關三童，遽趨溪。少焉，其一出告曰：「邪魔已落吾手，可便煎麻油三十斤以俟。」語訖，復入。油鍋既沸，六童共拽一黿，大如席，重百餘斤，童競施刃刳剖，納油煮熟，弃之深山。女疾立滅，再旬而安。侁有徒弟，效其術，不葷不娶，亦頗爲人驅邪。然修身不能久，悉破戒，少時而死。侁至淳熙末，亦壽終。

佑聖觀夢

趙粹中爲吏部侍郎，夢出至廳上，大門豁開，吏報客通謁。其長七尺，著道士羽服，形容端嚴。視其刺字，曰「北方鎮天真武靈真君。」趙奉神素謹，肅然起敬，趨下迎揖，不敢以主禮自居。神固請趙東向坐，曰：「侍郎是主人，今日之事，公爲政，毋用謙辭。」遂就席，局脊而寤。是時，孝宗於潛邸王宮創建佑聖觀，以答在藩禱祈感驗之貺。明日降旨，差趙爲奉安聖像使，乃悟夢語。

永寧寺街女子

慶元四年五月十日，夜已四鼓，鄱城卜士有未寢者。在所居小樓上，爲人推演命歷。聞慶善橋畔，一人獨行，且叫且喝，由永寧寺前街向西去。約過十許家，逢一女子，立於門首，相呼問訊云：「阿姊深夜抵此，當是急幹？」女曰：「莫要問我。」遽望東而行，才數十步，又與别男子語。男扣其所往，女曰：「記得四月内，小市下王嫂出到市上看道場，王嫂抱三歲小兒，極可憐愛，我隨逐頗遠，欲撮取之，被師人趕逐。我只在彼不退，兒覺如中惡。昨日遂遭法師兩次用符攝治遣我出外，無緣再入。今須且歸。」男子曰：「適間向西去者，似可惱害。三娘同一往可乎？」女曰：「我一處已受辱，豈宜至再？兼其人精神極旺，難親近他。」男子曰：「三娘直如此識人，試一行亦不妨。」女曰：「七哥必要撓它，莫是曾相犯否？」曰：「恰在慶善橋上，爲它噀唾喝我，故欲報之。」女曰：「既不曾相犯，何如且休。」遂寂寂而散。始知前人呼喝者此也。

鬼迎斛盤

鄱陽坊俗，每歲設禳災道場，不常厥處。慶元四年四月，復就永寧寺大殿。於第四夜，命僧建水陸齋供，加持斛盤。寺前居人，多聞外間若男女相呼喚，或稱兄弟姊妹姑姑嫂嫂，請同去迎接斛食，輕衣錢財。及齋施已竟，衆僧鳴鐃擊鼓，奉斛出三門，其語頓息。迨過慶善橋，則嘈嘈雜雜。初皆喜悦讙譟，隨至城外江邊抛散訖，乃寂然。

江絡匠

饒民江廿三，居永寧寺東街，爲結絡匠。慶元四年五月病死。十日後，未黄昏時，其僕夏二在室中打屏，恍然見之。與語云：「我藏小兒手鐲一雙，婦人金耳環一對，金牌一枚，用小瓦罐子盛埋於門内東壁下，可説與我妻掘取，將做功德追修。」言訖即没。夏僕告其妻，發地果得之。

彭師鬼孽

鄱陽之俗，師巫能事鬼者，謂之行頭梁。彭師者，以慶元元年病疫死，所居在中棚巷。後二年，其妻招民楊二共居，而盡以故夫常用螺鼓牛角售與女覡郝娘。已而，郝偶徙室爲鄰。當召集鬼神之際，彭聞鼓聲輒出，至公然現形，敺逐下梁者。郝懼，持所得器物，僦之瓦市作場。彭妻亦捨去，獨楊二猶處之。每夫婦夜寢時，必爲彭扯拽下地，責罵言：「汝那得起離我老幼，占我房宇。」晝日亦出，抛擊盤盂卓凳，楊遂遷居。自遇夜，則徧敲衆鄰門户，稱：「東鄰西舍，全不念故舊。既使郝娘奪我行頭，又接我門徒知識。」至今撓害未已。彭生爲人時，傳習妖詐死，而自墮業網中，真可笑也。

槐娘添藥

饒州使院吏陳忠顯，居槐花巷。慶元四年五月晚，從府歸，令妻於房内取百勞散煮温酒調服。適有外醫所貽滑肌散在卓上，妻誤用之。陳服竟，至夜吐泄不止，方悟毒發。五更後，遣一僕往市肆買菉荳救療。未回，聞外間擊户，妻使婢問爲誰。曰：「來尋陳都院。」婢覺有異，應之曰：「已去州衙了。」其人言：「只教小娘一出來，有一段話要説。」婢又問：「爾是何人？」曰：「我即鄰側槐娘也。」婢曰：「娘子一夜擾擾，恰方得睡，不可唤起。有話但與我説。」其人言：「知小一郎錯喫了藥，被毒。我欲别爲添藥。」陳在房，悉聆往復語話，密起，使婢窺於門隙。見一人，身披白服，四體顫掉，如戽水之聲。婢懼，以擔緊撐門。門外又有人云：「切不可開。」少頃，僕至，白服者竄入槐樹中，遂不見。此槐精屢書於策矣。

劉和尚犬

鄱陽石陂村庵僧法希，養一黄犬，性極馴，晝不傷人，而夜吠甚警。不食葷穢，僧日以米一升作粥，盛以瓦盆，用竹篦子分畫爲二，戒之曰：「以供爾早晚兩頓喫。」犬奉約甚謹，更不敢過，累歲如一。慶元元年七月，忽因早餐誤侵一角，僧拈柴杖擊之且駡責不置，犬舍之而走，到夜不歸。石陂池畔居者陳婆，夢婦人著黄衫來相見。問爲誰，曰：「我是庵内劉和尚之母，爲生前有罪，受罰入畜類。兒子將百五十錢買我，侍養十年。偶昨朝食粥過多，被兒打詈，思之悶絶，無處理訴，已自投溺於池。特來説過，煩老人明日報兒子，使他知。」陳婆駭怖而覺，旦以告僧。即領僕詣池撈漉，果得犬尸而收殮，誦經備禮，埋於故母墓側。

宜城客

襄陽宜城劉三客，本富室，知書。以慶元三年八月往西蜀作商，所齎財貨數千緡。抵關下五里間，喜其山林秀粹，疑爲神仙洞府，雖身作賈客，而好尚清虚之意甚切，欲深入游眺，置橐裝于外，挾五僕皆往。約行十里，前望似有石牌，視之，但刻二十字曰：「十口尚無聲，莫下土非輕。反犬肩瓜走，那知米畔青。」其指意明白易曉。正惶惑間，逢樵夫執斧負薪謳歌而至，異而揖之。樵曰：「彼中非善地，不可久駐。」劉曰：「何謂也？」樵曰：「曾讀碑記乎？緣向來鬼魅縱横，慮傷人性命，遂立石示人。以暗包四字，合成『古墓狐精』。君當了然，何不速反？吾見之多矣。不暇謂談説君【六】。」言畢，不見。劉恍

【六】不暇謂談説君　涵芬樓本注，吕本作「不暇謂君説」。

若迷蒙，猶不肯信。又進數里許，與十七八歲女子遇。服布素之衣，顏容媚雅，誦一絶句，音聲悲切，云：「昨宵虛過了，俄爾是今朝。空有青春貌，誰能伴阿嬌？」劉默念：「此女必亡夫壻，在彼醮祭，怨詞可傷。」從而問，故至於再三，皆不答。劉曰：「料必良人家女子。既能吟詠，想深通文墨。」隨和一詩挑之，云：「夜夜棲寒枕，朝朝拂冷衾。眼前風景好，誰肯話同心？」女郎大笑，問曰：「上客高姓？」答以姓劉名輝字子昭。女曰：「是我箇中人也。」遂邀轉山背，得大宅，梁棟宏偉，簾幙華潔，婢妾佳麗成行，置酒對飲。命引五僕於别舍，饌具亦腆盛。數酌之後，天色斂昏，女曰：「鴛衾久寂，鳳枕長虛，今宵得侍劉郎，真爲天幸。請締一夕夫婦之好，可乎？」劉謝曰：「正所願。」於是攜手入室，驩合極意。酒醒，遲明，乃卧一墓上草叢内，僕跧伏石畔小穴中，方知正墮狐祟，賴性命不遭傷害耳。右七事徐謙説。

夷堅三志辛卷第三 十一事

許顗貴人

許、顗間貴人【一】，生時以嚴刻著。既没四十年，其孫女有嫁爲泉州趙氏婦者。病昏厥，經夕乃醒，言：「被引詣大宫室，見翁翁在殿上正坐。侍妾數十人，執樂環列。私自歎羨，念其在世窮富極貴，而身後尚爾，可謂大福。趨進道安止，且問：『翁翁何以在此？此是甚處？』翁未及答，一吏拱揖於前，曰：『時節到。』翁慘然隨以行，入墨暗一室，鑊湯滚沸，便剥去衣服，叉向其中。聞叫苦之聲，移時乃息。旋又出之，赫然一爛軀，肌肉糜潰。覆以錦被，良久揭示，已一切如初。復導去元坐處。席未暇暖，又報時節到。一日之間，若是者四五。追吏引我還家，我往哭别。但云：『我日日受此惡境界，汝歸家，旦夕營功果救我。』」女疾既平，告其夫，隨力爲薦冥塗。後亦不復夢。予頃得此説於趙季和不魯，即記録，今猶記其大略，類乙志内李孝壽也。

校勘記

【一】許顗間貴人　原注：不欲顯其姓名。

危病不藥愈

凡人病困，固仰醫藥，亦有出人意表，元非所料而獲愈者。鄱陽王大辯，痢疾七晝夜，聞粥餌向口則先嘔惡，年齡既高，瘦至骨立。因卧【二】簾下，聽市童叫子薑牙，偶欲之，即買小楪。見之則喜，并淡醋汁食之盡。俄思粥，痢自此止。張刻工子和哥，年十二歲，病禁口痢。初時猶以雪糕撚作細圓，使吞嚥。久又不能，僅吸少稀飲。經歲半，父母度無痊理，欲其死，而奄奄獨活。一夜，風雨作，捫壁起，開門便溺。其門無樞臼，但用一擔撑柱。及還，推閉不謹，爲所壓，呼痛乞救。父不問，母出觀之。云：「被門扇倒來身上，遭一跌，驚殺我。且與些湯飲接氣。」家貧無宿粒，鄰人與之，遂求米糝充飢。明旦，積痾失去。今以卜術贍生。李皮匠妻，腹脹急如鼓，閲三年，招醫十數，皆指言蠱脹血凝，治之弗效。日以羸慒，扶杖始移步。夫甚嫌惡焉。所居新橋湖畔，就虛板上爲厠。嘗以昏黑登溷，忽覺墜下一物，如塊囊，連聲唤夫掖起。取火來照，圈之以索，挂於水濱。明日，滴成水，每滴如散油然，腹遂消。累月後，肌肉充肥，翻勝於未病時。王仙壇民夏伯恭，苦外痔，因在厠，爲牘質者推落一蓬沓所驚，痔出而不收。宛轉床上十有餘日。醫黄裳【三】置小杌於牀，方踞坐，故失脚蹴倒，夏駭而欲興，痔已縮入。黄裳説。

【二】因卧　涵芬樓本注，吕本作「困卧」。

【三】醫黄裳　原作「翳」，據文意及本則末注文「黄裳説」改。

建昌道店

趙彦珍自鄱陽往江西，至建昌境。暮投民居，庭户極迫窄，埃塵不掃。主人乃屠者，爲不得已之狀，留使宿。引入一室，門扇皆抽替開闔，且無油點照。趙與同行余二秀才及一擔僕共處。余踏地下有穴，可六七寸闊，以杖探之，杳然深黑。而其底鏗訇有聲，疑非佳處。寢榻上鋪板閣，露一圓竅，趙登榻仰窺之，連接三間，外乃有燈光，尤用爲怪。不敢寐，取隨身榔栗杖，置於側，捲藏紫羅衫於柱罅，思所以脱危機之策。盡啓兩籠，擊碎陶器十餘箇，曳僕出痛箠。主人家聞叫呶，走問其故。曰：「我是個窮漢，親戚倩帶少信物與城中官員，此僕貪喫村酒，一路撞磕，大半壞了，不知教我將何物陪填。」主人顧妻子，頗慘恨，勸使釋僕。趙歸舍，舉牀拒户，展轉到曉告去。前人云：「彼屠尋常多殺害行旅，伺客熟睡，則從高以矛揕其腹，死則推陷穴中，吞略衣裝，續剞肉爲脯，售於墟落。知趙必有備，乃得全生。」彦珍説。

鄂州于通判

湖北轉運主管官吴興周梓，彦廣侍郎之子也，生於紹興壬子，以紹熙癸丑卒於鄂州官舍。通判毘陵于倣與之同歲，竊以爲憂。親朋多勸釋之，謂：「人同年同月同日生，而時不同，則五行休咎便別。況於泛泛同庚甲哉？」倣終以不解。復州教授陳方，先生一年，因來考秋舉，倣監試，殊相契合。是歲四月，再到鄂。延致款語之次，忽顧其子曰：「我覺背上痒不可忍，可一觀之。」子揭衣，揖陳共視，當中腫起，初如桃【四】。急呼瘍醫，猶談話自若。醫至，已如扇大，驚曰：「疾勢之來，不啻風雨。此非砭藥所及，唯著艾乃可耳。」即命擣蒜艾，徧鋪四傍，幾於滿背。迨火盡腫定。而醫者軍中武士，習技麤猛，所灸處太闊，火瘡遂大作，不可收斂。不三日竟亡。倣家富，好餌金丹，面色常赤，故瘡毒之發，其捷酷如此。

知命先生

晉陵胡儔友直，乾道七年二月，僦州人霍氏屋，居三板橋下。時已被命守荆門，代者梅世昌猶須次，見任者馮忠嘉到任，方一考。胡徙舍之初，與館客對啜茶，聞道人唱言看命，其聲音極清，使童邀入。其人著黄道服，戴青結巾，項挂數珠，手提棕笠，書云：「知命先生，遇仙得術。」遂評論五行，最愛胡命，云：「且長年，匪晚合動。」胡答以尚待三年遠闕。道人曰：「不是清明前五日，則是後七日，必動。」胡不敢信，姑問之曰：「先生在那箇道堂安歇？」曰：「尋常性不喜喧雜，只在東廟前何家店内。」須臾告退。再呼之，不復見。徧遣僕往兩邊脩巷尋訪，并詣東廟求何氏，元無此人也。胡曰：「是必異人知命，

【四】腫起初如桃　涵芬樓本注，原本作「腫起初和挑」。黄校：「和」爲「如」。吕本作「腫起如胡桃」。

與『何』、『店』俱兩口，得非吕公乎？」既果以清明前五日，友人王推官正邦報，世昌改提轄左藏庫。過節七日，進奏官報，忠嘉召赴闕，二者不差一日。於是證爲吕公不疑。明年秋，在荆門，將圖公像奉事。雖衣冠皆可焉，而貌難得其全，思念累夕。有一卒持復州守書至，正以一卷軸來。蓋吕公寫真畫，如向時所覩。其上有蘇魏公題字，顧子端給事鎮南京日刻本也。淳熙六年間，胡守滁陽，因刊石于天慶觀，自疏其事於下方。

普照明顛

華亭縣普照寺，僧惠明者，常若失志恍惚，語言無緒，而信口談人災福，一切多驗。因目曰明顛。未嘗睡眠，通夕立於廊廡間，倚柱囁嚅。審聽之，多誦經文。雖祁寒暑雨不變。每入市，唯曳裙跣足，行步張皇。或詣店鋪兀坐，則其肆是日交易必獲利倍常，故皆喜其至。若赴齋供，得襯施，盡散諸小兒。非其意所欲往，雖加苛撓，亦不肯小駐。或遭值戲侮，報以瓦石飛投，略無少傷。好作偈頌，間有達理處。其末輒顛錯，不可曉。嘗遇手影戲者，人請之占頌。即把筆書云：「三尺生綃作戲臺，全憑十指逞詼諧。有時明月燈窗下，一笑還從掌握來。」此篇蓋最佳者。紹熙三年，日本國番舶泛海，距縣境已近，值風波甚惡，見一僧就地拾土塊揚擲，風爲帖息，乃得艤泊。又告之曰：「更宜且矴礸停待，次日始可前進。」如其戒，果得便風。後見之於道，乃明顛也。亟下拜，相隨入寺，願奉謝禮。顧之茫然，無領略意。客不敢强，但持貨物回，施常住，設水陸供而去。明至今尚存。

何同叔游羅浮

乾道初，何同叔以廣府節度推官督賦惠州。因游羅浮，逢一道人，與語良久，殊爲契合。臨去言：「從今日以後，且領取三十年安樂。」授以心腎交感之法，使水火既濟，則常得無病。仍令歲禮韓君丈人，可預知死日。又揣按骨法，謂晚歲當遇至人。何退抵沖虛觀，詢道士：「適所見何人？房在何處？」皆曰：「無此人。」已而周行至黄野人祠堂，驚曰：「此是也。」向【五】氣幹瘠緊，本自寡欲，生於甲寅，時年甫三十。既遇黄君，不復有疾苦。慶元丁巳歲，入爲太常少卿，爲同僚言此，且云：「今已三十餘年，來日定無多矣。」同僚曰：「公仙風道骨，瞳子紺碧照人，世間不能侵，壽算未易量也。」大兒以大社令在寺，預聞之，親得其所書如此。

鄂渚元大郎

水族中鼉【六】鼊遭罹網罟，而能託於夢寐以脱其死者，見於傳記甚衆，唯鼉最多。鄂州針工程一，於慶元四年三月，夢一丈夫，肥而黑，自通爲元大郎。程妻室元氏也，疑其爲

【五】向　中華本疑爲「何」之誤。

【六】鼉　原註：魚鼉。

姻戚，延見之。則瀝懇言：「我一命只在朝夕，君誠哀而救之，度所費亦不多，它日必將有以上報。」及覺，天已明。方入市，逢壯夫四輩，扛巨黿赴屠肆，凡重三百二十斤，商其價爲十三千。常時才約定，即辦臠割，大率三日始竟。程遽念昨夢，語其人云：「我願依此價買，幸勿遽殺。」旋歸家收拾，質物贖得之，釋縛放諸江。趙德勤在總領衙，遣人取視，已無所及。市民有仁心者，相率哀錢以助，乃獲一倍之贏。所謂黿之圖報，未知何日。荆江別派，亦有此物爲害，嘗覆大軍米綱船，統制官擇卒伍勇而善射者候伺其處。一黿方廣丈許，乘日光升沙渚暴甲。爲强弩所中，眇其一目，竄入水中。因白大帥及荆府，以派爲禁江，不許東西舟客去來，使避衝突之禍。前志郢江一事亦然也。

王樞密招魂

王淵以建炎三年僉書樞密院，死於苗、劉之難，骸骨不存。及事寧，詔令招魂以葬，官給其費，而子弟懦弱，久未得集。王倫以僉書樞密留守東京，死於虜。在其後十二年，尸柩不歸，亦俾招魂葬。其子居宜興，至紹興三十年，始克作墓。將以詰旦掩壙，姻戚畢會。天未明，乃已有寘棺於中者。驚問之，則爲淵家所據矣。兩下爭鬬，幾於兵刃相格。事聞於州縣，皆知曲在淵家。而其言曰：「彼此俱是勑葬，資於國力，用之何妨？」官司莫能決。淵故部將多顯貴，爲之道地。遂云：「淵既就窆，豈宜復徙？」但命倫子別卜地，而轉運司爲主辦，乃已。兩人皆王氏，皆爲樞密，皆不得其死，皆奉勑招魂，其家皆在宜興。去淵之没，凡三十餘年，家訟方起，殆前未之聞也。是歲予爲禮部郎官，韓子温爲屯田郎官，正覩其事。

興教寺僧

臨安西湖上，興教寺一僧，年方四十餘歲，得頭軟之疾，扶之則仰，按之則俯，擁之左則左，移之右則右，若非它人運轉，輒終日不動。股足亦無力，不能行。凡困頓踰月，易二十醫，皆以爲中風天柱軟，而投藥並不効。中官王押班與之厚，招京師人劉中往視之。劉探所用醫，其半技出己上，其半不如，雖議論不相同，而大較不過求之風證。乃扣之曰：「師須記得，緣何得此疾？」僧云：「去歲夏間，以傷暑吐瀉，餌來復丹兩服而愈。思藥力之効，遂每日服百粒，防疾再來。三百日不輟，因此疾姑已之。」劉曰：「來復丹於劫病誠有功，在法只宜兩服。蓋其品劑有焰硝，若積之五臟，硝毒發作，能令人骨軟。師正坐此耳。」於是，先爲除去硝之留積。别處調氣丸、嘉禾散、建中湯諸藥，緩而解之。不及一月，復故。劉之姪昶説，而不肯言去硝名品。

毘陵僧母

常州某寺長老，年過五十，事母孝謹，家既無兼侍，取置丈室。一日稱暴亡，時當暑月，即治棺收殮，舁致圊僕之舍。終夕修營哭泣，將以翌早出殯。寓客張推官，自新安罷歸，攜一娼女趙壽兒來。趙有色藝，張氏待之不能滿欲。是夜忽失之，以爲逃去。經廂官立賞捕緝。其子弟云：「主僧日言徽州人，與壽兒接談，壽兒每以見僧母爲詞，往省之。意其竊去，而詐云母亡耳。」後三日，果有人告：「僧母元不死，乃僧趁黄昏時候，裝著壽兒就木，然後呼仵匠分付焉。」扣之如所言。僧、娼至郡庭，太守莫伯虚囚諸獄，苛加掠訊，僧受杖，毁度牒爲民。壽兒乞免罪，而執事樂籍中。理掾【七】以其勝諸妓，亦爲控請。太守不聽，竟撻之。仵僕輩連坐者十餘人。娼録赴牙儈，旋入一幕僚家。後生男女三人，終其身攝承中饋之職。予在徽日，熟識之。趙藐之説。

【七】理掾　李按：「掾」原作「椽」，今改。

夷堅三志辛卷第四 十五事

伊憲文命術

宣和中，熙州永洛城【一】寨卒吴祈，因數與夏羌戰，立功至指揮使。坐所部兵不戰，爲寨主撻治。祈天性寬仁，御衆不尚威罰。或有過失，多全護之。既反遭杖責，頗羞憤。值術士經由到門，漫訪以年命，亦姑欲陶寫抑鬱，初無榮望也。卦成，術士曰：「君此去當發。然所謂白骨封侯，身後方貴。」祈笑而不信。士問【二】曰：「有子乎？」曰：「有兩個兒子，頗習武藝。」遂出長子庚甲示之，驚曰：「貴不可言。成治國功名，異日當享王爵。」至看次子，又曰：「此尤勝前者，生當封王。」祈愈不信，送之去。回首言：「我姓伊，名憲文，河中府人，隱居首陽山下。今海内將亂，吾不可久此。善記吾言，無忘忠孝。」祈竟以戰殁。二子延恩得官，長即玠，官至使相，死贈益王。次即璘，至太傅、新安郡王，死追封信王。祈累贈至太師極品。

校勘記

【一】熙州永洛城　李按：據《宋史》卷八七《地理二》德順軍條，「永」應爲「水」之誤。又，該城應隸屬德順軍。

【二】士問　原作「問士」，據周本乙改。

巴陵血光

建炎四年五月，武陵陳莘叔尹，自巴陵舟過洞庭，夜泊青草湖金沙堆岸。是時，兵戈震擾，羣盜如蝟。一更後，鄰船聚話間，遥望東北方，火光亘天，照耀湖心，上下一色，皆謂岳州又遭賊爇。既而此光迤邐，轉東南去。明日，商客從城内來，言天上昨夜血光見，方金虜犯湘沔北還，而鍾相、孔彦舟、曹火星、劉超、彭筠各擁衆數萬，徧行寇毒，一道生靈糜滅殆盡。鍾相者，邵陽人。善咒水治病，好作神語，人呼爲鍾顛，又稱鍾老爺【三】。時已昏耄，特爲其徒愚弄，遂據士大夫家伊氏女爲妻。未幾，爲彦舟所敗，執其父母妻子。彦舟詭言效順，檻送長沙，以明己功。揭榜文曰：「天大聖楚王鍾相、僞皇后伊氏、僞太子昂，並凌遲處斬於攸縣。」餘黨楊太，於兄弟最幼，湖口人，目爲么子，据龍陽，瀕湖作過。至紹興六年，岳武穆公【四】討平之。妖沴之氣，上干星象，涉七年乃息。

孫致思

江陵孫致思得之，龍圖閣學士義叟【五】之子也。宣和中，爲鴻臚丞。在京得風疾，兩足俱廢。既歸鄉里，當建炎擾亂，潰兵李忠孝聚羣盜劫掠城市，孫氏所蓄金帛已爲先至者盡取。繼至者，無以給其求，舉刃欲斫之。其一盜忽從中出救護，曰：「此我舊主人也，

【三】老爺　涵芬樓本注，吕本作「老佛」。

【四】岳武穆公　「穆」原作「愍」，據《宋史》卷三六五《岳飛傳》改。

【五】義叟　原作「羲叟」，李按：孫義叟，江陵人，政、宣間，歷知瀘、洪、廣等州，據改。

不可殺。」遂皆舍去。致思顧救己者謝之，且言：「恨抱病，拜不得，不知將軍爲誰？何處相識？而一旦施仁恩如此！」其人敍陳本初，乃龍圖通判衛州日虞候也。又扶之下牀，曰：「後隊至，將放火，定燒此屋，須急避之。」引從後門出。致思危怖，不覺起行。數年沉痾，不藥而失。旋赴吏部參選施、果二州通判而終。

李昌言貪

隨州大洪山崇寧保壽禪院，以奉玉泉祠之故，受四遠供獻。寺帑之富，過於一州。紹興二十年，郡守李昌言資貪，凡百須所仰，盡取辦焉。僧不堪命。有靈濟菩薩道場者，開山祖師也。士民莫不施敬，李獨慢侮之，竟以罪罷歸荆山之松滋。會江水暴漲，家人奔徙以避。李輜重頗多，戀惜不能去。縣官見水勢泛溢，具舟往救。李伏于屋梁上，自言曰：「吾平昔所儲蓄者在是，勅誥亦在是，寧隨流而没，決不可捨。」俄有一籠，浮出波面，李顧舟人曰：「此吾勅誥也，天實畀我。」急取之。既登舟，猶癡冀他篋盡出。水忽從後衝斷恰所據屋，悉遭漂蕩。李雖全家免葬魚腹，而橐中空空然。數年間，仕亦不遂而卒。

武陵布龍帳

西北士大夫，遭靖康之難，多挈家南寓武陵。建炎三年，郡豪相率連籙大醮以祈福，就天慶觀道堂設位。父老鄭圓持水龍布帳，展掛於堂。此帳本富人方十四郎家所藏，有百餘年矣。其後生理淩替，田業財貨悉已蕩然，於是典帳，莫肯酬其直。有蔣三郎者，夜夢龍繞庭柱，驚起不寐。旦而方生至門，歎爲神異，以錢五百千質之。鄭圓借以供事，香火未施，堂上陰風震動，燈燭俱滅，坐立者毛髮寒聳，舉體森顫，亟命捲還之。帳不知爲何人所畫，其神如此。倘用之請雨，當可立致。今不知在否也。

鼎州寺藏心木

鼎州民葉氏，祖墳在城東。其傍崇寧寺，謀建大華嚴藏，工費鉅萬。既已辨集，唯患乏堅良之木，以爲藏心。而葉氏莊院之前大桐樹，其高七八丈，堪應其須。葉壻陳秀才，因過沙頭市，寺長老來訪，燒香點茶，起白之曰：「老僧之來，他無所求，願得此木以濟用。」陳許之，但云：「方栽插秧苗之時，斫伐挽曳，必將大損矣【六】。收獲畢功，敢不聽命。」長老曰：「既蒙尊諾，自無所慮。」即展搭坐具，向空作禮，祝曰：「大風吹一樹，萬木不同枝。」遂揖別而退。至夜半，顛風忽起，桐連根拔出，仆於閒地，苗禾曾不少傷。於是斲中幹爲藏心，餘枝柯爲神像，木色正赤，有汗如血，其後亦罹煨燼。今報恩光孝禪寺，即此刹也。樹拔之後，穉桐徧滿山谷。老莊僕陳四翁言：「皆向來削木柹所生者。」

【六】矣　周本作「俟」，屬下。

宜都鐵冠

峽州宜都縣弓手向宥，少年時，爲清江渡子。遇一道人，戴鐵冠，容貌奇偉。宥敬而揖之。即問曰：「汝欲何如【七】變身名？」宥愚下，無所識知，但日見其伍長爲可慕，答之，曰：「願做一個頭目公人耳。」鐵冠咨嗟嘆息，久乃曰：「汝作公人到頭。」并與縱言未來事，其後歷歷皆驗。既而能信口成小詩，言談夐與昔別。作尉及令者更數十員，無一人能稍加異顧。老而罷役，題詩於荆山鄉明月洞，曰：「誤了先生三十春，却來明月洞中尋。如今却見先生面，改了當初一片心。」是時蓋已悟矣。好事者題其事於縣驛廳壁上。

觀音寺道人

衡州栢坊渡觀音寺，紹興末年，有黄行者，用五更時登樓聲鐘。見兩道人於板上對奕，暗中無所覩，而爭戰甚酣。意其異人，叩頭求藥。其一視之而笑，授以一棋子，使吞之，驀然不見。黄素不習此技，自此高手無敵。部使者兩臺臨治於衡，聞而迎置公廨，從而學焉，竟歲不能得其妙。然比諸朋儕，固已超絶。及遣歸，送以詩曰：「自有棋來不計年，古今唯是説爭先。箇中一著如教會，殺盡三千與大千。」既還寺，遂徉狂嗜酒。年過八十乃終，亦無他異。

【七】何如　涵芬樓本注，吕本作「如何」。

邛州僧

成都醫者劉翁來夷陵，推官陳莘與之從容。因言邛州一僧事，云爲亡賴士人脅持，誣以不軌，僧下獄受鞫，隨問即招承。獄官測其非本情，開以翻變之指，訖無異詞。聞者譁訟其冤，獨郡守不察。及赴刑入市，殊無懼色，謂監刑兵官曰：「我聞僧人死，必有偈頌。少寬頃刻之期可乎？」監者曰：「云何？」僧曰：「我舉揚【八】倩官人寫。」乃口占云：「宿業因緣人不知，如今啐啄與同時。今生歡喜償他了，來世分明不欠伊。夢幻色身從敗壞，閑田虛樹已生枝。休休休也歸家去，石女懷胎產一兒。」云是宣和間事也。

岳陽稺松

岳州城南有吕仙翁詩，所謂：「獨自行兮獨自坐，無限世人不識我。惟有城南老樹精，分明知道神仙過。」至建炎中，松猶存。紹興二十三年，大風拔樹無數，此松遂枯。有道人過之，折已仆一枝插于傍，咒曰：「彼處難安身，移來這裏活。」自是日以暢茂，即今稺松也。道人者，蓋吕仙翁云。

【八】揚　涵芬樓本按：似「偈」字之誤。

白馬洞天

鼎州緣羅市漁者張翁，因往故里，買舡篷還。至白馬渡，烟浪晦翳，孤舟滅跡。兩岸人多識之，驚呼云：「張翁落水死了！」且報其家。妻子奔視，以爲溺死。明日，發哀招魂，經四十九日，命僧修設斷七道場。翁忽自外歸，顏色如平時，喜笑自得。妻問之，答云：「初舉棹抵渡口，恍然迷津，茫不知爲何處。唯隱約見一釣舟前行，隨之以進。其一人謂我曰：『汝得無飢否耶？』取小紙裹内若粟一撮者，置釜中，挹水滿注，拾燒殘斷薪，一吹即燃，頃刻湯沸，香氣異常，招我使食。又曰：『豈不欲歸乎？』曰：『正所願。』因指諭曰：『從此去，到前面白浪處，才聞水聲，緊閉眼，切不可回顧，便可抵家矣。』如其言得歸，始知誤入白馬洞天也。」知桃源觀道士朱洞真説。

李主簿及第

澧州士人李蒙，紹興十七年，與辰、沅、靖州舉子會試於武陵。未引保間，夢省榜到，省元曰李用之。又有人從傍言曰：「只候奉使回。」明日急取家保狀，改名用之。先是，蒙已兩請文解。其友謂之曰：「彦發已是得解舉人，若更今名，則遽捨前來舉數，似爲可惜。」蒙斷然不疑。及秋闈揭榜，用之預薦。來春省試，邊知白侍郎方奉使金國歸，遂知貢舉，盡如其夢。有种道人者，善相，留詩四句與之。云：「道成元未是，再至却須成。但看西行日，歸來一餉榮。」是歲於王佐榜登乙科，調潭州善化主簿，之官三月而卒。一餉榮之兆，其亦淺矣。

管先生祠

魏管輅，本平原人。今鼎州永壽鄉周家市細草岡雙堰下，有大古松柏【九】，相傳爲輅之墓。其側坡嶺上有祠堂，榜曰管先生祠。神位下碑，石文斷缺。正敍譚縣尉夢事云：譚，長沙人。在布衣時，夢一大丈夫來訪，曰：「吾姓管，名輅，所居在武陵。爲婦女當道，妨礙出入。君異日策名，當仕於彼，願爲去之。」覺而異焉，謹書於册。已而登第，果注武陵尉。既到邑，未暇詢其所在。因村民訴堰水不平，縣請往定驗。中道憩一祠宇，見神像悚然，蓋昔所見，乃以其事審於里胥。胥曰：「城下寄居朱推官，葬女在此廟前，相去極近。」於是爲朱言之，朱亦念其女魂靈必不安處，遂徙於別地。今不知幾何年也。

屈老娘

武陵城東宋氏婦女，産蓐所用乳醫，曰屈老娘，年已八十餘。嘗以滿月洗兒，宋氏姻眷咸在，屈抱兒就榻，盤足坐，凝然不動，面色漸變，視之已殂矣。兒周晬後，遍發風疹，終

【九】松柏　涵芬樓本注，吕本無「柏」字。

夜常啼哭。市有骷髏卜者，以二十錢往問之。向香烟上默禱來意，即取幅紙，書一詩，曰：「課見時中有禍殃，小兒紅點不成瘡。欲知爲祟何名字，便是當年屈老娘。」亦可笑也。

孟廣威獮猴

政和八年，詔諸路各置武提刑一員。孟廣威者，使湖北，官舍在武陵芙蓉館。孟生，陝人，好養馬，常蓄獮猴於外廐，俗云與馬性相宜。其一最大，類十歲壯兒。陳莘推官祖宅，切相鄰近。家人當暑月納涼堂後庭下，此猴項曳鐵索，隔屏牆勃跳，望陳氏婦女，昂其陰，嘈嘈作聲，有攫搏之意。欲擊之，慮或有傷，必詒譴，怒不敢禦捍，但一家皆驚走。自是無問晝夜，嚙斷索，徧歷居人屋上往來，瓦多破碎，極用爲苦。孟未有子，忽生男，求乳媪甚急，責訊牙儈，且須姿質堪采盼者。諸儈併力募，方【一〇】得一人。至之兩月，嬰兒熟卧，衆婢出宅後洗熨衣裳，乳媪聞之亦捨去，獨置兒於榻。少選歸，至房，則兒項下流血，死矣。走告主母，孟以爲媪方盛年，志在爲姬侍，不屑哺乳，故殺兒，即縛送司理獄。荷鞫慘楚，不容自明，竟引伏。臨赴市，顧推吏鄧生言：「當向陰府與爾索命！」遂受斬刑。有老儒楊先生者，時親見其事，云：「兒項下有爪甲痕，故指爲乳母掐殺。」憲廳老兵是時見一巨貓，自房跳出。而畏相勾牽，不敢言。思之，乃是此猴耳。未幾，孟亦死。武陵秋

【一〇】方　涵芬樓本注，吕本作「訪」。

積陰久雨，禾稻生芽朽爛，首尾三年。人謂寃魂所致。案此媪捨襁褓嬰兒而出，至於夭喪，不爲無罪，杖之足矣。處以殊死，實爲淫刑。右十三事，皆武陵陳莘叔尹《松溪居士徑行録》所載。

陳以恩科【一一】入仕，至峽州推官，與上官不合，拂衣歸。

【一一】恩科　原作「科恩」，李按：宋制，累舉不第而年高者特奏名，謂之恩科，據乙正。

校勘記

夷堅三志辛卷第五 十三事

吳長者

樂平故老吳曾，字孝先，潔處重義，里社稱爲長者。嘗有異鄉客泊旅邸，置傘於房外，遂失之。來見吳曰：「微物不足惜，但貯五通神像，奉事多年，一旦屬他人，道塗無所依倚。知公長者，能爲我訪索乎？」吳即爲尋覔，得其人，贖以錢三百。頃之反命，或疑傘頗重。吳曰：「是乃神物，所以顯靈耳。」衆既退，持還。客捧謝曰：「柄中實有金，不意幾落他手。願與公中分之。」吳曰：「是豈吾心哉！君切勿言，將使貪夫起不義之思。」乃辭去。數年後，復來，仍致厚餽。吳曰：「使吾愛財，則曩歲已取金矣。幸無污我。」客不能强，命匠圖其象以歸，誓謹香火爲報。吳壽終於家，子大明官至將作丞，二孫爲監司、郡守，曾孫周輔作士人。

觀音救溺

徐熙載之母程氏，酷信釋書，雖年過七十，雞鳴而起，炷香持誦，不以寒暑易節，而瞻奉觀音，尤極誠敬。紹熙四年，熙載來城中，就館彭大任家。五月三日，與二子謁歸，僦石鎮航船。當江漲瀰漫，望直而進。三更後，暴風雨作，折木發屋，波濤沸騰，篙工無所施其技，勢已危迫。熙載念：「父子三人，寄命一葉。駭浪中，脱有不虞，何以供老母菽水之奉。」即呼率同載，齊聲恭持菩薩名。良久，遇一巨桑，衆共挽之，急以大綍繫於木下。到曉觀之，則在高沙圃中，無所謂巨桑也。午後抵家，母出迎，笑曰：「夜來夢一婦人抱汝歸來，不妄。」始驗佛力救助云。

朱陳二縣丞

朱耘深道，樂平石潭人。招邑士陳定國，訓其二子才英、輩英。同學七八人，以休假出游。迨日暮，一人先反，倦卧齋榻。如夢寐中，見兩黄衣卒從外至，一扼其喉，一引其足，聲不能出，氣不能運。正危殆之際，定國與才英歸。扼吭者驚曰：「兩縣丞至矣，奈何，奈何！」引足者應曰：「當捨此而亟避之耳。」才英見兩狗躍走如飛，被祟者方醒。二十年之後，定國仕爲大庾丞，才英攝上猶丞。

解脱真言

吴周輔灌圃【一】之僕曰操全，勤幹悉力，夙夜不怠。慶元三年，忽不疾而死，而魂魄

【一】灌圃　涵芬樓本注，吕本作「灌園」。

精爽，不離故處。人往游者，聞其謦欬之聲，與平常不異。念其存日忠謹，不忍使巫卻逐。館客徐聖俞舊傳西天三藏法師金總持釋迦往生三貞，言其一曰：「唵牟尼牟尼摩賀牟那牟曳莎賀」，其二曰「唵逸啼律呢娑縛阿」，其三曰「唵似呢律呢娑縛訶」。凡世人死而未解脱者，或爲誦之，或爲書之，無不獲應。因勸周輔板印，貼於操全止息之所，自此影響寂然。

席天祐病目

樂平席天祐，父衮，精於醫，嘗從劉武忠軍中。天祐象【二】用兵之勢，一寓於棋，遂成絶藝。淳熙六年冬，醉卧僧床，賦一詩云：「霜侵古屋月侵窗，撥盡寒灰夜未央。仗劍起看吴楚分，將星今見幾分光？」俄得目疾，經歲後，不復見物，凡十年。自省：「元無大惡，何以至於此極？」一夕，夢一秃翁爲其徒乞命。席曰：「我病廢待盡，不握死生之柄，胡爲而出此言？」謝之，使去。翁曰：「若能寘念，目眚可瘳。」翌早，見漁人負擔過門，問其何物，皆蝦蛤螺蚌之屬也。頓悟夢告，悉買之，使童縱於江中。雙目已有明意。歎曰：「夢豈欺我！」爲善愈力。才數月，眸子瞭然。天祐醫術不減其父。慶元三年，邑西【三】周恂病風，人皆以【四】死證，共邀視之。祐曰：「左已癱，右已緩，何計之可爲？幸猶早一月，大藥尚可及也。」遂探囊出三藥，指其一曰：「服此一旬，口當能言。」指其二曰：

【二】象　涵芬樓本注，吕本作「采」。

【三】邑西　涵芬樓本注，吕本作「邑胥」。

【四】以　周本作「以爲」。

「服此，手且能運掉。」指其三曰：「服此一句，足且能移步。俟三者既効，當別告汝。」恂妻奉所戒，盡如其言。復迎之，求所謂常餌者。笑曰：「吾技止此耳。病勢既退，但調和氣血以平之。恂意其有靳，扣請不已。」天祐曰：「果欲知常餌乎？汝出入公門，當用方便一味。切忌鬻獄舞文，貪顧財物，此真神仙上方。能常服之，則疾永不作矣。」恂頓首受教。旋執役如初。一日，相遇于市。恂曰：「感君再生之恩，恨無以報。如縣道有使令，願效犬馬。」天祐責之曰：「汝忘我語，故態復作耶？」恂愧謝而退。

梅溪子

樂平湖口人汪經，少時夢所居後池中，有龍將升空。懼其爲孽，覓物捍之。遂跨其背，截其首，將之以歸。驚而寤，悸汗被體。其父詢之，具以告，私切喜焉。經自七歲知專志讀書，性亦開敏，意將來必成偉器。未幾，有一道人至。疎眉秀目，頎然而長，衣冠褒博。自稱曰「梅溪子」，姓宇文氏，梓潼人，精於太乙數，且善圓夢。父因以龍説語之。矍曰：「乘之吉也，屠之次已，但攜首而歸，立身于卜筮耳。昔吾之師授吾術，不許妄傳。惟云東行逢三巳，則付之，當登一世之龍門。吾不得其旨。今君之子，殆符三巳之讖乎？」父呼之前。道人一見，即摩其頂曰：「真吾弟子也。」出書一編與之，他日藉此翺遊公卿間，不可謂之無所遇也。」坐頃之，一笑告去，不復再來。汪父雖甚嗟異，然期厥子以學問榮家，不令留意。累年後，經爲俗故所攖，浸廢學。方閱其書，了然貫通，不假指教，遂用此技成家。所謂三巳之兆，不曉其故也。

月老治痢方

汪經既以術顯，與邑士徐聖俞厚善。慶元乙卯重九日，相遇于村店。臨别曰：「後二年當復會于縣中，正恐不能從款爾。」徐怪而詰之，汪云：「尊夫人星數到彼時，必有臟腑之疾，當逢異人而安。」及丁巳歲，就館縣市士人家。汪果來訪。閱兩日，得僕報，母患痢。母年七十六矣。正憂惱間，崇聖長老慧月聞之，急抄一方來。其方用罌粟殼七顆，烏梅七個，陳橘皮七斤，皆如常法。而甘草七寸，炙其半。生姜七片，煨其半。黑豆四十九粒，炒其半。同水一大盌，入小罐内，文武火熟烹而飲之。徐即買藥奔歸，家及已三鼓【五】。立治藥，一服痛止，再服脱然。

葉武仲母

葉武仲母死經年，適樂平鍾德茂家啓九幽醮，許外人附度。葉買紙衣一通，詣壇下。主醮者程國器，爲祝而焚之。俄夢其母來，曰：「感汝化衣。但我衰老無力，爲强悍者奪去。」容色甚慘。葉寤而悲泣，復扣國器，令别具狀，判監醮之神及當境地主，分明取還，

【五】家及　中華本注，二字當乙正。

立俟報應。其夕再夢，云：「荷程法官理還衣著，極濟所欲，幸爲我謝之。」程自此道術頗振。

汪季英不義

大庾丞陳定國女，嫁樂平人汪季英。汪顧其資送不腆，心殊弗愜。已，又誕女，愈嫌之，出遊郡庠。陳氏病，遣僕屢促其歸。暨抵家，既棺殮矣。踰月後，汪行菜圃，爲異蜂所螫，痛不堪忍，因卧病。婢子察視證狀，謂全與陳無異。亦常見陳在側，汪知爲所祟，發怒，舉柩焚之。時定國爲應城主簿，或言婦翁尚存，焚之不爲便。汪悔悟，然已無及，竟以蜂毒死。定國滿秩歸，妻曹氏夢女來別，曰：「不義者即【六】投之憲網，我已別議婚，相去近，幸勿悲惱。」次日，其鄰蔡氏婦雙生，男女各一人。

【六】即　李按：似「既」字之誤。

歷陽麗人

歷陽芮不疑，乾道間，從父縣尉官所歸掃墓，因留飲鄰家。出已傴夜，乘馬行，遇青衣小鬟持簡邀之，仍爲控馭。頃刻，到一宅，金碧璀璨，赫然華屋也。俄有麗人延客，分庭抗禮，若平生歡。芮坐定諦觀，其容貌之美，服飾之盛，真神仙中人，爲之心動。少焉，張宴奏樂，麗人捧觥致詞曰：「累劫同修，冥數未合。今夕獲奉，從容爲壽。」罷，即登榻，繡帷甲帳，目所未識，遂講衽席之好。拂旦求還，麗人慘詰曰：「郎何來之晚，何去之速！陋巷草舍，固不容車馬。願以十日爲期。」芮曰：「大人性剛嚴，計已顒望。」堅不許，復駐一宵。及辭去，揮涕送之，曰：「來日當有書閣修謁【七】。」至時，未二鼓，先遣僕妾施牀帳，具酒殽。俄擁一香車，麗人下，與芮接。從此每夕輒至，商摧古今，詠嘲風月。雖文人才士，所不逮。但戒芮曰：「我非凡流，得侍巾櫛，皆夙昔福分致然。或輕泄天機，必爲大累，予亦將不得免。」凡歲餘，父母訝其尫瘠，扣之不言。家人或有覘者，母密告之，云：「頗知汝有奇遇。吾正慮，飲膳自幻化中來，未必真物，食之當成疾。試輟一器示我。」芮不敢隱，與之言。麗人曰：「此無害。」即令持蒸羊一楪往。母嘗之，非僞也。父絶以爲憂。值道人屈先生來，自謂精於天心法。備白其故，屈曰：「魑魅罔兩，何足驅除？縱島洞列仙，而誘人爲淫佚之行，吾亦能治之。」遂索線數十丈，以針串小符於杪，藏諸合中，祝芮曰：「君甘心妖惑，死期將至。未忍汝問【八】，俟彼女去時，綴紙貼於衣裾，任其帶線而逝。」芮如所戒。明日，屈先生使訪測，野外有巨蟒死焉。尸横百丈【九】，其符宛在鱗甲間。芮如醉方醒。徐聖俞婦弟，自淮上至，談其詳。

螺治閉結

饒醫熊彦誠，年五十五歲，病前後便溲不通，伍日，腹脹如鼓，同輩環坐候視，皆不能

【七】當有書閣修謁　涵芬樓本按：此句疑有脱誤。吕本作「當于修閣書謁」。周本作「當于書閣修謁」。

【八】未忍汝問　涵芬樓本按：此句疑有脱誤。吕本作「如未忍間」。

【九】百丈　涵芬樓本注，吕本作「百尺」。

措力。與西湖妙果僧慧月相善，遣信邀至訣别。月驚馳而往，過釣橋，逢一異客，風姿瀟洒出塵，揖之，曰：「方外高士，何孑孑趨走如此？」月曰：「一善友久患閉結，勢不可料，急欲往問之。」客曰：「此易事耳。待奉施一藥。」即脱靴，入水探一大螺而出，曰：「事濟矣。持抵其家，以鹽半匕，和殼生搗碎，置病者臍下三寸【一〇】三分，用寬帛緊繫之。仍辦觸器【一一】，以須其通。」月未深以爲然，姑巽謝之而前。及見熊，昏不知人，妻子聚泣。諸醫知無他策，漫使試之。曾未安席，砉然暴下。醫媿歎而散。月歸訪異人，無所見矣。熊後十六年乃終。白石董守約以脚氣攻注爲苦，或教之搥數螺傅兩股上，便覺冷氣追下至足。既而亦安。

攬事游師姨

樂平大東關外，一尼姑俗呼爲攬事游師姨，不詳其所以來。日攜一竹篓入市，爲鄰左右家買物。自一錢兩錢，至於十百，粉餌、針縷、果料、蔬菜，其項目纖微，無不一一記憶。反而付之，不少差。元未嘗責報，雖風雨寒暑不輟。賦性和易，人甚譽之，無喜色，詆之，無愠色。凡往來累年。一旦，徧詣諸家告别，不疾而終，瘞於歸仙橋下。明年，一道人至，輒啓其穴，視其骸，乃金鎖子骨也。以杖挑之，凌空而去。見者皆悔悼，其生存時不能識也。橋因是得名。

【一〇】三寸　涵芬樓本注，吕本作「一寸」。

【一一】觸器　涵芬樓本注，吕本無「觸」字，疑是「濁」字之誤。

程山人女

樂平螺坑市，織紗盧匠，娶程山人女。屋後有林麓，薄晚出遊，逢一士人，風流醖藉，輒相戲狎，隨至其室，逼與同寢。家人有覘見者，就視之，乃爲長蛇，繳繞數匝，時吐舌於女脣吻中。盧大驚，拊几呼諭之。女笑曰：「爾何言之謬。此是好士大夫愛怜我，故相擁持。豈汝賤愚工匠之比？奈何反謗以爲妖類。」盧出外，思其策。里中江巫言能治。即被髮跣足，跳梁而前，鳴鼓吹角，以張其勢。蛇睢睢自若。江命煎油大鍋，通夕作訣愈力。女怒告曰：「無聒我恩人。」舉衾覆之，蛇亦縮首衾下。江度其無能爲，用繩串竹筒套其頸，使侶伴緋衣高冠十輩，分東西立，雜擊銅鐵器。五人拽女向東，五人拽蛇向西，如此者五，方得解女身之纏縛。遂與衆斫蛇碎之，投之油鍋内。程氏救之無及，洒淚移時，欲與俱死。於是使吞符以正其心神，餌藥以滌其腸胃，踰月始平。此卷皆徐熙載聖俞所傳。

夷堅三志辛卷第六 十五事

玉山陳和尚

信州玉山縣務林鄉下巖寺，童行陳生年十三四。時因出縣市，還至中途小橋少憩。先有道人坐其上，雖風骨軒昂，而身負瘡垢。陳雖庸下，無所知，然一見，心異之，即加禮。道人若素相識者，笑謂曰：「汝行路多少？」曰：「三四十里矣。」曰：「如是當饑餒，已儲一物相待。」探懷取油糍兩枚與之。陳接食其一，頗喜。至其次，粘二炙羼甚腥，陳不以爲嫌，略加洗滌，亦食之。俄便別去，便覺步趨輕捷，心神頓清。自是遂能言未來事。遠近有請，無不敬信，共買牒爲削髮，稱爲陳和尚。凡境内水旱疾疫，命之禱，輒應。鄉人嘗於丁邑宰，乞招之祈雨。丁迫於民情，勉從之，而終不信也。齋場既辦，請之曰：「師能知何日有雨？」曰：「明日申時。但須至誠齋潔，方獲感應。」已而不然。丁咄其惑衆，將寘於理。陳笑曰：「闔縣之人盡知齋戒，仰望膏澤以蘇苗稼，長官獨茹葷自若，爲民父母如此，顧歸咎於我哉？」丁曰：「何以知我葷饌？」曰：「今已食鹹鴨卵，尚餘其半。庖僕亦不敢喫，見在厨内罩子裹。吾言【一】不妄言。」丁悵然自悔：「願容洗心懺謝，重建三日道場，不知可致雨否？」陳曰：「試看三日外如何。」及會散僧退，暑氣正炎，忽片雲起西北，雷震一聲，登時傾注。周一晝夜方晴。

王一妻

建康豐民王一，以慶元三年四月，往近郊種禾。其妻持午飯饁之，去田所不遠，忽爲大雷雨迫逐，不可逃避，飲食器用，一時漂散。少焉開霽，王望見，就視之，妻自腰以下陷於土窖中，牢不可起。急呼在田者并力鉏掘，而四傍浮土隨即擁合，無計可施。或教使用蘆蓆草縛一舍，蔽其上，又爲旋風捲去。妻面黑如漆，扣之不能言，與之膳飯不能進，但嗽嗽呼痛而已。後一月，樂平商人過彼，正見之。後不知所終。辛志載地陷不孝子，王一妻之惡，從可知云。

五色雞卵

信州五通樓前王氏，專售荷包爊肉，調芼勝於它鋪。乾道六年正旦日，報曉鷄忽誕青卵五枚如彈，舉家驚異，以五色線爲袋盛貯，置所事神像前，益嚴香火之奉，自此家業小康。

【一】言　中華本注：「言」字疑衍。

胡婆現夢

樂平市民胡百一，夢亡祖母在堂上，如生時。呼與言曰：「我前面有幾人，在生積善，到地府不受苦辛，自有持香花接引，送好處安歇者。逐日根問，並無分毫公案。若積惡者到，便打縛送獄，與縣道不異，那裏大段怕人。你爺煞有説話，如何了得。我次第恰有去著，只是要錢使。可分明説向爺道。」語畢騰空而去。百一之父仲仁，以接攬輸納爲生，無善譽。百一不敢談所夢。時慶元三年十月初十日夜也。後五日，仲仁無疾而死。

蔣山長老師

建康犀皮塘杜屠妻，以淳熙五年懷孕數月，於左脇下生一癰，積日漸大，不痒不痛。杜生屠沽小輩，亦不求醫。凡十月而潰，生一男皮肉即合，腹孕即消。兒晝夕啼叫不止。蔣山長老夢其本師來，云：「我已在犀皮塘杜殺猪家出世，汝何不來看我？」長老次日率衆往，乃聞脇生之異，知非常兒也，令抱出觀之。一見便笑，不復作啼聲。長老云：「如果是吾師，當受我拜。不然，便拜殺你。」遂展坐具，對之稽首作禮而退。兒笑睨而已。後半歲，其母與夫訣，攜此兒入山家乳養。今二十歲，復爲僧，形相全類布袋和尚。不暇問其法名也。右五事，樂平游士孫千里説。

胡廿四父子

樂平永豐鄉民胡廿四，開旅店于大梅嶺。乾道元年冬，弋陽某客子獨攜包複來宿。至夜買酒，邀胡同飲。詢問麻價，胡亦添酒報之。客既醉，出白金兩小瓜【二】授之，云：「明日煩主人分付，糴麻打油，歸鄉轉售。」胡甚喜，曰：「此甚易，一朝可辦，且飲酒。」起語其長子曾一曰：「好个經紀。汝便殺一隻雞，討好酒來，更吃兩三盃，我佯醉先退。汝且陪伴他，直候他爛醉了，卻做計較。」客雖怪其數起，又父子昵昵耳語，無期度，極用爲疑，慮有見謀之意，然無由可竄免。未幾，客酣醉，不能支持。胡先於後圃傍樹根掘深窖，續入房以巾縛客口，倒曳置窖中，生埋之，築土平其上，略無知者。自是來宿者多驚魘不安。至七年春，胡全家染疫，里巫拯救不效。胡父子疾勢轉篤，夜與鬼語。巫覺其有寃對，俟曾一小間，請扣之曰：「汝父子必是曾做昧心事，既到此，如何諱得？但隨實説向我，當爲汝作一道理消禳。」胡始備列曩愆，且言：「惡事實不可做。方未病前，夢鄉人迎神過門，此客哀哭出訴，仍引土地爲證。神大怒，命收下我父子魂魄，候申奏施行。今萬無可脱之理。願法師勸世人，以我爲戒。縱使人不知虚空，豈無神道？」遂不復語。才三日，相繼亡。鄒元明説。

【二】兩小瓜　涵芬樓本注，吕本作「□天包」，周本作「一大包」。

張時鴨洪勝雞

婺源張村民張時，所居臨溪，育鵤鴨數十頭，日放溪中，自棹小舟看守，歲收卵四五千顆。慶元三年春，忽得哽噎之疾，不可復出，命其子代之。數日間，一鴨羽毛聲音旋改，俄變爲雄，家衆以爲不祥，擊殺之。刳其腹，所儲卵，猶有細者，累累不絶。張時亦亡。同村人洪勝，是年春，牝鷄誕十一雛。内一黑者稍大，仍生三足，旬日間，能鳴自啄，不隨羣隊。外人來求者紛紛，其家不與。月餘，碩大過母，一日翔空而去。

程法師

張村程法師，行茅山正法，治病敺邪。附近民俗，多詣壇叩請，無不致効。旁村新定人詹聰，暴感疾，招使拯之，隨即平復。時已昏暮，程欲歸，聰父子力挽留待旦，不從而行。一更盡，到孫家嶺，月色微明，值黑物如鐘，從林間直出正前，圓轉有聲，若與爲敵。急誦呪步罡，略無所憚，漸漸逼身。程知爲石精，遂持那吒火毬呪結印，叱喝云：「神將輒容罔兩，敢當吾前，可速疾打退。」俄而見火毬自身後出，與黑塊相擊，久之，鏗然響迸而滅。火毬繞身數匝，亦不見。時山下住人項通舉家，聞山上金鼓喧轟，如千百人戰聲，與其子姪遥望，唯見程兀立持誦，寂無燈燭，就呼之乃覺，即拉之歸宿，心志方定。自是不敢夜行。

王發猪

石黄坑吴漆匠義子王發家，猪生十二子，身皆虎斑文，或三足，或兩足，或一足，或無足，略無全體。其家惡之，縛而沉諸深淵，而貨其母。猶憂災禍忽作，後亦無他事。

牛頭王

婺源畢村皆一姓所居。有畢應者，專意屠牛，每與人夸説：「所殺至千頭矣，死後須得做牛頭王。」漸老不能操刃，而聞他處宰剥，必往觀之，喜見顔色。蓋其天性嗜殺致然。一日，歸自盧嶺，爲羣牛所逐，登木轉避。牛爭奮角抵觸，木幾斷折，哀呼乞救，衆牧童奔趨鞭退，方得解厄。到家即卧病，覺寒不可支，命其子生火起炙，繼又發渴索酒。子自提缾出沽，傍無陪侍，疫困已甚，倒身火際，誤伸左手寘焰中，元不自知。子從外來，連聲撼叫，始醒，初不言痛。至夜乃云：「有金甲神人來與我説曰：『欠一斤還一斤，欠一兩還一兩。殺物命，成業障。當初擬做牛頭王，而今果報自身上。』」自是不復語，但時時拈瘡上肉，虛空與人。肉盡見骨，又月餘方死。

宋毅見亡父

婺源宋毅之父，没已數年。一日，往曹溪視田，還抵從安橋，有親戚邀飲酒。出時夜半，行次梨木嶺，忽覩父從嶺下至。與之言云：「項十在前面，帶一鬼來，同打汝，可自著便宜，急將所拄杖去做准備，我卻尋討棒手項超共救汝。」父隨語而隱。洎嶺後，見兩鬼持棒來，心甚畏之。遂輪柱杖，彼此相擊。未覺勝負間，父領項超到，併力痛打，良久奔去。父與超送毅歸，及門乃不見。毅病六七日方愈。右五事，皆張行父説。

張士僴

延平張維左司，前妻羅氏生二子，曰士佺、士僴。繼室宗氏亦二子，曰士儼、士信。更迭幹蠱，宗氏有憎愛之心。歲終鈎校，必於佺、僴推索毫毛。淳熙三年冬，僴補官，宗愈不平。會得其虧折數十緡事，大怒杖之，并及婦曹氏，二人恚憤。左司被召命，挈家行，僴一房獨留。遂與曹詣岳祠禱訴，後赴婺州此較務。八年春，招宴同僚，會散，坐書院中。命僕熾炭，累至五十斤，猶不愜意，家人疑其異常。俄若有所覩，發狂，大呼父姓名，云：「士僴本心孝義。」連聲弗已。又泣拜其僕求救，將自投于火。妻子驚駭控持，走出報，同官畢集，解釋弗省。憑高則擬自墜，逢器刃則擬自刎，百計守護，窮日之力，不敢暫捨。同官扣其妻，乃知禱詛二親之事。使白于左司，貽書婺守蕭侍郎，俾尋醫。去未達家數里，聞左司病卒，曹氏同一男一女相繼而亡，倜一切如常人。服除，調常州庫官，到任而卒。

操執中

建康城外二十里，鄉豪民操執中，貲業本不豐，而善諧結府縣胥徒，以爲嚚訟地，里人望而畏之。所居近處，有田百畝，皆已爲己有。唯甲氏一丌介其間，頗爲妨礙，屢欲得之而未獲。一日，告家人曰：「我有計矣。俟栽禾之際，先命數僕掘開田塍，盡插挾稻【三】，合而爲一。甲氏必來責問，但加打逐，須它經官理訴可也。」既成訟，縣委官驗視，吏納賂，甲受其曲。甲曰：「我亦不復爭，只願天開眼。」經數日後，操往瞻顧，有德色。俄烈日中，黑雲四集，震霆大作，僕一切驚仆，移時方甦。操既死於田坎，遍體焦灼，急報其子。來見，所掘塍盡用物標誌，皆操所執涼傘骨也。或試拔摇，極力不能動。子即時運土增築，以還甲氏。然後仰空哭請，乞賜父尸歸葬。此徐允恭所説。樂平梅浦胡氏侵兄田，遭震，亦以傘骨分界。見於三乙。

【三】盡插挾稻　涵芬樓本按：「挾」字似誤。李按：似應作「秧」。

朱聾三八

嚴前嶺上民朱聾三八者，本姓名曰洪亨時，專宰牛。慶元四年春，病頭痛死。半月後，僕張廿三自田間困歸，夢與鄰民吴廿一到洪季韶門，見鬼卒用麻索縛朱過，渾身生毛成牛，止留面目可認，口鼻流涎，據地汗喘，猶顧張、吴，相揖曰：「亨時緣生前造業，今日果報，當受屠割，已有去募人【四】買肉矣。」方交語，見一長人從嶺頭來，朱指示二人曰：「此便是分肉者。」雖當時不見其臠斫之狀，然攜肉去者紛紛。一媪言是白石人，亦買一斤許，三嗅之，擲於案，高聲叫云：「既是人肉，又且臭穢，如何喫得？」張遂驚寤。季韶云：「吾今所居，乃亨時舊屋，元有大桑木一株。亨父四十翁存日，殺牛千頭，皆繫之木上，久已枯倒矣。」

金客隔織

樂平人白承節，淳熙初，監蘄州蘄口鎮。市客金生，抱販束帛，每出入鎮宅，甚熟。一日酬量既畢，束縛物貨，頓几上，閑談市井中事。問答頗久，出酒炙飲食之。所坐處靜僻，白竊取其邵陽隔織兩匹藏篋中。胡妹壻自外至，適見之，謂與爲戲耳。客饌罷，徑肩所賫行。次日點閱不見，亦但疑它人，故相惱，不深介意。至暮，乃以爲請，乞爲詢究。白怒

【四】募人　「人」原作「入」，逕改。

曰：「我固早貧，正是本鎮官，如何擅誣做賊？ 我只有一子，寶惜如命，若果取汝匹帛，須是與他裝死。」客翻遜謝，收淚去，還家。 數年後，其子夭逝。 母石氏痛之極，空篋中以爲殮，兩隔在焉。 胡妹婿來弔，見而歎息。 未幾，白亦卒。此卷皆彛之傳。

夷堅三志辛卷第七 十二事

舒権貨妾

淳熙十二年，孫紹遠稽仲，自鄱陽守除提舉福建常平。將歸吴中，過建康，已與諸司别，而監権貨務舒從義以故舊留飲。時當七夕，妻亦同坐。舒新買美妾，甚嬖之，妻頗嫌忌，思所以去之，未能也。孫於席間極稱奬歌舞之善，妻因言：「郎中幸顧盻此妾，能滿飲一巨觥，當輟以爲贈。」舒錯愕失措，而家居建陽，念孫方爲鄉部使者，勢難沮卻，既飲竟，命妾再拜侍側，席罷，送赴津亭。臨去，告之曰：「汝服事新主公，所有衣衫冠珥之屬，明日續以往。」孫登舟，夜向闌。明旦風順，舟師遽解纜挂帆，舒僕至，無所及，遂追路抵丹陽。妾見僕，泣曰：「我到此家，相待只如庖婢等，豈堪久駐。」僕還白，舒愴然，即告假于總卿，乘小舟而東，到平江相值，泊於孫舫之左。孫適出謁，妾望故主來，徑登其舟，悲敍所以。俄孫至，怒其不待我而擅去，遥加叱駡。妾躍入水，急拯之，冠履皆脱，衫袴沾濡如狗。孫令兩兵捽詣府，通謁太守丘宗卿以爲請。丘慰解之曰：「妾無禮如此，俟君退，當痛撻之。」孫雖登車，只潛伏客次。丘唤杖，將箠妾。妾顔情不怯撓，曰：「乞給一幅紙，使得供吐。」丘與之。妾自能書，云：「本臨安人，父亦有小可名目。爲舒省幹以厚價買來，尚未一月，遣去孫郎中處。忽見故主，喜而出迎，正欲跨過船，不覺爲風吹開，以致墜水。念元無罪犯，何肯輕投死地？若以爲過，受杖不辭。」丘讀之，壯其言辯，但以付女儈家，而呼其父擇婿嫁之。此妾蹈死如歸，視官刑如談笑，固非籠中物也。舒初時求假三日，既留連不已，反遭劾罷歸云。耿曼老說。

明湖朱家怪

餘干富室朱唐卿，居于縣之明湖。中堂牕外有大石，高廣數尺許。紹熙壬子春，忽躍入室，震響駭人。時已暮夜，無敢出視。明日觀之，窗櫺鑰元不動，而度石之重，非人力所勝，朱無計可奈。自此妖怪百出。始初若穿窬之盜，必用錐穴地，而【一】足跡長尺餘，然未嘗戕竊一物。久則白晝縱横，語笑於梁，飛擲器皿，童婢或見之，狀頗類人，但軀幹闊短。試置膠漆於户限以驗之，所沾皆獸毛。長幼適值，必遭箠擊，往往怖泣憂驚，唯朱能與之角敵。或不見其形，而空中挺刃翔舞，似有魈幻憑附。朱嘗以二更出，有毛臂從後掣其足，賴手操馬箠，揮之【二】乃解。經數日，庖婢夢，有告之者曰：「我家婆婆被馬鞭打損了。」怪暫屏跡。歷四十二日復然。朱祈逐備極，悉不効。聞玉隆宫道士魏真人者，負道行，精治邪孽，走僕具馬幣邀至行法，書章奏，訴上帝。拜伏三日夜，方起。怪出没自若，

【一】而　涵芬樓本注，吕本「而」下多一「至」字。

【二】揮之　涵芬樓本注，吕本作「撻之」。

唯不近魏左右。魏既寤，無他言，但云：「火星入命，須周三歲可已。」鄉士姜圭玉習雷部法，爲置壇案【三】。當午，震雷起庭中，屋外古木大數圍，火光迸發，立成焦枯，蛇虺蜈蚣，無限皆死，而異竟終不息。訖滿千日，涣然平寧。朱氏數子業儒，雖罹此撓，卒無恙，今益富厚云。

熊氏石獸

餘干萬春鄉熊氏家，有鎮宅石獸，置於佛堂卓下，多歷年所。淳熙癸卯，每昏夜之際，内外人或見一大物出入。迹之，還至佛堂而滅。熊疑獸爲怪，度難輕與爲敵，移往里中資福院暫住，以避害。變態如初。一童行膽勇多力，持鐵槌謹伺於間處。迨夜出，尾擊之，即碎于地。明日，報寺衆，共觀之，腹内有五色紋及如肝肺胃腸之狀，自此無所覩。

城子塘水獸

萬春鄉農民朱七，乾道辛卯，旱歲，同妻往近村城子塘引水灌田。塘之延袤，可二十里，溉田千頃。中有泓澄之所，極可愛，名曰何婆瓏，視他處爲最深，而與朱田甚近。秋日晚，一物起其中，如巨梁木横出水上。細視之，鱗甲照日光輝而色如黑漆。俄陰雲四合，將起奮迅，妻方懷妊，驚怖急走，還家呼老幼聚觀，蓋龍也。良久乃没。壬辰春，朱氏一門

【三】爲置壇案　涵芬樓本注，吕本作「爲置壇案考究」。

病疫，不遺噍類。又二年，物夭矯升空，傍近不覺，而數十里外人見之，殆長數十百丈也。

右三事，李儒秀説。

三衙墜馬

乾道四年正月一日，侍衛馬軍帥李舜舉朝退侍立，賜北使茶酒，仍從駕詣德壽宮。既歸，乘馬過八盤嶺，因而失轡，遂墜地傷腰。明日，閤門官以謁告狀進呈。孝宗顧而笑，曰：「汝曹欲曉此耶？三衙墜馬，便與知閤官失儀一般。」蓋謂理不當爾也。先是，紹興末，知閤門事張掄赴後殿起居，由隔門東沚道街趨下，霜滑失足，頓坐於地。在一司專治閤門職，主朝覲彈奏臣僚，若本司官，則自舉劾。掄既放罪，高宗詔以階道高峻，令換作級道，于是前後殿諸階所，一切更新。孝宗聖意，正憶此事也。

張三公作牛

徐俅之僕程華，典張三公田，爲錢二十五千，約不立契，冀可省庸書人數百之直，且謂華曰：「我與爾素厚，斷不負汝。雖無文約何害？」經三歲，張自占爲己業，一切租入，了無所償。華往訪之，未抵其居，遥見一新冢，詢之，則張近死，此其所葬也。歎曰：「翁言不負我，今死矣，何所復望！」遂輟行。歸卧，夢張著皂衣白領巾，扣門曰：「來共布田。」

及覺，水牛正生一犢，毛黑，頭白而長。售於人，恰得二十五千。口說。

葉道行法

葉道名法廣，建寧人。不飲酒茹葷，專行三壇五部法，驅邪治病，常往來樂平。慶元初，何衢程氏留使住墳庵。四年三月，萬全鄉民朱廿一家疫病，爲行持七日不退，殊以爲歉，益齋戒禳除。夢鳴山神來云：「朱某家時疾，係吾奉天勑所行，固非妄生災咎。」探懷，出黃紙文書一幅示之，曰：「此可爲證。若救了他家，必於君不利。」明日以告弟子鄭純一，令寫狀，奏天庭。鄭以紙札不精，懼瀆上蒼，不奉命而去。葉年八十矣，不勝憤，對所事神發誓言：「朱某平時奉香火甚謹。今其家十口困棘，法廣安忍棄而不救？當盡力加持，願上聖同賜臨護。如朱氏痊安，法廣以身代死，其甘如薺，實所不悔也。」不數日，朱室平復如初，法廣遂死。

萬道士

何衢程巡檢，招龍虎山副知宮道士萬景川，洒掃韓村墳庵。自淳熙至慶元二年，凡十餘歲矣。冬之夜，夢對案設羊鵝肉各一盤，欲舉箸間，而思得酒飲，蓋平日所貪者。才起念，一瓶已在前，甚用爲喜。未暇濡吻，一青童在傍，拱曰：「知宮食料俱盡此，不當喫。」

怒而叱之。童曰：「有如不信，但問誌公和尚。」景川云：「和尚何在？」曰：「只在後面。」試回首，望一僧坐龕中，以扣之。曰：「誠如其説，食料真个盡了。」語竟，酒肉都失。覺而惡之。未幾抱病，捨庵歸宮。景川，浮梁人也。兄亦爲道士，過，見之，託以千錢寄其母。仍云：「明年再到程庵，方得展省。」及還宮，疾益甚。自知無生理，命道童具紙筆寫書，别程氏。字至「右謹具呈」，筆頭忽脱落。童拾取，裝鬬未了，川已殂。後三日，其姪女年十二歲，在家，景川魂憑之，偏揖家人。告其母曰：「某於某日死於本宮，嘗託哥哥附千錢，曾到否？」母曰：「既是死，如何歸得？」答曰：「景川乃方外人，與尋常死者不同，欲往即到。昨夜抵家時，見母做土地福，討椀分肉。景川心下大不樂，打破數椀。又無紙錢可燒，土地殊失望。景川今便去，如他日做影堂享祀，願别設一分于門外爲善。」母對之哭。女蹶然而甦。右二事，僧顯章説。

閻大翁

閻大翁者，居鄱陽，以販鹽致富，家貲鉅億。夫婦皆好布施，諸寺觀無不沾其惠，而獨於安國寺出力尤多。大雄佛殿之成，長老道淳謂不可忘所自來，命工塑兩像，寘于龕前，仍戒直殿童行，每供佛羅漢香燈時，奉之如一。及其没也，頗亦著靈驗。淳熙之末，江東第五副將趙士，以寓家寺中。老乳媪挾其五歲兒入殿瞻看，兒癡不解事，奮右手批閻像，頗且加唾駡，媪莫可誰何。是夕初更未盡，兒忽得驚風病，右五指拳縮不能舒，呻叫不已，若甚痛楚不堪忍之狀。父母呼之【四】，瞪不應。醫至，未敢遽投藥。兒俄出聲云：「告閻翁閻婆，休打我。」方兒之戲也，元不知像之姓氏，媪始悟，亟率直童啓扃，造龕前焚香獻紙錢以謝過。纔歸室，兒頓蘇，乃具道晝日之故。家人次日製黄幡【五】一合於彼龕，兒就【六】脱然平貼。自是守者于香火，甚留意焉。小陸説。

毛家巷鬼

鄱陽城内，昔多葦園曲徑，常常苦於怪孽，而城隍廟下毛家巷尤爲寂寥。忽有女子貌絶美，值夜輒至惑人，或不疑其爲異物也。小民陳五，年少偉姿，遂爲所惑。每夜負擔過此，必盤旋久之，若對他人語論，謔笑乃去。不曾與人言，而體幹日以尫悴。所親詢之，初亦抵諱焉。但自覺怯弱，不能支，頗畏斯害，連五日【七】不經從。少日【八】因到，彼女隨後呼曰：「五哥，汝多日不見，莫是被人厮調戲乎？」陳不應而行。女意殊憤憤，拋手中所攜衣裳一複與之。陳試回視，女出示兩手，皆生黑毛。陳歸舍，未幾而没。土人有「毛家巷裏毛手鬼」之語，由是雖當白晝，苟寒陰慘晦，莫敢獨行巷中。爲鳩立一塔以資鎮護，後又摧塌拆去。淳熙中，染坊余四與吴廿二者，鋪肆相望，而余之力薄，遣一子投募染工役作，中夜始息。常見兩蓬頭小鬼【九】戲舞於巷南，及逐去，則至元塔基上而滅。疑爲古

【四】呼之　涵芬樓本注，吕本作「呼撼之」。

【五】黄幡　涵芬樓本注，吕本作「綵幡」。

【六】就　涵芬樓本注，吕本無「就」字。

【七】五日　涵芬樓本注，吕本作「五夕」。

【八】少日　涵芬樓本按：此句疑有脱誤。

【九】小鬼　涵芬樓本注，吕本作「小兒」。

物之精，伺之弗能致。外客王承信，買得屋兩間於其地。僦者言距有水處大遠，于是鑿一井。經數日，方引缶下汲，泉淅淅如冰，清瑩冷潔，空坊里之人，悉來輦取。其汲愈多，而泉出無窮。迨今爲一方利，毛手之説止矣。

孫福異禽

紹興丁丑秋，鄱陽有異禽棲于毛家巷人家屋上。其文則似梟而喙長，其色多黑而間白，其足方而高，其目圓以赤，尾似鷄而敷散，莫知其所從來。凝然不動，至於四五日，見者無不唾怪。擲之以瓦不能及，注之以彈不能中，至挽弓發箭射之，禽略無退意。方瞋目摇首，引吭張喙，若將有所搏擊然。但翼欲奮而若不可舉，足欲移而若有所繫。郡人排門入視，咨嗟而已。里中細民孫福，一足跛，而最好大言。及是不勝其憤，語于衆曰：「必殺之。」乃腰斧升梯，徑造屋脊【一〇】，梯軏兀不穩而蹲其上，如與人格鬭，百衆健賞之。還未及簷頭，作勢過當，失脚下墜，展轉于地。妻子扶以歸。禽大叫數聲，瞥然而逝。孫竟不起。

【一〇】徑造屋脊　「徑」原作「經」，據周本改。

觀音救目疾

淳熙五年，饒信二州都巡檢羅生須次於城下。其一子曰森，時時入城，從王秀才爲學。是歲初夏間，大水汎漫邑市，羅所居悉墮洪流中。畏爲淫潦扇災，候王氏西邊書院，暫挈其家寓處。一婢曰來喜，目障交蔽，久益不見物。甫到王氏，當夜夢一僧喚曰：「賀汝有緣，苟不至此，終身定成廢疾。我故攜藥救汝。」即授以甌。婢喜接而飲之。僧曰：「可無慮也。」婢便覺目瞳瞭然，初無所礙。遂問僧曰：「大師是何處僧？」僧曰：「不須問我，我住汝家久矣。我聞汝聲音之苦，誓心相救。」語罷，失其所之。天欲明，婢雙眸烱然，全復其舊。衆驚顧，爭來咨扣，具以所夢言於人。羅後以告王秀才，備道於母夫人。母曰：「是吾家觀音也。吾家敬奉之，有疑則卜，厥應如響。」羅呼妾詣佛堂齋戒拜謝，至今猶存。

夷堅三志辛卷第八 十六事

星月之異

紹興壬申夏夜，饒士王賁之、朱仲宣因出市，過坑冶司前。忽見近屋數尺有物如火星，又如琉璃胡蘆，若小若大，累累不絶，再相連絡。其色淡青而稍昏，緩飛入豐泰門上，高而復低，墮于省倉之背，不能窮其源。有識者曰：「此應在千里之外，當兆兵沴之禍。」一至七月而贛兵不軌。乾道丁亥八月十五夜，天陰月昏，郡人劉、程二生，適主威惠廟燈燭之役，來就賁之同觀。還次雙牌，羣小家方醵會，一客留，二客俟於橋上，仰頭而視，一輪如半月闊，散而爲細星，百千萬顆，霄漢間，翠碧霞采，光燦偪人，不可形容。留者朵頤失聲，不得一語。頃之，雲復環合，晦昧如初。

王氏四足蛇

王賁之家，因役羣僕負薪過後園柴柵，見積薪下一蛇已死，四足宛然。蛇足之説多矣，或云燒地令極熱，而寘活蛇其上，則足自出。皆悠悠【一】之談，人固未嘗試也。賁之

校勘記

【一】悠悠　涵芬樓本注，呂本作「悠繆」。

往視，則蛇足翹然突出腹底，大異之，揮杖挑起細觀，乃吞蟇未化，其腹方脹，蟇氣猶未絶，故盡力以踏蛇腹，冀或得出耳。可傷也。

社壇犬

乾道三年八月，饒學釋奠，諸生家在城内者，多以當夜日四更往赴禮。王賁之至朝天門早，雙闔尚扃，閽卒言：「已請鑰匙于府中，便當到，小駐頃刻可也。」遂留坐。俄一白衣男子行相近，王慮暗中不別識，預咳嗽警之，欲使聞有人在彼。白衣乃變成一犬，轉社壇巷而不見。將去，以詢閽卒。卒曰：「渠無夕不出，每來偪人，及遭逐，則奔竄，其怪久矣。」王嗟異而行。

韓德高犬

朔漢【二】人下班祇應韓德高，來鄱陽，養一黄牡犬，高三尺餘，目之爲黄兒。每食則置飼于前，睡則使卧于床下。主人從外歸，犬迎門，以手挽其頭，且嗅其喙，無穢氣則已，稍或犯之，則罰不與食。凡坐起飲食，與人無間。一日，忽失之，至晚，但聞床上如人作聲，夫婦趣往視。犬從床躍下，似將言，長鳴數聲，拱雙足，抱頸而死耳。

【二】朔漢　涵芬樓本注，「漢」疑是「漠」之誤。

馬保義文談

饒州北工馬保義，善治弓箭，因出入軍中。王秬叔堅寓居，與之論兵相厚。馬生未嘗讀書，僅耳剽《論語》句，以爲談助。嘗詣王宅，趦趄門外，望王出廳，倉黄趨入。馬望見，即謝曰：「孰不知禮！」意謂他人情稔熟而失禮云。又問之曰：「近日曾做得好弓否？」對曰：「述而不作。」言不曾用工也。王云：「此後結果了，欲回一兩張。」對曰：「做得中使，便當納來，何敢望回？」王笑而遣之去。右五事，王賁之説。

書廿七

閩中士人王克己，居華亭，以教學爲生。淳熙初，有宗室趙通判在烏程，約之爲館客，久未得往。因閑步一岳廟，遇一婦人緩行，綽約明媚，一女僕持小青籃，仍挈偏詣列位，再拜焚香，畢事而出。是日，適無他人遊玩，王生隨以行，可數十步。婦人回視曰：「先輩高姓？」王驚喜，答曰：「克己姓王。」徐問：「娘子爲誰氏？」笑而不應，俾視所持扇，上有「書廿七」三字。王疑非良家，且人無姓書者，未及詳語。婦人又取香合付之，曰：「欲此物否？」曰：「幸甚。」既得之，婦徑前進，度一里，所入小寺，人跡稠雜，遂失所在。婦容色端重，雖與客反覆酬報，略無蕩心，而王迷念頗切，殊往來於方寸不置。後數日，趙方遣僕馬持書來，迎櫝背批「廿七日」，始大嗟異。旋至書館，每捧愛香合，常寘几間。家婢送食【三】至生童處，訝其物全似主母殮時柩中者，歸言之。趙取驗視，信然。亟詣王，扣所從得。初猶諱匿，逮于再四，乃盡述曩日所覿。問其服飾狀貌，乃其亡妻。小寺者，葢塗處也。悲惋啜泣，趣議舉葬。啓殯之次，棺側一小竅，僅容指云。陳子榮說。《睽車志》亦載之。

傅子淵虎夢

建昌傅夢泉，字子淵，陸象山子靜高弟也。登科爲衡教授。將終任，夢與象山同張欽夫參坐講學。忽有自外呼曰：「傅子淵，汝見大蟲也無？」傅不答。其人又曰：「汝見一个大蟲，嚇殺你，死了一个女。」言之至于四。傅以其語不根，怒不自禁，奮起欲搏之，乃覺。明日，以告諸生，有詣黠者進曰：「此殆吉夢，風從虎，非先生將際遇明主，道其興乎？女子者，陰類。凡四言其死，陰沴其消亡乎？」傅曰：「夢泉之意亦謂是也。」未幾，有閩客弄虎者至，傅使呈戲于學中。俄虎病，不能竟其技，十日而斃。又半月，傅盡室苦痢疾，四女相繼死，悉如所云。衡山士人周模，時在石鼓書院中，親見之。予前亦書其賞海棠一事矣。

【三】送食　涵芬樓本注，呂本作「送茶」。

馬訓練

建康武官馬訓練，離軍就居。遇正旦日，鷄鳴而起，先謁影位，退坐堂上，以須家人展慶。忽一客突如自外來，意其輩流，再拜致賀，不識何人也。馬命取酒爲之壽，客曰：「吾家新遷此巷，相去甚不遠。恰得少佳酒，可以奉屈臨顧，同享一卮，可乎？公之家醲留之以相候，未晚也。」馬喜其開心見誠，即隨之出門。俄復一客至，馬欲還，其人不可，挽手與俱，莫知所適。馬氏訝主人不見，訪諸西鄰叟，叟云：「絶早見與駱撥發、崔訓練同行，徑由東街去矣。」馬子尋逐出東城，值亂葬岡，方怪非好處，且聞駱與崔死已久，即抵駱窆傍，則馬卧土堆上，昏然沉醉，酒氣偪人，掖之以歸。明日問之，但云：「駱撥發邀我劇飲，更不肯住，今不能記其所。兩鬼皆舊在軍門聯職，故不忘平生之分，不忍置我死地也。」馬以歲首入鬼穴，憂之不釋，乃安然無他。祁陽許明仲縣尉説。

杜默謁項王

和州士人杜默，累舉不成名，性英儻不羈。因過烏江，入謁項王廟。時正被酒霑醉，才炷香拜訖，徑升偶坐，据神頸，拊其首而慟。大聲語曰：「大王，有相虧者！英雄如大王而不能得天下，文章如杜默而進取不得官，好虧我！」語畢，又大慟，淚如迸泉。廟祝畏其必獲罪，强扶以下，掖之而出。猶回首長歎，不能自釋。祝秉燭檢視，神像垂淚亦未已。和州人周盛之說。

申師孟銀

棗陽申師孟，以善商販著幹聲于江湖間。富室裴氏訪求得之，相與驩甚，付以本錢十萬緡，聽其所爲。居三年，獲息一倍，往輸之。主家又益三十萬緡。凡數歲，老裴死，歸臨安弔哭，仍還其貲。裴子以十分之三與之，得銀二萬兩，買舟西上。其姊嫁衡州常寧宰文廷世，將依之。正汎洞庭，風濤掀空，舟楫摧敗。值漁艇在傍，乘載者僅脱死厄。風小定，募善泅者二人入水探索，獲一銀篋，重不可舉，乃賣數笏出。後取之，驚怖而起，言：「異物憑据其所，若三數白牛，目光射人，不容輒近。」申意爲欺我，豈非待我去，擬自掩之邪？更二人以往，所見如前。于是諸人不以多寡，能致者，中分之。羣漁聞而爭赴，不啻數百輩。即之空空，牛亦無見矣。申歎曰：「吾命分如是，夫復奚云！」但攜見存者至衡，留數年，耗費略盡，漂轉桂林，老病交攻，至于行乞。蓋方行商時，必有獲譴于幽明之中者。

横州婆婆廟

横州城外有叢祠，目爲婆婆廟，不知何神也，土人頗嚴奉之。淳熙初，鄰郡雷州太守舟過城下，羣妓迎謁，小憩廟中，以須其至，縱步廊廡間。一妓輕浮者，指一土偶謂同列曰：「爾可嫁他。」此妓復指一卒云：「爾卻嫁彼。」妓拍手嬉笑，曰：「有何不可？正恐無媒人耳。」樂營將在傍曰：「我爲作媒。」衆大笑而出。不兩月，七妓相繼病瘴死，營將亦然。横之花籍，于是一空。王仲隨參議説。

臨安雷聲

淳熙辛丑春，平江黄景祥來臨安赴特恩試，寓於天井街，與其子子由同處一樓上。子由既預貢闈，正奏名矣。二月既望，雷聲軋然起，震動樓居。景祥呼僕起，使移置籠篋於隱處，防雨且至。僕曰：「未雨先雷，不須起也。」祥不謂然。仰視簷前，星斗明焕，而雷怒不已。祥語子由曰：「雷威氣𢗅可畏如此，豈非欲擊樓中之人乎？吾自揣父子平生無他過惡，天必洞鑒。」遂掩户而坐。天且曉，下樓揖主人。邸衆皆駭怖問曰：「樓頭昨夕無事乎？」曰：「無之。」衆曰：「然則雷聲何爲環樓而不去也？」是夕復爾，邸客多有徙避他舍，凡五夜乃息。未幾，子由廷對爲第一人，始悟其魁兆先見者。景祥得官，調永州祁陽主簿。

湘潭雷祖

慶元二年，湖湘粒米翔貴，郊郭間無不艱食。湘潭境内有昌山，周回四十里，中多篠簜，環而居者千室，尋常於竹取給焉。或搗爲紙，或售其骨，或作簞，或造鞋，其品不一，而不留意耕稼。先是，乙卯歲，連山之竹皆開花，花謝而結實，如麥粒而長。人以長篙擊竹杪，取米治之，如稻穀。每石可得米五斗，或四斗，其炊法，和以粳米十之一，沃以湯，其香全與粳等。民賴以濟，至販糶於縣市，遠近百里，皆競取之，穀價爲平。有負米而歸者云：「昌山元有廟，曰雷祖。欲得米者，先謁神，盡敬則可不勞而厚獲。徒加慢戲者，正得亦不多。」父老言：「家藏建隆二年上世祖鬮，分析田産，其中云：『某處莊竹米八十石，每分當四十石。』」則知昔日固有之矣。進士黄中具其事上臺府，求賜雷祖廟額，不報。右七事，皆得之衡山周漢卿説。

易官人及第

淳熙五年，道州得解免舉士人偕赴省試，同寓臨安一邸。試罷，以路遠不可即歸，悉留舊舍，以待得失。逆旅主人夜夢報牓人至，云：「此店有易官人及第。」明日，以告羣士。長沙及旁郡故多易姓者，而是時獨無。春陵義太初歷數諸人，用《易經》應詔者，惟己一人耳，私切自喜，果登科。義字冲遠，仕歷衡山宰，今通判循州，善爲文詞，有聲於湘桂間。此姓他處未之見，豈義帝後乎？張榮之説。

詹氏雷硯

鄱城詹氏食肆，淳照末年，遭雷火取秤之異，壬志書之矣。是時已再經此惱，兹又得第三事。自折秤之後三日，震響復集其家。詹媪見一神，著朱衣，騎鯉魚，進自窗隙，厲聲呼詹婆數四。媪震恐縮顫幾不能立，僅應之曰：「在此。」神人云：「我向來遺下雷硯一隻，可將還我。」媪略不曉所戒，漫曰：「好。」仍再三丁寧，言：「候尋得，千萬見還，不要忘却。」媪聽之甚審，其語音只如平常，而家人十輩皆莫之聞。于是復跨鯉，從元處出【四】。媪未敢啓言。明旦，詹叟啓門，見户限内有紫石一小塊，光瑩可愛，拈以示媪。媪方説昨夕事，而秘索硯一節，曰：「然則非世間物，當謹藏之，不宜褻汙。」密懷石并買紙錢之屬，欲往訪有雷部神像處，茫不知其方。或導之至永寧寺戒壇院，正覩厥像，有朱衣跨鯉魚者，儼然是焉。遂置石於案，拜而爇楮。香烟未收，石已失所在。乃知所謂硯者，此也。鯉爲龍類，疑其所乘蓋龍云。神明去人不遠，其信矣哉。雍大明説。

【四】從元處出　「處出」原作「出處」，據周本乙正。

岳州河泊【五】

岳州西南，枕洞庭巨浸，而並城十里間，別派河泊甚衆。宗室子某，撲買大半，而擅其利，魚鮪之入不貲。慶元二年冬，一子因臨督之次，墜水中死。與趙善者勸之，曰：「君家俸入不薄，且自有田疇，而歲歲暴殄天物，與漁人爭利，兹豈非神祇示警，欲君止其業乎？」趙雖悲痛苦切，然殊不悛改。三年冬，正施網罟，忽得一尸，尚未全腐敗，眉目可識，乃認爲亡子。于是撫膺大慟，收拾殮葬。遂懺罷其役，不欲傳名字云。畢姪說。

【五】河泊　涵芬樓本注，呂本作「湖泊」，下同。

校勘記

夷堅三志辛卷第九 十事

桃源凶盜

紹熙五年五月，秉義郎、靖州東路巡檢宋正國任滿，顧桃源縣舡户客舟東歸。次漢陽白湖，一家十二口皆爲盜所害。慘毒寃痛之狀，聞者傷惋弗平。往來者多知之，莫敢言。主上登極，覃赦下，事未舉覺，而迹已彰露。罪人以爲罪應除放，不復經意。吴興俞子清少卿徵來爲府倅，才到，即云：「盜所居在吾境，奈何容其漏網不問？」密諭巡邏官屬，峻行緝逐。居亡何，得號和、宋文彦、彭世亮三輩，囚于司理院，禁訊經年，贓證明白，惟渠魁程亮不就捕。雖執其妻子及元有心激發造意者曰龔政，并知分財蔽匿者周彦程、張彦清、號誠，而亮竟不出。俞卿先具奏，未報。范子由持刑杖獄使者節，以慶元元年七月交印。舟過白湖，躬加物色，尤爲憤恨。亟捐錢五百千堆垛臺門上，誘募告者。理院吏鞠亮妻子，頗知所在。陰慮勘正之後，賞金未必入手，或凶人脱去，翻爲怨仇，不肯誦説。及是，始遣親黨往澧州管下李子山搜探窟穴，亮果成擒。事未報前一夕，范公夢人來告曰：「已捉到程亮正身了。」不覺喜躍，奮手觸倒護首屏風。家人未睡，方燭治女工，驚栗未定。堂門俄自開闔作聲，范起叱之曰：「如是鬼神，盍更爲之。」已，又如故，盡室憂有奇變，急就寢。是日，獄吏目見紅裳女子立于羣盜之側，乃朱女，正及嫁而受禍者。明旦，范夙興，坐堂上，一老兵喘汗而至，白云：「得賊。」正如夢覩。又明日，縛亮到廷下，不待荷掠，立自吐伏。即盡給五百千與獄吏，益以銀綵之費，復百千，使知激勸，且原其不告之罪。感嘆情狀，貫通幽明。僚寀仍持常説，謂恐省部致疑，責言赦前事。范引太祖受禪後，周顯德中，百姓范義超，殺一家十二口，事發，有司以爲前朝所犯，既多歷歲年，特旨弗宥，其數正同。因舉揚俞卿政績，紹【一】亮以下四兇，皆從大戮，餘亦等第科斷。俞先減年勞，續擢湖南提刑。文華閣初建，范首寓直，旋召入爲太常少卿。時二年九月也。子由録示本末。

趙喜奴

旅醫盧生，以術行售。慶元二年，抵邵武泰寧境，其地名白塔村。時已黄昏，不逢舍館，竚瞻之次，值小茅屋，亟就之。雖略有燈火，而無人出應。盧呼問：「此爲誰家？」一麗女方出，曰：「我乃趙喜奴也。」即求寄宿。答曰：「此不是道店，又無男子，尋常不曾著人歇。今既不可前進，理須相容。」盧欣然而留，且悦其色態，頓生慕想。既濯足，偕僕往西房下榻，妄念之深，三更不交睫。忽有擊門者，驚問之，則云：「喜奴至。」振衣延接，

【一】紹　涵芬樓本按：「紹」字似「詔」字之誤。

女曰：「恰來一見，便知所懷。緣傍人注目，不敢輒邀唤。今已夜半，能過我啜茶乎？」盧大喜滿望，使僕守舍，隨入坐于堂。女言：「我自上床後，更睡不著。願共一席之歡，少償夙契，真非偶然。」盧遜謝不已，從容頗久。別有丫鬟從後出，笑云：「何用閑談，將虚度可憐宵，誠爲可惜。」喜奴起，白曰：「合備酒殽爲禮，值夜不能，姑相與綢繆，徐當卜晝。」語訖，攜手同歸，極風流嫺雅之適。洎困迨曉，僕開眼，不見主人，出尋之。回視已所寢，正在五道小廟側草路之上。盧昏坐廟裏，如酩酊狀。僕探藥笥，餌以蘇合香丸，始覺蘇醒。乃登塗。

蕭氏九姐

弋陽税户易生，以門族有仕者，故冒稱承務，好觀星象。慶元四年六月，因事到饒城，詣卜士徐謙，咨論曆法。謙固精于此技，謂之曰：「自既望以來，日月皆失度。」易扣其説。曰：「大暑之後，未至立秋，日長五十七刻有餘，夜纔四十三刻。今乃短于秋分，此兩曜皆行遲，以是短促。」易曰：「容吾暮夜細審，明當再至。」及旦復來，云：「日出卯乙間，漸向南道，其失度分明。」遂辭歸邑。遇夜，遠適百步外，露立郊墟，仰觀不怠。約半月許，忽值一美女，披碧緑之衣，前稱萬福。易逡巡疑怖，莫知所爲。女自言爲蕭氏九姐，素亦有此好，敬乞指迷。易謝以不能。且三鼓，始揖而退。由是連旬日必至，見易矯首霄漢，拊掌大笑。易曰：「何爲見哂？」女曰：「汝比到鄱陽見誰？」易不肯言，窮詰再三，皆然。女曰：「汝與徐謙山人所説，何爲昧我？」易曰：「爾安從知之？」曰：「特以意揣之耳。」易曰：「然則娘子於斯道不淺矣。」女引妲己能指九州災異以對。仍言不欲説盡，恐或泄與徐謙。其人得知，定寫呈洪内翰，編入《夷堅》之書，非吾志也。易曰：「言及於此，娘子豈非精靈邪？」女却顧失笑，化成緑毛龜，躍入前池水而没。

趙珪責妻

鄱醫趙珪者，人稱爲趙三郎中。本上官彦成之隸，粗得緒餘，後居城中，雖操術不高，亦頗自足。慶元元年四月病死。二年正月，妻成氏謀改適人，夢其來，責使候釋服乃可。至三年春，就納坑冶司魏客將。又明年六月，復夢之云：「我存日有財産及居屋兩間，儘可贍給，而必欲歸他人。既已如此，何得下交胥吏？我平時交遊士大夫間，視此輩爲奴僕。汝今自鄙薄以相玷辱。且彼既取汝爲正室，却又竊姦我婢，情理不可容。我下訴於陰君，用四十九日爲期，定戕其命。」成氏驚覺，不敢與魏言，但密告鄰媪所善者。魏果以一月後染疾，七月中身亡。其居室内，常聞趙、魏二鬼中夜相擊逐，成氏懼，呼婢燭火照索，寂無音響，至今尚然耳。

費氏父子

蘄州民費翁，家業頗裕，生二子，長曰小二，季曰小三。長者事親極孝，逐日辛苦經營，纖微收拾，悉以供父母之養。季殊不然，方七歲，見父如讐，未嘗見面語話。至慶元元年十有九歲矣，其年三月，盜錢用數十千賭博，仍詣市壚買刀，宣言起悖逆之意。或報其父，父遂避於投子山寺。相去五里，有趙氏庵，老僧宗顯住彼坐禪，先不知其至，忽遣侍史邀相見。逆子蹤跡踵至，使入别室攔住，然後謂翁曰：「是皆宿世因緣，非解釋不可。汝前生是亳州鍾五，曾救接貧人韓二，及其亡也，復賑贍其妻子。今汝長男是也。故孜孜甘旨，以報舊恩。季於前生爲小刹行童，姦犯汝妾，既執赴獄治罪，又囑吏級隕殺之，故亦懷恨不置。當爲汝解之。」翁拜謝。宗顯旋呼季，諭使來座下，即驩然作禮，願充弟子之列。顯命費翁還家，傾售所蓄，得錢四百千，顯爲辦【二】，餘直買祠部牒。至九月，度季爲僧，立名法淨。才踰月，顯坐化去。

高氏影堂

鄱陽柴步龍安寺，元有高氏婦影堂，不記何時所立，寺輪撥童行分職香火。紹熙三年，當安淨者主之，慕悦畫像，因起淫佚之想。每夕禱之曰：「娘子有靈，不惜垂訪。」如

【二】顯爲辨　中華本注「辨」當作「辦」。

是累旬。一日黄昏後，遇婦人身披素衣，立于佛殿角，顧之曰：「亦識我乎？」安淨曰：「不識也，敢問爲誰？」婦曰：「無用見詰，我今宵錯到此，尚無投跡之地。」淨曰：「茲不難辦，正恐不如意耳。」婦曰：「但得粗容一身，又何所擇？」淨即邀詣其室，請暫寓止。」婦曰：「既占汝床，汝卻宿何處？」曰：「不敢言。」是時，房内無燈，遂相與同寢。聞五更鐘聲遽起，約今晚再會。往反半月，淨頗疑其所從來，且未嘗分明覩厥狀。一夕至差晚，適明燈在傍，婦問：「何故有燈？」曰：「方書寫看經文疏了。」婦使去之。淨始將熟視，全與高氏像同。燈既滅，乃扣鄉里姓氏，不肯答。淨曰：「豈非高孺人乎？」婦曰：「何必苦苦相問？我平生本端潔之人，緣汝祈祝不已，故爾犯戒。今既相認得，誼難復來。料因緣只合如此，郎亦情分太淺薄矣。」隨語不見，自是遂絶。

焦氏見胡一姊

饒民妻焦氏，慶元三年正月，在本家中庭，值婦人遮道而立，驚叱之，婦進揖。焦曰：「汝是何者？夜入我門？」不答而退。逐之，入柴房而絶跡。自是數見之。經月餘，焦固問根源曰：「汝如不肯説出，便請天心法師驅囚，赴岳下治罪矣。」始顰蹙言：「故爲張大夫妾，只在鄰屋居。爲其妻凌逼，不容存活，遂自縊于此室中。至今未得託化，所以累次現形，覬望娘子慈悲，與少善緣，使之脱去。」焦曰：「然則要知姓氏，方可致力。」乃云：「胡一姊也。」焦曰：「候至中元節，永寧寺塔院建水陸大齋，當爲設位薦拔。切不可再出頭露面，怖嚇老弱。」即頷首而没。及期，焦償前約。至十八夜，夢婦人斂袂而前，再拜曰：「妾蒙大恩，已獲超升，特來辭謝。」從此寂然。

郭二還魂

慶元二年九月，池州人郭二，在中庭困坐假寐。夢曠野中，兩人引行，深入荒草，漸抵大官局，金鋪朱户，赫然高明。至殿階下拱立，一王者戴魚尾冠，盛服正坐，命押過別所。即從元路出，到一處，見貧悴著白布衫小輩，可萬人，爭前索命。郭云：「我平生與你不相識，且非屠兒，何由負命如此之衆？」旁有牛頭王曰：「汝知之乎？此皆蛤蜊化身也。緣平昔好喫他，今在陰府等候。」郭無以答。牛王領次油鍋側，鍋徑闊丈餘，煎油滚沸。牛王舉杈攪撥，仍擊鍋唇，其聲如磬。郭隨念阿彌陀佛一千聲，白衫者悉化黄雀飛去。牛王問郭：「亦認得我乎？」對以不識。曰：「吾本是汝家貓兒。在生之時，見汝逐日敲磬，稱誦佛名，所以擊鍋者，將啓發汝素心。今脱此厄，甚善，甚善！」遂還至先殿下。王與相對揖，招之升階，辭不敢。再招，始上，命坐啜茶。王曰：「汝應不復記我？我只是西門王十六郎。冥司録我忠孝正直，理平無諂曲，不好他人財物，不尊富人，不忽貧人，不害生物，前三年，身後得作初江王一紀。汝兹者之來，專以蛤蜊故。由一念之善，可得反遂生。」唤二童子導出。中途見小屋宇，欲暫窺看，童不從。守門兩人曰：「放入不妨。」遂入其中。鐵鈕械絣係者數百計，各叫痛苦。暨出門外，見鐵枷一具，無穿孔，一小榜貼云：「候采石胡丞務到，自行磨開。」郭【三】至缺牆邊，童子推過之，遂覺。就殮七日矣。因大省悟，弃妻室，作道人雲遊。他日届采石，詢胡生者，正發背疽，涉旬而死。

香屯女子

德興香屯人陳百四、百五，同時雙生。二親俱亡，兄弟同居未娶。紹熙四年六月，弟納涼門首。女子不告而入，追之，答言：「恰與丈夫忿爭，索要分離，故竄身到此。」弟尋常著意聲色，見之甚善，即拉令就宿。女亦喜，是夕共寢，而兄不知。五更後告去，曰：「吾夫一夜必相尋覓，當往探其所爲，明晚卻再至。」弟丁寧，使勿背約。如期果來，復託故曉去。綢繆一月，尫悴之極，迫於伏枕。兄以爲感疾，招張法師治療。張蓋能醫，又工於法籙，視其脈曰：「渠本非有病，祟惑在心，馴以至此。可今夜過予法院，當與符水服之。」君卻執一符在手，而宿弟榻，待異物至，痛批其頰，精魅之形狀徑可立驗。」陳盡如所戒。甫二鼓，一女著黄色衫，繫黄裙，直造室內，脱解於椅上，裸而前，近枕畔欲卧。兄引手摑之，叫呼而出，聲如嬰孩，即時不見。視椅上衣，皆虎皮耳。右八事，徐謙説。

【三】郭　涵芬樓本注，「郭」下，吕本多一「步」字。

熊邦俊病狀

郡醫熊邦俊，年三十八歲時，以淳熙十六年五月三日得熱疾。其父彦誠老矣，招一同事視之。切脈微細，投以桂附之藥，疾勢頓增，發狂煩躁，至於十手爪皆剥脱。别易一醫，以爲熱毒纏貫心絡，用涼劑蕩滌，方以稍甦。纔半日許，因啜粥，熱復作。索紙筆，作詩數篇，亦諧合音韻可讀。俄擲筆面壁，若覩異境。覺有甲馬兵卒無數，戰慄不自持，云：「擬見捉往舟中行打，欲走歸閃避，又不得動。」父倩兩健夫按住其身。甫小定，俄唱誦經呪，歌詠樂章，凡詩篇歌唄，俱非昔所解曉，始驗祟憑附。延龍法師攝治，授以法印，使執掌中，而縛其手，已，方豁然。幾半月，乃愈。邦俊説。

夷堅三志辛卷第十 十四事

曾三失子

慶元四年六月二十八日，鄱陽懷仁鄉農民曾三，來城下，問卜於術者胡九齡。卦成，胡曰：「兆象不佳，必有人口災殃并妖異不祥之應。」曾曰：「吾有男子，名五哥，年十五歲矣。每日牧牛於野，就外吃飯。前十日之晚，只見牛歸，吾兒不至。窮人力訪尋，杳不可得。又無深林湖池，或致迷溺。問同牧諸童，皆言見其獨入一小廟，以謂如廁，不知何爲不反。因徧索廟内，茫無人跡。他日，同牧者，多覩其在廟游行。昨日正午，鄉人擔大糞，亦見之。然到今未能得其所在，爲之奈何？」胡曰：「已落空亡，恐無由可見。」曾哭而歸。今經兩月，不能料終，竟如何也。

鬼殺高二

饒州城内德化橋民高屠，世以售風藥爲業。手執叉鉤，牽一黑漆木猪，以自標記，故得屠之名。至高二者，好往雙港，彼處酒價賤，率以醉歸。紹熙五年歲除日，回塗差晚【一】，及抵蠙洲門，夜近二更。扃鑰已竟，敲扉莫應，因就相對居人覓火。或聞外間有叫救人者，相率出視，見高仆地上，取湯扶灌，則氣絶矣。頭面股腹，一切青黑，蓋死於鬼手也。至三更，蠙門守卒聽坎下往來頗多，云：「只取高二一人。」守卒遽燭視，了無影迹。於是驗爲鬼物不疑。高妻用元正舁尸以葬。

汪十四黿

鄱陽漁人汪十四，以慶元四年二月三日得一黿，甚巨，用大釣竿秤挂於户柱。至深夜，汪與妻子王氏皆聞人聲哀叫云：「念我腹有子，放此一命，得乎？」汪殊未之信，點火出照，知爲黿語。小人貪數千之利，堅不肯聽，遂再就睡。王氏亦夢人來告云：「教丈夫放我，自别有報謝。苟爲不然，七日之内，必取汝。」王寤，以告汪，又不許。王時懷孕臨月。明日，竟解黿，其腹細卵百計，纏結充塞。即擔負出市，售錢以歸。後三日，王誕一男，宛如黿狀。財滿七日，母子俱死。

李天祐

術士李天祐，饒州石門人。常時游行他郡，不遠千里。淳熙十五年十月，到吉州，館於寮下劉公店樓上。每日一出，所得不能給旅費，夜起歎息。忽若耳畔叫李先生者，云：

【一】晚　原作「曉」，據周本改。

「此間不可住。前回九月内，廬陵縣【二】市心一客，亦姓李，係辛酉生，只一宿于斯，便遭魘死。」天祐聞之，𢥞然。夜已深，不遑移動。但應曰：「感君子【三】愛我，明當作謝。」爲之燭燈終夕，坐而待旦。才盥洗畢，扣鄰房，訪其人，乃下鎖，不曾啓，初無人宿。徑下店面，招劉公喫茶，説所見，曰：「必定是鬼。」劉赧然有愧色，曰：「不敢上味。去年八月，福州卜者章彬在彼房病亡，適遇鄉人林三客作證，免得申官。」天祐即負篋辭出，詢市心人，所謂辛酉李生者，果如其言。徙舍之後，占術盛行，一住三歲，乃還家。

寧客陸青

淳熙十六年，贛州寧客商販往荆南，回經漢川路，到鄂渚，地名楊太菜店，前過葦林畔，一人從内持棒走出，痛毆之死，曳入葦叢，而掠其資貨。既去十數步，復反步，遂爲寃魄所著。行凶之事，已隔六年，其賊曰陸青，鄂州後軍寨兵也，主漢陽門下般運木植【四】。忽變贛人語音，發狂亂與人鬬。久之，乃曰：「我是小客寧三十，于漢川路上被陸青打殺，却取隨身物去。一時受苦，認他不得。緣不合回頭，因得隨逐。今須先還我命，却詣陰府照對。」部轄將校怪之，招郡下張道士用正法行持。又作陸青言詞，乞法師勸和寧客。候青無常到時，一徑索命。鬼聽許，曰：「且將我歸爾家，早晚香火時節薦供，卻如汝所言。」是日，青之妻子偕將校悉見之。青驀然仆地，熟睡良久。既寤，自狀其過。諸

【二】廬陵縣 「廬」原作「盧」，據《宋史》卷八八《地理四》吉州條改。

【三】君子 涵芬樓本注，吕本無「子」字。

【四】木植 李按：「植」原作「值」，今改。

人戒使勿背鬼約，青謹從之。明年，子病，翻賴鬼力來報，仍爲宛轉禳却，病遂以安。至今尚然，不得其終也。右五事，皆胡九齡説。

池口鎮牛

池州池口鎮，皆諸軍分屯列營。前軍寨据黄龍岡，作窰燒製磚瓦，豢牛兩頭以供踏坏之用。淳熙十六年三月，一牛拽斷索狂走，守兵覺而逐之，其行甚疾，不容措手，遂穿中教場，出郭西門，經過擔負者盡遭撞倒，直至信德府後軍西寨，愈掣怒肆力。小將范武翼妻趙安人偶出，逢之。急奔道左樹下，閃避不徹，牛低頭奮角，抵其腹，腸胃迸流，即時死。牛齧草于户側，凝立不動。守兵率數輩來，始能追躡，牽歸元處，將行痛捶。牛吼【五】一聲，奄仆地死。見者以爲宿業相值，無可奈何。軍帥但杖守兵，而給錢付范將殯葬。

李三夫妻猪

臨安赤山居民李山，屠家也。紹熙元年，養一猪甚肥腯。與妻議，欲趁冬至前宰殺，克應人家時節使用，比之常日，可贏得千百錢。妻以爲然。迨夜，各就睡。夢猪來作人言，泣告曰：「謝主人餵飼一年，豈不知恩？身是畜獸，於刀几屠割，正是本分，萬中無一可逃。知有殺之期，擬乞展向冬後三日，使了此生業債，便可託生。千萬垂意！」丁寧

【五】牛吼　涵芬樓本注，「牛」下，吕本多一「大」字。

再三，乃拜而出。李驚覺，告其妻，妻曰：「春夢秋屁，何足爲憑？」「不及時做一場經紀，更何所待？」語畢復寢。竟以其日烹鬻。人爭買肉，頃刻而盡。過節第一日，妻忽傷風頭痛，遽困卧於床，膳飲不能入口。其夜，夢前猪執狀來云：「我告汝夫妻，只要延三日命，了得我業報。堅不相從，已經閻羅王處押狀，直要取汝兩人入冥照對。如今便請行。」蹶然而寤，僅能説與夫，而沉綿愈甚。明日，李三亦病，同時而死。右二事，劉濱説。

周子瑶池仙

安仁崇義鄉老儒周德材，以文學著聲里社，多爲人師。嘗首冠鄉書，晚年就恩，仕亦不遂。始有一子，甫十歲，頴脱强記，甚過絶人。一日，求觀《三國志》，父嗤其躐等，不肯與。翊日再請，乃取以付之。旬日即以歸，父問：「小子頗能記省否？」子曰：「盡在兒腹中矣！」漫摘數語試之，琅然成誦，凡十餘通，不差一字。父始嗟異之。將使應童子科，授以諸經。不候訓迪，過目【六】輒覆本如流。經三歲，忽暴亡。其母慟哭拊床，於葦席下見其手書樂府半闋，僅憶末句云：「瑶池仙伴，應訝我歸來晚。」識者疑爲謫仙。

蓬萊紫霞真人

餘干冕山士人陳氏子文叔，少習儒業，從里人許子推受迎致箕神之術，詠奇譎怪，殊

【六】過目　「目」原作「日」，據周本改。

駭聽聞。凡來求文詞者，落紙輒千言，筆不停綴，所談皆出人意表。淳熙戊戌，有曹延者乞詩。延賦性淳樸，立書二十八字云：「混然天性本天成，何必拘拘守意城。識破鳶飛魚躍事，自知萬物不離誠。」語脈暗合其旨，他所作盡然。神自稱蓬萊紫霞真人，是後靈驗日著，好事者爲之大啓醮筵以奉之。且能驅邪治病，每書牒，必須黄紙。章奏已焚者，復能致其真。墨色視初，略不少變。一夕憑人言曰：「吾本漢謀臣曲逆侯陳平，緣常用兵家奇計，謫墮世塵千年。今期限已滿，當還仙界。吾從此逝，明日不復來矣。諸君珍重。」愴恨而别。自是聲滅迹絶。陳子仍爲儒云。

程慧新

樂平梅浦胡逢原，以淳熙十年於家廳建水陸大齋三日。臨罷之夕，有執事者果緣院行童程慧新，盜佛前供物，仍就用薦土地疏包裹，將以遺母。其家去胡氏一里許，是夜，程母夢二鬼卒持鐵叉剡厥子入大鑊烹之，又二鼠銜其耳。遂驚覺。程正扣門，以齋饌至。母欲與説所夢，猶未忍，忽大叫仆地，兩齒墜落，竟爾不起。先是，寫疏者已檢校神位，各置一通於座，初無漏缺。及收拾焚化之際，獨無土地疏，即焚香禱曰謝過。人謂速報警衆，一何昭昭如此。右三事，余模【七】説。

【七】余模　「余」原作「今」，李按：前後各卷均作「余」，據改。

王節妻裴

龍游王節，自少學卜筮，長而盤游他方。淳熙十六年，到潭州益陽。適同邸彭生亦挾術至，妻裴氏偕行。六月，彭死，店主人張二哀裴之無歸，爲平章嫁節。節時二十九歲，裴二十五歲，年時相當，甚爲愜意，復漂轉售技。紹熙二年抵袁州，四年次郢州，兩處各生一子。還過洞庭湖，有巴陵人劉一郎者，能知人未來事，俗稱爲活神道。見之云：「汝妻非人，乃三世之鬼。先在永州東關惑殺蔡氏兒，繼在桂府化爲散樂，惑殺楊十二郎。其三則彭六也。既奪三人精氣，養尸成人，他日汝定喪命。」節不之信。裴已聞之，反責節无義，遂依然共處。明年至蘄之巳河【八】，值雲水道人。見裴曰：「此三世鬼精，何得在是？」節怒其言，搊拽欲行打。道人曰：「不須爾，吾今召天將，使汝知之。」裴立於側，拊掌大笑，騰空而滅。

【八】明年至蘄之巳河　涵芬樓本注，呂本作「明年之蘄邑河」。

湖口廟土地

鄱陽莫岡民黄廿七，作小商賈。紹熙元年，到景德鎮販陶器。過湖口，往岳廟燒香。遇老人白襴角帶，從中而出，黄驚顧揖之，認其狀貌全類故父。時父亡已七年。前白曰：「翁翁得非吾父乎？」老人曰：「汝爲誰？」對曰：「姓黄，名興，行第廿七。」老人曰：

「真我子也。」黄泣而跽，請曰：「爹下世七載，何由在斯？」曰：「爲我平日善緣頗多，遂乘功力，得做此間土地。汝宜速回，但行方便。」黄曰：「願捨棄浮財，休離骨肉，日夕陪侍爹所。」語未了，一黄衣力士出叱之，曰：「爾庸凡之流，詎可輒廁神列？」黄悚而下拜，拜訖仰視，土地、力士俱不見矣。

陳小八子債

湖州人陳小八，以商販縑帛致温裕。只一子，不肖，常盜用錢，且悖害父母。父母亦惡之。乾道九年，年二十八歲，病傷寒困卧，二親不惟不悉力醫救，翻飼以合忌食物，竟死焉。五日後，見形于室，責父曰：「我一命又被你算了，今兩次壞我矣，報怨會有日。」父雖怪之，不能曉所謂。葬訖，至其墓前，一老僧不知從何來，與之言：「汝子前生是一富人，被汝竊他財本至盡，故來爲子以取之。未足而死，尚欠二千餘貫。今已在邵州徐家復作男子。」陳訝其語荒唐，固不之信。迨慶元三年正月，陳賫金銀，往邵陽買隔卜織【九】，館於柯氏店。店内一僕曰徐四，見之喜甚，服事之勤，過於主人。陳亦與相親，問其年，曰：「二十五歲矣。」自是稔熟無間，令守宿房中。二月九日，陳夢向所亡子展拜若辭訣狀，悸而寤。旦起，不見僕，而床南一壁倒，試檢視行篋，失銀一笥，幾千兩，遂投柯生。柯曰：「夜來遭此僕毒手，未能捕緝。」陳默思其姓氏年紀，脗合老僧所云，始悟宿負，置不

【九】買隔卜織　李按：疑爲「買卜隔織」之誤。

復言。因是空貧，不克北歸。至行乞於邵城，今尚存。

蕭大師

饒州南岸漁人周八，有一妻一子，漁釣於鄱江。紹熙二年二月八日黄昏後，泊舟登岸同歸。到荻林，遇兩人叫云：「周八且住，大師請汝。」周曰：「何處大師？」曰：「蕭大師。」八曰：「我從來不識他。」其人曰：「莫問識與不識，但隨我去，當有所獲。」勉從之。進步到一衙庭入其門，見一尼姑自内出。相揖云：「我兄弟待汝夫妻久，且澡浴换衣，别來相見。」須臾，兩青童各引入浴堂，香湯撲鼻。既畢，使周著皂袍，妻著紅大袖衫帔，小兒黄背子，導詣一室。廳上鋪設華筵，有勇士長七八尺，青巾黄衣，揖就坐，不交一言。三更後，數女妓執樂持勸杯至，歌唱侑酒。周飲未竟，念平生未嘗得此，戰恐不自支，杯墜手即破。勇士曰：「好勸汝酒，那敢如是！」連叱之，其聲如雷，仍推擁仆階下。少焉，如睡醒，身元在荻林下。唤尋妻子，寂無所之。明日，徧告羣漁，共爲訪覓，上下十數里間，竟不可見。七日後，周患傷寒而死。右四事，徐謙説。

夷堅三志壬序

昌黎公《原鬼》一篇，備極幽明之故，首爲三説以證必然之理。謂鬼無聲與形，其嘯於梁而燭之無覩，立於堂而視之無見，觸吾躬而執之無得者，皆非也。世固有怪而與民物接者，蓋忤於天，違於民，爽於物，逆於倫，而感於氣，是以或托於形憑於聲而應之。其論通徹高深，無所底礙。又引「祭如在」及「祭神如神在」之語，以申《墨子·明鬼》之機，然則原始反終，灼見鬼神之情狀，斯盡之矣。《夷堅》諸志所載鬼事，何啻五之一，千端萬態，不能出公所證之三。非竊自附於子墨子，不能避孟氏邪説淫辭之辨，其可笑哉！

時慶元四年九月初六日序。

夷堅三志壬目録

夷堅三志壬卷第一　十四事

倪太博金帶

淳熙十二年春，蘭溪范子由爲大理主簿，夢出坐門首，逢皇城快行卒將金帶一條，穿於臂間。范曰：「欲將賜誰？」曰：「此是倪太博【一】者。」是時，吳興倪正父思，爲太學博士。范取觀之，九鐶爛然，而不暇審爲毬文御仙花。覆視其裏，乃非玳瑁，非白角，而亦襯以金，甚異之。復加詳翫，每胯上皆刻兩字，夢中記之，歷歷不失。及覺，僅能憶前後四字，其前曰天臺，其後曰文資。明日，走告倪，且賀之，曰：「表裏皆金，蓋示重黃之意兆也。天臺固佳，文資者，殆是觀文、資政學士，君連中科目，到彼不難。」倪謙謝，約使勿廣。後數日，少遷太常，官稱尚仍舊。俄有召試館職之命，范益慶其塗轍不同。不五年，遂直翰林。自將作監，擢中書舍人，再爲吏部侍郎，春秋才半百，前程未易量也。子由說。

吳仲權郎中

紹熙初，臨川董居厚醇父，自靖州教授赴都改秩，未及調縣，病終於旅邸，無親故在

校勘記

【一】倪太博　「博」原作「傅」，據周本及標題、下句改。

傍。崇仁吴仲權鎰【二】，時爲秘書正字，雖無雅契，特以同郡之故，醫療、棺殮、寄攢、遣報，皆一力任之。慶元二年，吴由尚書郎出持湖南漕節【三】。明年四月，徙廣西，旋遭論罷。方還鄉，建大第【四】。平日嗜酒，膳食盡廢，清瘦柴立，而精明殊不衰。至冬感疾，即沉困，忽呼家人，使備茶湯，曰：「董教授來見我。」怪問之，曰：「醇父也。」俄與喏諾應答。次日，復然，時時若與之言。人問何在，指其拄杖曰：「正坐於此。他報我後日午時當去，可造齋食一分，先遣之。」家人知其與鬼從事，毛髮森卓，不勝憂怖。明日，索浴，治具于房。婢以罘罳圍之，吴曰：「何用？」曰：「恐爲隙風所搏。」笑曰：「到此豈復怕風耶？」浴畢，著衣冠，扶入後堂，辭家廟，出命設酒，與妻李氏并子姪敍别。有數妾，猶令歌詞，仍隨聲應和。酒五行，罷席，自書治命。首言不得廢本族義學，次經理家政，末乃嫁遣諸妾，遠近厚薄，粲然有倫。但每書及妾名，輒汪然長慟。凡盡數紙，放筆昏睡。迨醒，又若見董來，尤數訶之。曰：「醇父先生且先去，莫要炒人，且令先酌發【五】了。」展轉經夕，命僕探時辰，及午果卒。其壽不登六十，爲可惜也。

管堿刺史

贛州寧都人管堿，少年時，祈夢於鬱孤臺神祠。夜有呼其名姓者，曰：「兩舉贛州，官至刺史。」是歲，預計偕，次舉魁選，自以爲必高選，且云：「古之刺史，即今之郡守，寒

【二】吴仲權鎰　中華本注「鎰」原作「鑑」，今改。

【三】湖南漕節　李注「湖」原作「胡」，今改。

【四】建大第　涵芬樓本注，吕本作「建義學」。

【五】酌發　涵芬樓本注，吕本作「著發」。

儒至此足矣！」已乃下第，遂怏怏成心病。十年後，因登廁墜而死。所謂刺史者，蓋廁死，若秃舌人語音云。

鄒狀元書夢

泰寧鄒景初應龍，爲士人時，詣大乾廟焚香。其夕，夢到一處拾錢。錢堆撒滿地，而才得二十五文而止，意甚少之。傍人云：「邵武解額二十六名，若更得一錢，便爲厭脚矣。」慶元乙卯秋試，遂占第二。説者曰：「此居二十五人之上，夢已驗矣。」次年春，乃魁天下。或者賀曰：「錢上有元字，狀元之謂也。君以壬辰年，恰二十五歲，尤爲的確可證，他人神告，不如是之切也。」鄒自書其事，以告南城友人危徵云。

賴山人水城

臨川羅彦章，酷信風水。有閩中賴先知山人者，長於水城之學，漂泊無家，一意嗜酒，羅敬愛而延館之。會喪妻，命卜地，得一處。其穴前小澗水，三道平流，唯第三道不過身而徑入田。賴咤曰：「佳哉！此三級狀元城也。恨第三不長，若子孫它年策試，正可殿前榜眼耳。」其子邦俊，挾十三歲兒在傍立，拊其頂而顧賴曰：「足矣，足矣！若得狀元身邊過，也得。所謂兒者，春伯樞密也。」年二十六，廷唱爲第二人。賴竟没於羅氏。水城文字雖存，莫有得其訣者。

鄧生畏蘿蔔

南城鄧椿年，温伯左丞諸孫也。少時甚畏蘿蔔，見必呼啼。飽飣間有之，則怖而走。父母疑爲人所嚇【六】致然。長而益甚，一堂之上，苟覩之，即不能坐。或招之飯，於蔬茹間置之者，據捨而回。及歸老，田園亘阡陌，每出巡莊，好精意檢校。佃僕桀黠者，陽遺一二於地，若打併不能盡者。才望見，怒罵而去，雖值陰晦暮夜，亦不肯留。謂彼家多畜是物，慮再逢之爾。至今其家祭祀，不敢復用。其孫約娶黃日新女，故知之爲詳。

馮氏陰禍

撫民馮四，家貧不能活，逃於宜黃，攜妻及六子，往投大姓，得田耕作，遂力農治園，經二十年，幼者亦娶婦，生涯僅給。諸子皆壯悍有力，縣人憚之。俄第五子姦盜事敗，捕囚獄户，斷杖刺鐶，全家逐出境。第六子瘍發於股，積歲不愈。先是，老馮訪災咎於郡中黃翁卜肆。黃曰：「嗟乎！奈何汝家前世湯火公事方作，兩鬼守伺門庭，雖謹之，不及矣。若犬生兩黑龍狗，是其禍時。它非吾所知也。」老馮自是戚戚無生意，密告人曰：「黃翁之卦，一何神耶！吾亡父存日，以陶冶爲生。嘗貸二客紗帛二十千，約日償值。及期不

【六】嚇　原作「赫」，據周本改。

肯與，客詣窰所逼之。其處孤僻，無人煙，因爭忿之際，父率同役者共擊殺之，納尸於窰内，而縱火焉，泯爲灰燼，外無知者。後父以壽終，不料報乃在此。」明年，所畜黑狗生兩雄，雖極惡之，然不敢殺。又半年，訟事起。醫以病瘍者，爲鬼射，無治法。一日閉户晝卧，見二人持竹筒擔籠入，極畏之。家人在遠，不可救。二人登床，以籠置瘡上，痛貫心髓，未幾自縊。馮妻繼之，第二、第四子復犯盜，黥徒，一家狼狽星散。老馮行乞於路，求死不能。距其父戕客事四十年。論者謂凶德本於馮父，既獲善終，而其殃沴乃延諸孫，冥報亦爲迂徐委曲，而訖無善脱者。積不善之家，必有餘殃。信矣！

涂氏井龍

宜黄巨室涂氏，自其祖六秀才濟者，素稱善人，教訓五子一孫，家法整整。長子大經、次大節鄉貢，入京師，居上庠。其宅有大井，在厨傍。一日，婢晨興汲水，桶墜於内。取它桶繼之，復然。至假諸鄰舍，迨於七八，若有物從中掣搦者。走白主母，母以爲妄惑，將杖之。濟止之，曰：「未可，吾當自往觀。」即往井欄探首，見一物頭角嶷然，乃龍也。中有重霧，出氣滃滃然，但微覺腥穢，急奔避之。一家危慄，幾無所容。遽施錦被覆井口，而邀旗昌觀道士醮謝。里閈稍知之，莫敢來視。有膽勇男子竊窺之，見其鱗爪，而水時時震動。次夜，乃潛跡不出，水平如初。後兩月，始命淘浚。入桶具存，悉已片裂，而井水竟無族人【七】稱大經曰大朝奉，大節曰小朝奉。所增。又一年，二子皆及第，並終於朝奉郎。濟生受官封。四子大任，續亦登科第，但仕不通顯。

雷擊邱十六

慶元四年四月八日，建昌南城境内，地名裏湖大安橋，農夫邱六、邱十六、黄五、黄六，六輩人【八】相同種稻。忽大雷雨作，黑暗不辨人。邱十六者，爲黄衣長人擒去，就加打擊。黄六見之，不知爲雷神，向前救護。别一黄衣人縛其兩手，置之地，又有以椎搯其左股者。同行遭箠，或中其腰，或中其臂。少須，雷收煙散，邱十六已死，鬢髮燒盡，布衫袴皆破裂，獨裩不動，腦裏穿小穴，左脇有字。黄六縛痕，十日外猶不没。餘人被箠處，傷跡儼然。唯邱六【九】平日癡鈍憨朴，未嘗有分毫惡跡，是時如夢，寂無所知，亦無所覩。歸家之後，亦無患苦云。

饒次魏后土詩

臨川饒次魏，居於彭原。乞夢於郡后土廟，得詩一聯云：「銅爐柏子香初爇，紙帳梅花夢易闌。」殊自負，以爲大吉也。轉告朋儔，多疑「紙帳夢闌」之言不得爲吉兆。慶元乙卯秋試罷，入市買得句容銅香爐一枚歸邸，適有僧餉以柏子香。至初冬，早梅開，自折花

【七】族人　涵芬樓本注，吕本作「時人」。

【八】農夫邱六邱十六黄五黄六六輩人　中華本按：上文只有四人，「六輩」之「六」字疑誤。

【九】邱六　涵芬樓本注，吕本作「黄五」。

一枝置書室，與同志祝季明飲玩，且即爐中焚香，微爲酒困，醉眠紙帳。次日，不疾而卒。

三井中竹木【一〇】

南城陂頭士人崔椿，慶元元年築宅，鑿石爲基，深數尺，於石中得一桃核，取視之，應手爲塵而散。及將開井，日者云：「宜就屋之角。」崔嫌與屋太近，欲遠之。日者持不可。至施工，不見泉源，過三丈乃古井也。細驗之，蓋古昔田中之井，以竹爲籬，闌尚宛然，竹但微爛，而闌之堅不可拆。其内有破盌及飲水盞、汙泥之類存焉。此邦向來初無洪水之變，而桑田改更如此。又建昌城内驛前，紹興間，富家創旅店，其處無井，穿穴過四丈，得古陂牙木。牙木者，兩木鑿竅相受，以爲固也。臨川烏頓人，亦因掘井，有横木，枝葉猶存，上有小柿數顆，蓋柿樹也。三者均爲甚異，非復智慮所能測度云。

普明寺新井

南豐普明寺，欲開新井，僧議就大殿前庭中。匠人能相地脈，堅執云：「當於東偏，東則水盛，西則少。」僧不聽，自用初説。才啓土丈許，匠疾呼令挽上。問之，戰怕甚久，始能言，云：「直下有聲，如數百面鼓，殆不可致力。」僧添賞幣，復强之。匠曰：「兹平生所未覩，必有怪變。今不得已，宜以長繩束我腰，使四壯夫緊持，或有急，須速掣起。」僧

【一〇】竹木　目録作「木竹」。

從之。匠下，再運椎木，水涌出，僅脱死。俄水平井面，雜以它異，雖不盈溢，而動泛不常，時而覺微減，旋似奔湍，不可禦。寺之人爭走登山，唯一僧頑然弗怖。取盞汲飲，味與常泉不殊。測之以篙，凡三接不到底。其中接東，皆空洞。獨向西，似少礙。次日，僧衆見屋宇如故，乃敢還。井水常滿，不敢汲，又不敢塞。十年後漲沙，仍復塞合，故址尚存。其地名磚窟坪。邦之識者謂：「兹去大江絶遠，且無支港，得非下通海眼乎？若狗匠言，就東偏，則寺淪於洪流矣。吁，可畏哉！」

南城毛道人

南城毛道人者，不得其名。少年不娶，父母既終，翩然遠引。三十年後乃還鄉，時眸子炯然，往來寄宿它舍，全不事生業，亦無所長。每爲人慢易。蓋有信而師之者，其誨受之訣，不過熊經鳥伸之術而已。寡言笑，人待以飲膳，無論多少輒盡。飲酒至斗，略無宿酲。屢同客夜坐，一伸欠，則光自其口出。富家慕道者，往造之，杳無一言。與之善者怪而問焉，應曰：「吾藜莧之腸，何能陪膏粱之腹，與讀書人掉書語哉？」其意乃深拒之耳。慶元四年正月九日，坐亡於南豐逆旅。迨焚化時，骨皆連鐶不斷。仍得一物如錢大，色白如玉雪，堅而瑩，隱然通明，有人形跏趺而坐。旋窆於縣蟠龍岡。老吏余生寶藏其骨，全類舍利，匾如棊子，而輝采鑠人。生時自言：「因到濟北，遇異人，授製雄黄成汁之法，鍊爲丹，可療傳尸瘵瘵。」今郡人唯丘子安得之。子安之父六七十歲矣。云：「壯年固識之，顔狀只如此。今日殆過百歲云。」

吴蔡棺異

吴篆，撫州士人也，少預鄉薦，而失意不偶。其父亡，既得吉卜，風水家謂年歲不利，姑就塋中别擇一方向佳處寄菆。越二年，乃克葬。柩尾正生芝草九莖，各長四五寸，色深黄，采下尚軟，才見風，則堅如木，色變紫，與世間所産者一同。吴仲權爲作記，誇誦其瑞。然三年後，篆【一二】用特恩拜命，卒於湖北總領所酒官，所蒙止此。南城蔡彦超妻徐氏，以八月死，留三夕，面貌如生。及建二七齋，一婢報棺熱如火炙。蔡未信，走往視之，温温然如暴於日中，四隅及尾盡爾，唯槐頭則否。及驗之，靈几前倚卓供祭，其冷自若。抵暮，始一切復常。此家夫婦，元未嘗學佛也。右十三事，皆黄日新齊賢所傳。

【一二】篆　李按：原作「蔡」，據文首「吴篆」云云改。

夷堅三志壬卷第二 十二事

楚州方夫子

楚州方夫子者，一僧也，只著布直裰，莫能知其紀年。人疑其少時嘗爲儒流，故稱夫子。不火食，亦不寄宿宫寺人煙之處，但往神墟社廟棲止。求見之者，不可蹤跡。凡人死生禍福，值其肯言，無不響應。然不可扣。未嘗從人覓錢，而腰間不乏。敬事者擬行親近，輒漠然不接。間呼一人，揖而與語，不出一年，非死即大病。或欣然邀客，入酒壚對酌，客自喜奇遇，然被禍尤速。度其意，務與世俗絶而已。丁承信者，家富買爵。倏於衆中挽之，招飲酒，解腰包，出一物使食，形如脯，非魚非肉，莫可名狀。洎探錢償酒直，則皆市中日用者。臨出拊其背，曰：「汝强。」丁歸過大澤，見巨魚困落淺沙間，其長數尺，不能運掉。丁乘醉投刃，揕之不動。乃呼少年多力者，共斃之，凡三十五輩。剖其肉，曝而爲腊，其味蓋似酒壚所食者，幾重千斤。一肉節可作舂臼。丁益自託【一】，使氣雄閭里，未半歲病死。彼三十五人者，相繼無遺。陳敏爲郡守，備禮迎請屢矣，掉首不顧。一日，據案決事，忽醉駡而入，閽卒不敢遏。陳問：「爲誰？」典客以告。陳曰：「吾好招之不

校勘記

【一】自託　「託」，中華本疑當作「詫」。

至，今敢爾！」命捽至前，愈遭罵叱。陳大怒，即枷項送獄，仍令虞兵尾其後，聽其所言。但云：「這賊收禁我，看天火燒了你屋。」候兵不敢隱，具以白。陳笑曰：「無傷也，狂子已落我手。候火燒吾居，却放汝。」甫明日，家僕自石城來，問鄉里事。續曰：「平貼無他，只宅上少遺漏。」驚訪其詳，則云：「廬舍淨盡矣。」乃嘆曰：「方夫子真神人乎！」爭釋械，引上，具公服將展禮，又大罵而去。建寧劉子禮，朱元晦熹妻兄也，能傳其事，不知今存否如何。淮楚去來者，未嘗言之，當更審實。

楚州陳道人

楚州又有陳道人者，其父仕至員外郎，當任子。陳年二【二】，多讀書，不肯受蔭。忽若發狂，棄家，顛癡不可拘束，遂乞丐道塗。經數年，日夕卧於堰岸牛泥中。或識其家世，捐金施之，一飽竟，即與人。當寒雪永夜，鼻息鳴雷，人雖異之，而莫能知之也。又數年，稍泄其機，頂顋常有氣騰上。或問之，曰：「勿問，但以未炊烝餬置吾頂，少頃則通熟可食。」驗之而信。已而不復泥中卧，往來自如。建寧劉思恭舊見之，淳熙間再見，則在他所。扣其説，曰：「吾爲丹所惱，不居泥淖，是身殆無所容。」又扣爲何丹，不答而走。劉持云【三】與約，明日更瞻禮。曰：「不須爾，茅山劉蓑衣來謁方夫子，吾爲引道。」顧劉曰：「子值老鼠則生矣。」恍不曉所謂。時正初夏，及六月，得下泄病，幾死者三四，緜延

【二】陳年二　「二」，周本作「二十」。

【三】劉持云　涵芬樓本注，吕本作「劉將曰」。按：「持云」似「將去」之誤。

過冬至方瘳，始悟鼠生之證。然深自閉匿，唯恐姓名章徹於外。一淮漕獨敬之。漕無子，訪之作禮，命兩妾同拜請，曰：「某未有嗣續，二者孰可？」指小姬曰：「此是已。」將別，戒曰：「有子定矣，切莫使發性氣。」漕受教唯謹，官僚過失，曲意掩覆。踰歲，果得一男，不勝喜。即遣吏齎沉香一斤，并銀絹往謝。吏跪致漕意，陳嚬眉良久，曰：「不濟事了。」悉却不納。吏强爇香而去，使寄聲曰：「吾向來所戒如何，而乃頑心不改。」吏曰：「運使至善人，那得性氣之失？」歸至真州，嬰孩已不育。吏以實告，漕動色，拊几曰：「神哉！先生之言也。神哉！先生之言也。」僚屬聞而疑焉。漕曰：「某前守某郡，奏罷一縣宰不法，繼乃知不如是之甚。特幕官譖之爾。其人性剛，又家貧，無以歸，遂死於路。亡子生之夕，夢其就吾榻同寢，怒而逐之，擊以笏，遽起入後房。夢覺，聆人語聲，則兒生矣。蓋寃魂示化也。嗚呼，神矣哉！」今尚無恙。

聶伯茂錢鴿

臨川聶伯茂，樞密昌之姪也。爲人端良朴厚，善作詩，字畫亦工。家新修廁屋畢，加以茨塈。曉登之，忽一錢從上墜，正中其額。念泥飾堅密，何自致？心切異焉。錢表裏光新可愛，姑攜下以示家人。方傳翫擬議間，一白鴿自外飛入其懷，因撲得之，付兒童飼養，甚爲馴狎，然莫明其兆祥。未幾，病腹下氣蠱，病塊如覆盆，積日不差，僅餘年而卒。

卒之夜，鬼環其居嗚呼。聶枕上聞之，屢喚婢明燈，迨其絶乃已。吉人遭此無妄之禍，天理安在哉？前十年，妾康奴生一子，而妾兄弟皆有瘵疾。一日，正擣帛，若有報者云：「汝弟已死。」回顧無人，但一物倏入咽喉間，須臾吐鮮血數口而死。

劉氏柱吼

建昌城内食巷劉侁家，因慶元元年火災，燬其故廬。二年夏，悉力重創廳事。忽東主住一柱中，作黄牛吼，連聲不絶者三日。侁招精於佛會者二十人，繞而誦《金光明經》，亦不止。又三日，乃寂然。俄而喪子，且無孫。雖居處僅成，僅伶俜一身而已。

懶愚道人

金谿女子何氏，名師韞。其父亡，母嫁邑士董天進之子。董登科，通判饒州。將就蓐，與其夫約，已有四女，若復然，當溺諸水。是夕，董妻夢神人來，抱一玉天尊入兒婦房，爲犬所吠，至傷神人，極力訶叱，且拜謝，驚魘良久。董揭被推枕，呼挽之，口中猶喋喋，稱不敢。徐能道所見。望廊下有燈燭火，且人口嘈雜，董疑外間有警，足不及履，下床，知婦免身，問男耶女耶，無應者。妻心訝焉。趣詣其室，則已在水盆内，用物覆其上矣。急取之，且責其子。子謝曰：「實以多女，恐爲大人累。」於是舉之。才十四歲，嫁臨川饒氏。

祖母已歿，父至貧，奩裝單薄。晝躬爨滌，夜讀書史，仍勉夫以學。好作詩，未嘗自露。至五十寡居，端靜不與人接。過六十以後，始見親姻。嘗自敍云：「韞道人居室前有一木，盤姍濩落，每恨不識其名。訪諸梓人，曰：『此懶愚樹也。俗謂之懶由樹，外堅内虚，不中繩墨。』道人笑曰：『此真與我同。』遂榜其室曰『懶愚』，因以自表。仍賦古風一篇云：「君不見南嶽懶殘師，佯狂啖殘食。鼻涕任垂頤，懶爲俗人拭。又不見愚溪子柳子，堂堂古遺直。以愚名溪山，于今慕其德。二子真吾師，欲見不可得。唯有懶愚樹，終日對顔色。齊威勤讀書，輪扁巧斲輪。勤巧動心志，何如懶愚貞。衰年髮已皤，行少坐時多。亦欲傚勤巧，奈此懶愚何？」許深甫主撫學，道人孫婿黄日新將赴席下。作序送之，訓以懷仁輔義、立身行道、報國榮親之説。凡著詩文四十卷，陳孺漢卿、葉伯益皆爲撰序。享壽八十六而終。

胡原仲白鷗詩

建安胡原仲憲，宣和中，赴省試於京都。留中塗，夜夢對白鷗，而賦長篇。既覺，但能記四句云：「惟餘虚名在，長江與蒼山。不逢堯舜世，終此若鳥閑。」念之不樂。且起爲同塗士友言，以爲方從事進取，而得此詩，前岐事不問可知。必老死布衣，無爲汲汲西笑也。諸友强挽之行，竟不第。紹興中，用趙簡公薦，詔召之，辭以母老，乃補官就教授本州。誥詞云：「朕聞堯舜之世，天下無窮人。」然後恍悟前語。孝宗在御，復用大臣薦拜大理司直、秘書省正字。引老丐歸，特改京秩，與祠禄。後以壽終。

兩黄開登第

南城士人黄開，字夢高，因累舉免解，而以紹熙癸丑登科，調湖口主簿。次年九月病卒。同郡新城一士，亦姓黄，赴壬子秋舉，祈夢於大乾山，得詩兩句，云：「一枝丹桂高高折，兩朵黄花曄曄開。」寤而大喜。欲改名曄，謂與夢之所當名者不符。欲爲開，又惡犯南城夢高，他日慮將蹭蹬，沉思連夕，竟亦名開。遂同年唱第，銓調桂陽主簿，待次里居。聞夢高不禄，心大惡之。每書名，只作闓字。至丁巳之冬亦卒。有圓夢者，追繹神旨，所謂「兩朵黄花曄曄開」者，華而不實之義也。神其戲之耳。初，南昌李大異伯珍，與夢高爲契舊，時爲省闈參詳。見其預選，深爲之賀。及隨郡往謝，李遽出迎之，呼曰：「何爲有兩子張？」夢高應曰：「只緣有陳驚坐。」衆皆大噱。初拆封日，主司疑建昌兩黄開，且皆《書》義，欲去其一。已而閲家狀，見免舉、初舉之異，乃止。支壬所書不詳。

項山雉

撫州金谿縣項山寺，去江不遠。六十年前，有野雉甚大，迥與同類别。人或見之，亦不疾走。疑爲神物，相戒勿得犯。觀翫之久，日以狎習。樵牧有貪者，復懷搏射之念。然才遇之，輒翔去，以是益異之。忽僵死叢草中，兒童亦不敢取食。隔宿就視，頭已化蛇，特未開眼。見者悚懼却退。漸并其身成全蛇。衆共逐之，入一穴。穴中泉出如涌。二年，穴浸大，歲歲增闊，每出，遨戲於葛林中，而食木葉。歷二年【四】，其穴廣可容人，自是不復得見。一日，雷雨大作，山裂發洪，滔滔漫流，與寺前大江合。寺之人見驚波中，一蛇粗如梁柱，躍赴江畔，居民頗遭溺【五】。水定之後，衆僧往視其穴，則摧塌矣。

吕仲及前程

吕仲及企中，少孤貧，漂轉建昌。雖已受蔭得官，而三十歲時患風淫末疾。久之，小愈。適閩僧張聖者編置到彼，别有張無無者從學焉，超然有所悟，能信口談人禍福。二張同寓太平寺，間游天慶觀。無無自言：「嘗任州通判，棄而入道。」然莫可稽詰。士大夫多就謁，吕亦往，得其所書「鎮淮」兩字。曰：「君見此則發迹。」更無它言。吕四十五歲。始改京官，作邑宰。會虜寇犯江，方軍興之際，幾以乏興【六】爲主帥所戮。已引立皂旗下，帥望其人物壯偉，問爲誰家人，知其文靖公後裔，遂釋之。虜退論賞，外貳邊郡，爲運使所知，檄攝盱眙。至治所，見官舍「鎮淮堂」，大喜自負。有屯駐軍與北鄙結約，期以後日四更作亂相應。吕密知之，而念日已逼，告急無及於事，又非郡兵可制，乃呼直更卒，故

【四】二年　涵芬樓本注，吕本作「二十年」。

【五】溺　涵芬樓本注，吕本多一「死」字。

【六】乏興　涵芬樓本注，原本作「之與」，黄校改。

延更點，倍於常夕。甫三鼓，譙樓鳴角，北人疑屯兵畔己，遂解散厥謀。徐獲唱禍者兩輩，立斬之。諸司奏聞，給事中王日嚴薦達甚力，連加擢用，四持節，七典藩，位至秘閣修撰。張無無之先知，爲有神也。

趙希哲司法

宗子希哲，字行之，居建昌，娶南城董宗安之女。獲漕試文解，旋該紹熙覃恩出官。初調某主簿，利心忽起，妄以他事離其妻，再娶富室周氏，大獲裝奩。爲興化軍司法，待闕未上。夢父奉議告曰：「汝當致位侍從，緣休妻非其罪，今望前程亦難矣。」寤而自悔，乃僦舍於董宅之側，挈周并三子居之。時宗安已亡，仍升堂拜母，曲意講驩如舊日，將以全姻好，而消冥譴也。復通家往還，始與密友鄧景文説前夢。然業已如是，故妻又更適郴縣令韓範，無可奈何，常悒悒不樂。慶元戊午二月之任，才踰月而抱疾，以四月不起。方困頓時，遣呼其弟連城尉於鄉里，將付託後事。既行，其妻母於黄昏之際見希哲，著白道服，方琴頂巾，如平日結束，大駭，急報其女，曰：「十七伯伯却在外。」奔出視之，無見矣。越數日，凶問至，壽止四十餘。

楊抽馬卦影

楊抽馬卦象，言人死生吉凶，貴賤壽夭，往往如神。予書已數見之，但志其大者，至於微細眇末，居止宴會，亦未嘗不前定於累年之外。兹不憚屢書，使人知萬事之固然，不必營闢方寸也。北客郭大夫，爲四川制置司幹官，捐三十千，問二十年休咎。最後一詩云：「第一莫忤邊德明，它時定與汝爲鄰。」郭晚得東南郡守，挈家待次於無錫縣，買屋於茆子橋，即詢四鄰姓氏，果有新建昌邊通判。捧刺謁之，扣其字則德明也，愕然駭異。自是相與如兄弟。乃知數椽之室，邈在異方，亦不能逃定數如此。邊名察，常州人，梁榜登第，黄齊賢爲之館客，親聆其語。齊賢常至吉州，太守方松卿召飯，同會者臨江劉聞詩，劉以趙從善作守時在館舍，因言趙頃得楊生流年狀，至是歲詩云：「青原臺上好廬陵，更招館客是彭城。」可謂神異。觀此兩者之驗，况其大者乎？

夷堅三志壬卷第三 七事

劉樞幹得法

衢州劉樞幹者，本一書生。少年游京師，曾處沈元用給事館第。遇異僧過而相之，識其功名無成。而眸子碧色，堪入鬼道，欣然授以卦影妙術，勉而受之。又一客，爲傳天心正法，亦姑受之。其進取之氣方鋭，所懷蓋不在此。及離亂而還【一】，蒱博飲酒，窮悴日甚，乃習持正法，治妖魅著聲。韓子師遭奇祟，撓聒彌年，巫覡百計弗效，召劉視之。曰：「易事爾。」語出，宿書院，盡屏姬妾，約一夕即無恙。其家從其説。乘正狂肆中，以夜行法。戒童奴曰：「緊闔户，候聞鈴聲至，則啓之。」而盡滅燈燭。既振鈴入户，復閉之。忽光景滿室，病者見五通神，著銷金黄袍，騎道而去。劉出，病者酣寢。及旦起，洒然如常人。即使反舍，一家喜敬，不可言。排比宴席，挽留五日，乃備禮酌餞，遺貨幣直三百萬。臨别，令兩美人捧金鍾爲壽。飲訖，悉用爲贈。又餉一駿馬。劉醉中乘馬，而兩妾騎於前，懷其鍾，驅輜重數擔，道上聚觀，咨羡歎息。劉大過所望，深恨行法之晚，自取流落。行未十里，失轡顛墜，左臂跌折，呻吟不能進。欻然省悟，急遣告韓，易肩輿，歸其妾與馬，

校勘記

【一】及離亂而還　涵芬樓本注，「而」呂本作「南」。

痛卧歲餘，囊金單竭，乃愈，此臂竟癱緩，因自咎傳法之旨令，勿得受財。今犯戒招譴，宜也。」遂罷其術，而無以衣食，始售卦影。衢人識其本原，不肯從之。念無以致人之信，假故舊閑館朋游之地，不授錢米者，與之卜。然後所言日驗，踵門漸多。復還通逵置肆，奇中非一，遠近聳傳。邦人何汝聽習《書》義，居上庠，暫歸鄉里。劉往見，自爲筮之。其詩曰：「中興天子大如日，詔書速下搜羣賢。重重稽古復稽古，總在唐虞第一篇。」時紹興壬午春月也。及秋薦送。孝宗已即位，御名與第一句「大如日」符合。因用其兆，擬作首篇義題，「若稽古帝堯」「若稽古帝舜」，果登科。自此門庭如市，至納卦錢，連日而不得入手。一官人赴吏部調選，來求筮。詩中云：「路上逢王大，鞭馬速走過。」略不可解。暨注擬西歸，行抵桐廬，石欄險絶，遽内迫峻嶺，外臨湍流，匹馬獨驅，行李在後。逢故僕王大拜於前，猛思影象之語，曰：「渠雖曾爲奴隸，御之無恩，以故辭去。兹無謂而來，又安知不乘不測以擠我？」不待其起，加鞭亟過，幾踐其首。僕既不獲成拜，復追及，問曰：「官人是得何處差遣？」猶憂畏，未暇對。白晝無雲，忽有聲如雷，起自山脊，墜於淵。蓋一方丈巨石，若碓磨而下，正恰在來僕拜處。使或少須臾，主僕皆爲泥矣。於是唤回王大，話其異，相向而泣。又士人某，有弟任處州教授。是歲大比，七月中，弟書報母病，急來占，畫一城開四門，中作一殿，殿上兩倚御坐，殿下一射垛。」元不及所問大略。士人雖其妄【二】，奔往處州，母已平復。而歸赴舉場，度已後期。計會赴轉運司試，乃《堯舜闢四

【二】士人雖其妄　涵芬樓本按：此句疑有脱誤。吕本、周本均無「其妄」二字。

門》賦、《虎侯詩》。郡人鄭元禮以三十千占平生，内一年者云：「忽見池塘春草青，不軒訇處也軒訇。一重喜了一重喜，此際功名定有成。」鄭居城門下，門前一池，方廣二丈許，施板爲閣道數尺，然後可出入。積水所瀦，極爲汙穢，盛春臭不可聞。一歲忽清泚徹底，而其中藻荇葱葱然，染家至就以滌浴縑帛。皆云古未之有。是年秋，長子夢得與鄉薦，次子昉試上庠，用春秋首冠。明年南省，復爲經魁衛涇【三】榜第四甲擢第。池再濁如初。其淵妙如是。然或全年揲筮，無一應者。元禮疑而問焉，對曰：「此係一時神將靈否如何爾。一時之中，又每時换易。若值所直者明了，即報事通神。值其昏昧，則妄言矣。」乃云【四】：「若來報丁寧，輒現形於紙上，或案上，或衣袖上。吾亦不曉，第依而筆之，無所容己意。若神影不現，乃自据卦爻推演而畫之爾。故宜有不驗。」劉此段尋常不泄於人，兹其所秘也。黄齊賢與鄭氏父子至交，得聞其説。紹熙四年，劉下世，壽至九十。今厥子若孫尚襲其名，然不逮遠矣。

沈承務紫姑

紫姑仙之名，古所未有，至唐乃稍見之。近世但以箕插筆，使兩人扶之，或書字於沙中，不過如是。有以木手作黑字者，固已甚異。而衢人沈生之術，特爲驚聽。其法：從占者各自書心疏，仍自緘封，用印蠟亦可，沈漫不知。既至當門，焚楮鏹【五】而禱。沈居武

【三】衛涇　「涇」原作「經」，據吕本改。李按：《宋史》卷三五《孝宗三》，衛涇，淳熙十三年榜魁。

【四】乃云　涵芬樓本注，吕本作「仍曰」。按：此句疑有脱誤。

【五】楮鏹　李按：「楮」原作「褚」，今改。

雄營門，無廳事，只直頭屋一間，逼街狹小，室僅容膝，供神九位，標曰侍御玉虛真人、太乙真人、南華真人之類。先焚疏畢，乃入室中，磨墨濡毫，展幅紙於案。來者又增拈白紙成卷，而實緘之，多至四十幅。沈接置於硯傍而出，雖垂疎簾，不加糊飾，了然可覩。沈同客坐伺於外。少則聞放筆聲，共入視，才有數字，只是報真人名稱爲何神。又坐食頃，復放筆，然後取其書，上有「訖」字，皆滿，墨迹未乾。凡所謁，無不報。但每問弗許過三事，錢止三百五十文，可謂奇奇怪怪矣。無用論其或中或否也。東陽陳亮同父，以殺人坐獄，鞫於衢。前者數翻成款，最後秀州一尉來，尉少年，喜立事，偪取承服。其子懼甚，敬扣神。神大書曰：「無憂，當登第。然須經天獄始明。」子奔訴闕下，得移大理，訖以無罪釋放。後二年，廷對，魁天下。黃齊賢求占，許以奮發。至問其父，則曰：「宜保六七之年【六】，恐有大厄。盍佩吾符，再炷香進紙？」頃之，篆符四道，筆勢飛動，與世間議擬而畫者絶殊。黃父生於己亥，果終於甲寅，如其大厄之語。

【六】宜保六七之年　涵芬樓本按：「六七」當作「七六」，方合下文己亥至甲寅之數。

建昌大寺塔

建昌大寺曰景德，在廛市中，有塔極壯聳。中置泗州僧伽像，甚著靈響。張彥文尚書與其子元晉，初預鄉薦，皆禱之，同得籤曰吉，遂登第。去郭八十里，一村甿忽持萬錢，踵寺門，欲修塔屋及僧伽身上衣。僧問：「何爲起此意？」曰：「近承貴寺命道者張公相訪，具言屋摧揪，仍雨漏，損大聖臂膊，故願結緣。」僧相顧驚愕，云：「元不曾遣人去。」徐思之，相傳塔基，乃張公【七】所施。豈非猶主土地之職乎？方相率觀聖像，其臂果因雨漬傷。蓋幡幢蔽翳，而外間但朝夕瞻仰焚香，不及見也。慶元三年，監鎮江府和旨樓葉洪【八】迪功，自他處挈家來寓居。四年四月，以多雨，傍【九】兩簷壞，其女夢護法七郎告云：「汝儻自愛性命，宜速徙出。此塔非久將倒。」女覺，不俟旦，急以白父。葉乃亟去，塔果頹陷焉。

夜見光景

江西俗，相傳夜間有光景熚熚發見者，亦謂之鬼車。人偶聞之，須急以穢物蒙眼。近注視之，則見其或丈夫或婦人形，而非淮浙所謂九頭鳥者。臨川劉彦立兄弟二人，有母在堂。一夕，屋後松樹上圓光如日，高去地二丈餘。即之則晦，共意其寶也。掘地深及泉，無所覩，乃止。鄰室亦見之，蒙眼而窺，光中有一婦人，冠裳可想像。後黄齊賢造劉氏，坐語夜深，值雨乃退。從僕奔告，言：「恰來幾被一物嚇殺。一个日頭忽起，從前山高出三丈，所照草木皆可辨。只比晝間色赤耳，雨至始没。」劉甚以爲懼，未一歲而亡。黄隣居蔡家之僕，亦曾見，如日夜出，色炎如火，附於地，犬吠逐之，光擦地避隱，而止於其側曾氏之門，移時乃消滅。蔡氏明日掘之，正得一石，未半年曾喪明【一〇】。此光不祥之兆，見於

【七】乃張公　中華本注，三字原作「張公乃」，從周本乙改。

【八】葉洪　涵芬樓本注，原本無「葉洪」二字，空一格，從吕本補。

【九】傍　涵芬樓本注，吕本多一「屋」字。

【一〇】喪明　涵芬樓本注，吕本作「喪母」。

此云。

童氏金鴨

南城童夢弼宗説教授，自其上祖，因浴於水濱，忽見一物如飛蛾，從空而下。試引手撲之而獲，形狀全似鴨，不能動。時已近暮，歸而燭之，黄金所爲也。大如人拇指，而羽翮纖悉畢備，神采偪真，混然天成，略無彫刻人力。亟緘于笥，寶藏之，置諸枕席之上。越三日，啓視，其尻乃有金屑，蓋遺糞也。大異之。自是數日輒一掃取，積之益久，持貨於肆，皆紫磨上色，得價多於常品。家貲賴以衍盛，至錢流地上。傳之累代。及子孫分析，一位拈得之。偶子婦半夜生男，感熱疾，醫者急欲生金煎湯下藥，姑喜於得孫，謂釵釧金不潔，不可用，於是煮金鴨，挹其湯。既一經火，不復有糞，其家亦浸以衰削。今飲湯之兒猶在，貧無置錐矣。鴨失所在。

張三店女子

建昌南城坊羊馬城下，民李七舍故居，徙寓丞廳後張三客邸樓房安止。慶元三年六月十日夜歸，見房門半掩，覷一女子，著單衣，穿翠鞋而不襪。李驚疑之際，女頩怒曰：「汝若不相容，我便呼廂巡誣【一二】汝以誘引之罪。」李懼曰：「敢不唯命是聽！」良久，笑

【一二】誣　涵芬樓本注，吕本作「證。」

語無間，始云：「我只鄰近家女子，年二十九歲，良人遊宕不歸，聞死於降【一二】。父母知之，略不以爲意。不免自出，尋雇夫力，前去審訪。不慣識路途，遲回抵此。夜色既闌，故不可反舍，就此借宿，得乎？」李諾之，即登牀並寢。過五鼓，穿牖而去。明夕，復從屋而下，一瓦不損。李怪問：「是何女婦所爲？」曰：「我家本微薄，亦曾去從路岐，爲踏索之技，所以習熟，對汝豈應復羞？」次夜，攜七十錢與李。又次夜，與絹一疋。李感其惠。第四夜，挈酒一缾并脯腊，令李飲之，而自不濡吻。李强之，曰：「幸能對酌，不應獨醒。」乃亦盡一杯，且云：「此是寡酒，極不易得。」命買菱角共食，遂皆大醉。困眠失曉，女惶惑無措，忽由窗隙中出，砉如裂帛聲。李震駭，方知必鬼魅。遽白主人。主人云：「我正訝樓上何爲此夜有婦人切切私語，正擬奉告，又恐做成官方【一三】。不料值此怪物，汝去矣，毋汙我好店舍。」李辭往它處，取向所遺絹，償僦金，乃芭蕉葉爾。李夢女戟手叱駡曰：「汝真負心漢，與我昵比而盡以告人，何也？吾且治汝！」覺而神思憒憒，不能飲啄【一四】。景德寺寓士趙十二官，愍其墮鬼計，適同寺有葉生，曾遇至人授神霄法籙，濟人頗多，趙率李往下拜投愬。葉令隨口供狀，餌以符，使納膳飲，仍牒城隍司拘捕孽祟。是夜四鼓，李夢黄衣吏領劊子十人，押女子荷枷，亦驅李同去，見女容服如前，而後有尾。尚指李大駡，曰：「汝一何慘意！」劊子運鐵椎擊之。約行二十里，到城隍廟，衆趨入。及階下，傳呼曰：「李七、狐娘分左右立。」有刀斧手夾殿下，黄巾力士、紫衣功曹等，人物甚

【一二】降　涵芬樓本注，吕本作「隆興」。

【一三】又恐做成官方　涵芬樓本注，吕本作「又恐做官方」。按：此句疑有脱誤。

【一四】飲啄　涵芬樓本按：「啄」字似「啖」字之誤。

盛。俄頃，紫袍金帶人升殿坐，蓬頭道者四輩侍直。李自陳如初。其上一人厲聲云：「李七是生人，先放還。野狐當死，送獄訊勘。」旋押李出。正行間，墜於岩石之下，悸而寤。的的能記説，自此漸甦。凡涉再旬，始平復。

洞霄龍供乳

餘杭洞霄宫，昔有主首道士，誠敬感神，誦度人經，極著奇驗。其側則龍潭所在，每就彼持念。倏一老人從潭出，跪白曰：「弟子即龍王也。每獲聽經文，無任瞻仰，但不敢輒前。今所以呈身，切有請爾。」道士曰：「其説云何？」對曰：「師才到潭上，則水府幽祇皆當起敬。不退，殊不自安。玆願只宴坐宫中，不妨日課，庶幾百靈得以休息。若慈悲賜許，當日供鮮乳二斤，以充齋膳。」道士曰：「吾意豈在斯！謹奉王戒。」老人喜謝而隱。潭上之役遂罷。翌日，厨僕報：「几案間，得乳兩斤，極新潔，莫測所從來，未審堪食否？」道士云：「非汝所知，宜以餉我。」小師秤之，果重二斤。其後日日皆然。數年後，忽失約，深訝焉。復誦經水次，前老人再至，曰：「乳乃世間物，弟子忝爲龍神，何以得之？但塵凡中有欺瞞，取贏餘者，我則陰攝之。此去市户董七者，好舞秤權，用十四兩作斤，故即而掠取。今其人出外，厥人自主鋪業，淳朴有守，未曾罔利，故無從可致乳。」道士嘆息不已，謂之曰：「吾欲知其端倪，恐身有以貽譴爾，然則欺心事那可妄爲？吾誦經以增之，亦亡益也。」遂周行郊關，一意道人於善，鄉宿至今尚能言之，而忘其姓名及歲年矣。前監鎮江和旨務率生説。

夷堅三志壬卷第四 十一事

南山獨騎郎君

臨川村民張四，買芒掃帚一束，凡四柄。及開用之，於中得小鐮，蓋割禾所用者。知爲編帚人遺下，取掛壁間。迨夜，輒有聲，家人疑惡，欲棄之。張曰：「此不是殺人之具，必非寃魂。無乃鬼神憑託乎？姑置之。」徙頓神堂内，奉之唯謹。始也，烏烏然。少則，訇訇然。旬日，則喃喃然，云云然，似可曉一二。又數日，悉能辨之。問爲誰，曰：「吾南山獨騎郎君也。山神憐我巧言語，又知人世事，故遣報禍福於人。」初言明日某客至，送某物來。鄰婦方孕，言何時得子，艱而不危，一切皆然。漸漸有持錢酒問事者。居半年，其門如市，乃繪卷軸以應之，益敬爲神。族弟天祐造而謁焉，持久不應，倦坐以待。忽聲出天井中，謝淹留之過，曰：「偶赴劉漢王飲席，是以歸遲。」漢王者，土人所祀小神，非高皇帝也。扣以訟事，曰：「得勝，仍有財。」又扣其二，則云：「不可，不若罷議。苟妄動，必敗。」已而盡然。天祐置百錢而退。呼回之，曰：「中有沙毛錢五，請易之。」天祐持去，白曰：「聞神善謳，願聽一唱。」先索錢，與之三文，乃謳，其曲則俗傳《刺梅花》者也。天祐曰：「能送我乎？」曰：「甚易。」作嚶嚶之聲，隨至半空，一里許。祐回首謝之，曰：「仙童還矣。」乃祝其徐行而反。如是四年，忽告别，遂寂無聲。張氏賴以小康，用其鐮與常鐮等。考向所報答，不過村疃細瑣，不能知其它。亦已怪矣。

皮場護葉生

皮場廟在臨安西湖者，其威靈不減汴都。處州士人葉生，游國學，賦性若癡昏，而誠敬在心，事神竭力。每月朔望，必一往拜謁，無間於寒暑風雪也。因省試下第，無聊念歸，而囊無一錢可動。謂同舍曰：「吾困窮無策，明日當禱皮場，乞三萬錢。」衆相與嗤笑。及還，有喜色，曰：「卜之杯珓，既許我矣，明日當得之。」衆曰：「如何送來？」曰：「殆不可知也。」明日兀坐，薄晚，有近郡太守，倩鄰齋指名以百千招一習書者充館客。其人亦以失利，不肯行。葉亟往自獻，鄰齋將付所迎之資，但請借三十千。約自鄉里省母，便道赴之，遂符昨數。皆以爲偶然耳。又須一夫力荷擔，復齋戒，謝神之賜，而申此請。衆曰：「此豈難辦，所患無錢，既有之，何必薦瀆神祇。」拒不聽。復禱祠下，亦有喜色。臨束裝，杳無其人，迫於潮信，令齋僕齊行。衆曰：「此只可至江下，奈渡江之便何？」葉曰：「吾所恃唯神，定非所慮。」長揖徑出。至午僕回，爭扣之。僕云：「葉上舍將上船，恰一鄉夫自江西來，無回驛，正與之是鄰人，欣然隨去矣。」於是始異之。後數日，一同舍自越回，乃與葉同舟者。語士友曰：「神哉！皮場之靈，獨私於彼。是日，到中流，風雨驟作，吹仆帆檣，舟人窘束無措。同載百人，驚怖誦經，而葉熟睡不知也。俄而風定檣正，舟人云：『方危急時，見金甲巨神，伏劍坐於篷上，不審爲誰所事，實賴其陰助，獲免傾覆爾。』葉竦然改容，曰：『即吾香火所奉皮場大王也，繪軸見在吾笥，適於夢寐中固覩之矣。』」臨川游祖武爲前廊學録，親語其異。

建昌寺塔影

寺塔現影之異，傳記多論之。唯建昌景德寺，紹興元年者，爲可怪。其始也，倒垂于地，不但日色所映之處而已。凡一寺之内，隨屋壁方隅，闊狹高低小大，無不悉具，不知其幾千萬也。大抵物之影，仗日以成，是日，雖偏室隱户，僻陋之所，太陽未嘗及者亦然。至於缾罌、甕盎、杆鉢、床几、衣衾什器，一切目所覩者，布現不殊。僧寺欣欣以爲佛示大吉祥，幾於在谷滿谷，在坑滿坑，將必有興盛之兆。乃募人施財，作大佛事，辦大齋設。已而寂然，無福無禍。越三歲，翻羅叛卒之厄，城人死者什八九。獨通判逃難塔上，叛衆求之不得，而飢餓絶食。一老院子蒙其恩顧，密知所在，爲爲飲食，賊蹤跡獲焉，又殺之。因焚其塔，而不能仆。然則影魄之發露，其凶至此。識者云：「倒影之沴，主下陵其上。」信矣哉！

丘簡反魂

宜黄管下地名索富，士人丘簡，處邑中郭氏館舍。夢爲黄衣卒所追，即隨以行，入大官府。王者玉冠赭袍，坐於正殿，卒聲喏庭中云：「丘簡見到。」傍一吏叱問曰：「當追丘圓，玆乃丘簡，姓同名異，如何妄追來，速押去。」遂墜深坑中，駭汗如濯，乃覺，爲郭君道之。蓋簡昔名圓，意爲幸脱鬼籍，絶以自喜。明夜，復夢到昨處，一獄官捧文牘升殿奏云：「丘簡即故丘圓，今改名耳。」踰月，抱病，舁以歸，不及至家而殁。其再夢也，見友人胡得一者在傍，聽呼名，寤而與人説。時得一固無恙，後百許日亦亡。

涂知縣夢龍

宜黄涂正勝，字士表，登第，爲湘潭宰。夢祖居坪上，有黄龍飛騰，過隔港地名鹿塘白茶乃止。涂氏，官族也。士表覺而不懌，舉夢示人，曰：「坪上衣冠其絶乎？白茶之地興矣。」次年四友策名，正白茶一派，終列大夫、郡守，十知縣繼之。而坪上寂寂，至今四十二年，無人仕者。

涂朝奉敺疫

涂大經朝奉，初被鄉薦入京。行次半塗，寓宿一寬宅。舍館已定，聞内間呻吟者非一。應門者，惟一老翁，執禮甚恭。凡供需之物，如屬縣之奉彼者，心切疑焉。問之，方云：「其家病疫。」涂彷徨欲去，顧天色已昏暮，前塗旅邸，有無遠近，皆未可知，而從僕横叨犒飫，深過所望，交口扼其行，勉强聽之。而悵然曰：「吾其病死於道路乎！」翁微聞之，遽拜於前，力挽留不使去。仰而視曰：「秀才得非江西撫州人，姓涂者乎？」答之曰：「然。」念向者未嘗此來，遠鄉之人，安能知吾姓氏，殆必得於諸僕而侫我爾。翁進曰：「吾官乃我家福星。我家六七十口，不幸一男自獄歸，染囚疾，今家衆已死三分之二，獨老夫先病而甦。昨夜忽夢數神道來，相將辭去。某試陽止之，神相顧曰：『不可居此矣！明日有撫州涂朝奉來，當急引避。』故從早汎掃敝家以待，果蒙賜臨，幸爲我小駐。」涂雖略自釋，猶未之信。及釋褐回，再過之，盡室出迎謝，所供益勤。渠翁云：「從吾官宿此之後，病卧者不藥而愈。不敢忘。」涂始慰喜，及轉至此官，大加嫌惡，竟如其説【一】。

【一】竟如其説　涵芬樓本按：末句與上文不相應，疑有脱誤。

陶氏疫鬼

宜黄詹慶者，初業伶倫，深村人也，貧甚。兄嫂稍贍足，不肯相容。乃謀往郡下。其居距城百五十里，臨去，乞米一升，不獲，行丐而前。既抵城中，適一官族高宴【二】，其夫婦皆善絲竹，且並坐聽慶吹笛，聆其過度一字，工妙之極。主婦至齧夫臂，大叫曰：「奇哉！」自是以技得名，漸亦温飽。取陶氏女爲妻，而贅居其家。才一年，陶室病疫。慶晨興入厨，見竈上兩異物，狀如猢猻而有衣裾，適舉目外視。慶立觀之甚詳。俄跳入竈而没。陶門多死，慶獨無恙。馴致富，教子讀書，且假儒衣冠，而用子餘爲字，只家衰矣【三】。

楊五三鬼

詹慶所居在撫城委巷中，傍有剃剪工楊五三者，善爲儐相。一夕天寒，應奉大家姻席，歸已深夜，仍被酒半醉，炬滅暗行，心惕惕然。至兵馬司前，見門外坎上羣卒附火，亟往投之，相向炙手。因仰頭伸欠，顧羣卒皆無頭，駭而走，猶能提燈籠。雨忽作，又暗行，咫尺千里。遇負灌肺擔子者，方歸，猶有殘燈在擔，喜而即之，告以所覩。方取籠中燈盞就點，其人亦無頭，驚仆於地。良久稍醒，奔回家，衣裳沾裂，面目傷破，僅能道鬼魅之狀。旋復奄然，越三日而死。

【二】高宴　中華本注，「宴」原作「晏」，今改。

【三】而用子餘爲字只家衰矣　涵芬樓本注，周本作「而用餘子爲嗣」，無「只家衰矣」四字。

湖北稜睜鬼

殺人祭祀之姦，湖北最甚，其鬼名曰稜睜神。得官員士秀，謂之聰明人，一可當三。師僧道士，謂之修行人，一可當二。此外婦人及小兒，則一而已。建安劉思恭云：「福州一士，少年登科，未娶。鄉人爲湖北憲使，多齎持金帛，就臨安聘爲壻。士之父，以貨茶筅爲生，只有此子，聞之大喜，即從之。子歸拜親，而鼎卒八人車乘已至，乃迎而西。入境之日，午炊於村店。忽語其家僕曰：『此處山水之美，吾鄉里安得有之？』因縱步游行，見古木陰森之下，元設片石，若以憩行人者。即坐其上，瞻觀咨嘆，喜其氣象殊絶，不忍捨去。又顧僕曰：『我在歇涼，正愜適。爾且先反，候飯熟而來。』僕還至店，飯已熟，急趣之。已失所在，叫呼良久，無應者。走報轎兵，仍挽店主人以俱。主人變色搔首，急往冥搜，得諸深山灌莽之間，縻之以索，既剖其肝矣。八卒兼程報憲，憲驚痛，下令捕凶盜，杳無端由。自店主人及鄰里，皆送獄訊掠，多有至死者。獄不竟，未忍白其父母，累月後始知之，同日自縊死。」此風浸淫被于江西。撫州村居人，遣妻歸寧，以所饋微薄不欲偕行，而相去不過百步。道深山，然後出田間，出則望見婦家矣。夫俟之久而不出，心疑其與男子姦，疾走物色。見岐徑鮮血點滴，新殺一婦人，斷其頭，去其肝，衣服皆非所著者。又趨而進，遇兩婦人面色蒼惶，正著己妻之衣，執而索之，得妻頭於籠内，告於官。鞫之，其詞曰：「本欲得其肝爾，首非所用也，將棄之無人過之地，而滅跡焉。」遂窮其黨，悉伏誅。此類不勝紀。今湖北鬼區，官司盡已除蕩。不容有廟食，木陰石片，蓋其祀所也。

化州妖凶巫

邊察德明終於化州守，其子嵊縣主簿沂，從黄齊賢學，嘗談化州之俗。妖民善呪生，逢人食肉而呪之，則滿腹皆成生肉。食果菜而呪之，則皆生果菜。徐徐腹【四】塞，必死，雖守貳或不免。故一歲之中，公會絶少，動輒折送。然罹其禍者，亦可解。及呪婦人生産，則無法可防。儻食牛肉而就蓐，則生牛兒。有持訟於州，指名某凶所爲。邊命捕逮禁鞫，凶子答款曰：「人不應生牛，是其家不積陰德，爲惡神所譴爾。」遂妄供數家。獄官知其爲，而無可奈何。邊憤甚，會其病卒【五】。又墟落一巫，能禁人生魂，使之即病。適與鄰人爭田，石龍縣宰知其名，將殺之。既嚴捕入獄，即覺頭痛甚，疑而思之。宰固健吏，不爲沮止，帊首坐獄户，自鞫訊，不勝痛，始承伏云：「囚來時，已收係知縣生魂於法院，盛之以缶，煮之以湯，中之以符，見在法坐。」宰即押巫出城，三十里，抵其居，視之而信。下著姓名生年日月，因紿之曰：「汝速解之，吾釋汝。」巫禹步雷聲，俄頃宰脱然，所患如失。就估其貲貨，了不以屑意。畢事將反，吏白言：「彼處一小室，婦人以死守之，意必有物。」宰翻然再入，破其鎖，中才容膝，秉燭四照，所畫鬼神怪，絶世所未覩，蓋所謂法院

【四】腹　涵芬樓本注，吕本作「脹」。

【五】會其病卒　涵芬樓本注，周本作「尋亦病卒」。

也。婦人又捐舟【六】遮障，爭一小篋，吏奪而取之，正其秘法。宰畀諸火，巫死於獄。一邑之人更相喜賀云。前書荊南妖巫始末，頗相類。

漳士食蠱蟇

漳州一士人，負氣壯猛，謂天下無可畏之事，人自怯耳。每恨無鬼神干我，以試其勇。嘗同數友出次村落，見精帛包物地上，皆莫敢正視。笑曰：「吾正貧，何得不取？」對衆啓之，於數匹絹內，貯白金三大笏，更一蠱蝦如蟇。祝之曰：「汝蠱【七】自去，吾所欲者，銀絹耳。」既持歸，家人皆大哭，曰：「禍至無日矣！」士曰：「吾自當之，不以累汝。」是夜升榻，有二青蟇，大如周歲兒，先据席上。士正念無以侑酒，連推敲殺【八】之。家人又哭，士欣然割而煮食，乃就寢醉，竟晏然。明夜，又有蟇十餘，小於前，復烹之。又明夜，出三十枚，夕夕增多，而益以減小。最後遂滿屋充塞，不可勝食，至募工埋於野。膽氣益振，一月後乃絕。士笑曰：「蠱毒之靈，止於是乎？」妻請多買刺蝟防蟇，出則必搜啄。士曰：「我即刺蝟也，尚何求哉？」其家竟亦妥帖。識者美之。右三卷，亦黃齊賢所傳。

【六】舟　涵芬樓本按：「舟」字疑是「身」之誤。

【七】蠱　涵芬樓本注，呂本作「蠱毒」。

【八】連推敲殺　李按：「推」當爲「椎」之誤。

校勘記

【一】曾　中華本注，原作「當」，據周本改。

夷堅三志壬卷第五 十三事

黃子由魁夢

黃子由未第時，以淳熙二年六月一日夢至大廷下，手進文字一軸。須臾得旨，云：「謝恩合要笏記。」當即爲之。覺而悉能尋憶，密志於策，未嘗語人。後六年過省，與同舍生福唐潘涓赴廷對，始顧之，曰：「此「文氣不甚驕，可擢爲第一。」衛士在傍者，摘之曰：「此與向夢中所覩不小異。」潘趣就席，答聖問，未暇質其詳。晚出，乃詢之，且曰：「子由平時得夢，無一不應。比曾【一】感兆否？」方答以二年所云。「雖未知入何甲，竊料必忝甲首。」潘賀曰：「要笏記敍謝，非大魁不足當之。」及唱名，果爲第一。倉卒間，即用夢笏作記，不易一字。潘今爲銅陵宰。姪孫偲作丞，聞其說。

醉客賦詩

德興新營士人張得象，字德章。淳熙十一年，省場失利，就趨大學補試，少留旅邸，以待榜出。嘗與二友生夜詣市訪卜，因入肆沽酒三升，對月清飲。俄一客落拓跌宕，造前曰：「能以一盃惠我否？」張見其已大醉，答曰：「甚好。」取盃滿酌，置几上，戲之曰：「觀吾人姿貌，定不庸俗，能賦一詩，然後盡此盃乎？」客披襟不辭，且請命韻。張正欲困以險韻，笑曰：「只用吞字。」隨即高吟一絶，曰：「行盡蓬萊弱水源，今朝忍渴過崑崙。興來莫問酒中聖，且把金盃和月吞。」舉盃一吸而盡。方驚嘆其雄新，出迹之，無見矣。張悟爲神仙者流，恨交臂不能識也，爲之悵惘經日。德章以恩科得官，爲筠州新昌尉。臯之姪攝邑，得其語。

黄炎司法

金谿黄炎晦叔，嘗以盛夏詣族叔家。叔晝寢，夢人報云：「司法在書院。」寤而觀之【二】，則炎，亦假寐，俟其睡起，乃以告之。炎時爲布衣，進取碌碌，望一官稱甚難，私用自喜。已而預淳熙丙午鄉薦，丁未擢第。緣殿試在五甲，迨銓中，注安福尉，丁憂制，不克上。庚戌服除，再調南雄州法曹。叔聞之，悄然不樂，慮其前程但止於此。又四年，臨當赴官而卒。炎頃歲占卜於劉樞幹，劉畫一緑衣官人，傍有錢兩垛【三】，初莫能測。後因友生薦引，達於江西運使林正甫，促俾攝新建尉，方兩月而真尉到，所獲俸金，正得兩垛之兆【四】，可謂薄命矣。

【二】觀　涵芬樓本注，吕本作「視」。
【三】傍有錢兩垛　「有錢」原作「錢有」，今乙正。
【四】正得　涵芬樓本注，吕本作「正應」。

范十五遇鬼

新城民范十五，常爲張暘叔提刑家僕。慶元二年二月，因事至縣境之石灘，與舊同列兩人遇，隔闊歷歲，問勞如平生。少焉，悟其已死，語之曰：「爾輩去世已久，何爲尚在此？我白晝見鬼，得無不祥乎？」兩人同應曰：「烏有是事？我自浮泊外州，因循未還爾。奈何妄信人言，謗我已死。」遂從索酒，曰：「汝既有錢，合做小主人待我，可驗故人之情。」范探懷中，恰有錢二百，即就道邊歐茂村秀才店沽酒。歐與范相識，訝其獨來，而須三飲器，猶意必有所待。及杯行，范參酌三器，向空拱揖，歐始驚怪。正色叱之，曰：「范十五，豈非遭魑魅所惑耶？而乃狂蹶如此！」范瞿然猛省，恍如夢覺，兩客不知所在矣。歸舍卧病，彌月而愈。

續仙臺道人

三庚記仙臺觀道人事，皐之姪所傳，猶有未盡者。云彼道人從知觀賴子儀假館，子儀領略，命治一室處之。問其鄉里姓氏，曰：「貧子是西川打底州縣人，姓回。自少放浪，幾半天下，今老矣。」問年今幾何，曰：「八十一。」遂揖令就憩。日詣市乞錢，旋散與童兒，未嘗輒蓄，出則羣兒環繞。因與鄧道者定交。常倩鄧取湯洗面，至則滌濯浣沐，垢膩滿盆，使鄧飲之。鄧嫌不潔，覆於地，但聞盆與地皆郁然有異香。鄧，愚蒙人也，殊不少悟。及冬月，道衆赴人家夜醮，獨鄧守舍。中夕後，道人在隔房大叫：「鄧道童急來救我！一條大蜈蚣，長可二丈，我已遭痛咬了。」鄧聽其説，而不敢往。衆歸問訊，果爲所傷，以是歲十二月十五日死【五】，在彼恰滿六月。既於席下得所費錢【六】，共嘆其異，且計：「此日展丐不留一錢【七】，那復有此？其人當是神仙高士，仍自通姓回。觀中人非仙才，故不值遇【八】。彼豈真死哉？殆尸解耳。」因發其棺，上得白石三枚。初到時，攜一杖一笠自隨。及其没也，人爲挂於壁間。經年半，别又一道人來，邀鄧童爲雲水之侶，辭以倦游，其人徑戴笠策杖，不告而去。鄧亦享壽八十四。南康丞吕伯固聞於賴希真。

葉熙績

昭州守葉大夫民極，次子熙績，一生未嘗學問，其於場屋功名事，視如胡越然。紹熙五年春，忽夢就建昌軍學補試，中第一百名。覺而私怪焉【九】，以爲身不讀書，何由得此？又方料理故父致仕遺澤，爲姻戚道此夢，以資笑端。及秋，乃爲小吏雷宣刺刃而死。所居隸新城，尉來檢屍，正用提點刑獄司發下印本格目，實係第一百紙。人事休咎美惡，夫豈偶然？

【五】是歲　「歲」字原闕，據周本補。

【六】既於席下得所費錢　原註：語見三庚。

【七】此日展丐　涵芬樓本注，吕本作「展山」。按：二字疑有脱誤。

【八】故不值　涵芬樓本注，原本此下闕，據吕本補。

【九】覺而私怪焉　涵芬樓本注，原本此上闕，據吕本補。

錢妾端端

南豐寓客錢肅之，侍郎蓋之子也，任至南安守。侍妾端端，以美豔擅愛，不幸盛年夭殁，殯葬於郭外金繩寺側。久之，邑胥艾毅者，忽正晝值之於縣市。冶容像飭，笑揖問訊，而不知爲誰家人，漫邀與語，遂合焉。夜則同寢，情好諧洽，宛如伉儷。艾切自慶，謂生來無此福分也。但形軀日以枯槁，殆於骨立。父母憂之，扣其所由得病，具以實對。一日，正偶坐，家人排闥入其室，迫逐之。艾攜端手急奔竄，投金繩山中，端倏隱於墓。艾不能繼，衆共扶以反，即困卧，拯治兩月，始復常，自是不再遇。

大和劉尉

新城士人劉溥，將應紹興庚午秋舉。其父與鄰人陳七翁相好，來言：「吾昨夢看本軍解榜，其間有劉彦宏姓名，賢子似可用此名就試，儻契吾夢。」父呼溥告之，乃以彦宏應詔，而字曰先覺，果預薦送。然蹉跎至淳熙戊戌，始特奏補大學。初調大和尉，到任二年半，終於官。没後託夢於妻曰：「我生前【一〇】合有三年禄食在大和，適以數盡，才得六個月而死，故今世補之。宿緣已足，是故歸耳。汝輩勿用悲憶也。」好事者以邑志爵里名籍考之，紹聖元年甲戌，本境石坡人劉丹，字彦宏，登進士第，任大和尉，僅得六月下世。而

【一〇】生前　李按：據劉溥託夢之語，二字當乙正爲「前生」。

後來者，鄉里姓氏悉同。且以前人字爲名，筮仕之處又同，其末後之夢【一一】彰著如此，則爲後身不疑。噫！兩劉彥宏，一登第，一特恩，共享三年微俸，首尾八十五歲，幽冥定命，不差毫髮。異哉！然則，古往今來，蒙高爵厚祿，巍巍如山者，皆賦於造化。其棲遲厄窮，不怨天尤人可也。銅陵主簿劉注者，於先覺爲從弟，說此。

謝生靈柑

江州民謝生母老病，不肯服藥，以夏月思生柑，不啻飢渴。謝揵手無策。家有小園種此果，乃夜拜樹下，膝爲之穿裂。詰旦，已纍纍結丹實數顆，跪摘以奉。母食之，痼疾遂瘳。聞者傳爲孝感，遠近士大夫爭賦詩詞歌誦其美，目曰靈柑詩軸。郡守王溉巽澤，詒書他邦，夸廣其事，惜不上諸朝，揭之史策，使繼姜詩孟宗之芳塵，以示不朽。時淳熙十四年也。

鄧氏紫姑詩

鄧端若，少時傳得召紫姑呪訣，而所致皆女仙，喜作詩。紹興甲子歲，科舉將開之前，在家塾與數密友會食。或請邀問試闈題目者，誦呪方畢，仙已至，乃盡誠扣之。答云：「經義賦論，吾悉知之，故【一二】天機嚴秘，不容輕泄。姑爲預言省詩題，慰諸君意。」於是

【一一】末後之夢　李按：「末」當爲「没」之誤。

【一二】故　李按：當作「顧」。

大書「秋風生桂枝」五字，客皆不信，已而果然。嘗爲鄧氏婦女賦《衣領》及《裙帶》三絶句，清婉可傳寫。《衣領篇》云：「小翦雲羅雪色明，香煤隨意作真行。新詩便是班昭戒，勝却閑書坐右銘。」其二云：「時樣新裁段色衣，不將綵線縷花枝。殷勤只要詩仙句，繡出分明一段奇。」《裙帶詩》云：「尺六腰圍柳樣輕，娉娉嫋嫋最傾城。羅裙新翦湘江水，緩步金蓮襪底生。」時庭前桃正華，或請賞詠，應聲落筆，云：「武陵溪上舊時花，兩岸晴紅爛彩霞。試問劉郎緣底事，花開時節未還家。」其他所作聯句對【一三】，皆機警敏捷，了不抒思而成。一時失於記録，端若之子直清，僅能追憶此數語耳。

西天監門

新城姚中秀才，生於紹興己未。自幼不茹葷，爲人純厚信直。淳熙十二年乙巳歲，年四十有七矣。十二月五夜，夢人持勅牒來示，接而展讀之，其文云：「奉勅差西天監國門，替蕭政年滿闕。」模式言詞，盡與朝制相類。來使言：「見任人到官已一年。」中驚覺，密計【一四】於書册，深切憂之。至十四年十二月朔旦，起拜其父志新，白云：「初五日中當死，後事未免上累慈抱，願寬追憶。」父心不之信，付之一笑而已。中曰：「請取册中前年所書觀之，庶表不妄。」是日，又作詩四句寘枕内，曰：「魚龍吹浪起雲烟，來向江湖駕鐵船。捲地黑風吹海立，直將波浪過西天。」竟至其日，不疾而卒。所謂天勅差注，豈亦須

【一三】其他所作聯句對　涵芬樓本注，吕本作「其他所作長短句隔句對」。

【一四】密計　中華本注，「計」當作「記」。

滿三考云【一五】？志新始索遺札諦觀，方審其自紀夢證如此，爲鄧直清言。

道人相施逵

邵武吴郛説，其父頃當三舍時，居軍學，與郡士吴淑、黄鑄、施逵同舍。有明道人者，不知所從來，雅擅人倫風鑒之譽，有求相者，每人須百錢。四士共延致於齋閣，郛父首與答問，云：「君乃山林之人，無功名分。」次及吴淑，云：「雖然不得力，猶勝别勞心。」次及黄鑄，云：「君年二十六，預貢，二十七登第。官至員外，壽幾八十。」末乃及施逵，曰：「異哉君之相法也。今未可宣言，俟翌日無人時，當來訪我。」如約而往，則坐上客滿矣。次日復然。第三日，天未明過之，道人執燭辨視，徐問曰：「君有父母妻子乎？」曰：「赤立一身耳。」又問：「有叔伯兄弟宗族乎？」曰：「只一叔在。」道人云：「君面有反相，須眉皆逆生。他時決背畔，不終臣節。」逵大笑，口占一詩贈之，云：「休論道骨與仙風，自許平生義與忠。千古已嘗窺治亂，一身何足計窮通。仰天但覺心如鐵，覽鏡猶欣髮未蓬。塵世紛紛千百輩，只君雙眼識英雄。」味其辭意，崢嶸不律帖，頗似張元所賦。後以舍選登政和七年貢士第，爲第四人。又數年，貪以敗官。建炎末，陷范汝爲賊中，卒亡降金虜，躋顯秩。紹興二十九年，以侍讀學士來賀正旦。命吏部尚書張忠定公館伴，雖庠序舊識，無由敢發一言。浙江亭觀潮，乘引接使臣不在側，介【一六】注目欄外，僅能出微詞，有自爲

【一五】云　涵芬樓本按：「云」字疑誤。

【一六】介　涵芬樓本注，吕本作「上介」。

備之語。郛父終老場屋。淑魁鄉貢，常聚徒講學，束修之入甚厚，竟不第。鑄登科，仕爲柳州太守，享年七十八。盡如道人之言。

猴豹戲對

德興李氏三士，政和中，皆負俊聲。伯爲人獰劣，每一坐數起走趨。仲捷於飲啖，且最滑稽善謔。季獨沉静，以經學馳譽，爲鄉黨推許。與之游者，各行標牓，謂其伯曰猴子，以譏其輕佻。謂其仲曰狗子，以譏其貪饕。季曰豹子，以表其文采。屢謁巨室余氏，余甚富有，數子皆吝嗇於財，與人無款曲意。因三季【一七】小聚，長子忽出大銀杯，滿酌酒，置前曰：「吾有一句，能對者飲酒，并賞此杯。」即唱云：「兄弟三人猴狗豹。」自謂已占三數，又下是獸畜名，必無從可答。伯應聲曰：「父子一羣蛇鼠牛。」里俗指儉不中禮者爲蛇鼠，而牛者，詬駡農甿之稱也。的切如此，遂飲酒。余子大慚服，亟持杯歸之，自是不敢復形侮慢。舊傳四六對云：全文行忠信之四端，備正直剛柔之三德。正此類也。季登乙未科，仕至兩部轉運使者，徒居旁邑安仁云。舊聞鄉老先生説。

【一七】三季　李按：「李」疑爲「李」之誤。

夷堅三志壬卷第六 十五事

羅山道人

信陽軍羅山縣，荒殘小邑也。有沈媪者，啓雜店於市，然亦甚微。三月三日，有道人扣門覓飯。媪曰：「別無好蔬菜伴食，少俟碾麪可乎？」即入就坐，麪飯畢，馴進茶，道人謝曰：「本非舊知聞，荷媪垂顧，無以爲報，惟有治酒一方，當以相付。如媪家有識字者，可令隨我尋藥。」媪曰：「女婿王甲舍居，却識幾个字。」唤出相見，即偕適野。大抵所采如蒼耳、馬蓼、青蒿之類，凡十二種，皆至賤易得。既還，使王生書其方，仍命綴一布囊貯之。戒曰：「善藏此方，雖他的親人亦不可傳，傳之則不靈矣。今年此日采藥，可終歲供用。明年三月三日，再換新者。遇酒或酸澀欲敗，以藥投之，則無有不美。以此終沈婆一世，表吾所以報也。」其後皆驗。武官劉舍人家，春釀數十甕，色味已壞。或言王甲善醫酒，遣招致之。引入視，王暗糝刀圭於甕中，劉不知也。復出坐，佯若【一】料理作法。少頃云：「請舍人看。」劉亟走其處，悉變爲香清滑辣矣。劉大喜，以半直謝之。媪家常乾儲此藥，遇乏酒之時，沽諸鄰里，不校好惡。有最薄者，得藥少許，皆化爲醇醪。媪死壻繼

校勘記

【一】佯若　涵芬樓本注，「佯」原作「伴」，據周本改。

亡，方書不傳。

胡蘆棗

光州七里外，村媼家植棗二株於門外。秋日棗熟，一道人過而求之，媼曰：「兒子出田間，無人打撲，任先生隨意啖食，我不較也。」道士摘食十餘枚，將所佩一胡蘆繫於木杪，臨去顧語，曰：「謝婆婆厚意，明年當生此樣棗。既是新品，可以三倍得錢。」遂去。後如其言。今光州尚有茲種，人懷核植於它處，則不然。

信陽孫青

信陽軍百姓孫青，久爲凶盜，事敗伏法，時當淳熙五六年間。至慶元二年上元夜，法司吏鄧思齊妻過其受戮處，頓覺迷罔，歸到家，若有物憑附。家人焚香禱之，曰：「不知是何尊神降臨？」妻口作丈夫聲應曰：「我非神，乃十五年前死囚孫青耳。今欲見行刑人項興，幸爲一呼之。」及興至前，喜曰：「項節級來矣。向日感荷照顧，雖死不忘。」興問所欲得，將轉輪藏及薦金銀紙錢與之，皆不許，曰：「無益也。願請道士多轉生神章，燒黑紙錢送我，我便去。」興如其請。頃之，吏妻乃卧不言。病三日而愈。

黄陂紅衣婦

黄州黄陂縣太公村民李氏，門外有大栗木一本。初夏之日，其家男婦女子皆出蒔稻，惟一二少女守舍供饁。日正午，聞外有叫呼聲曰：「宜哥在否？」不覺應之，曰：「也在田所。」宜哥者，李氏十二歲兒也。出視之，見二美婦人在栗枝上，通身穿紅衣裳，知爲異類，乃抛柴杖瓦石擊之。婦從高跳下，入近池中。女走報父兄，共行追逐，婦脱所著衣，用黑蓋頭掩形，浮水適彼岸，捷登山，化作雙狐而去。此上四事，鄉人程濂游黄陂，得於士人程思。

應武解元

樂平杭橋程進夫，紹熙三年，館於縣舒氏之迎薰堂。將投藝秋闈，既納家牒，父彭壽在鄉里，七月二十夜，夢過池上彎曲處，柳陰四垂中，數少兒用竹籃共舁一人。問何爲，曰：「今年新解元。」又問是誰，曰：「應武也。」及寤，念上庠有台州應武，淳熙丁未榜，以《周禮》過省，唱名入三甲矣。而其子習經偶同，疑若神明示以魄兆。但命名固可更，若何改姓？良久欣然曰：「當云『應鄉貢進士舉程武』，上取一字，下取一字，以答佳夢。」亟走介詣縣，囑進夫更名。暨九月揭榜，果占經魁。省試不利，明年之冬疾死。彭壽哭而對客曰：「向以爲吉祥，今思之，所謂今年新解元及小兒擡舁，皆不永之兆耳。」

小原縣尉

樂平劉純仁，初爲弋陽東山人，後方徙籍，其幼子曰植。劉夢在齋居宅，坐一林上。或來報曰：「賢子得官矣。」劉曰：「誠然，當先有牌，可舉以示我。」俄即捧至，視其題字曰：「園州小原縣尉。」劉訝，但有袁州，却作「園」何也？諾之，植已服紫衣在傍立矣。時植留村墟新陂，夢後六日還家。明年大病，又明年而死，葬於岑林黄楻園。乃悟惡夢。植字立之，頗俊爽。病中夢到一處，高堂邃宇，闃無人聲。因步入中堂，見婦人豔妝華飾，鋪席于地，席上列金玉酒器，光曜眩目。植舉以翫看，遲久乃出。婦人躡而逐之，曰：「毋將此去也。」回頭應曰：「無。」經兩月，不起。

馬遂良口占

馬登遂良，居樂平夏陽，早著雋聲，氣吞餘子，而從事場屋，輒不利。中年罷舉，倘佯家庭，以詩酒自遣。作一堂，取王荆公「愛山直待老山間」之句，揭之曰老山。慶元三年秋，喪其長子，不勝悲愴，欲出門數步消憂，下階傷足。明年初春，方小甦，然不獲【二】親筆硯。二月五日，忽呼語諸孫曰：「我此生只有二日在世，不久矣。」口占詩數篇授之。

【二】不獲　涵芬樓本注，吕本作「不復」。

其《今日》一章云：「《戴記》編爲令，今朝是暮春。燕飛高鴈塞，魚躍過龍門。雨大添泥濘，風清減浪痕。鳥啼花濕濕，江日未騰輪。」雖句法尚存，而謂【三】二月爲暮春，不祥語也。後二日，果終於寢。右七事，邑士程濂説。

衛校尉見楊王

紹興庚午、辛未之間，南北和好堅定，虜亮未萌搏噬之意，邊關機密，去來不甚苛急。有代班人衛校尉者，從襄漢來，時楊和王爲殿前帥。曩在行伍中，與結義爲兄弟。首往投謁。楊一見，驩如平生，仍事以兄禮，隨令夫人出拜，常招飲於堂，款曲殷勤，而不問其所向。兩月後，忽浸疎之，來則見於外室，不復話舊，僅得錢數百千。衛雅意以楊方得路，志在一官，故百舍間關赴之，至是大失望。栖泊過半年，疑爲人所嫉譖，乃告辭，又不得通。或教使伺其入朝回，遮道陳狀，楊亦略不與語。判狀尾云：「執就常州，於本府某莊内，支錢一百貫。」衛愈不樂，念已無可奈何，儻得錢尚可治歸裝。而一身從北來，何由訪識楊莊所在？正彷徨旅邸，適一客自云是程副將，謂之曰：「無庸憂，吾將往常、潤，當陪君往，奉爲取之。」既得錢，相從累日，情好無間。遂密語之，曰：「吾實欲游中原，君能扶我偕往【四】否？」衛欣然許之。迤邐抵長安，入河東，以至代郡。倩衛買田，曰：「我欲作一窟於此。」衛使牙儈爲尋置，無何得膏腴千畝。衛治具待程，程亦報席。久之，乃言

【三】而謂　涵芬樓本注，「而」原作「知」，據周本改。

【四】往　涵芬樓本注，吕本作「北」。

曰：「吾本無意於斯，此行盡出楊相公處分。初盧公貪小利，輕捨鄉里，當今兵革不用，非展奮功名之秋，故遣我相追隨，爲辦生計。所買良田已悉作衛氏名，敬以相付。」於是悉取契券與之，厥直萬緡。黯然而別【五】。予頃聞此說於李次山，其事甚類蘇秦舍人之資給張儀也。

蔣二白衣社

鄱陽少年，稍有慧性者，好相結誦經持懺，作僧家事業，率十人爲一社，遇人家吉凶福願，則偕往，建道場，齋戒梵唄，鳴鐃擊鼓，起初夜，盡四更乃散，一切如僧儀，各務精誠，又無捐匄施與之費。雖非同社，而投書邀請者，亦赴之。一邦之内，實繁有徒。多著皂衫，乃名爲白衣會。市居百姓蔣二，蓋其尤者，尋常裝造印香販售以贍生。淳熙十六年九月，往上巷汪氏應像歸，時值大雨，手自撑傘。行次錦標坊澹津湖北岸洪丞相府前，逢一人隨踵相就，亦自有傘，近而即之，體冷硬如冰雪。正爾疑之，俄別有呼己者，曰：「今歲是閏年否？」蔣察其非人之談，答之曰：「汝莫是鬼乎？」應聲大呼而滅。

隗伯山

饒州市民隗十三，名伯山者，淳熙初年，來蠙州門【六】王小三家作入舍女婿。爲人無

【五】黯然而别　涵芬樓本注，吕本作「一笑而别」。

【六】門　涵芬樓本注，吕本作「門裏」。

智慮，癡守坐食，王家不能容，常偪逐出外，不使與妻相見。卑詞瀝懇於其父母，不肯聽，竟成休離。隗計窮，無以自處，十二年冬月，自刃於婦氏門【七】。小三兄子小七，正爲郡吏，殊以切齒，唆啓其叔陳詞，乞行檢覆，以杜後日惡子脅持之患。自是隗屬【八】晝夜出撓，一門老稚，皆不敢過其所，出入懷懼。又三年，正旦日，小七病宿酒，使妻詣厨内作菜羹，解醉醒。將還房，望厥夫在床上拍席喝叫，吐唾噀被，即時絶命。妻至救之，無及矣。料必爲隗所禍也。

蕭七佛經

饒州細民蕭七居於雙碑下，能批炙猪肉片脯行賈，以取分毫之利，贍育妻子。慶元三年十月十九日，晚市罷，歸家吃飯，洗足而寢。至三更，忽厲聲叫喝，初無病疾，俄頃長逝。妻拊胸痛哭，不知所爲。後三日，鄰巷黄婆夢白髮老人曰：「蕭七因不合突犯殤神，致掇死禍。」黄婆曰：「然則今當如何？」老人曰：「教他妻去柴主簿宅，借《佛頂心經》，請僧懺解，乃可。」黄寤，次日拂曉，走告其妻。詢柴宅，只在城隍廟背，素有此經板，求而得之，顧工印造千本，請兩僧看讀。又三日，蕭妻夢夫交話，歷歷如存，云：「已沾功果，將遂超生。」悲訣而去。右三事，皆胡九齡説。

【七】婦氏門　涵芬樓本注，吕本作「婦氏之門」。

【八】隗屬　涵芬樓本按：「屬」字疑誤。

王于寨怪物【九】

賈讜從義，紹興中，爲歙縣王于寨巡檢。官廨在嶺下，衆卒所居據其上。到任半年，卒妻有入宅者，與讜妻及女言：「今早有一怪物，長二尺，渾身皆黄毛。諦觀之，乃人也。逐之不懼，但持手中杖，指四向而去。甚可駭。」是夜，寨内火起，到屋一空，延及官舍。讜僅救得出身以來誥劄而已，所焚失甚多。讜女嫁王仲弓次子，談其事。

許生墜馬

鄱陽市民許二，與弟許三，居於行春橋北，多釀酒沽，而日輸官課，稍致富足，遂買馬乘騎。慶元四年八月一日，許三往四十里，已到市尾，一僕在後，覺許若有所覩，持控不牢，四體戰悼，馬亦蓄縮不進，無故前足踏石蹶，遂墜。初亦不甚重，適刈馬草鐮刀先繫於當胸皮帶上，及其墜也，正與刀相值，右股皮裂，血出冥迷，負痛不獲【一〇】與人言。問其所見，亦不能説。僕急雇兩力輿轎，扶之歸。呻吟徹旦，鄰里皆不得睡。外科黄裳與之拯療，雖被創處小差，而筋垂數寸於外，不可入。才起坐，即仆。但卧一榻上，展轉費力。裳乘其扶立，急於腰眼上施一針，驚而呼，如翻覆手間，筋已入矣。然後用藥，接補皮外，踰旬始平。

【九】王于寨怪物　「寨」原作「塞」，據目録改。下同。

【一〇】不獲　涵芬樓本注，吕本作「不復」。

汪會之登科

新安汪義和會之，生於紹興辛酉，至於己卯，十有九歲矣。歙士赴舉者二千人，而解額才十二，制勝爲難。而會之得預計偕，族老來賀其祖彥及樞密，曰：「幾郎必踐世科。吾夜夢省試，別院報牓云：『已榮中。』」樞密答其意，而中心不懌。已而省闈失利，始以告之。曰：「我自聞彼夢，固知事在他年，蓋今春無親可避也。」後蹉跎五薦，至淳熙辛丑，復到選，而弟義端充之，爲文院點檢試卷官，牒詣別頭，乃奏名，以黄由榜登第。

滕王閣火

南昌章江門外，正臨川流，有小刹四五，聯處其下，水陸院最富。一僧跨江建水閣三數重，邦人士女遊遨無虚時，實爲姦淫翔集之便。慶元四年七月二十六日夜，細民家失火，延燒其處。俄頃煙火不可向邇，一院片瓦不存，滕王閣外廡遂罹鬱攸之害。趙不迂晉臣以漕使兼府事，出次城頭，遥望西山，焚香禱於旌陽真君。西風方熾，忽焉反東，火隨以息。常年八月十五日，所至以真君生朝，自旦日即相率詣玉隆宫。四遠畢集，未嘗不東風，蓋欲使獻送者舟船利達。凡半月，歲歲如是。靈仙威神，如在其上，其爲人作敬宜矣。大孫赴試漕臺，正見其事。

夷堅三志壬卷第七 十三事

張益德【一】廟

蜀車騎將軍張益德廟，元在遂寧之涪江。元豐三年，邑人任慶長始大【二】之。後五十歲，當建炎三年，榱棟仆落，榛棘蒙翳，任氏之孫乃揆復一新之。又三年，當紹興初元，北虜震摇關輔，張魏公宣撫處置秦蜀，移屯閬中。秋八月，死卒有更生者，轉傳【三】神戒語，欲助順誅逆。已而，虜酋兀朮、婁室連犯漢中，皆折角而退。魏公即神安國乞齋爵【四】，用便宜，進封爲忠顯王。而又有廟在長江縣長灘鎮大峰山之下，邦人張氏創爲之。至獻可者，老而無子，詣涪州樂温謁王别廟，再拜以禱。是夕，夢神告曰：「汝實吾裔，當有名司子【五】。」明日，與婦飲，見五色光氣如綫，投婦盃中，飲散而孕。明年生男曰述，於是獻可捨己田以爲廟，移樂温之楓兩萌蘖以歸，植於門東西偏，示不忘本，且志異也。述長而擢進士第，終職方員外郎。其亡也，外人皆見車馬鼓吹，坌入廟中，聲達遠邇，祝史起視，無所覩。踰旬日，訃至，考其時日，當符合。其後旱乾霖溢、螟蝗疾癘，有請輒應。兩楓至高十餘丈，其大合抱，蔭芘數畝。及職方之孫義方，又增大廊宇，跨門爲樓，而

校勘記

【一】張益德　「益」原作「翼」，據《三國志》卷三六《張飛傳》改。

【二】大　涵芬樓本注，吕本作「侈大」。

【三】轉傳　涵芬樓本注，吕本無「轉」字。

【四】魏公即神安國乞齋爵　涵芬樓本按：此句疑有脱誤。吕本作「魏公即神安國公禱爵」，亦不可解。

【五】當有名司子　涵芬樓本注，吕本作「當有名孕」。中華本注，「司子」當爲「嗣」之誤。

屬王灼晦叔爲之記。此皆采記中語也。予憶王景文《夷堅志》别序云：雲安夢張益德其信【六】，然則王之威神，經千載之後，猶昭揭如此。人那得不加敬乎？

王道成先生

王道成先生者，夔州人。舊射利江湖間，爲賈客。政和六年，忽遇異人三傳内丹之妙，遂破家從王鼎學道，浮游東西二蜀。鼎亦時見荆南市中，不與人交一談，無能識其誰何者。身長七尺，廣目美須髯，狀貌如四十許人。荆南父老自兒童時蓋已見之。一日，與道成飲，自通姓名，曰：「吾洛陽人。唐武德初，事秦王爲御者，奔走兵間。後得仙法，隱華岳山中，以至於今。」酒酣，别去，不知所往。道成本愚民，不能從其詢訪大業、武德中事，且驗其是否。紹興六年，道成見王晦叔於金川，講宗盟之好，爲作古風一篇與之，曰：「龍種健兒【七】須如棘，幼事秦府持鞭靮。戰塵撲面心已灰，徑上山峰弄泉石【八】。乾坤變化五百年，人間未識地行仙。布裘落魄荆州市，丹經秘法爲君傳。散盡千金何所用【九】，腹中氣作蛟龍吼。功成直欲投紫霄【一〇】，尚愛岷峩山下酒。年來我亦厭樊籠，乞取微言爲指踪。君不見，葉縣雙鳧緱嶺鶴，古來度世多吾宗。」此篇見《頤堂集》中，不終言道成之究竟也。

【六】雲安夢張益德其信　涵芬樓本按：此句疑有脱誤。「其信」二字，呂本作「甚白」，亦不可解。

【七】龍種健兒　涵芬樓本注，「龍」《頤堂集》作「朧」，似是。

【八】徑上山峰弄泉石　涵芬樓本注，「山」《頤堂集》作「三」。

【九】何所用　涵芬樓本注，「用」《頤堂集》作「有」。

【一〇】投紫霄　涵芬樓本注，《頤堂集》作「淩紫虚」。

郫縣銅馬

成都郫縣村民鑿古墓，遂【一一】得一銅馬，高三尺餘，制作精妙。前簡池守景季淵取以歸。中宵風雨，輒聞嘶聲，怪而不敢留，移送佛寺。紹熙二十六年【一二】，王晦叔自小溪至成都，士人黄伯淵請作《銅馬歌》。其詞曰：「君不見，武皇逸志役【一三】九垓，追風躡影思龍媒。魯班門外立銅馬，天廐萬匹皆塵埃。又不見，伏波將軍破交賊，歸來殿前獻馬式。據鞍習氣殊未衰，想見老子真矍鑠。兩京翻覆知幾秋，只有山河供客愁。孤煙落日蠶叢國，慣出神物與荒丘【一四】。千年黄壤誰作主，猶把歸心泣風雨。只恐一朝去無蹤，有似豐城寶劍化雙龍。」王此歌甚工。不知此馬，今安在也。

長生蝸

開封宋柱光老家藏一物，類初生蝸殻，曰此長生蝸也。其祖在元祐間，得於相國寺道人處。常寘諸篋笥，往往終歲一發視，亦無它異。但其性若喜酸，徙之醯中，則旋轉而行。王晦叔驗而怪之，以爲身走四方，水陸之産，要不盡識，亦得其七八，若此蝸者，實未嘗見也。戲爲作贊云：「小蟲介族，自託倀倀。傚彼醯鷄，甕牖彷徉。豈不能飲醇而漱甘，奈鼻觀之或妨。問塗微生高之鄰，集百酸於中腸。幸陋質之收斂，税駕於不死之鄉。時無

【一一】遂　涵芬樓本注，《頤堂集》作「隧」。

【一二】紹熙二十六年　李按：紹熙僅五年，「熙」應爲「興」之誤。

【一三】役　涵芬樓本注，《頤堂集》作「淩」。

【一四】慣出神物與荒丘　涵芬樓本注，《頤堂集》作「出此神物於荒丘」。

張茂先之多識，郭景純之窮搜。没世無聞，亦可傷哉！」此蝸留於宋氏且百年，而不知其前之歲月，矻矻腐殼中。物理不可曉測者如此【一五】。

王彦齡舒氏詞

舊傳一官士在官，愛唱《望江南》詞，而爲上官所責者，不得其姓名。今知爲王齊叟，字彦齡，元祐樞密彦霖之弟也。任俠有聲，初官太原，作此詞數十曲，嘲郡縣僚佐，遂併及府帥。帥怒甚，因羣吏入謁，面數折之，云「君今恃爾兄，謂吾不能治爾邪？」彦齡斂板頓首謝，且請其過。帥告之。復趨進，倚聲微吟，白曰：「居下位，只恐被人讒。昨日但吟《青玉案》，幾時曾作《望江南》？下句不屬，回顧，適見兵官，乃曰：「請問馬都監。」帥不覺失笑，衆亦匿笑而退。今世所傳《别素質》一闋云：「此事憑誰知證，有樓前明月，窗外花影」者，其所作也。嘗鼎一臠，恨不多見。娶舒氏女，亦工篇翰。而婦翁出武列，事之素不謹，常醉酒嫚駡。翁不能堪，取女歸，竟至離絶。而夫婦之好，元無乖張。女在父家，一日行池上，懷其夫而作《點絳唇》曲云：「獨自臨流，興來時，把闌干凭。舊愁新恨，耗却來時興。鷺散魚潛，煙斂風初定。波心靜，照人如鏡，少箇年時影。」後更適他族。彦齡訖浮沉不顯。

【一五】物理不可曉測者如此　原注：疑只今之相思子云。

惠宗師盤石

遂寧縣雞鳴山福勝寺，有唐惠宗禪師盤石，其姓氏鄉里皆不著。山有《查公遺記》，言近山之麓，盤石廣丈餘，四面鑿穴爲菴，師習定之所也。本傳存焉，傳今亡矣，寂寞數百載。紹興三十二年春，延陵吴光庭率二三友生肄業於寺上方。閏二月庚午夜，夢一僧紫服，長揖共語。辛未，吴討閲寺碑，覽其所事，問石所在，人無知者。偕長老行端搜北琅竹園，得之叢棘中。丈餘鑿穴，與查公言合。癸酉，郡士王晦叔，偶遇焉，光庭以夢告，導之觀石讀碑，且求紀述。丁丑，夜夢如初。戊寅，寺衆始知狀，主事道生曰：「吾固不謂此地爲師菴基也。」後七日，將取以新右殿砌。光庭嘆曰：「前之夢，師其以囑我乎！」庚辰，往剪蕪穢，立表園門，命精巧石工鐫師像。癸巳，創亭於菴東十步，爲奉安地。仍使繪工於像上設色。丙申夜，又夢如初。徐曰：「磨衲金絞領，繪事過矣。當從吾紫。」於是光庭來督文，晦叔念師之靈異，至三見夢變，以護片石，欲人兀坐進脩，推本所自，乃作碑銘七八百字，其文載於《頤堂集》中。

清平樂六詞

劉原甫於《清平樂》作詞詠木樨，其後陳去非、蘇養直、向伯共、朱希真、韓叔夏亦續賦一闋，王晦叔并紀於《碧鷄漫志》。原甫云：「小山叢桂，最有人留意。拂葉攀花無限思，雨濕濃香滿袂。别來過了秋光，翠簾昨夜新霜。多少月宫閑地，常娥借與微芳。」去非云：「黄衫相倚，翠帽層層底。八月江南風日美，弄影山腰水尾。楚人未識孤山，離騷遺恨千年。無住庵中新事，一枝唤起幽禪。」養直云：「斷崖流水，香度青林底。光配騷人蘭與芷，不數春風桃李。淮南叢桂小山，詩翁合得躋攀。身到十洲三島，心遊萬壑千巖。」伯共【一六】云：「吴頭楚尾，踏破芒鞋底。萬壑千巖秋色裏，不奈惱人風味。如今老我薌林【一七】，世間百不關心。獨喜愛香韓壽，能來同醉花陰。」希真云：「人間花少，菊小芙蓉老。冷淡仙人偏得道，買定西風一笑。前身元是江梅，黄姑點破冰肌。只有暗香猶在，飽參清似南枝。」叔夏云：「秋光如水，釀作鵝黄蟻。散入千巖佳樹裏，惟許修門人醉。輕鈿重上風簾，不禁月冷霜寒。步障深沉歸去，依然愁滿江山。」晦叔謂：「同一花一曲，賦者六人，必有第其高下者。」予以爲皆佳句云。

紫姑白苧

《白苧詞》傳者至少，其正宫一闋，世以爲紫姑神所作也。方寫至「追昔燕然畫角，寶輪【一八】珊瑚。是時丞相，虚作銀城换得」。或問出何書史，答曰：「天上文字，汝那得知？」末句云：「東君暗遣花神，先到南國。昨夜江梅，漏泄春消息。」殊爲騷雅。蜀人郝

【一六】伯共　中華本注，「共」原作「供」，今改。

【一七】薌林　中華本注，「薌」原作「鄉」，今改。

【一八】寶輪　涵芬樓本注，吕本作「寶鑰」。

完父，以春初邀請。既降，自稱蓬萊仙人玉英。書《浪淘沙》詞云：「塞上早春時，煖律猶微，柳舒金線拂回堤。料得江鄉應更好，開盡梅溪。晝漏漸遲遲，愁損仙肌【一九】。幾回無語斂雙眉，凭徧闌干十二曲，日下樓西。」亦冲澹有思致。

周美成楚雲詞

周美成頃在姑蘇，其營妓岳七楚雲者追遊甚久。後從京師歸，過蘇省訪之，則已從人數年矣。明日，飲於太守蔡巒子高坐上，因見其妹，作《點絳唇》詞寄之，云：「遼鶴西歸，故人多少傷心事。短書不寄，魚浪空千里。憑仗桃根，説與相思意。愁何際！舊時衣袂，猶有東風淚。」楚雲覽之，爲之累日感泣。

惠柔侍兒

何文縝丞相，初登科，在館閣飲于宗戚一貴人家，侍兒惠柔者，麗黠人也。慕公風標，密解手帕子爲贈，且約牡丹開時再集。何亦甚關抱。既歸賦《虞美人》一曲，隱其小名，以寓惓惓結戀之意，云：「分香帕子揉藍膩，欲去殷勤惠。重來直待牡丹時，只恐花枝知後，故開遲。別來看盡閑桃李，日日闌干倚。催花無計問東風，夢作一雙蝴蝶繞芳叢。」何自書此詞，示蜀人趙詠道，言其張本如此。

【一九】仙肌　涵芬樓本注，吕本作「香肌」。

莫少虛詞

舊時《水調歌》一曲，其首章云：「瑶草一何碧，春入武陵溪。溪上桃花無數，花上有黄鸝。」以爲黄公魯直所作。蜀人石耆翁【二〇】言：此莫將少虛壯年詞也，能道其詳。少虛又有《浣溪沙》一闋，云：「寶釧緗裙上玉梯，雲重應恨翠樓低，愁同芳草雨萋萋。」一詞云：「歸夢悠揚見未真，繡衾恰有暗香薰，五更分得楚臺春。」皆造語工新。但晚歲心醉富貴，不復事文筆。今人鮮有知其所作者。右十一事，皆見王晦叔《頤堂集》。

李氏二銘文

鄉人李氏文中之子安行，登第爲江州德化主簿，迎親之官，以紹熙四年正月卒於彼邑。安行正奏名時，予典貢舉，因介此來求銘。既爲之製撰。安行之從父康時見之，咨嗟嘆息，謂其子中行曰：「吾他日身後，還復見此否！」後二年二月，康時亦亡。中行與兄應行念前言，復來求銘，予未敢即辭。應行妻吴氏晝寢，夢文中、康時同坐堂上，踊躍歡笑，相語曰：「今俱得内相之文矣。」吴氏睡覺，則外僕入報：「内翰遣人送文字到了。」慶元四年正月，中行入郡，爲黄裳言之，且自書其事以相示。

【二〇】石耆翁　中華本注，「耆」原作「青」，今改。

當塗朱道人

朱道人者，本當塗縣弓手。乾道初，因捕盜夜行，至青山市。近一里許，望市心火起，急赴之。既至，則無所覩。但月下一貧士布素百結，而顏貌清古，坐於店亭之外。少頃，里保十輩奔而至，亦言救火，恍然而退。朱疑此貧者，必有道之士，否則未遇貴人，從傍稽首致敬，而問：「先生緣何宿此？」答云：「店舍嫌我是乞兒，不肯著我歇，故不免露坐。」朱以夜久，揖而捨去。才曉復來視之，邀入酒肆，益加禮，飲大杯。臨别，解腰破袋内藥一粒與朱，使之便服。朱頗嫌不潔，姑藏於懷。其人去，試探取之，但一青禽飛去，騰空而逝。朱方嘆其不遇，忘寢與食，狀如狂癡。歸家不認妻子，策杖浪遊，往來襄漢二十餘載。至淳熙丁未，乃還故鄉。有識者見其狂，無不侮辱，意若不堪，折之曰：「我坐於是，我死於是。鄉人何得見淩！」人或問：「汝何時死？」曰：「近也。」或又曰：「若果爾，當來大街中心。如在背處，也只亂道。」朱點頭而過。一日，於街心掃地一片，人又云：「莫要坐化否？」復點頭。人云：「然則須當留頌。」即索紙筆，書曰：「我是殺心漢，從來無侶伴。塵土不沾身，坐地教人看。」書訖，瞑目長逝。邦人始信其異，裒錢火化於東門。

夷堅三志壬卷第八 十一事

岳陽董風子

董風子者，不知其鄉里，事母至孝。以乾道元年暮冬，過岳陽，夜宿黄花市。遇同居一叟，破巾單袍，而貌若嬰童，絶無飢寒之態。吟哦詩句，油然自適。董識其異，即就坐於傍，問所從來，殊不酧答。良久，再扣之，始微笑云：「我待子多日矣。」遂挽手同出市西旗亭中，買酒三升，諭酒家僕，不用煖熱。董起，白言：「某平日骨寒，雖當盛暑，亦去綿衣不得。况今臘月，若飲冷酒，定足喪命。惟先生亮之。」叟云：「無慮。」董不獲已，强進半盃，便覺四肢和暢。及再飲，盡脱其衣。移時，出到大樹下，授以至道之要。董整襟再拜，曰：「敢問先生姓氏。」曰：「吾本東晉抱黄翁也。知君孝通於天，故來相見。」語罷，陰雲四合。迨於開豁，失叟所在矣。董還店，莞爾大笑。明日，留題於壁曰：「大乙元君遇虎龍，沉沉三洞鎖青風。自從九九明分了，白變黄金黑變紅。」擲筆於地，長吟而去。由是往來通城、平江二縣，自稱董風子。人皆不識，稍爲書禍福於門首，方略知其有道。建康曹道人者，常犯罪黥面，跂慕聲光，千里而來。值其出外，炊飯將熱，遥見直入房中默坐。曹具飯邀請，飯罷，起拜之云：「某罪業深重，知先生道德清高，故特越江湖遠來，遂誓快【一】，願賜之一言，以洗塵習。」董睜目大叫，走往後牆下側卧。曹隨之，泣下不止。董罵之使出，乃絶不至。或從曹生問其故，對曰：「二十年前，居建康，曾殺一人。恰覩先生卧牆下，儼與死者一般。信知負命難逃，是以泣悲。」曹今在茅山。楊昭然道人云：「曾游潭州嶽麓宫，見有抱黄閣及抱黄洞，因詢道士，命名之自。道士曰：『東晉義熙年，真人成道於此。乃用其名建閣，洞即脩行之所也。』」以是知黄花老叟，蓋其人云。

孫十郎放生

信州鹽商范信之説，同輩孫十郎者，家世京師人，南徙信州。奉佛喜捨，日課誦觀世音名萬遍。每入市，逢人攜飛禽走獸，及生魚鱉蝦蛤，必買而放之。惟大風雨則不出。采捕者利於速售，且可復取，紛紛集其門，或一日費錢二三萬。老而病篤，見菩薩從空而下，孫力疾瞻敬，菩薩語之曰：「汝本一善人，未應至此。緣朝夕撓害生命，故重患臨身。」孫謝曰：「弟子戒殺，初未嘗損害衆生，但知贖放物命耳。若何反得罪？」菩薩云：「緣貪癡小輩，慕汝家錢，不應籠罩者，亦皆致力，遂使羅網交絡於山澤，使鳥獸水族不能暫安。兹所以爲罪。」孫驚而寤，冷汗浹背，所苦遂瘳。乃不敢循故習，弋者因亦少悛。

【一】遂誓快　涵芬樓本按：上三字，疑有脱誤。吕本作「踰越江湖，幸遂瞻快」。

楊四鷄禍

信州玉虚觀道士徐真素説，石溪人楊四，工造酒，富家爭用之，因是生理給足。好食鷄，每醉輒縛取一兩隻，覆以竹籠，然後酌沸湯，從上淋沃。鷄負痛奔跳，毛羽脱落無餘，乃施剖腹，去其糞汙，隨意啖之。凡二三十年，所殺萬計。淳熙九年七月二日，爲饒氏蒸酒，困卧竈側。信人土俗，坊場及上户多就地結竈，用大桶作甑，可容酒壜十餘，而焚稻稈以燒煮。是日，甑崩壜破，沸湯數斛，盡傾於厥身，跳擲呼叫，與鷄正同。兩日方死。

華亭鄔道士

華亭鄔道士，自少出家，即有幽棲之志，從其師住茅山清真觀。師死，以紹興之末，居於光州延真宫。奉上真香火，殫盡誠敬，誦《道德經》五千言不絶口。凡外間吉凶禍福，本處土地輒於夢中報知，無一不應。其後喜延方士，論鉛汞黄白之術，每日常有三五輩從事丹竈，即貪慕特甚。平時敬心，積以衰歇，土地亦不復以事來報。有豪民邀詣其家啓醮，鄔令道童鍾大宥先往鋪設，行次半道，爲虎所食。鄔知而大懼，疑必獲譴於神明，集衆繞殿堂，諷經禳懺。夜夢一人，狀若靈官，告之云：「汝臨兹山，今焉一紀，吾所以惓惓護助，有所聞必言。緣近日妄想太重，聲通上天，虎食汝童，聊復示警。不亟改前過，大禍且及身矣！」驚謝而覺，坐待天明。悉焚爐毁竈，斥遣方士，還復其初。享壽至九十三，無疾而逝。

佛授羊肝圓

明州定海人徐道亨，善相法。父没之後，奉母同遊四方，事之盡孝。淳熙初，到泰州，宿於逆旅。因患赤眼而食蟹，遂成内障，欲進路不能。素解誦《般若經》，出丐市里，所得錢米，仍持歸養，凡歷五年。忽夜夢一僧，長眉大鼻，托一鉢盂。盂中有水，令徐掬以洗眼。復告之曰：「汝此去當服羊肝圓一百日。」徐知爲佛羅漢，喜而下拜，願乞賜良方。僧曰：「用淨水洗，夜明沙一兩，當歸一兩，蟬殻一兩，木賊去節一兩，共碾爲末，買羊肝四兩，白水熟煮，爛擣如泥，然後入前藥拌匀，圓如梧桐子大。每食後，以温熟水下五十粒。」語畢，徐敬書於片紙，如不病者。欻然而寤，已似微有所覩。見夢中所書在側，即如方製藥服之。滿百日復舊，與母還鄉。母亡，既葬，乃棄家入道。

集仙觀醮

德安府應城縣集仙觀，罹兵火之後，堂殿頹圮。乾道初元，南昌法録吴道士，自淮南來，領觀事。用符水治人疾，不擇貧富，不受餉謝。或持辦施常住，則一切椿籍，專充脩造。十年之間，裏外一新。縣民無不信悦，相率詣之，請爲民建黄籙大醮。吴深怖罪福，堅拒弗許。明年再請，乃勉從之。醮中百役，加意檢勘，至六年甫就。徧訪它郡邑黄冠有道行者，十四員，到觀清齋沐浴，課誦經文。兩月之間，備極誠慤。及入醮筵，七日七夜始罷。夜夢門外男女且千餘人叢立，驟問爲何，答曰：「我輩皆是死而無主之鬼，聞有大功德，故不憚涉水登山，來聽法受戒，冀求超生，解脱苦海。及得到此，但霑齋食錢物，至於經文分俵，不過殆成虚設，不免再來告投，願爲補足欠缺，則受恩不淺。」吴曰：「吾數年辦集，擇道士十四人，六十日看經，各有分定之數，何緣却不足？」又答曰：「經卷數固多，奈姓傅姓王兩人，元不識字，以致於此。」吴驚愧而覺，憂惱至曉。次日，會衆告之，傅、王謝起罪【二】，乞以所得施利，納還庫司。吴即時悚然，涕泣如雨，立退處淨室，一意焚脩，酬答亡者，歷歲不輟。其後，傅道士溺死於團豐市水中，王生不知所往。楊昭然在大素山紫霞觀，親聆其説。

鍾匠斫木

趙善澄清臣都監，居於鉛山。乾道九年，於縣西别造宅。其後叢祠曰三聖廟，一樟樹大數圍，正臨宅畔。每風作摇動，必損屋瓦，不勝整葺之煩。命匠者芟除枝柯，衆相視不肯任責。趙甚怒。獨鐘四者性麄愚，索酒一升飲，持斧奮升木杪，凡與牆鄰者，悉斫去之。

【二】謝起罪　中華本注，此句疑有脱誤。

趙賞以錢二百文。是夜鍾歸，微覺右臂痒，俄生兩肉瘤，稍大如鷄卵，積漸長如椀，雖無痛苦，然頗有妨礙。凡如此半年。因用力太過，瘤忽破裂，血出不止，外醫用藥不能療。至夜，情識蕩漾，所見皆鬼神，口中語言，亦不類常日聲音。人有問者，隨即應曰：「趙都監福尚盛，我不能興禍。此匠身衰，故得甘心耳。」後五日而亡。

趙氏二佛

趙善澄有二佛，其一泥塑古佛，連座不滿二尺。澄言：初在皮匠陳三家，凡人燒香作禮，有所祈祝，無不感應。聲彰中外，來者紛紛然，不能知其名。一遊僧過之，隨衆瞻仰，以詢諸人，皆莫能識。僧曰：「我聞昔有村漁，孝養父母，居於盤溝之上。因入水獲一片木，有五色霞光，持【三】之以歸，持示雙親。母曰：『汝但取魚，要此何用？』父怒，至欲取刀碎之。俄而木裂爲兩，其間或虛或實，有類佛像。漁者就溝聱空泥，叩【四】成七十尊。一起一倒，如人交拜。負出市求售，稱爲盤溝大聖。或問：『此有何異？』曰：『隨人所問事吉凶，像自能禮拜。』人爭買之，得錢數千，爲養親之助，而不知盤溝在何處。」此佛今歸趙氏。其一水墨畫彌勒佛，標飾甚濟。遇逐月旦望，别開一室，羅陳香花，聽外人入拜。如其人平日【五】忠信，則立現圓光，大如茶甌，從頂心出，移時徧滿軸上。如輕薄惡子至，則淡然無所覩。其後來者頗坌雜，趙慮或爲所竊，乃秘之。非親暱求觀，不浪出示。淳熙

【三】持　涵芬樓本注，吕本作「挾」。
【四】叩　涵芬樓本注，吕本作「即」。按：似當作「印」。
【五】平日　涵芬樓本注，吕本作「平直」。

四年，楊昭然【六】訪趙宅，皆得見之。

祝吏鴨報

鉛山縣吏祝六，每往親朋家飲酒，半醉必索活鴨一隻至前，解帶子，繫定兩翼，次取爐灰，雜鹽撲入兩眼，乃放置地上。坐客鼓掌歌笑，鴨即脚高脚低，其狀如舞，觀者無不喜笑。祝常自詫以爲能。席罷，鴨已不能見物，此家即殺之。凡如此十年。晚病傷寒，先瞽目，旋覺脚軟，暫起行步，不復端正，全類鴨舞。人知其生受業報，展轉負痛，閱十年乃死。

光山雙塔鬼

葉真常道人者，湖州安吉人，幼有山水之樂。淳熙元年，雲遊淮上。至光山縣境，道塗索寞，不值旅店。天色昏晚，始得一刹，標曰雙塔寺。樓閣高聳，松檜干霄，不勝其喜。趨而進，悄無人焉。姑立於門左，且閉闢。一老僧出，咄曰：「汝是道人，來此何幹？」葉前，作禮問訊，具述行止。僧怒罵而去。俄兩童行提籠燈，喚葉往鐘樓後，啓小房，使入歇。塵埃如積，僅存故牀一張。童行退，葉欲湯飲，亦不可得。即就卧，似睡不睡，見兩僧自地踊出。又一少年，丰儀爽秀，若仕宦家子弟，續奔出，並立於房中。葉料其非人，亟起坐，存神定息，叩齒數通。良久，三人俱入地。過三更，復如前。葉叱之曰：「汝輩想是

【六】楊昭然　李按：「然」字原脱，據本卷末則尾注補。

達理耿介之士，或枉死不明，或伏尸不化，愚愚相守，無解脱期。今當聽我言，捨故時形骸，反自己真性，再歸人道，何所往而不可？」語才畢，覺冷風颯然，三鬼皆失所在。葉寢至鐘動，聞户外人聲，起開門，見僧行三四輩來，問：「夜中無異境界否？」葉以實告之，皆有慚色。一僧引手指床下，云：「二十年前，麻城王主簿喪一子，年二十四歲，寄攢於此，更不來取。寺中不敢輒舉化，每夕必出爲怪。乾道間，行脚兩僧，旦過，止于房，不信有鬼，一夜魘殺。因是同爲人害。昨暮，山主怒道人之來，故令就宿耳。」葉厲聲叱駡，不顧而行。自後聞三鬼果絶迹。楊昭然游灊山，遇葉，親話其事。

徐咬耳

池州人徐忠者，雖出市井間，而好勇尚氣節，赴人患難，急於己私。閭里有爭鬭不平之事，横身勸解，必使曲直得其情，然後已，以故與之處者，無不心服。一日，有少年來云：「昨夜泄水橋畔，厲鬼迷殺一丈夫漢。汝何不爲斷理？」徐不能答，悶而歸。至晚，徑詣橋上默坐，往來者詢其何所營幹，而暮夜單獨在此？曰：「我尋鬼打人。」皆傳笑，以爲癡絶。鄰右惡子，差有膽者，相與伏於隱處，覰其所爲。亦慮或逢鬼困，當共救護也。約三更後，望見鬼物三四輩，出水中，勃窣而來。徐陽睡不顧，内一鬼云：「徐忠龘人，在此是落它便宜，切不可與鬭。」又一鬼云：「且去看它如何？」衆皆留駐不動，此鬼孑孑前進，漸偪徐側，不覺遭搦捕，痛歐數十拳，如擊腐草。鬼亦伸臂相持，不能勝，遂斃於地。徐才脱手，失其所在矣。此橋素爲怪區，從此寧貼。後渡淮省親，過崇陽，道中值一屠執箠一客索錢。徐知曲在屠，責之曰：「他是遠鄉小客，汝是當地屠户，豈得躭嗜村酒，欺凌取財【七】？」客得脱去，而兩人爭忿不息。自朝至午，面血淋漓，屠左眼爲徐所枯，屠亦嚙下徐右耳，各以倦極分散。徐自是不復還鄉，慮以缺耳取笑，人呼爲徐咬耳。乾道二年，過和州白望市，忽際異人，遂能談量禍福，往往多應。今往來真、揚之間，異事甚多，未暇紀録。此卷皆楊昭然道人説。

【七】欺凌取財　涵芬樓本注，吕本作「欺凌孤客」。

夷堅三志壬卷第九十二事

和州僧缾

新昌寓居熊祖顯巡檢，淳熙中，有所善爲和州太守，往謁之。授館僧寺，主僧甚好客，每夕必邀至山房，共具茶果【一】款語，或置酒三杯，熊亦感其意，遇赴郡宴，得餘饌，必分以遺之，相與益密。僧案頭有銅缾，雖微有損蝕處，然形製高古可愛，坐則摩拊不已，遂從僧求之。僧云：「此元不直錢，但本院係甲乙住持，物無巨細，悉書於常住曆。凡交割寺事，轉相批領，若以與君，他日後人尋索，吾將何辭以對？」熊度不可强，止不言。或謂僧師：「與此官人游，從人所求，但爾【二】，顧何足惜。且又太守之客，安知不落它人之手，付之何傷？但明記於籍，可也。」僧從其戒，竟以送熊歸【三】。僧既庸淺，視爲無用。熊雖武官，而知書，頗負識鑒，無不能判别爲何時【四】物及有無款識也。後攜過建康，骨董牙儈孫廿二者，識其異，以告轉運使趙師揆，立遣借觀，不復可出。伺熊臨去，餉以錢五百千。

校勘記

【一】共具茶果　涵芬樓本按：「共」字似「供」字之誤。

【二】從人所求但爾　涵芬樓本按：此句疑有脱誤。吕本同周本，無「但爾」二字。

【三】竟以送熊歸　中華本注，「歸」字疑誤。

【四】無不能判别爲何時　中華本注，「無」字疑是「然」之訛。

復州謝黥

荆湖兩路，大抵皆黥卒，率皆凶盗貸命者。每一郡兵士，居士人十之七八。皐之姪，簽書復州判官。其閽人曰謝四，凡三以盗敗，幸而不死，黥文滿面，亦頗知悔前過。猶藏大北珠三顆，各可值千緡，乃劫得之巨室者。至是不敢出售。皐去二年，會稽李知言來，養一鹿，不甚大。一日，忽睨謝旁，怒目而視，謝度其不足畏。持杖箠逐。鹿卓角【五】還鬭，隱處遭觸，即時腎囊裂破而死。鹿蹲踞不動，李命屠家殺之，以祭死者，而盡犒廳衆飽食。人以爲必冤家【六】所託云。右二事，皐之説。

開州銅銚

天台陳達善，淳熙中，自監左藏庫出知開州。得一銅銚，不知其爲異物，闊徑剛三寸，下列三足，上有蓋，其薄如紙。或告之曰：「投食物於中，然紙炬燎之，少頃即熟。」陳試取猪石一雙，使庖人如常法批切，漬以鹽酒，仍注水焉。自持一炬燎其腹，俄聞銚中汩汩有聲【七】，及炬盡舉蓋，石子已糜熟。自是，每夙興，必用此法，食畢乃出視事。後爲湖北轉運。大兒過鄂渚，聞其説。

【五】卓角　涵芬樓本注，「卓」吕本作「掉」。

【六】冤家　涵芬樓本注，吕本多一「鬼」字。

【七】汩汩有聲　「汩汩」原作「泪泪」，據周本改。

劉經絡神針

禁衛幕士盛皐，乾道元年，驟得疾，胸膈噎塞刺痛，飲食不向口。以六尺堂堂之軀，日漸瘦削。招醫診療，皆不能辨其名狀，多指爲傷積。涉歷二百許日，聞殿前司外科，曰劉經絡者，有奇技，亦出班直，乃邀之。劉一見即言：「此病甚異，衆人固不識，非我莫能治也。然病根深固，是爲肺癰。艾炷湯劑，力所不及。須當施火針以攻之。」於是取兩針，其長僅尺，尾如著表，煆火中【八】，妻子爭言不可。皐曰：「我度日如年，受盡痛惱，苟生何益？寧決意一針，雖死無憾。」劉曰：「然則吾當任此責。」把筆點左右臂上兩穴，隔以當三大錢，先針其左，入數寸。傍觀者縮頭不忍視，皐元無所覺，後針其右。既畢，皐殊自如，全不見膿血。劉使略倒身，從背微搦之，俄血液傾出如涌泉。劉舍去，謂其妻曰：「但一聽其然，切勿遮遏。」凡兩日不止，唯時時灌餵清粥飲。第三日，劉始至，喜曰：「毒已去盡，行即平安矣！」敷大膏藥兩枚，貼於瘡口而告退。曰：「吾不復更來。」三數日間，便當履地，無所患苦也。」果如其言。劉之術簡妙如此。皐後十五年乃終，疾不復作。有女爲大兒侍妾，能道其詳。予案《聖惠方》云：肺癰者，由寒傷於肺，其氣結聚所成也。肺主氣候之皮毛，若勞傷血氣，則腠理開而受風寒。其氣虛者傷肺，寒搏於氣血，蘊結成癰。寒極生熱，壅積不散，血敗爲膿。肺處胸間，肺傷於寒則微欬，故肺癰之疾，其人欬而

【八】煆火中　涵芬樓本按：此句疑有訛字。

胸内滿。隱隱痛則兩脚腫，咽乾口燥而渴，時出濁唾腥臭，久久吐膿，如粳米粥者，難治也。又有膿而嘔者，不可治。其嘔膿而止者自愈，蓋風中於衛，舍於肺，風傷皮毛，熱傷血脈，寒熱之所過，血爲凝滯，積血成癰，始萌可救，膿成即死。針烙取差，實爲從容，疑而受斃，亦豈容易。此爲必死之患，或隱諱此疾，或懼痛不針，此神奪之識，死期將至，諸，可知也。其所敍證候，可謂不輕。以是而驗，劉生之見效成功於頃刻間，殆非口耳之學可及。故備書源委，以貽後人。右二事，大兒說。

傅太常治祟

餘干許氏，以富甲里中。淳熙初，忽爲妖祟所惱，並致羣巫，略無一効。聞旁縣進賢有傅太常者，法力孤高，能攝制神鬼，延至其家，命設九幽醮祈禳之。降神之夕，植小黄旛數十于中庭，於燈燭熒煌間，有異物循幡上下，互相擊摶。傅嘆曰：「此祟未易除也。在上帝列真之前，尚爾敢肆，其無所忌憚可見。雖然，亦將有以驗吾術焉。」使主家治小室，極其周密，置罌缾於中，選四健僕各立一隅，傅作法户外。良久，聞缾内索索之聲，取視之，有蟲，類螳螂、蜈蚣者，且百數，帖伏不動，悉投之溪流。由是怪變漸息，到今無他。

古步王屠

餘干古步，有墟市數百家，爲商賈往來通道，屠宰者甚衆。王生擅其利數世，每將殺一家，必先注水沃灌，使若充肥，因可剩獲利。人食其肉者，痼疾輒發動。王有七子，積貲不勝多，至於買田作室。晚年得異疾，右手掌内生竅，血水從中流出，日殆數斗，更無藥可療。刮席叫呼，晝夜不得合眼，但求速死，踰月乃亡。諸子知戒懼者，即謀改業。今之屠兒用此法者，比户皆然，至於鷄鵝魚鴨亦爾。

俞傑孝感

俞傑者，浮梁横路人，自幼讀書，其父曰逵。當紹興之初，巨盜張花項寇暴鄉里，爲所執縛，就之索財貨。貧儒無所從得，盜挺刃斫其右臂，且斷矣。傑時方十四歲，自竄山林間，知父被害，涕泣奔出，奮身哀拜，願代父死，詞語痛惻不忍聞。羣盜亦爲感動，遂釋逵，但令傑荷擔相隨。即行伍里許，力乏不能進步。到一龍王廟前，偶左右無人，急棄所負，走赴後山。顧大松樹一本，枝葉蔽空，上有鶴巢極高，廣可蔽隱，即延緣而上，匿於巢中。盜追躡欲殺之，四顧無所見，乃捨去，得脱身歸。人以爲誠孝感格，故神明陰爲之助。傑字仲才，從事科舉，無所成名而終。右三事，余模説。

諸葛賁致語

永嘉諸葛賁，字文之。在太學，預淳熙庚子秋薦。辛丑正月，來試南宫，以十四日謁夢於學土地祠。是夜，裹巾著衣，偕數友即爐亭宿。夢到一大庭下，見環聚者二三百輩，若赴宴集，賁就中間一位坐。俄頃，黄衣偉丈夫别引一士至，乃同舍生潘景憲叔昌也。賁揖使居前，黄衣不可，曰：「此人合列汝後。」既坐定，聞若讀致語者。隱約見一木板在下，長數尺，書字滿盈，而略不可曉。僅憶其兩句，云：「金牛雜劇仍逢斗，芍藥花開偶至明。」及旦，以告人，皆賀曰：「今歲君必作大魁。金牛，蓋辛丑也。斗者，魁也。芍藥三月花開，是時廷試矣。」賁即深謂爲然，意必高掇科舉。已乃失利，後連兩發舉。迨丁未赴省，偶展試日，當二月初試畢，東還。二十五日揭榜，後三日，其叔祖母戴氏生辰，相招慶會，門首内用優伶雜劇。過四更，報捷者至。其日爲辛丑，下直斗宿。方悟夢中上句之驗。友生爲言：「芍藥開時，正當集注，必得明州差遣。」果注奉化尉。又一榜，潘叔昌始登科。慶元四年，賁爲樂平丞，自説此事。

癸丑春牓

陳正，字誠甫，湖州長興人。居太學篤信齋，取紹興壬子舉後，累夕【九】夢與數人出

【九】累夕　涵芬樓本注，原本空兩格，今從吕本補。

行，抵一殿上，堂宇華峻，掛黄紙長榜於梁間，皆書人姓名，約以數百。顧同行者曰：「此何榜邪？」曰：「明年春榜也。」正仰首諦觀，而爲風摇飄，不容一見。但彷彿認得己名，及同齋宜興惠純夫耳，己在前而惠居後。覺而明燭，書之策。及省試罷，各還鄉邑。因與惠談昨夢，且與約云：「頻年宜興人報榜，必由長興去了，然後吾邦捷音始至。今若報吾兄，我無慮矣。」已而，宜興人過縣，往扣之曰：「爾縣湖洑有誰得？」其人附耳語曰：「兩個惠官人，一名純夫，一名毓。」陳躍然自喜，抵暮榜到，如所言。

楊母事真武

閩人楊翼之元禮，登隆興癸未科，調清流主簿，未赴官，而感寒熱之疾，彌日轉甚。母郭氏絶憂之。平生敬事真武，愁坐其床，積誦呪數百卷。元禮迷困中，見一人身軀長大，被髪仗劍，猛從高而下，以劍斫其腦，不暇遮避，便覺頭痛漸減。以水沃其身，則汗出如漿。俄頃不見。明日，還復如前，乃具以告母。母曰：「是佑聖真君救汝也。」經數日，果愈。母自此益加肅敬，至盡日禮拜，幾忘寢食，八十四而終。弟元禮不肯深信，靈報亦從而泯歇焉。

霍秀才歸土

長興霍秀才，爲人誠實，素不雜交。紹興二年，得傷風之疾，初猶未爲深害，忽一日不曉人事，達旦方甦。語其妻曰：「恰來一夢甚異，吾必死矣。昨被黄衫承局捽挽而去，行四五十里，見當面突兀一山，其上有窟，僅可容一人之身。黄衫牽我入其内，復同行，又數十里，值宫殿甚壯，問爲何處，全不答。俄庭下人物甚衆，見去歲亡過所生嫣嫣在傍，拍我肩曰：『此是陰府，爾何爲亦來？』正相語間【一〇】，黄衫遽引我進前，望著紅袍大官，端坐殿上，吏持一紙示我，言當以某年某月某日時歸土，使我著押。計其期日，近在朝暮。我默念，歸土則死矣，力拒不從。遂泣拜，仰而訴哀。吾母繼來曰：『此老婆之子霍某，兒女尚幼，一旦淪没，將無以自存，乞賜容一紀。』有緑袍人立殿上，唱言：『此已奏天帝矣。』我又伸懇云：『只乞延半紀，使嫁遣一女子。』緑袍對如初。至於乞三年一年，其語亦然，仍作色曰：『與你七日限，便來。』於是簽書押字。先具追【一一】黄衣者，再挽我手出，纔行數步，陷於深泥中。驚覺之次，方知此身在床。一死何疑，但當急辦後事耳。」凡錢帛書帙之屬，或與人，皆自區處，殊有條理，而疾勢有加，果七日而卒。右四事，陳誠甫説。

【一〇】正相語間　涵芬樓本注，吕本作「正相應酬」。

【一一】先具追　涵芬樓本注，吕本作「先見進」，周本作「見先引」。

楊廿一入冥

饒州和衆坊板橋下，居民楊廿一，以慶元四年七月四日白晝在家，忽悶絶不省。妻子以爲急中風疾，招醫灌救，而咽喉爲痰閉塞，藥不能下。唯心胸尚温，雖正暑不敢遽殮，家人更迭揮扇，沃水洒之。閱兩日，欻然起坐，初無患苦。言：「前日爲黄衣吏持文省【一二】追我，即隨以去。到一官府，心知爲冥塗，恐懼無計。見一人著黄，王者衣冠，坐於堂上。未引問間，見同巷新橋上徐志道秀才者，與其妹，皆帶枷，跪伏庭中。俄兩獄卒持荆杖，拷訊甚酷。問云：『汝父存日，有官會一百七十道，今在何處？』兩人雖受苦毒，堅相推托，不肯招。王指令引過。須臾，又見德化橋上開磁器鋪張小五者，逮押至前，令決臀杖訖，領過。數卒隨後捽拽，如覓索錢賄之狀。然後唤我出，王者據案問：『汝是甚麼生？』對以亥生。王顧追吏，叱曰：『錯了，錯了，此是係追申生人，可速遣還。』復由故道行，擠墮至深池中，乃寤。我幾入鬼籍，念之可怖！」後數日，往訪徐志道兄立道，説所見。立道流涕曰：「正疑去歲弟及妹相繼而亡，緣吾父生前所失楮幣，恰是此數。尋覓之際，二人嚴説【一三】呪誓，固云不曾收得。宜其蒙此譴也。」已而，聞張小五以疽發于臀而死，蓋決杖之罰云。周少陸説。

【一二】持文省　涵芬樓本注，吕本作「持一符」。

【一三】説　涵芬樓本注，吕本作「設」。

校勘記

夷堅三志壬卷第十 十一事

鄒九妻甘氏

岳州民鄒曾九，以紹興五年春首，往舒州太湖作商。留其妻甘氏於兄甘百九家，約之曰：「此行不過三兩月，幸耐靜待我。」已而至秋未歸，甘氏逢人自淮南來，必詢夫消息，皆云已客死。甘不以爲信，又守之踰年，弗聞的耗，曉夕不自安。不告其兄，潛竄而東，欲尋訪存亡。既抵江夏縣，不能前，爲市倡譚瑞誘留，遂流落失節，其心緒悒怏，僅半歲而死。慶元四年正月，鄒方自太湖回程，過鄂州城下，泊舡於柳林頭。登岸憩旅店，一婦人邀之啜茶，鄒疑全似其妻，直造彼室，共牀而坐。問曰：「娘子何姓氏？」曰：「姓甘，行第百十，本非風塵中人，緣父喪夫亡，流落於此。」鄒曰：「故夫爲誰？」曰：「巴陵鄒曾九也。初去舒州時，期一季即反。後來無一音信，往來客程多説他死了。于今恰四周年，孤單無倚，不免靠枕席度日。」鄒大怒曰：「汝渾不認得我？」婦曰：「我亦覺十分相似，只是面色黧黑耳。」鄒益怒曰：「我身便是汝夫，元不曾死，遭病患磨折，以故久不得歸。汝亦何至入此般行户，故意辱我？叵耐百九舅，更無兄弟之情，縱汝如此。目今與誰同活？」婦曰：「孑然。」鄒即算還店家房錢，挈之回岳。是日，就見百九，作色責問。百九曰：「爾去之後，妹子一向私走，近日却在江夏譚瑞家，正欲經官。且得爾到，明日即同詣州陳狀。」郡守追逐人赴司來質究問，甘氏於衆中出，倒退數步，化爲黑氣而散。訟事遂止。

石門羊屠

鄱陽石門屠者羊六，以宰羊爲生累世矣。慶元二年二月，一道人過門，伸扇覓錢。屠謂曰：「爾形軀偉然，且無殘患，世上有千行百户，不尋一般做經紀，只是懶惰。我平昔不將一錢與乞道人，伏請穩便。」道人怒，指手罵曰：「汝也是難教化。汝家子殺父，父殺翁，三代輪回作畜類，何得了期？汝今晚殺一羊，又係汝父，却教姓蔡人得吃。」屠聞言憤【一】甚，攜柴杖出擊之，倏已不見。是日將暮，市户蔡五遣僕齎錢來買羊一脾，并須肝肺。適栟上肉已盡，但有老雄羊一口，欲殺而售與之。執刀臨圈，方擬曳出，羊忽作人聲，叫云：「兒殺爺！」隨即仆地死。屠始大悔懼，爲之改業，而傾竭家資，廣修佛事，以懺宿惡。

【一】憤　涵芬樓本注，吕本作「嗔」。

顔邦直二郎

弋陽丫頭巖農夫何一，自小受顧於漆公鎮作奴，伏事顔二郎名邦直者。凡三歲，辭歸父家。兩處相去一程，彼此聲跡不相知聞。慶元二年四月，在田插稻，驀見顔當前立，何一識爲故主人，升壠上唱喏。顔曰：「可伴吾行。」何語同役者知，即隨以去。經半月不反，其妻齊氏使兄齊五詢於顔宅，見其子孫。出曰：「吾家二郎下世一十九年，如何却要何一使喚？」齊五遂歸。然何一杳然不復可求訪。四年正月，忽還家，妻初猶疑怕，久乃問其因依。曰：「二郎帶我去游廬山，徧歷諸寺。冬間，直至夔州巫山廟。去歲四月，到蘄州蘄水武三郎家，武點茶相待。二郎謂之曰：『君宅一女妾，是生身活鬼，兼拾得一子在左側，七个月，亦是鬼魅。』武曰：『家間有妾五六，何者是鬼？』曰：『針線人桂奴是也。』武命喚至前，扣審其事。桂奴顧二郎曰：『道我非人，爾是何物？爾乃無身之鬼，脱賺力人何一，往來五千里，不得見妻兒，爾大段損害人命。』二郎答言：『吾雖無身，然賴生前看《度人經》有功，故【二】逍遥自在。吾欲拔度何一，超生離苦，豈是損他？』桂奴無以對，大駡武生云：『吾處汝家，殷勤數年，並無違過。今日被顔二泄了，全不會與我做主。』抱拾得之子，走向厨中，遂不見。二郎尚要挾我游大孤山，我不肯從，私竄至此。」妻大驚，自是一切如常。二月間，因在田中，竟爲顔所呼而死。

【二】故　涵芬樓本注，呂本作「故得」。

韓羽建墓

泰州人韓羽，置墳山於近郊，擇慶元二年三月課工斬草，建造生墓。正晝間，見一紅裳婦人、一皂衣髯翁，從山内奔出，極異之。晚歸，與其妻徐氏説。徐氏夢所見二人跪於牀下，婦曰：「妾與翁在山五百年矣。今日方遇主人，無以效勤，敢持微物上獻。」即捧出紫袋，不知其中所盛者何名色也。徐接之而寤。覺手内有所執，呼婢點燭視之，果是紫袋，而中包一瓢，摇之有聲，頗響，訝而藏之。明日，韓復入山。迨夜半，徐又夢二人跪。獨婦言曰：「昨與娘子一瓢，七棗在内，可鑽開取食。續當生七子，它時爲國家棟梁。如至耄年，尚可與媳婦服，亦主生七孫榮顯。聞來日開金井，如見妾等，切不可怕，亦不可殺。」婦曰：「汝二人形像各在何所？」曰：「盡在穴裏，一人長一尺八寸，一人高三寸。」語畢，騰空而去。徐驚覺，不敢復睡，以告其夫。明日，於土内得一赤蛇，長一尺八寸，身紅如金。一龜高三寸，身緑色。韓以銀盆貯之，捧歸。翌日啓視，無所見，而七棗至今存。

解七五姐

房州人解三師，所居與寧秀才書館爲隣。一女七五姐，自小好書。每日竊聽諸生所讀，皆能暗誦。其父素嗜道教，行持法書。女遇父不在家時，輒亦私習。年二十三歲，當淳熙十三年九月，招歸州民施華爲贅壻。華留未久，即出外作商。至十五年四月，通三師書，因寓密信，告其妻曰：「我在汝家日，爲丈人丈母凌辱百端。況於經紀不遂，今浪跡遂寧府【三】。汝獨處耐靜，勿萌改適之心。容我稍遂意時，自歸取汝。」女觀畢掩泣，即日不食，奄奄如勞瘵，以八月死。華不知也。後兩月正在遂寧旅舍，忽見女來，驚起扣之，曰：「自房陵抵此，千里之遥，汝單弱婦人，何以能至？」答曰：「緣接得汝書後，愁思成疾，父母不相憐【四】，反行責罵。已寫一帖子置室中，託言投水，切莫相尋，由是脱身。行乞受盡辛苦，兩脚皆穿，僅得見爾。」華視其經行霜雪中，衣履破碎，拊之而哭。攜手入房，飽以肉食，及買衣與之，遂同處於彼。華資囊頗贍，至紹熙二年冬，欲與妻還三師家。堅不可，乃還歸州。明年冬月，解三師鄰人田乙作客，抵歸州，遇施華。華延至其居，女出相見，田乙驚言：「七五姐亡去三載，何由得生身却在此？」女曰：「我詐父母云赴水，而潛來訪施郎，非真死也。」田大惑訝，仍不欲盡言。反房陵，爲三師道所見。三師不信，但舉女柩火化，尸朽腐矣。四年，華還居荆南。明年，解三師始聞之，遣男持書信驗視，見華與妹情甚好洽，住數月，相率來房州。解氏喜，置酒召會諸親。諸親共云：「七五姐不幸夭逝，於今七年，且又焚化了，此殆精魅假託，將必爲施郎不利，宜思其策。」三師心爲動。明日，招法師來考治，女怡然自若。法師書符未成，女別書一符破之。法師再書靈官捉鬼符，女作九天玄女符破之。法師不復施它伎，撫劍顧之曰：「汝的是何精靈耶？」女曰：

【三】遂寧府　「遂」原作「汝」，李按：南宋無汝寧府，據下文「遂寧」云云，改。

【四】憐　涵芬樓本注，吕本作「憐惜」。

「我在生時，盡讀父法書。又於夢中，蒙九宮玄女傳教吾返生還魂之法，遂得再爲人，永遠住浮世。吾常存濟物之心，亦不曾犯天地禁忌，爾過愆甚多矣，有何威神能治於我乎？」法師不能答而退。女見父母親戚如初。慶元元年，解氏盡室游翫郊野，到女葬處，漫指示之。女大笑疾走入山，怪乃絶。

汪一酒肆客

德興南市鄉民汪一，啓酒肆於村中。慶元三年盛夏，三客入肆沽酒，飲之至醉。復有二客來，相與攀揖，言曰：「數歲不相會，今日何爲到此？」客云：「因往台州幹事，一住十五年，擬欲再行，且謁五通行宫。」語畢，不復索酒飲，計償酒直，即去。汪一訪問後至者曰：「彼三人姓氏云何？」曰：「一姓陳，一姓孔，一姓吴，皆已於淳熙八年死了，不意乃見之。」汪聞而大駭，收坐上所留錢，試投水桶内，俄悉化爲灰埃。二客不旋踵亦退。

羅仲寅逢故兄

饒州使院吏羅仲寅，於慶元四年正月，送通判婁彦發往權南康守。出東關，行三十里，婁使諭送者令回州。行將到路口，逢其已死兄羅三，邀入近街楊家酒壚内對飲，敍隔闊，詢家間事節，骨肉安否，甚爲詳悉。仲寅猛悟，曰：「兄已亡，何由得在人世？」兄曰：「且休説著，大抵只是脩養之法耳。」數杯後，兩人各醉。兄剩一杯，飲不盡，遂與仲寅分之。仲寅飲罷，血隨吐不止。舉目而視，不見其兄。歸家而病。至于八月，在中庭困坐，又見其兄自外來，持一物，如小錢大，强塞其口而没。仲寅僅能唤妻，既，更不復作聲，抵暮而卒。

汪三宰牛

鄱陽石頭鎮汪三，常以宰牛爲務，多與其侣陳二者共本。慶元元年十一月，買得水牯甚大，牽歸殺之，將如常日煮肉與肚臟，就門上掇出售，而挂頭蹄於房内。二人方往來厨舍鑊邊，以候肉熟，忽聞房内有聲云：「枉屈殺了吾。」汪趨入視之，無人焉，以爲耳妄聞。閉户再出厨，其聲如初，而愈加寃厲。復視之，亦無所覩。俄至於三，識其爲怪，提屠刀罵而入。乃見牛頭張口言：「汪三哥吾與汝無怨惡，今日却殺我！」汪大怒，提刀直前，欲斬其嘴。不料爲所挂牛蹄趯其右脅，即掩肋大叫，痛不堪忍。陳二扶之付厥妻，漸覺腫焮，遂成大疽，七日而死。

彭六還魂

鳳州民彭六、周三、李二十一三人者，同年同月同日，皆以紹興甲戌歲生，惟時不同。

其居甚密邇，結義相歡，爲同年【五】兄弟。慶元景辰九月八日，周、李俱已正晝死，彭未知也。黄昏後，如夢寐中，爲兩吏唤去，到一大府，見罪囚無數，一王者居上判押。須臾，馶卒領周三至前，王者云：「渠合壽八十七歲，何來之速？」語未了，一緑衣從内出，自言：「此人緣在生，性急傷物，折除半壽，只得四十三歲。」王曰：「如此則難赦。」命押送獄。俄唤李二十一，王又曰：「渠合七十一歲，命未盡而追，何也？」緑衣者復白言：「緣在生妬賢嫉能，欺孤凌寡，造罪百端，致亦受罰。」王曰：「既心懷惡毒，令赴都案。」彭細視兩人，方悟身在泉路，驚戰不已。俄聞朱衣人在上呼云：「押出彭六。」既立庭下，王曰：「此人壽數已盡，可隨業受生。」緑衣者云：「其壽雖不永，緣他平生好提攜失所，陰功甚多，自可推延。」王曰：「審如汝言，與增二紀。」朱衣唱令還，彭跪謝。出行數里，過一衙庭，一派啓六門，彭欲就觀，鬼使遮第一、第二、第三門，不容入。正踟躕次，殿上緑衣人忽至，曰：「汝識吾乎？乃汝伯伯彭子明，今作都案判官。恰來朱衣是汝家司命，所以相護。幸獲反生，更宜廣脩陰隲，切記，切記。可從此第四門入。」又行數里，得一山，其下有枯井，失脚而墜，蘇則已死一宿。明日，走訪周、李二人皆卒矣。右九事，徐□説。

娑羅樹子

吴中人每於秋夜，得虚空所墜木實，以爲娑羅樹子，曰是月中桂子也。天竺山尤多，

【五】同年　涵芬樓本注，吕本無此二字。

然莫能明爲何品樹。林子長云：「其苕溪所居，一夕間，屋瓦歷鹿有聲，若一種物從高而雨者，俄紛紛不止。呼童持篝升梯掃之，得成顆者數百計，全類皂角莢中所生，但一一堅重，無損蠹者。而屋四畔，元不曾有此樹，姑藏之。明日，取而審視，益信不疑。試以十餘顆付園吏，依種植法，窖於菜畦内。及春發芽，盡爲真皂莢子，枝幹與世間者亡以異，其理殆不可曉。」唐李邕所作《楚州娑羅樹碑》，予既載之《容齋四筆》，所云特奇崛，蓋非此也。

漢卿丹桂

齊三傑爲士人時，習業於靈芝門東桂林野圃。淳熙十六年，當科舉之歲，數朋輩相約結課於中。有張宗臣者，夢異人持一花餅，貯丹桂三枝，從外入。張首見之，趨迎至前，曰：「漢卿求一朵。」異人取以付之，曰：「若餘子，則未可。」張覺而喜甚，以告諸友，滿意有折桂之望。及秋試揭榜，齊獨預薦，明年登科。蓋張之名齊之字，同爲漢卿，造物故寓意，以戲張也。少陸說。

圖書在版編目(CIP)數據

全宋筆記. 第9編. 6／上海師範大學古籍整理研究所編.— 鄭州：大象出版社, 2018. 3
ISBN 978-7-5347-9440-7

Ⅰ.①全…　Ⅱ.①上…　Ⅲ.①中國歷史—史料—宋代
Ⅳ. ①K244. 066

中國版本圖書館 CIP 數據核字(2017)第 162672 號

全宋筆記　第九編　六

出版人　王劉純
特約編輯　陳　新
責任編輯　郭一凡
整體設計　張　勝
出版發行　大象出版社
鄭州市開元路16號(450044)
製　版　上海杰申電腦排版有限公司
印　刷　北京匯林印務有限公司
版　次　2018年3月第1版2018年3月第1次印刷
開　本　640mm×960mm　1/16　30.25印張
字　數　331千字
印　數　1—1000册
定　價　98.00元